LORENZ OBERLINNER · DIE PASTORALBRIEFE

HERDERS THEOLOGISCHER KOMMENTAR ZUM NEUEN TESTAMENT

Begründet von Alfred Wikenhauser †
fortgeführt von Anton Vögtle und Rudolf Schnackenburg
Herausgegeben von
Joachim Gnilka und Lorenz Oberlinner

BAND XI/2

DIE PASTORALBRIEFE

Zweite Folge:
Kommentar zum 2. Timotheusbrief

HERDER
FREIBURG · BASEL · WIEN

DIE PASTORALBRIEFE

ZWEITE FOLGE

KOMMENTAR ZUM ZWEITEN TIMOTHEUSBRIEF

Auslegung von
Lorenz Oberlinner

Professor für neutestamentliche Exegese
an der Universität Freiburg i. Br.

HERDER
FREIBURG · BASEL · WIEN

Die Deutsche Bibliothek – CIP-Einheitsaufnahme

Herders theologischer Kommentar zum Neuen Testament /
begr. von Alfred Wikenhauser. Fortgef. von Anton Vögtle und Rudolf Schnackenburg. Hrsg. von Joachim Gnilka und Lorenz Oberlinner. – Freiburg im Breisgau ; Basel ; Wien : Herder.

NE: Wikenhauser, Alfred [Begr.]; Vögtle, Anton [Hrsg.]; Gnilka, Joachim [Hrsg.]

Bd. 11,2. Oberlinner, Lorenz: Die Pastoralbriefe. – 1995

Oberlinner, Lorenz:
Die Pastoralbriefe: zweiter Timotheusbrief / Auslegung von Lorenz Oberlinner. – Freiburg im Breisgau ; Basel ; Wien : Herder 1995
  (Herders theologischer Kommentar zum Neuen Testament ; Bd. 11,2)
  ISBN 3-451-23768-7

Alle Rechte vorbehalten – Printed in Germany
© Verlag Herder Freiburg im Breisgau 1995
Herstellung: Freiburger Graphische Betriebe 1995
Gedruckt auf umweltfreundlichem, chlorfrei gebleichtem Papier
ISBN 3-451-23768-7

Anton Vögtle

*zur Vollendung des 85. Lebensjahres
am 17. Dezember 1995
in Dankbarkeit gewidmet*

INHALT

Vorwort IX
Texte und Literatur XI

ZWEITER TIMOTHEUSBRIEF

1. Vorbemerkung: 2 Tim als „Testament" des Paulus 1
2. Anschrift und Gruß (1,1–2) 5
3. Danksagung an Gott für den Glauben (1,3–5) 10
4. Ermahnung zu furchtlosem Zeugnis und zu Treue im Glauben
   (1,6–14) 25
5. Erinnerung an das Verhalten einzelner Christen Paulus gegenüber
   (1,15–18) 54
6. Mahnung zu unerschrockener Weitergabe des Glaubens (2,1–7) . . 65
7. Die Verheißung für Treue im Glauben (2,8–13) 75
8. Das rechte Verhalten gegenüber den Irrlehrern und die (heilsgeschichtliche) Beurteilung der Häresie (2,14–21) 90
9. Der Umgang des Gemeindeleiters mit denen, die der Irrlehre verfallen sind (2,22–26) 110
10. Das Urteil über die Irrlehrer (3,1–9) 119
11. Die Mahnung zur Treue im Glauben und das Beispiel des Apostels
    (3,10–17) 136
12. Das Testament des Apostels (4,1–8) 151
13. Persönliche Mitteilungen (4,9–18) 166
14. Schlußgrüße und Segenswunsch (4,19–22) 183

VORWORT

Die im Vorwort zur Kommentierung des Ersten Timotheusbriefes (Herders theologischer Kommentar zum Neuen Testament, Bd XI 2/1. Folge) geäußerte Absicht, die Auslegung des Zweiten Timotheusbriefes und des Titusbriefes zusammen mit den Exkursen in *einem* Band vorzulegen, hätte sich – wie sich während der Arbeit an der Kommentierung herausstellte – nur um den Preis eines verzögerten Erscheinens des Folgebandes realisieren lassen. Um aber dies zu vermeiden und um den zeitlichen Abstand zum ersten Teilband mit der Auslegung von 1 Tim nicht zu groß werden zu lassen, habe ich mich, auch auf Bitten des Verlages, entschlossen, eine weitere Aufteilung vorzunehmen und den Kommentar zu 2 Tim in einem zweiten Teilband vorzulegen, während der Kommentar zum Titusbrief sowie die Exkurse zum Gesamtkomplex der Pastoralbriefe in einem dritten Teilband folgen werden.

Die nochmalige Teilung hat also keine programmatische Bedeutung, sondern nur praktische Gründe, wenn man auch, wie die Kommentierung zeigen wird, festhalten muß, daß 2 Tim in der Reihe der Past einen besonderen Charakter trägt, so daß die vorliegende Kommentierung von 2 Tim in einem eigenen Band, wenn auch primär praktisch motiviert, so doch sachlich nicht ohne Grund ist.

Zu danken habe ich erneut meinen Mitarbeiterinnen und Mitarbeitern am Exegetischen Seminar der Katholisch-Theologischen Fakultät der Universität Freiburg, die bereits im Vorwort des ersten Teilbandes genannt sind, für die verschiedenen Arbeiten im Umfeld der Kommentierung und für die kritische Begleitung der Auslegung. Mein besonderer Dank gilt dabei wiederum Frau Ingeborg Walter für die gewissenhafte Erstellung des Manuskripts.

Dieser Band ist Anton Vögtle zum 85. Geburtstag gewidmet als kleines Zeichen des Dankes für die unermüdliche Gesprächsbereitschaft im kleinen Kreis der Seminargemeinschaft, aber auch dafür, daß er bis heute als Sachwalter einer für die Fragen und Probleme der neutestamentlichen Überlieferung offenen Diskussion seine Stimme erhebt, und dies, wie es der Verfasser von 2 Tim von den Gemeindeleitern seiner Zeit in ihrem Bereich der Verkündigung fordert, ob es „gelegen oder ungelegen" (2 Tim 4,2) ist.

Freiburg, im September 1995   Lorenz Oberlinner

TEXTE UND LITERATUR

Die im folgenden aufgeführte Literatur ergänzt das Literaturverzeichnis, das sich in HThK Bd. XI/2 1. Folge, Kommentar zum 1. Timotheusbrief, auf den Seiten IX bis XIX findet.

A. Quellen

Irenäus von Lyon, Adversus Haereses III, hrsg. u. eingel. v. N. Brox (FC 8/3) (Freiburg 1995).
Maier, J., Die Qumran-Essener: Die Texte vom Toten Meer, 2 Bde. (UTB 1862.1863) (München/Basel 1995).
L. Annaeus Seneca, Philosophische Schriften: lateinisch und deutsch, übers., eingel. u. mit Anm. vers. v. M. Rosenbach, 5 Bde. (Darmstadt 1995).
P. Vergili Maronis Opera, hrsg. v. R. A. B. Mynors (Oxford 1969).

B. Allgemeine Literatur

Berger, K., Formgeschichte des Neuen Testaments (Heidelberg 1984).
Ders., Theologiegeschichte des Urchristentums. Theologie des Neuen Testaments (UTB) (Tübingen/Basel 1994).
Strecker, G., Literaturgeschichte des Neuen Testaments (UTB 1682) (Göttingen 1992).
Thraede, K., Grundzüge griechisch-römischer Brieftopik (München 1970).

C. Kommentare

Johnson, L. T., 1 Timothy, 2 Timothy, Titus (Atlanta 1987).
Stott, J. R. W., The Message of 2 Timothy (Leicester 1973).
Wild, R. A., The Pastoral Letters: The New Jerome Biblical Commentary, hrsg. v. R. E. Brown u. a. (London [2]1989) 891–902.

D. Weitere Untersuchungen

Adams, W. W., Exposition of 1 and 2 Timothy: RExp 56 (1959) 367–387.
Barrett, C. K., Titus: Neotestamentica et Semitica. Festschr. M. Black, hrsg. v. E. E. Ellis und M. Wilcox (Edinburgh 1969) 1–14.
Bauckham, R., Pseudo-apostolic Letters: JBL 107 (1988) 469–494.
Beker, J. Ch., Heirs of Paul. Paul's Legacy in the New Testament and in the Church Today (Edinburgh 1992).
Brockhaus, U., Charisma und Amt. Die paulinische Charismenlehre auf dem Hintergrund der frühchristlichen Gemeindefunktionen (Wuppertal 1972).
Brox, N., Zu den persönlichen Notizen der Pastoralbriefe: BZ 13 (1969) 76–94.
Ders., Amt, Kirche und Theologie in der nachapostolischen Epoche – Die Pastoralbriefe: Gestalt und Anspruch des Neuen Testaments, hrsg. v. J. Schreiner (Würzburg 1969) 120–133.
Ders., Pseudo-Paulus und Pseudo-Ignatius. Einige Topoi altchristlicher Pseudepigraphie: VigChr 30 (1976) 181–188.

Campbell, R. A., Identifying the Faithful Sayings in the Pastoral Epistles: JSNT 54 (1994) 73–86.
Ders., The Elders. Seniority within Earliest Christianity (Edinburgh 1994).
Cohen, S. J. D., Was Timothy Jewish (Acts 16:1–3)? Patristic Exegesis, Rabbinic Law, and Matrilineal Descent: JBL 105 (1986) 251–268.
Cook, D., The Pastoral Fragments Reconsidered: JTS 35 (1984) 120–131.
Dibelius, M., ἘΠΙΓΝΩΣΙΣ ἈΛΗΘΕΙΑΣ: Botschaft und Geschichte. Gesammelte Aufsätze Bd. II (Tübingen 1956) 1–13.
Ellis, E. E., The Authorship of the Pastorals: A Résumé and Assessment of Current Trends: EvQ 32 (1960) 151–161.
Fee, G. D., Reflections on Church Order in the Pastoral Epistles, With Further Reflection on the Hermeneutics of *ad hoc* Documents: JETS 28 (1985) 141–151.
Hanson, A. T., The Domestication of Paul: A Study in the Development of Early Christian Theology: BJRL 63 (1980/81) 402–418.
Hasler, V., Das nomistische Verständnis des Evangeliums in den Pastoralbriefen: SThU 28 (1958) 65–77.
Hofrichter, P., Strukturdebatte im Namen des Apostels. Zur Abhängigkeit der Pastoralbriefe untereinander und vom ersten Petrusbrief: Anfänge der Theologie. Festschr. J. B. Bauer, hrsg. v. N. Brox u. a. (Graz 1987) 101–116.
Johnson, L. T., II Timothy and the Polemic Against False Teachers: A Re-examination: JRSt 6/7 (1978/79) 1–26.
Kowalski, B., Zur Funktion und Bedeutung der alttestamentlichen Zitate und Anspielungen in den Pastoralbriefen: SNTU 19 (1994) 45–68.
Le Fort, P., La responsabilité politique de l'Église d'après les épîtres pastorales: ETR 49 (1974) 1–14.
Lips, H.v., Von den Pastoralbriefen zum „Corpus Pastorale". Eine Hallische Sprachschöpfung und ihr modernes Pendant als Funktionsbestimmung dreier neutestamentlicher Briefe: Reformation und Neuzeit. 300 Jahre Theologie in Halle, hrsg. v. U. Schnelle (Berlin/New York 1994) 49–71.
Löwe, R., Ordnung in der Kirche im Lichte des Titusbriefes (Gütersloh 1947).
McEleney, N. J., The Vice Lists of the Pastoral Epistles: CBQ 36 (1974) 203–219.
Meade, D. G., Pseudonymity and Canon. An Investigation into the Relationship of Authorship and Authority in Jewish and Earliest Christian Tradition (Grand Rapids 1987).
Murphy-O'Connor, J., 2 Timothy Contrasted with 1 Timothy and Titus: RB 98 (1991) 403–418.
Patsch, H., Die Angst vor dem Deuteropaulinismus. Die Rezeption des „kritischen Sendschreibens" Friedrich Schleiermachers über den 1. Timotheusbrief im ersten Jahrfünft: ZThK 88 (1991) 451–477.
Prior, M., Paul the Letter-Writer and the Second Letter to Timothy (JSNTS 23) (Sheffield 1989).
Redalié, Y., Paul après Paul. Le temps, le salut, la morale selon les épîtres à Timothée et à Tite. Préface de François Bovon (Le Monde de la Bible 31) (Genf 1994).
Rogers, P., The Pastoral Epistles as Deutero-Pauline: IThQ 45 (1978) 248–260.
Roloff, J., Der Weg Jesu als Lebensnorm (2 Tim 2, 8–13). Ein Beitrag zur Christologie der Pastoralbriefe: Festschr. F. Hahn, hrsg. v. C. Breytenbach und H. Paulsen (Göttingen 1991) 155–167.
Ders., Die Kirche im Neuen Testament (NTD Ergänzungsreihe 10) (Göttingen 1993).
Sell, J., The Knowledge of the Truth – Two Doctrines. The Book of Thomas the Contender (CG II, 7) and the False Teachers in the Pastoral Epistles (EHS XXIII/194) (Frankfurt a. M./Bern 1982).

Thiessen, W., Christen in Ephesus. Die historische und theologische Situation in vorpaulinischer und paulinischer Zeit und zur Zeit der Apostelgeschichte und der Pastoralbriefe (TANZ 12) (Tübingen/Basel 1995).
Towner, Ph.H., The Present Age in the Eschatology of the Pastoral Epistles: NTS 32 (1986) 427–448.
Trummer, P., „Treue Menschen" (2 Tim 2,2). Amtskriterien damals und heute: ders., Aufsätze zum Neuen Testament (GrST 12) (Graz 1987) 95–135.
Wagener, U., Die Ordnung des „Hauses Gottes". Der Ort von Frauen in der Ekklesiologie und Ethik der Pastoralbriefe (WUNT 2.65) (Tübingen 1994).
Wolter, M., Verborgene Weisheit und Heil für die Heiden. Zur Traditionsgeschichte und Intention des „Revelationsschemas": ZThK 84 (1987) 297–319.
Weiser, A., Die gesellschaftliche Verantwortung der Christen nach den Pastoralbriefen (Beiträge zur Friedensethik 18) (Stuttgart 1994).
Wibbing, S., Die Tugend- und Lasterkataloge im Neuen Testament und ihre Traditionsgeschichte unter besonderer Berücksichtigung der Qumran-Texte (BZNW 25) (Berlin 1959).
Ysebaert, J., Die Amtsterminologie im Neuen Testament und in der Alten Kirche. Eine lexikographische Untersuchung (Breda 1994).

E. Nachträge zu Einzelstellen in 1 Tim

Campbell, R. A., KAI MALISTA OIKEIΩN – a New Look at 1 Timothy 5.8: NTS 41 (1995) 157–160.
North, J. L., „Human Speech" in Paul and the Paulines: The Investigation and Meaning of ἀνθρώπινος ὁ λόγος (1 Tim. 3:1): NT 37 (1995) 50–67.
Porter, S. E., What Does it Mean to be „Saved by Childbirth" (1 Timothy 2.15)?: JSNT 49 (1993) 87–102.
Schottroff, L., Lydias ungeduldige Schwestern. Feministische Sozialgeschichte des frühen Christentums (Gütersloh 1994) 104–119 [zu 1 Tim 2,9–15].
Stiefel, J. H., Women Deacons in 1 Timothy: A Linguistic and Literary Look at „Women Likewise ..." (1 Tim 3.11): NTS 41 (1995) 442–457.
Ulrichsen, J. H., Heil durch Kindergebären. Zu I Tim 2,15 und seiner syrischen Version: SEA 58 (1993) 99–104.

Der zweite Timotheusbrief

1. Vorbemerkung: 2 Tim als „Testament" des Paulus

(1) Wenn im Zusammenhang mit Paulusbriefen von „Testament" gesprochen wird, dann denkt man im allgemeinen an den Römerbrief. Dieses Schreiben an die Christengemeinde in Rom ist nach weitgehendem Konsens der exegetischen Forschung der jüngste uns erhaltene Paulusbrief – wenn wir die schon in der Einführung im ersten Teilband dieser Kommentierung der Past dargestellte Entscheidung zugrundelegen, daß die Past insgesamt zu den Deuteropaulinen zu rechnen sind. Doch wird auch die von G. Bornkamm für den Röm gewählte Bezeichnung „Testament des Paulus" nicht verstanden in dem Sinn, daß Paulus ihn „bewußt als letzte Willenserklärung vor seinem Tod abgefaßt hätte"[1]; sie verweist vielmehr darauf, daß dieser Brief geschichtlich zum Vermächtnis des Paulus geworden ist. Dazu kommt allerdings die auf den Inhalt und auf die Art und Weise der Darstellung bezogene Feststellung, daß „das früher Gesagte nicht nur geordnet (ist), sondern zugleich ausgerichtet auf den umfassenden Horizont der paulinischen Botschaft und Mission und ausgereift bis zu der in diesem Brief erst erreichten gültigen Gestalt"[2]. Versteht man also die Bezeichnung „Testament" als „literarische Klassifizierung"[3], dann ist zu erkennen, daß dem Röm dieser Charakter eines „testamentum", einer im Blick auf den bevorstehenden Tod formulierten abschließenden Verfügung fehlt.

Es gibt aber in der alttestamentlichen und frühjüdischen Literatur die Gattung der Abschiedsrede bzw. der testamentarischen Verfügung. Für das Alte Testament sind u. a. zu nennen die Abschiedsreden des Mose in Deuteronomium, insbesondere die mit dem Ausblick auf seinen Tod verknüpften letzten Worte an Israel (Dt 29–32); sodann die des Jakob (Gn 47,29–49,33), des David (1 Kön 2,1–9) oder des Priesters Mattatias (1 Makk 2,49–70). Aus der frühjüdischen Literatur sind vor allem zu erwähnen die „Testamente der zwölf Patriarchen". In diesen als Abschiedsreden der Patriarchen gestalteten Texten ist jeweils der gleiche, typische Aufbau festzustellen: Der Patriarch, der auf seinen nahen Tod

---

[1] G. Bornkamm, Paulus (Urban-TB 119) (Stuttgart ⁶1987) 111; vgl. 103–111.
[2] Ebd. 109. Ähnlich behandelt J. Becker, Paulus. Der Apostel der Völker (Tübingen 1989) 351–394, den Röm unter der Überschrift „Testament des Paulus" und charakterisiert die Entfaltung seiner Theologie in Röm 1–11 angesichts der über Erfolg und Mißerfolg entscheidenden Jerusalemreise zur Übergabe der Kollekte als „sein theologisches Testament" (369).
[3] Vgl. G. Strecker, Literaturgeschichte 73. Ausführlich zur „Gattung Testament" K. Berger, Formgeschichte 75–80.

vorausschaut, kündigt seinen Söhnen an, was geschehen wird; er sagt ihnen, wie sie sich zu verhalten haben; insbesondere aber ermahnt er sie, sich an sein Beispiel zu halten und seine Lehre treu zu bewahren[4].

Eine typische Form dieses Genus der „Abschiedsrede" ist uns im Neuen Testament überliefert in der Apostelgeschichte. Gegen Ende der dritten Missionsreise kommt Paulus, als er die in den hellenistischen Gemeinden gesammelte Kollekte in Jerusalem übergeben will, nach Milet. Dorthin bestellt er die Presbyter von Ephesus und hält vor ihnen eine Rede, in der das Thema „Abschied" Aufbau und Inhalt bestimmt (vgl. Apg 20,17–38). Die wichtigsten Motive darin sind: (1) Rückblick auf die erfolgreiche Tätigkeit als Apostel (VV 18–21); (2) Verweis auf die gegenwärtige Bedrängnis (V 23); (3) Ankündigung des Auftretens von Irrlehrern (VV 29f); (4) Aufforderung zur Treue im Glauben (V 28); (5) Ausblick auf das endgültige Geschick (V 25).

Es läßt sich nun zeigen, daß in 2 Tim dieselben Motive wieder begegnen; sie sind hier allerdings eingebunden in die Rahmengattung eines Briefes[5]. M. Wolter charakterisiert deshalb 2 Tim näherhin als „testamentarische Mahnrede", da es „in grundsätzlicher Weise" darum gehe, die Leser „zur bleibenden Ausrichtung an Paulus sowie zum Festhalten am paulinischen Weg und zur Abgrenzung von den diese Orientierung in Frage stellenden Irrlehrern aufzufordern"[6].

Damit stehen wir vor einem interessanten Befund. Wir haben im Neuen Testament ein „Testament" des Paulus in dreifacher Form: in der Gestalt des Röm, in der Abschiedsrede von Milet im Rahmen der lukanischen Geschichtsdarstellung und schließlich noch einmal in 2 Tim. Röm und 2 Tim stehen sich insofern nahe, als sie beide die Form eines Briefes haben und weil Paulus als Verfasser genannt ist. Dies ist allerdings als eine eher formale Gemeinsamkeit zu werten. Betrachtet man dagegen den Inhalt der Texte, so zeigt sich eine viel größere Nähe zwischen der Abschiedsrede in Apg 20 und 2 Tim. In diesen beiden Fällen steht, im Unterschied zum Röm mit dem Thema „Rechtfertigung", der Apostel Paulus eindeutig im Mittelpunkt; er verabschiedet sich im Ausblick auf den ihm bevorstehenden Tod (vgl. 2 Tim 4,6f) von seinem Schüler und Nachfolger Timotheus (vgl. 1,6; 3,10) und bestellt ihn gleichzeitig zu sich (vgl. 4,9), er bereitet ihn auf kommende Auseinandersetzungen mit Irrlehren vor (vgl. 3,1–9; 4,3f) und ermahnt ihn zu einer treuen, unerschrockenen Erfüllung seiner Verpflichtung in der Verkündigung des Wortes (vgl. 1,13f; 2,1f; 2,14–16; 2,22f; 4,1f.5).

(2) Die Bestimmung von 2 Tim als „testamentarische Verfügung" ist Anlaß, die Frage nach der Verfasserschaft noch einmal kurz aufzugreifen, und dafür ist der Rahmen etwas auszuweiten. Obwohl wir in der Einführung im ersten Teilband dieser Kommentierung der Past die v. a. von P. Trummer erarbeitete Hypothese von der Zusammengehörigkeit der drei unter dem Namen des Paulus tradierten „Briefe" an seine Schüler und Nachfolger Timotheus und Titus zugrun-

---

[4] Vgl. A. VÖGTLE, Sorge und Vorsorge für die nachapostolische Kirche. Die Abschiedsrede von Apg 20,18a–35, in: A. VÖGTLE – L. OBERLINNER, Anpassung oder Widerspruch. Von der apostolischen zur nachapostolischen Kirche (Freiburg 1992) 66–91, hier 70.
[5] Vgl. M. WOLTER, Pastoralbriefe 222f; O. KNOCH, Testamente 32f.
[6] M. WOLTER, Pastoralbriefe 236f; vgl. auch U. SCHNELLE, Einleitung 390.

degelegt und sie folglich als Textcorpus aus der Hand eines einzigen Autors verstanden haben[7], muß aufgrund des besonderen Charakters von 2 Tim gegenüber anderslautenden Urteilen noch einmal begründet werden, daß für diesen Brief nicht nur kein anderer Autor (eventuell sogar Paulus selbst) zu suchen ist, sondern daß 2 Tim sich sogar ausgezeichnet in dieses Briefcorpus einfügt.

Es gibt immer wieder Stimmen, die die literarische Besonderheit von 2 Tim zu wenig beachtet sehen und die nachzuweisen versuchen, daß für 2 Tim ein anderer Verfasser als für 1 Tim und Tit anzunehmen sei. Als wesentliches Argument zugunsten dieser Einschätzung gilt die Beobachtung, daß in 2 Tim im Vergleich zu den beiden anderen Briefen, in denen der Apostelschüler jeweils mit einer konkreten Aufgabe in topographisch umgrenzten Gebieten betraut wird (vgl. 1 Tim 1,3: Wirken gegen Falschlehrer in Ephesus; Tit 1,5: Einsetzung von Ältesten in allen Städten Kretas entsprechend dem Auftrag des Paulus), deutlich anders gesprochen wird. M. Prior nennt als Unterschiede das Fehlen einer vergleichbaren Betonung der verschiedenen Ämter in den Gemeinden, das Fehlen einer antijüdischen Polemik, die Aufforderung an Timotheus, zu kommen, und die Befürchtungen um dessen Glauben und die Treue zu seiner Berufung, schließlich das den Brief bestimmende Motiv des Leidens[8]; er will deshalb zwar für 1 Tim und für Tit die Möglichkeit einer pseudepigraphischen Entstehung zugestehen, sieht aber in 2 Tim einen authentischen Brief des Paulus, verfaßt in seiner (ersten) Gefangenschaft in Rom[9]. Da Paulus überzeugt gewesen sei, aus dieser römischen Gefangenschaft wieder freizukommen (wofür insbesondere mit 4,6 argumentiert wird), habe er ein Team für die in den nächsten Jahren durchzuführende missionarische Tätigkeit zusammengestellt (vgl. die Aufforderung an Timotheus „komme bald" [4,9] sowie den Wunsch „bringe den Markus mit dir" [4,11])[10]. Gegenüber der Erklärung zu den Past insgesamt, daß deren Besonderheit im Vergleich zu den übrigen Paulusbriefen begründet sei in dem doppelten Privatcharakter – Paulus schreibe sie im Unterschied zu den anderen Briefen ohne Sekretär und sie seien gerichtet nicht an Gemeinden, sondern an Einzelpersonen[11] –, macht A. Weiser zu Recht darauf aufmerksam, daß in diesem Fall „die inhaltlichen Differenzen", insbesondere in Ekklesiologie, Soteriologie und Ethik, weiterhin bestehen und einer Erklärung bedürfen[12].

---

[7] Vgl. dazu in HThK XI, 2/1 S. XXIV–XXVII. – Im Unterschied zu dieser Position hat P. Hofrichter, Strukturdebatte 113f, für 2 Tim einen eigenen Verfasser postuliert, der sich von seinen drei Vorgängern – dem Verfasser von Tit, dem von 1 TimA (= 1 Tim 1–3) und dem von 1 TimB (= 1 Tim 1–3+4–6) – durch theologische und ekklesiologische Akzente abhebe.
[8] Vgl. M. Prior, Paul 64–67.168.
[9] M. Prior, Paul 84.89f.
[10] Zur ausführlichen Begründung der These, daß Paulus aus der Gefangenschaft in Rom, wie sie Apg 28 dargestellt wird, wieder freigekommen sei, vgl. M. Prior, Paul 61–90; zur Auslegung von 4,6 als Ausblick auf die bevorstehende „Freilassung" (ἀνάλυσις) ebd. 91–112.
[11] Vgl. M. Prior, Paul 50f.57–59.
[12] A. Weiser, Rez. zu M. Prior: ThLZ 115 (1990) 430.

Auf M. Prior aufbauend, hat J. Murphy-O'Connor weitere Gesichtspunkte zusammengestellt, die die unterschiedliche Prägung von 1 Tim und Tit auf der einen Seite und 2 Tim auf der anderen Seite belegen: die Adressatenangaben, die Christologie, den Verkünder des Evangeliums („minister of the gospel"), das Evangelium, die Irrlehrer. Deshalb ist es s.E. nicht möglich, „that 2 Tim should have been composed by the author of 1 Tim and Titus"; 2 Tim zeige eine größere Nähe zu Paulus, und auch wenn daraus noch nicht auf eine Abfassung durch Paulus selbst geschlossen werden könne, so sei doch die Konsequenz, „that the authenticity of 2 Tim must be debated in isolation from that of 1 Tim and Titus"[13].

(3) Gegenüber den vorgestellten Urteilen, die mit Verweis auf die Differenz von 2 Tim gegenüber 1 Tim und Tit nicht nur einen anderen Autor für 2 Tim, sondern nach Möglichkeit sogar Paulus als Verfasser belegen wollen, ist jedoch weiterhin auszugehen von der Abfassung der drei „Briefe" durch einen einzigen Autor – der nicht mit Paulus identisch ist! – sowie von der Zusammengehörigkeit zu einem Briefcorpus, wie sie v.a. von P. Trummer begründet und von anderen Autoren übernommen worden ist[14]. Die Tatsache, daß zwei der „Briefe" an denselben Adressaten gerichtet sind und gleichzeitig doch erhebliche Unterschiede aufweisen, ist geradezu eine Aufforderung, nach den Gründen dafür zu fragen. Diese Verpflichtung bestünde im übrigen auch für den Fall, daß man 2 Tim auf den historischen Paulus zurückführen und gleichzeitig annehmen wollte, daß ein Christ der nachpaulinischen Zeit ebenfalls einen „Brief" an „Timotheus" verfaßt hat (zusammen mit dem an „Titus"), der einerseits die Adressatenangabe kopiert, andererseits in der Sache von der Vorlage abweicht. Im Gegensatz zu den oben angeführten Auswertungen der Unterschiede zwischen 2 Tim und den beiden anderen Schreiben aus der Gruppe der Past, daß daraus auf unterschiedliche Verfasser zu schließen sei, ist mit H. v. Lips es nicht nur „wichtig", sondern m.E. auch für den Charakter als pseudepigraphische „Briefe" sogar unumgänglich, „daß die drei Briefe je ihre Eigenart haben und sich so(!) insgesamt zu einem wohl konzipierten Ganzen zusammenfügen"[15]. Und die daran angeschlossene Erklärung, daß die (bei H. v. Lips kurz skizzierten) „unterschiedlichen theologischen Schwerpunkte" einem jeden dieser Schreiben „seine Eigenheit" geben und so „die bewußte Zuordnung von Verschiedenem zu einem Ganzen erkennen" lassen[16], gilt es in der Exegese zu belegen.

---

[13] J. Murphy-O'Connor, 2 Timothy 405–418.
[14] Vgl. P. Trummer, Corpus paulinum 125; vgl. auch HThK XI, 2/1 S. XXVI. Der „Vorteil dieser Bezeichnung" als „Corpus pastorale" liegt nach H.v. Lips, Von den „Pastoralbriefen" 63, darin, daß durch die Anknüpfung an die traditionelle Bezeichnung „Pastoralbriefe" zum einen die Bedeutung der Bezeichnung „auf Anhieb verständlich" ist und daß zum anderen deutlich wird, „daß es sich um ein Briefcorpus handelt, das nun zunächst den Paulusbriefen als eigene Größe gegenübersteht und erst in zweiter Linie in seiner Zuordnung zu diesen Briefen bestimmt werden kann".
[15] H. v. Lips, Von den „Pastoralbriefen" 64.
[16] H. v. Lips, Von den „Pastoralbriefen" 64f.

(4) Diese Feststellungen zum besonderen literarischen Charakter von 2 Tim führen zu der Frage, ob darin auch ein Hinweis auf die zeitliche Abfolge der Abfassung der Past oder sogar für eine vom Verfasser intendierte Abfolge der Lektüre und der Interpretation liegt. Der Testamentscharakter von 2 Tim mit dem Ausblick auf den bevorstehenden Tod des Paulus kann so ausgelegt werden, daß damit das Corpus pastorale, in welchem mit 1 Tim und Tit die Aktivitäten der Paulusschüler und -nachfolger in der Erfüllung der ihnen vom Apostel übertragenen Aufgaben aufgezeigt werden, abgeschlossen werden soll[17]. Auf diese Weise bekommt 2 Tim eine Funktion, die ihn einerseits durch die gemeinsame Adressatenangabe ganz an 1 Tim anbindet, die andererseits auch in bezug auf Tit zu sehen ist. Die dem „Timotheus" übertragene Aufgabe der Gemeindeverwaltung, wie in 1 Tim dargestellt, erhält durch die testamentarische Verfügung seitens des „Paulus" in 2 Tim ihre letztgültige Autorisierung[18]. Unter derselben Verpflichtung der testamentarischen Bestimmung steht dann auch „Titus". Die im Kanon vorliegende Reihenfolge entspricht somit auch der vom Verfasser intendierten Abfolge und Beziehung, mit 2 Tim in der Mitte; sie ist in der Kommentierung also auch aus inneren Gründen beizubehalten[19].

2. Anschrift und Gruß (1,1–2)

1,1 Paulus, Apostel Christi Jesu durch den Willen Gottes entsprechend der Verheißung des Lebens in Christus Jesus, 2 an Timotheus, (sein) geliebtes Kind: Gnade, Erbarmen und Friede von Gott dem Vater und von Christus Jesus, unserem Herrn.

I

Das Schreiben setzt ein mit dem für die Briefliteratur v.a. bei Paulus geläufigen Präskript in der dreigliedrigen orientalischen Briefform. Trotz der Bindung an die Konvention hat der Autor, wenn auch sparsam, wieder von der Möglichkeit

---

[17] Vgl. die Beurteilung der Funktion von 2 Tim bei M. WOLTER, Pastoralbriefe 20f. 240f.
[18] P. TRUMMER, Corpus paulinum 129, verbindet den Testamentscharakter von 2 Tim mit dem Ausblick auf den Tod mit der Absicht des Autors, „daß damit eine weitere pseudepigraphische pln Literaturproduktion ... verunmöglicht wird". Die Bezeichnung von 2 Tim als des Paulus „last will and testament to the church" bei J. R. W. STOTT, Message 18, ist verknüpft mit der Annahme, Paulus selbst habe diesen Brief unter dem Eindruck des nahen Todes geschrieben.
[19] R. J. KARRIS, Past 3f, stellt – unter Zugrundelegung des pseudepigraphischen Charakters der Past – die Auslegung von 2 Tim an den Anfang, u. a. aufgrund der praktischen Erwägung, daß 1 Tim und Tit aufgrund ihrer Gemeinsamkeiten näher zusammengerückt werden sollten, aber auch wegen der besonderen Betonung der Stellung des Paulus in 2 Tim. Die in einigen Kommentaren vorgenommene Umstellung, die 2 Tim an die letzte Stelle rückt, ist darin begründet, daß dessen Abfassung durch Paulus in die *zweite* römische Gefangenschaft verlegt wird, kurze Zeit vor seinem Tod (im Jahre 67?) (vgl. dazu C. SPICQ, Past 124–146; P. DORNIER, Past 13f; G. W. KNIGHT, Past 53f).

Gebrauch gemacht, die Paulus schon stark genutzt hatte, bereits im Präskript eigene Akzente zu setzen. Einerseits zeigt das Präskript, formal und inhaltlich gesehen, große Ähnlichkeit mit 1 Tim 1,1 f: Paulus wird in seiner Stellung und Funktion als Apostel vorgestellt; die Beziehung zum Adressaten Timotheus wird durch dessen Anrede als „geliebtes Kind" unterstrichen. Zugleich aber sind Unterschiede zur Einleitung von 1 Tim zu erkennen, die nicht nur mit dem Interesse an sprachlicher Abwechslung zu erklären sind.

II
1   Wie schon in 1 Tim tritt nur Paulus als Absender auf, und er stellt sich ausdrücklich als Apostel vor. Der Verfasser legt Wert darauf, daß die kommenden Anordnungen und Anweisungen, aber auch die autobiographischen Darstellungen unter dieser Perspektive der von Paulus geltend gemachten Autorität seiner apostolischen Beauftragung gelesen werden. Damit wird von vornherein klargestellt, daß es sich nicht um eine bloß persönliche Korrespondenz zwischen Paulus und seinem Schüler Timotheus handelt. Daß der Autor den Aposteltitel bei Paulus bewußt setzt und sich nicht etwa nur am Vorbild der echten Paulinen orientiert, zeigt sich in der näheren Bestimmung des Titels. Zwar stimmt die Ableitung aus dem „Willen Gottes" überein sowohl mit der Selbstvorstellung des Paulus in 1 Kor 1,1 und 2 Kor 1,1 als auch mit der Aufnahme durch die Deuteropaulinen (Eph 1,1; Kol 1,1) – insofern erscheint es berechtigt, in einem ersten Schritt die Interpretation von Paulus her zu entfalten –; den für unseren Vers bedeutsameren Vergleichspunkt gibt jedoch 1 Tim 1,1 ab. Während Paulus als Apostel eingeführt wird mit dem Zusatz (ἀπόστολος ...) κατ' ἐπιταγὴν θεοῦ (σωτῆρος ἡμῶν καὶ Χριστοῦ Ἰησοῦ τῆς ἐλπίδος ἡμῶν), steht in 2 Tim 1,1 (ἀπόστολος ...) διὰ θελήματος θεοῦ (κατ' ἐπαγγελίαν ζωῆς τῆς ἐν Χριστῷ Ἰησοῦ. Die unterschiedliche Begründung des Aposteldienstes, einmal „im Auftrag Gottes" (ἐπιταγή), einmal in seinem „Willen" (θέλημα), ist nicht als eine bloß sprachliche Variante zu vernachlässigen, sondern hat einen sachlichen Grund in dem „unterschiedlichen literarischen Charakter der Briefe und ihre(r) Intention"[1]. Mit ἐπιταγή ist verbunden „die Einsetzung in ein Amt", die Übertragung einer Funktion; der „Auftrag" hängt weniger an der Person als vielmehr an der mit dem Auftrag gegebenen Bestimmung[2]. Und dazu paßt, daß in 1 Tim und Tit im Anschluß an das Präskript jeweils die den beiden Apostelschülern übertragenen Aufgaben an ganz konkreten Orten benannt werden (1 Tim 1,3; Tit 1,5).

In der Verbindung mit θέλημα liegt dagegen der Akzent auf der Person des Apostels und auf seiner Berufung. In dem Verweis auf den Willen Gottes ist auch eine gewisse Parallelität zum paulinischen Apostolatsverständnis erkennbar (vgl. Röm 1,10; 15,32). Für eine Konkretisierung und Spezifizierung dieses Zusammenhangs von „Wille Gottes" und dem Verständnis von Apostel in

---

[1] M. WOLTER, Pastoralbriefe 149. Vgl. auch die Überlegungen bei Y. REDALIÉ, Paul 134f.
[2] Vgl. M. WOLTER, Pastoralbriefe 151 f, mit außerbiblischen Belegen.

2 Tim ist jedoch weder der Bezug auf das authentische Paulus-Zeugnis ausreichend, noch sind allgemeine Überlegungen hilfreich[3]. Zu bedenken ist insbesondere die oben angesprochene Verschiebung vom Aspekt der autoritativen „Beauftragung" (ἐπιταγή)[4] hin zum Moment der Erwählung mit der stärkeren Betonung des von Gott Erwählten, also des personalen Elementes bei der Wahl des Begriffes θέλημα.

Eine Eingrenzung auf diesen Gesichtspunkt einer Hervorhebung der Person des (von Gott) Erwählten, hier also auf den Apostel Paulus, ist jedoch nicht zu rechtfertigen; denn in dem Verweis auf den Willen Gottes ist ein weit umfassenderer Bezug angesprochen. Diese weiter reichende Bestimmung von θέλημα θεοῦ ist zu erfragen in zwei Richtungen: einmal durch einen Blick auf den unmittelbaren Kontext, zum anderen durch die Mitberücksichtigung des Kontextes im weiteren Sinn, speziell im Vergleich mit 1 Tim.

Zuerst zum engeren Kontext: Der Wille Gottes, auf den der Autor den Apostel Paulus sich berufen läßt, ist mit einer eindeutigen heilsgeschichtlichen Bestimmung versehen. Wenn „Paulus" als der von Gott erwählte Apostel sich vorstellt, dann gehört dazu, daß er auch von der Botschaft spricht, zu deren Verkündigung er als Apostel auserwählt worden ist, nämlich zur Verkündigung der Verheißung des Lebens in Christus Jesus[5]. Mit ζωή ist umfassend Bezug genommen auf das Geheimnis des Heils, das in Christus Jesus offenbart worden ist. Dieses aus dem Willen Gottes, aus seinem Heilswillen kommende „Leben" bestimmt nicht nur die Gegenwart der Gläubigen, sondern zielt auf eine von Gott noch zu schenkende Erfüllung. Auf diese Fülle verweist die Verbindung mit ἐπαγγελία. Das Moment des Zukünftigen bleibt hier jedoch unbetont. Mit der Einbindung des paulinischen Apostolates in den Dienst an der Verheißung ist auch eine Einbindung des Apostels in die Gemeinschaft der Kirche gegeben. Im Kontext von V 1 ist das Moment der „Erwählung", ausgedrückt durch die Verbindung mit θέλημα θεοῦ, zwar in besonderer Weise auf die *Person* des Apostels bezogen; gleichzeitig aber wird in der Näherbestimmung des Willens Gottes durch die in Christus Jesus in Erfüllung gegangene Verheißung die Gemeinschaft der Glaubenden angezielt und so die auch durch die Gemeinde geprägte Ausrichtung des Apostelamtes.

---

[3] Nach M. Wolter, Pastoralbriefe 150.152, wird im Begriff θέλημα „die aller menschlichen Planung und Aktivität vorgängige und überlegene Bestimmung allen Geschehens" zum Ausdruck gebracht. In bezug auf den Apostel Paulus führt Wolter weiter aus, daß dieser „nicht aus eigener oder anderer Menschen Vollmacht Apostel ist, sondern daß sein Apostolat als Bestandteil der göttlichen Weltordnung anzusehen ist, wie sie dem Willen Gottes entspricht", ja daß „seine Berufung zum Apostel als Bestandteil der übergreifenden göttlichen Weltlenkung dargestellt und legitimiert wird".
[4] Vgl. M. Wolter, Pastoralbriefe 150f: „Zum einen beschreibt ἐπιταγή anders als θέλημα stets einen sprachlichen Kommunikationsvorgang, nämlich das ἐπιτάσσειν. Zum anderen schließt ἐπιταγή dort, wo sich der Begriff auf die Einsetzung in ein Amt oder ähnliches bezieht, immer einen konkreten Auftrag ein, ist also nicht nur personal-, sondern vor allem aufgabenorientiert."
[5] Vgl. N. Brox, Past 223: Die Formulierung „Verheißung des Lebens" ist „als Kurzformel für den Inhalt der Verkündigung des Paulus zu verstehen".

Der Bezug auf die dem Apostel übergebene Verkündigung und damit auf die Glaubensgemeinschaft der Gemeinden wird bestätigt durch einen Blick auf 1 Tim. Der Wille Gottes, aufgrund dessen „Paulus" sich zum Apostel berufen weiß (1 Tim 2,7), wird dort im Zusammenhang eines bekenntnishaften Textes, der auf traditionelle Formeln zurückgreift, näher erläutert; das Bekenntnis zu Gott als „unserem Retter" wird expliziert in dem Satz, daß er der ist, „der will (θέλει), daß alle Menschen gerettet werden und zur Erkenntnis der Wahrheit gelangen" (1 Tim 2,3 f). Mit dem Willen und d. h. dem Heilswillen Gottes verbunden, steht der Apostolat des Paulus immer auch im Dienst der Verkündigung (vgl. auch 1 Tim 4,10).

Während bei ἐπιταγή stärker das autoritative Gegenüber zur Gemeinde angezielt ist, steht bei der Zuordnung des Apostolates durch θέλημα θεοῦ zusammen mit dem Gedanken der besonderen Erwählung die Solidarität mit den Glaubenden und die *daraus* resultierende Verpflichtung zur Verkündigung im Vordergrund.

2   Wieder wird der Adressat, Timotheus, nicht nur genannt, sondern, wie in den beiden anderen Schreiben des Textcorpus der Past, in seiner Beziehung zu Paulus charakterisiert. Genauso wie in 1 Tim 1,2 und wieder in Tit 1,3 wird mit der Anrede „Kind" die besondere Nähe zwischen dem Apostel und seinem Schüler betont. Insgesamt gesehen ist die Parallelität zu 1 Kor 4,17 unverkennbar, wo Paulus vor der korinthischen Gemeinde Timotheus als τέκνον ἀγαπητὸν καὶ πιστὸν ἐν κυρίῳ lobt. Auch da dient die Apposition dazu, die Autorität des Mitarbeiters als vom Apostel selbst legitimiert zu unterstreichen. Die Funktion des vom Apostel an die Gemeinde gesandten Boten ist die eines mit aller Vollmacht ausgestatteten Vertreters des Apostels[6]. Durch die Übernahme in das Präskript erfährt die Charakterisierung des Apostelschülers und fiktiven Briefempfängers als „Kind" in den Past im Vergleich zu 1 Kor eine stärkere Akzentuierung.

Auch mit der Bezeichnung als „*geliebtes* Kind" in 2 Tim 1,2 partizipiert der Adressat „Timotheus" an dem Rang und an der Stellung, mit welcher der „Absender" sich nachdrücklich vorstellt, nämlich als Apostel. Im Unterschied zu 1 Tim 1,2 und Tit 1,4 läßt der Autor den Apostel aber nicht das Adjektiv γνήσιος (= rechtmäßig) verwenden, womit die Legitimation des Apostelschülers und -nachfolgers im Blick auf seine verantwortliche Stellung für die

---

[6] Zu dieser Stelle aus 1 Kor ist eine kurze Zwischenbemerkung notwendig: Aufgrund der genannten Bedeutung der Zuordnung von Apostel und Apostelschüler erscheint es problematisch, aus dieser Bezeichnung des Timotheus als „Kind" zu schließen, dieser sei von Paulus „sehr abhängig" gewesen und hinter dieser Darstellung eines Vater-Sohn-Verhältnisses stecke „die Tragik einer ewigen Kindheit". Dies läßt sich ebensowenig mit dem Anspruch einer sozialpsychologischen Studie zu Paulus erklären wie die folgende Verhältnisbestimmung: „Mit Paulus und Timotheus hatten sich offensichtlich jemand, der einen treuen geistigen Sohn zur Selbstbestätigung brauchte, und jemand, der das Selbständigwerden scheute, gesucht und gefunden und ein komplementäres Verhältnis par excellence gebildet; jeder braucht den anderen zur Definition der eigenen Rolle": W. REBELL, Gehorsam und Unabhängigkeit. Eine sozialpsychologische Studie zu Paulus (München 1986) 76.79 f.

Gemeinde und ihren Glauben unterstrichen wird, sondern das Adjektiv ἀγαπητός. Der Verfasser will damit kaum auf eine „herzliche und aufrichtige Zuneigung" zwischen Paulus und Timotheus hinweisen[7], sondern er will die besondere Stellung dessen in der Gemeinde herausstellen, der die apostolische Kontinuität garantiert[8]. Insofern enthält die Erklärung für die hier gewählte Anrede, es gehe dabei um die „kirchenrechtliche Legitimierung des leitenden Amtes"[9], einen für das Selbstverständnis und den Anspruch des Verfassers wichtigen Akzent.

Die Verlagerung des Gewichtes von der Gesamtgemeinde in den echten Paulusbriefen hin zu den für den Glauben und das Leben der Gemeinde Verantwortlichen in den Past belegt auch ein vergleichender Blick auf das Präskript des Röm, wo nicht eine Einzelperson, sondern die Gemeinde von Paulus gegrüßt wird als „die von Gott Geliebten" (Röm 1,7).

Der Wechsel von γνήσιος zu ἀγαπητός ist auch in Verbindung zu sehen mit dem erwähnten unterschiedlichen Charakter von 2 Tim und dessen Ausrichtung auf die Situation des „Paulus" und die dadurch gegebene paradigmatische Bedeutung seines Geschickes für den Nachfolger. Bereits hier wirkt sich die in 2 Tim vorausgesetzte und einige Male zur Sprache gebrachte besondere Lage des Apostels aus: er ist gefangen, er erwartet den Tod.

Der Segenswunsch nennt wie 1 Tim 1,2 „Gnade, Erbarmen und Friede". Es zeigt sich darin die Abhängigkeit von einem bereits traditionell gewordenen christlichen Sprachgebrauch. Paulus bevorzugt die zweigliedrige Formel „Gnade und Friede" (vgl. Röm 1,7; 1 Kor 1,3; 2 Kor 1,2; Phil 1,2; 1 Thess 1,1; sowie in den Deuteropaulinen: Eph 1,2; Kol 1,2; 2 Thess 1,2; aber auch Tit 1,4). „Gnade" und „Friede" sind zu sehen im Zusammenhang der übergreifenden soteriologischen Ausrichtung der Past, hier in V 1 ausgesprochen in der Einbindung des apostolischen Dienstes in die „Verheißung des Lebens in Christus Jesus"; und in denselben Zusammenhang gehört auch der Zuspruch des „Erbarmens". Daß dieser Segenswunsch mit Gott als dem Vater und dem Kyrios Jesus Christus verbunden wird, entspricht ebenfalls einem schon gefestigten christlichen Sprachgebrauch.

III

Das Präskript, welches der Verfasser für 2 Tim wählt, ist einerseits bestimmt von der Orientierung an der traditionellen Briefeinleitung, die von den Briefen des Paulus her für die nachpaulinische Zeit und insbesondere auf den „Paulinismus" der Deuteropaulinen einen prägenden Einfluß hatte[10]. Die Selbstvorstellung als „Apostel" in V 1 und der darin dokumentierte Vollmachtsanspruch sind

---

[7] Diese Deutung bei F. J. Schierse, Past 98.
[8] Die „Nähe zum Apostel" wie die „Abhängigkeit von ihm" finden darin ihren Ausdruck; vgl. H. Merkel, Past 54.
[9] V. Hasler, Past 55.
[10] Zum „Paulinismus" der deuteropaulinischen Schriften vgl. A. Lindemann, Paulus 114 bis 149; zu den Past 134–149.

gut paulinisch. Durch die Adressierung an eine Einzelperson erhält diese Selbstbezeichnung aber eine anders akzentuierte Bedeutsamkeit. Es wird (im Vergleich zu den echten Paulusbriefen) nicht nur die Autorität des Absenders, also des Apostels Paulus, betont; auch der namentlich genannte Briefempfänger wird aus der Masse der Gemeindechristen herausgehoben und exklusiv an der vom Apostel beanspruchten Vollmacht und Autorität beteiligt. Dem entspricht, daß mit der Anrede „geliebtes Kind" auch die Beziehung zwischen dem Apostel und seinem Schüler und Nachfolger stärker herausgestellt wird. Man könnte sagen, daß der Verfasser nicht nur den hohen Rang des Apostels Paulus betonen wollte, sondern auch die apostolische Bevollmächtigung des Timotheus. Die Anrede als „geliebtes Kind" garantiert die Kontinuität des apostolischen Vermächtnisses auch nach dem Tod des Apostels[11].

Die enge Verbindung zwischen Apostel und Apostelschüler bzw. Apostelnachfolger kommt auch zum Ausdruck in der Bestimmung des Apostolates. Mit dem Verweis auf den Willen Gottes wie auch durch die Entfaltung mit der Formel „Verheißung des Lebens" wird nicht nur die Bestimmung durch Paulus angezielt; es steht vielmehr die Gegenwart der nachapostolischen Gemeinde vor Augen: Der den Apostel erwählende Wille Gottes ist sein universaler Heilswille; die Verheißung des Lebens nimmt Bezug auf die konkrete Situation der Gemeinde, wo gerade die mit der Verkündigung dieser Heilsbotschaft Betrauten angesprochen werden.

Letzteres scheint hier besonders bedeutsam zu sein. Mit der Beachtung der vom Verfasser durch verschiedene Stichworte hergestellten Beziehung sollte die Auslegung vor der Gefahr bewahrt werden, zu einseitig nur das Verhältnis zwischen „Paulus" und seinem „Schüler" und „Nachfolger" ins Auge zu fassen. Dieses ist ohne Zweifel wichtig und ein zentrales Anliegen des Verfassers der Past – aber eben im Blick auf den allumfassenden Heilswillen Gottes einerseits und auf die Verkündigung der darin gegebenen Verheißung des Lebens in der Gemeinde und für die Gemeinde andererseits.

3. Danksagung an Gott für den Glauben (1, 3–5)

3 Dank sage ich Gott, dem ich von den Vorfahren her mit reinem Gewissen diene, da ich unablässig die Erinnerung an dich festhalte in meinen Gebeten bei Nacht und bei Tag. 4 Ich sehne mich danach, dich zu sehen, da ich mich deiner Tränen erinnere, damit ich mit Freude erfüllt werde; 5 ich habe deinen ungeheuchelten Glauben in Erinnerung, der zuerst in deiner Großmutter Lois und in deiner Mutter Eunike gewohnt hat; ich bin aber überzeugt, daß er auch in dir ist.

---

[11] Vgl. dazu M. WOLTER, Pastoralbriefe 240f.

2 Tim 1,3–5

I

Die bereits im Präskript im Vergleich zu 1 Tim und Tit erkennbare eigene Prägung des 2 Tim wird weitergeführt. Während in den beiden anderen „Briefen" der als Absender vorgestellte Apostel Paulus im Anschluß an das Präskript gleich auf die Aufgaben der beiden Adressaten in den ihnen anvertrauten Gemeinden (in Ephesus und auf Kreta) eingeht, fügt der Verfasser hier eine Danksagung ein, wie sie sowohl für die echten Paulinen (mit der aus der Situation der Gemeinden verständlichen Ausnahme des Gal) als auch für die Deuteropaulinen charakteristisch ist. Als Grund für den Dank an Gott verweist der Briefschreiber, in Übereinstimmung mit den authentischen Paulusbriefen, auf den Glauben des Briefadressaten, allerdings erst, nachdem er den Glauben von dessen Großmutter und Mutter gerühmt hat

Ein weiteres konstitutives Motiv für das Proömium ist der Verweis auf die andauernde Verbindung zwischen Absender und Adressat (formuliert mit ἀδιάλειπτον ἔχω τὴν περὶ σοῦ μνείαν), hier zur Verstärkung verbunden mit dem Wunsch des Wiedersehens. Das Thema der durch die Erinnerung aufrechterhaltenen Beziehung wird noch zweimal aufgegriffen, in V 4 mit μεμνημένος, in V 5 mit ὑπόμνησιν λαβών. Die Übereinstimmung in der Gestaltung des Proömiums mit dem paulinischen Briefstil, insbesondere mit Röm 1,8–11, ist kaum zufällig. Die Parallelität im Wortlaut ist am ehesten damit zu erklären, daß der Verfasser im Anschluß an den authentischen Paulus formuliert hat, wohl auch in der Absicht, auf diese Weise den Anspruch der Authentizität zu untermauern.

Röm 1,8–11: „Zuerst nun *danke ich* (εὐχαριστῶ) meinem *Gott* durch Jesus Christus für euch alle, daß euer *Glaube* verkündigt wird in der ganzen Welt. Denn mein Zeuge ist (der) Gott, dem ich in meinem Geiste *diene* (λατρεύω) im Evangelium von seinem Sohn, daß ich *unablässig* (ἀδιαλείπτως) an euch *denke* (μνείαν ὑμῶν ποιοῦμαι), allezeit in meinen Gebeten *bittend* (δεόμενος), ob es mir vielleicht einmal gelingen werde, entsprechend dem Willen Gottes zu euch zu kommen. Denn *ich sehne mich* danach (ἐπιποθῶ), euch zu *sehen* (ἰδεῖν) ...".

Die Parallelität in der Gestaltung und die sprachlichen Gemeinsamkeiten sprechen dafür, daß der Verfasser nicht nur allgemein paulinischen Briefstil nachahmen will, sondern daß er sich bewußt an der Paulus-Tradition des Röm orientiert[1].

---

[1] Vgl. F. J. SCHIERSE, Past 99: „wahrscheinlich"; eher zurückhaltend N. BROX, Past 225: es sei „nicht ausgeschlossen, daß V.3–5 in einer gewissen Anlehnung an Röm 1,8–11 konzipiert ist". Vgl. dagegen G. LOHFINK, Paulinismus 174: dem Verfasser der Past diente „für das Proömium des 2. Timotheusbriefs das des Römerbriefs als Vorbild". Röm 1,9–11 diente auch nach H. MERKEL, Past 55, dem Verfasser zwar „als Vorbild", wurde allerdings „mit einigen charakteristischen Modifikationen aufgenommen". Nach M. WOLTER, Pastoralbriefe 209, ist bei dem mit dem Motiv der Freude verbundenen Wiedersehenswunsch V 4 „eher mit einer allgemeinen Nachahmung paulinischen Briefstils als mit dem isolierten Rückgriff auf Röm 1,11" zu rechnen; dagegen spricht jedoch, daß auch für unseren Autor das paulinische Erbe in der festen Form der literarischen Prägung in (den) authentischen Paulusbriefen vorlag. Im Blick auf den „besonderen literarischen Funktionswert von 2 Tim 1,3–5 für den gesamten 2. Timotheusbrief, der sich in dieser Hinsicht von den beiden anderen Pastoralbriefen signifikant unterscheidet" (M. WOLTER, a.a.O. 214; vgl. 203–214), ist eine Orientierung an einem konkreten paulini-

Aber der Autor kopiert nicht einfach den Text aus dem Röm; er gestaltet ihn entsprechend der neuen Gemeindesituation der nachpaulinischen Zeit. Dies zeigt sich schon im Aufbau, in der Art und Weise, wie die einzelnen Motive angeordnet sind. Den Auftakt bildet die Danksagung, nicht wie bei Paulus mit εὐχαριστῶ formuliert, sondern mit χάριν ἔχω. Auch steht der Hinweis auf den Glauben im Unterschied zu Paulus am Schluß (V 5). Im ersten Teil wird, in Verbindung mit dem Dank an Gott, der schon in V 2 erkennbare, auf die Person bezogene Akzent aufgenommen und weitergeführt mit einer Bemerkung zur Sorge des Apostels um seinen Schüler. Diese personale Ausrichtung wird unterstrichen durch den Wiedersehenswunsch. Mit dem zweiten Partizip (V 5: ὑπόμνησιν λαβών), welches ἐπιποθῶν weiterführt, folgt eine den Text fast überfrachtende Wiederholung. Doch auf diese Weise erhält das abschließend damit eingeführte Stichwort πίστις besonderes Gewicht. Die Gestaltung mit der Verdoppelung des Motivs des „Gedenkens" verdient Beachtung, zumal dann, wenn man eine Abhängigkeit von der Form des Proömiums bei Paulus zugrunde legt; denn darin weicht 2 Tim 1,3–5 deutlich von Paulus ab.

Die verwendeten Motive – die Versicherung des andauernden Gedenkens und der Wunsch nach einem Wiedersehen – sind auch Teile der Topik des antiken Freundschaftsbriefes[2]; sie haben bereits Eingang gefunden in authentische Paulusbriefe (neben Röm 1,8–11 auch 1 Thess 1,2f; 3,6; Phil 1,8; 4,1; vgl. noch Eph 1,16).

Im Vergleich zu 1 Tim und Tit zeigt sich der besondere Charakter von 2 Tim auch in dieser Ausdrucksweise, welche die Beziehung zwischen Absender und Adressat stark betont. Während in den beiden anderen Schreiben die durch den Weggang des Apostels notwendig gewordene Eigenständigkeit und Verantwortlichkeit des mit bestimmten Aufgaben vertrauten Schülers in der Gemeindearbeit betont wird, steht hier die bleibende Bindung zwischen dem Apostel und Timotheus im Vordergrund[3]. Es ist aber zugleich unverkennbar, daß die Betonung einer eher emotionalen Bindung im Grunde dazu führt, daß die Distanz zwischen Briefabsender und Briefadressat und die Aussichtslosigkeit, diese zu überwinden, stärker ins Bewußtsein gerückt werden.

Die Beziehung zwischen „Paulus" und „Timotheus" soll aber nicht als eine auf die persönliche Ebene begrenzte und exklusiv diese beiden auszeichnende Besonderheit dargestellt werden, sondern sie erhält dadurch, daß als Objekt des Sich-erinnerns des Apostels πίστις genannt wird (V 5; vgl. auch 1 Thess 1,3), eine sachbezogene Bestimmung. Es entspricht der Struktur des Proömiums, daß vom Glauben des Adressaten gesprochen wird, wobei dieser Glaube mit dem Adjektiv „ungeheuchelt" (vgl. 1 Tim 1,5) noch betont wird. Dieses Urteil eröffnet die Möglichkeit einer differenzierenden Bewertung der Bewährung im

---

schen Text sogar passend. Das schließt nicht aus, daß auch für den Verfasser die Bedeutung dieser Formulierung durch das Zeugnis anderer Paulusbriefe noch unterstrichen worden ist.
[2] Vgl. dazu M. WOLTER, Pastoralbriefe 203–214, mit Beispielen aus der antiken Umwelt.
[3] Vgl. dazu M. WOLTER, Pastoralbriefe 213, der die programmatische Bedeutung des ganz auf die „Koinonia" zwischen Paulus und Timotheus konzipierten Proömiums darauf gerichtet sieht, in das Thema des Briefes einzuführen, nämlich die an Timotheus ergehende Aufforderung „zur Bewahrung der κοινωνία mit dem gefangenen und in den Tod gehenden Apostel".

Glauben und kann – vom aktuellen Anliegen des Verfassers her – verstanden werden als Fingerzeig, daß mit der größeren Autorität auch der Anspruch an den verantwortlichen Repräsentanten der Gemeinde wächst. Der Hinweis auf den „Glauben" eröffnet zugleich die Möglichkeit, den Blick über den Apostelschüler hinaus auf die Gemeinschaft der Glaubenden zu richten. So gewichtig der Glaube des Apostelnachfolgers und Gemeindeleiters ist, so bedeutsam ist auch die Erinnerung daran, daß „Timotheus" als Zeuge des wahren und rechten Glaubens mit diesem seinem Glauben eingebunden ist in eine ihn tragende Tradition und Gemeinschaft.

Solche Einbindung in einen Traditionszusammenhang kennzeichnet das ganze Proömium in 2 Tim. Einleitend hatte „Paulus" sich und seine Treue zu Gott ausdrücklich in Verbindung mit seinen Vorfahren gestellt; und am Schluß erscheint Timotheus durch den ihn auszeichnenden Glauben mit Großmutter und Mutter in eine Generationenfolge eingeordnet. Damit wird eigentlich der Rahmen gesprengt, der mit der Charakterisierung von 2 Tim als einer Art testamentarischer Verfügung vorgegeben war; denn nun wird zusätzlich den Vorfahren Aufmerksamkeit geschenkt. Hier kommt ein für die Past insgesamt sehr wichtiges Moment zur Geltung, nämlich der Traditionsgedanke.

II
3   In der Dankesformel nimmt der Verfasser eine Tradition auf, die schon für die Paulusbriefe charakteristisch war. Im Sprachgebrauch besteht jedoch ein Unterschied. Während für Paulus die Formulierung mit εὐχαριστῶ kennzeichnend ist (so Röm 1,8; 1 Kor 1,4; Phil 1,3; Phm 4) bzw. der Plural εὐχαριστοῦμεν (1 Thess 1,2; auch Kol 1,3 und ähnlich – εὐχαριστεῖν ὀφείλομεν – 2 Thess 1,3) und in 2 Kor 1,3 der Dank an Gott mit εὐλογητός umschrieben ist (ähnlich Eph 1,3), schreibt der Verfasser in 2 Tim: „ich sage Gott Dank" (χάριν ἔχω τῷ θεῷ). Läßt sich dazu mehr sagen, als daß „mindestens keine sklavische Imitation der uns bekannten Paulusbriefe" vorliegt[4]? Zur Erklärung könnte man auf die Parallele 1 Tim 1,12 verweisen, wo in der Einleitung zum biographischen Rückblick der Dank an Jesus Christus ebenfalls formuliert ist mit χάριν ἔχω. Nach C. Spicq liegt der Grund für die Wahl dieser Wendung sowohl in 1 Tim 1,12 als auch im Proömium von 2 Tim darin, daß die Formel χάριν ἔχω in der Koine geläufig war[5]. Dann aber steht immer noch zur Erklärung an, warum der Verfasser, wenn er (wie unterstellt) Röm 1,8–11 gekannt und z. T. übernommen hat, nicht auch (wie Paulus) εὐχαριστῶ schreibt.

Ein erster Grund für die Bevorzugung von χάριν ἔχειν gegenüber dem Verbum εὐχαριστεῖν ist ganz sicher darin zu sehen, daß dieses Wort εὐχαριστεῖν in der nachpaulinischen Tradition auf dem Weg über die Abendmahlsüberlieferung einen festen Platz zur Bezeichnung der Feier der christlichen Gemeindeversammlung angenommen hatte, vergleichbar dem Substantiv εὐχαριστία, welches bei den Apostolischen Vätern schon

---
[4] M. Dibelius – H. Conzelmann, Past 72.
[5] C. Spicq, Past 701; vgl. ders., Lexique 1646–1649.

zum terminus technicus für das Herrenmahl geworden ist[6]; solch liturgische Prägung beim Substantiv εὐχαριστία ist auch in 1 Tim 2,1 und 4,3f bereits erkennbar.

Ein zweiter Grund mag darin liegen, daß mit dem Wort εὐχαριστεῖν in einer besonderen Weise das Moment der Gemeinschaft verknüpft ist. Das zeigt sich in dem charakteristischen Gebrauch bei Paulus. Wenn der Apostel Gott gegenüber den Dank ausspricht für den Glauben einer Gemeinde, dann ist das der Dank dafür, daß jene die Verkündigung seines Evangeliums gläubig angenommen und in ihm Bestand hat. In der Danksagung steht der Apostel gewissermaßen in der Mitte der Gemeinde, und er spricht zusammen mit der gläubigen christlichen Gemeinde Gott seinen Dank aus. Für den paulinischen Sprachgebrauch ist wichtig, daß mit dem Motiv des Dankes immer der Hinweis auf die Gemeinde verknüpft ist. Man kann sagen: Wenn Paulus in seinen Briefen Gott gegenüber den Dank formuliert, dann hat er die Gemeinde als von ihm angesprochenes Gegenüber im Blick. Wenn dagegen der Autor von 2 Tim an dieser Stelle Paulus Gott Dank sagen läßt, dann geht es vorrangig um „Paulus" und um sein Gottesverhältnis.

Es ist beachtenswert, daß der Hinweis auf den Glauben des Timotheus davon abgesetzt erst am Ende des Proömiums steht und dort nicht als Objekt des Dankens des Apostels aufgeführt ist, sondern als Gegenstand der Erinnerung. Diese im Vergleich mit den paulinischen Briefen bemerkenswerte und aufgrund der Kenntnis derselben durch den Verfasser der Past sicher nicht zufällig zustande gekommene Verlagerung innerhalb des Proömiums ermöglicht zusätzlich eine Steigerung der Profilierung des Absenders „Paulus"; er dankt Gott dafür, daß *er* sich von seinen Vorfahren her eines reinen Gewissens rühmen darf. Eine weitere Konsequenz ist eine schärfere Akzentuierung der Abhängigkeiten: Nach den Past ist „Paulus" *Gott* gegenüber zu Dank verpflichtet; dem Timotheus schenkt *Paulus* seine herzliche Zuneigung, sein Gebet und sein Gedenken. Darin zeigt sich erneut das Interesse der Past, die besondere Bedeutung des Paulus in jeder Hinsicht zu unterstreichen.

Auch bei dem Wort χάρις ist gegenüber Paulus, bei dem dieser Terminus „am klarsten sein Verständnis des Heilsgeschehens ausdrückt"[7], ein Bedeutungswandel eingetreten. Die das paulinische Verständnis prägende Zusammengehörigkeit mit πίστις und die darin verankerte Zuordnung zur Charakterisierung des Heilshandelns Gottes für die Menschen in Jesus Christus fehlt in den Past beinahe ganz und scheint nur auf, wenn auf Formelgut zurückgegriffen wird (vgl. 1,9). Aber Paulus kennt auch die allgemeine Bedeutung „Dank" in der Wendung χάρις τῷ θεῷ (vgl. Röm 6,17; 7,25; 1 Kor 15,57; 2 Kor 8,16; 9,15). Für die Einleitungswendung in V 3 ist deshalb neben der Abhängigkeit vom allgemein üblichen profanen Sprachgebrauch auch eine Orientierung an Paulus nicht auszuschließen.

Außer im Proömium steht χάριν ἔχω noch, wie erwähnt, 1 Tim 1,12, zu Beginn der Schilderung der „Bekehrung" des Paulus. Auch dort geht es um eine besondere, für den Paulus der Past reservierte Beziehung zu Gott. Damit kann der Gebrauch von χάριν ἔχω die Tendenz bestätigen, daß das Hauptinteresse auf der Gestalt des Apostels und *seiner* Gottesbeziehung liegt.

Die Konzentration auf den fiktiven Briefautor Paulus wird durch die folgende Bestimmung noch unterstrichen. „Paulus" erzählt weiterhin von sich, von

---

[6] H. Patsch, EWNT II 221.
[7] H. Conzelmann, ThWNT IX 383.

seinem vorbildhaften Verhalten. Er spricht zuerst davon, daß *er* Gott „dient". Das Verbum λατρεύειν kann verwendet werden zur Bezeichnung der Frömmigkeit des Menschen in einem allgemeinen und umfassenden Sinn. Der so eingeführte „Gottesdienst" des Paulus der Past erfährt dann eine vertiefende Entfaltung in zwei Richtungen; er steht darin in der Kontinuität mit seinen Vorfahren, und es ist dies ein Gottesdienst, der mit einem „reinen Gewissen" vollzogen wird. Beide Aussagen gehören zusammen und bedingen sich gegenseitig. Mit einem „reinen Gewissen" ist Gottesdienst nur dort gegeben, wo die Bindung an die Tradition, d. h. an die Glaubensüberzeugung der Vorfahren, gewahrt ist.

Die Parallelität zu V 5, der den Glauben des Timotheus ebenfalls in die Kontinuität mit seinen Vorfahren einordnet, ist für die Auslegung zu bedenken. Zwei Gesichtspunkte müssen dabei Berücksichtigung finden, die in einer gewissen Konkurrenz zueinander stehen. Zum einen geht es um die Profilierung der exklusiven Position des Paulus als alles überragendes Vorbild und als nicht zu ersetzende Autorität für spätere Generationen; zum anderen aber wird der Apostel auf eine Ebene mit seinem Schüler und Nachfolger und dadurch mit dem Gemeindevorsteher gestellt[8]. Diese Selbstvorstellung des „Paulus" als „von den Vorfahren her" frommer, mit einem „reinen Gewissen" Gott dienender Mensch steht in unübersehbarer Spannung zu dem biographischen Rückblick 1 Tim 1,12–16, wo „Paulus" sich als einstmaligen „Lästerer, Verfolger und Frevler" kennzeichnet (V 13). Wie können die beiden gegensätzlichen Aussagen von 1 Tim und 2 Tim miteinander in Einklang gebracht werden? Möglich ist dies bei Berücksichtigung der exklusiven Bindung der das Leben und den Glauben der Gemeinden betreffenden Fragen an die Person und die Autorität des Paulus. In 1 Tim 1,12–16 wird mit dem Hinweis auf das ihm von Gott geschenkte Erbarmen der durch das Christusereignis bedingte *Bruch* im Leben des Paulus betont; an ihm, der zuerst Sünder war, sind paradigmatisch das Erbarmen Gottes und die Großmut Jesu Christi offenbart worden. Im Unterschied dazu ist es hier in 2 Tim die *Kontinuität des Glaubens*, die im Leben und in der Frömmigkeit des Paulus aufgewiesen werden soll[9]. Es ist dabei nicht die Absicht des Verfassers, in einem allgemeinen und grundsätzlichen Sinn den bruchlosen Übergang von der jüdischen Glaubenstradition zum Glaubensbekenntnis der christlichen Gemeinden zu behaupten, der in der Person des Paulus festzumachen wäre[10]; für eine derartige personbezogene Demonstration der

---

[8] Vgl. dazu N. BROX, Past 225: „Daß Paulus dem Gott seiner Vorfahren dient, scheint zum Zweck der Parallelisierung zu Timotheus (V.5) und der Typisierung des Apostels gesagt zu sein."

[9] Vgl. N. BROX, Past 225: „Paulus repräsentiert einen exemplarischen und optimalen Glauben ...".

[10] Anders interpretiert B. KOWALSKI, Zitate 61 f, diese Stelle; ihres Erachtens wird „in 2 Tim 1,3–5 indirekt die Kontinuität zwischen der jüdischen und christlichen Religion betont". Die andernorts (vgl. zur Auslegung von 1 Tim 2,3–6) betonte Kontinuität im Heilswillen und Heilshandeln Gottes ist davon nicht betroffen.

heilsgeschichtlichen Kontinuität von der Offenbarungsgeschichte Israels zur Kirche ist auf das Paulusbild der Apostelgeschichte zu verweisen[11].

Die Funktion, die dem Apostel in dieser Selbstdarstellung in der Absicht der Past zukommt, ist zu bestimmen von der Ergänzung „in einem reinen Gewissen" her. Die Selbstvorstellung des „Paulus" hat ohne Zweifel das Ziel, daß er als Repräsentant eines vorbildhaften, nachahmenswerten *christlichen* Glaubens angesehen wird. Dazu dient die Bestimmung, daß er Gott gedient hat „in einem reinen Gewissen". Was das in bezug auf Paulus konkret bedeutet, das wird in diesem Vers nicht weiter ausgeführt. Wohl aber kommt an anderen Stellen immer wieder zur Sprache, wie sehr es für die Gläubigen darauf ankommt, mit einem „guten" bzw. einem „reinen" Gewissen zu leben[12]. Ein solches Gewissen ist Kennzeichen des „rechten Glaubens", wie die Belege in 1 Tim 1,5; 1,19; 3,9 zeigen[13]. Entsprechend ist Kennzeichen der Irrlehrer, daß sie in ihrem Gewissen „gebrandmarkt" sind (1 Tim 4,2), daß ihr Gewissen „unrein", „befleckt" ist (Tit 1,15). Da aber ein solch gutes Gewissen mit dem Glauben an Jesus Christus zusammenhängt, ergibt sich, daß an dieser Stelle der Verfasser die vorchristliche Zeit des Paulus einfach ausblendet und übergeht.

Die Spannung zu 1 Tim 1,12–16 bleibt bestehen und kann nur ausgeglichen werden durch die auch von den Past deutlich ausgesprochene Bedeutung des Paulus, daß Gott an ihm in einem umfassenden Sinn als „Urbild" gehandelt hat. An ihm hat Gott sein Erbarmen erwiesen (V 13); und er ist „der erste" der Sünder, die durch das Kommen Christi in die Welt gerettet worden sind, und der damit zum „Urbild" für alle Glaubenden geworden ist (VV 15 f). Deshalb, aber auch nur deshalb, kann seinem Glauben ohne Einschränkung Vorbildfunktion zugesprochen werden.

Diesem Gesamtkontext des Paulusbildes als Veranschaulichung der Heilswilligkeit Gottes und seines Heilshandelns in Jesus Christus ist der Hinweis auf die „Vorfahren" zuzuordnen. In der vorgestellten Position als vorbildlich Glaubender wird Paulus aus der Distanz der Past, also aus der Sicht der dritten christlichen Generation, betrachtet. Paulus selbst gehört ebenfalls schon zu den „Vorfahren", also zu denen, die sich im Glauben bewährt haben. Da es aber in den Past auch darum geht, die Christen zur Treue zu ermahnen, zum Festhalten an der Glaubensüberlieferung, die ihnen von ihren Vorfahren übergeben worden ist (vgl. 2 Tim 1,5), kann und muß Paulus auch hinsichtlich der Glaubens*treue* als Vorbild gezeichnet werden.

Mit dem Verweis auf die Vorfahren wird also die Bedeutung des Traditions-

---

[11] Vgl. F. J. SCHIERSE, Past 100. Vgl. auch H. MERKEL, Past 55: Die „lukanischen Aussagen sollen den heilsgeschichtlichen Zusammenhang zwischen Kirche und Israel herausstellen, der in den Pastoralbriefen nicht hervortritt".

[12] Daß die Röm 1,9 stehende Bestimmung des Dienstes des Paulus „ἐν πνεύματι" ersetzt wurde durch „ἐν καθαρᾷ συνειδήσει", zeigt nach H. MERKEL, Past 55: „die Aussage über die existenzielle Ergriffenheit des Paulus von der Evangeliumsverkündigung wird ins Moralische umgebogen, so daß sie nicht mehr den historischen Paulus charakterisiert, sondern vorbildhaft für alle Christen wirkt."

[13] Vgl. A. WEISER, Verantwortung 16 f.

gedankens in einem grundsätzlichen Sinne unterstrichen. Weil Paulus *in allem* paradigmatische Bedeutung zugesprochen erhält, deshalb muß er mit dem Verweis auf die Glaubenden „vor ihm" ebenfalls in diesen Traditionszusammenhang eingefügt werden. Entscheidend ist und bleibt dabei, daß „Paulus" sich als untadeliger, vorbildhafter Verehrer Gottes präsentiert, ohne daß in dieser Darstellung ein besonderes Interesse auf der Vergangenheit des Paulus im streng historischen Sinn liegt [14]. Die Rückführung der untadeligen Gottesverehrung des Paulus bis zu seinen Vorfahren ist ein Postulat des Traditionsgedankens.

Solche Zielsetzung des Verfassers bestätigt die unmittelbar angeschlossene Bezugnahme auf den Adressaten. Der betende Paulus wird in unablässiger Sorge um seinen Schüler vorgestellt. In der Zusicherung des (fiktiven) Absenders, daß er ständig an den Empfänger des Briefes denkt, greifen die Past erneut ein Motiv des antiken Freundschaftsbriefes auf [15]; in Übernahme einer sicherlich vorgegebenen Tradition (vgl. Phil 1,4) wird dieses Motiv konkretisiert mit dem Verweis auf die nicht unterbrochene Gemeinschaft im Gebet. So entsteht das Bild einer engen und herzlichen Verbundenheit des Apostels mit seinem Schüler und Nachfolger in der Gemeinde [16]. Zugleich aber wird betont, daß diese Verbundenheit nicht bloß in einer persönlichen, freundschaftlichen Beziehung ihren Grund hat; die Gemeinschaft von Apostel und Apostelnachfolger wird getragen vom gemeinsamen Glauben und von der gemeinsamen Verantwortung gegenüber Gott und seinem Willen, wie sie vorliegt in der von den Vorfahren überkommenen Glaubenstradition und damit auch (zumindest implizit ausgesagt) in der Verantwortung gegenüber der Kirche.

4   Dieser Vers ist geprägt von dem einleitend mit dem Partizip ἐπιποθῶν angeschlossenen Wunsch des Absenders, den Timotheus wiederzusehen. Auch darin ist, wie schon angesprochen, ein in antiken Freundschaftsbriefen geläufiger Topos aufgenommen [17], der im vorhergehenden Vers vorbereitet wurde durch den Hinweis auf das unablässige Gedenken. Es ist aber zu erinnern an das Vorbild der authentischen Paulusbriefe, wo dieser Wunsch nach einer Begegnung mit der Gemeinde mit ἐπιποθεῖν formuliert ist, sei es für ein Wiedersehen (1 Thess 3,6; Phil 1,8) oder sei es für eine erstmalige Begegnung (Röm 1,11).

Hierzu ist die Situation der Gemeinden am Ende des 1. Jahrhunderts in Erinnerung zu rufen. Auf der einen Seite lebt man in dem selbstverständlichen Bewußtsein, daß die Möglichkeit einer unmittelbaren apostolischen Weisung nicht mehr gegeben ist; gleichzeitig wird mit dem Wissen um diesen Abstand das Verlangen immer stärker, Leben und

---

[14] Vgl. V. HASLER, Past 56, mit dem Hinweis, daß sich „im gezeichneten Paulusbild die späteren Verhältnisse der Kirche (spiegeln), in der die fromme Familienverbundenheit von drei Generationen zu einem idealen tragenden Element des christlichen Selbstverständnisses geworden ist".
[15] Vgl. dazu M. WOLTER, Pastoralbriefe 206–209.
[16] Vgl. N. BROX, Past 225.
[17] Beispiele dafür bei M. WOLTER, Pastoralbriefe 209f; vgl. auch K. THRAEDE, Grundzüge 90f. 165–179.

Glauben der Gemeinden von der apostolischen Weisung bestimmen zu lassen. Das Interesse an der Orientierung am Apostel und das Gewicht eines entsprechenden Nachweises verstärkt sich mit dem Wachsen des zeitlichen Abstandes zur „apostolischen" Zeit. Indem der (fiktive) Briefempfänger Timotheus in die Gemeinde des Verfassers hineingestellt wird, kann die christliche Gemeinde bzw. können deren Repräsentanten in den Anweisungen, die auf die Fragen und Probleme dieser Gemeinden reagieren, auch in den Zuspruch und in die Mahnung des Apostels hineingenommen werden. Die Gemeinden und ihre führenden Repräsentanten erfahren sich, da der Apostel *ihre* Situation berücksichtigt, als von seinem Wort unmittelbar angesprochen und betroffen.

Die Aufnahme des Topos des Wiedersehenswunsches hat in den Past eine situationsbedingte Funktion; er wird geäußert im Wissen darum, daß der ausgesprochene Wunsch – im Unterschied zu den Belegen aus den Paulusbriefen – *nur* literarisch-fiktionalen Stellenwert hat. Die Künstlichkeit der Inszenierung ist im Kontext von 2 Tim mit den unterschiedlich formulierten Zukunftserwartungen – einerseits der Ausblick des „Paulus" auf sein baldiges Ende (vgl. 4,1–8), andererseits Anordnungen für eine neue Zusammenkunft (vgl. 4,9–12) – deutlich greifbar[18]. Das stellt uns vor die Aufgabe, den Stellenwert dieser Notiz auch im Bereich der literarischen Fiktion des Briefes bzw. in den konkreten Problemen der Gemeinden der nachpaulinischen Zeit der Past festzumachen. Für die Gemeinden, an die der Paulus der Past sich wendet, reicht es nicht mehr aus, auf das enge persönliche Verhältnis zwischen den historischen Gestalten Paulus und Timotheus hinzuweisen; denn diese Beziehung zwischen dem Apostel und dem Apostelschüler spielt im Sinne einer die beiden persönlich betreffenden Besonderheit geschichtlich keine Rolle mehr. Der Verfasser muß die ekklesiologische Relevanz dieser – d. h. besser: der von ihm dargestellten – Beziehung für seine Gemeinden einsichtig machen.

Dafür ist bedeutsam, daß der „Apostel" mit seinem Wunsch nach einem Wiedersehen ein im Vergleich zu seiner Zeit zukünftiges Geschehen ins Auge faßt. Er hebt mit dem Ausblick in die „Zukunft" den zeitlichen Abstand zu den in diesen „Briefen" angesprochenen Gemeinden zumindest partiell auf; denn von der für Paulus hier vorausgesetzten Lage, nämlich von seiner Gefangenschaft und dem Ausblick auf den bevorstehenden Tod her, schaut er aus auf die Zeit, die danach kommt. Und in dieser von „Paulus" anvisierten Zukunft, in der die Ereignisse von Gefangenschaft und Tod des Apostels im Gedenken gegenwärtig sind, wissen sich die Gemeinden der Past. Es ist nicht zufällig, daß aus dem Blickwinkel des Paulus formuliert ist („ich sehne mich danach, dich zu sehen") und nicht aus der Sicht des Briefempfängers (etwa: ich wünsche, daß du zu mir kommst)[19].

---

[18] Wir müssen allerdings auch sehen, daß manche Brieftopoi schon bei Paulus ein gewisses Eigenleben entwickelt haben, so daß sie nicht mehr wörtlich zu verstehen sind; dies mag auch gelten für die Notiz Gal 4,20 „Ich wollte, ich könnte jetzt bei euch sein und in anderer Weise mit euch reden ...". Auch für das sog. πόθος-Motiv verweist K. THRAEDE, Grundzüge 165–170, darauf, daß es in spätantiken Briefen schon zur konventionellen Geste geworden ist.
[19] Dem widerspricht auch nicht, daß später, in Kap. 4, zweimal die Aufforderung an Timotheus ergeht, schnell zu kommen (4,9.21); denn dort wird auf die Gefangenschaft des Paulus Bezug genommen.

2 Tim 1,3–5

Für die Gemeinden des Pseudo-Timotheus, d. h. für die Gemeinden der nachpaulinischen Zeit, die sich in den geschilderten Verhältnissen und Problemen wiedererkennen, ist mit dem Wunsch des Apostels, den in dieser Gemeinde agierenden Nachfolger wiederzusehen, die zeitliche Distanz aufgehoben. Die angeschlossenen Präzisierungen, in denen mit dem Rückblick auf die Tränen des Timotheus und mit dem Ausblick auf die ihn erfüllende Freude dieser Wunsch bekräftigt wird, zeigen, daß alles aus der Sicht des Paulus in den Blick genommen werden soll.

Aufgrund des fiktiven Charakters der zugrundegelegten Briefsituation mit der räumlichen Distanz und der daraus resultierenden Wünsche und Zukunftspläne des Paulus erscheint es relativ unwichtig bzw. sogar problematisch, nach dem historischen Ort der Tränen des Timotheus suchen zu wollen, auf die der Verfasser hier Paulus Bezug nehmen läßt.

Derartige Fragen beschäftigen verständlicherweise in stärkerem Maße diejenigen Exegeten, die von der Authentizität der Past ausgehen. So meint beispielsweise G. Holtz: „Man möchte an die letzte Abschiedsszene denken."[20] Mit der Bestimmung der vorgestellten Situationen als „fiktiver Rahmen, innerhalb dessen die theologische und kirchliche Absicht des Autors ihre Ausdrucksmöglichkeiten findet"[21], werden solche Überlegungen zwar noch nicht als völlig haltlos ausgewiesen; denn es ist damit noch nicht ausgeschlossen, daß der Verfasser sich auf eine ihm vorgegebene Quelle stützen konnte. Dafür käme am ehesten eine Erzähltradition in der Form von Apg 20,37 in Frage, wo die Abschiedsrede des Paulus in Milet abgeschlossen wird mit der Reaktion der Anwesenden: „Und alle brachen in lautes Weinen aus, fielen Paulus um den Hals und küßten ihn." Sehen wir aufgrund der immer wieder erkennbaren literarischen Fiktion von der Annahme ab, Timotheus könne auf eigene Erinnerung an diese Abschiedssituation zurückgreifen[22], dann bleiben noch zwei Möglichkeiten: Der Verfasser greift entweder auf „eine konkrete Überlieferung" zurück[23], oder aber er kennt die in Apg 20,37 bezeugte Tradition und überträgt sie auf das Verhältnis Paulus – Timotheus. Beim zweiten Vorschlag ist aber zu bedenken, daß ein besonderes Interesse des Verfassers, Timotheus in bestimmten Situationen der Vita Pauli anwesend sein zu lassen, sonst nicht erkennbar ist. Es fehlt auch jegliche Festlegung auf eine bestimmte Szene aus dem Leben des Paulus bzw. des Timotheus. Auch wenn man im Blick auf V 5 annehmen will, daß Traditionen über Timotheus vom Verfasser aufgegriffen werden konnten – was allerdings zu hinterfragen sein wird – , so kann man doch dies nicht ohne weiteres übertragen auf die kurze Notiz von den Tränen.

Aufgrund der nicht zu bezweifelnden Funktion dieses erzählerisch beliebig einsetzbaren Details im Rahmen der brieflichen Fiktion in den Past im allgemei-

---

[20] G. Holtz, Past 154. Als „Krönung" der Szene kann man mit A. T. Hanson, Past 120, die Darstellung von C. Spicq, Past 704, bezeichnen, der Timotheus angesichts der Verhaftung des Paulus durch die kaiserliche Polizei in Tränen ausbrechen läßt. Ähnlich „rekonstruiert" aber auch J. N. D. Kelly, Past 156, eine Abschiedsszene in Ephesus, als Paulus in seine zweite Gefangenschaft nach Rom gebracht wurde.
[21] N. Brox, Past 226.
[22] So aber etwa E. F. Scott, Past 89; J. R. W. Stott, Message 28; H. Bürki, 2 Tim 22; D. Guthrie, Past 136. Angesichts der Annahme pseudepigraphischer Abfassung der Past überrascht die Formulierung bei U. Borse, Past 77: „Die Tränen seines Gefährten, vermutlich in der Stunde des Abschieds, sind ihm noch gut im Gedächtnis".
[23] So N. Brox, Past 226; für möglich hält dies auch A. T. Hanson, Past 120.

nen und in 2 Tim im besonderen scheint ein Verzicht auf die Identifizierung eines historischen oder literarischen Anknüpfungspunktes geboten. Die Erklärung für den Hinweis auf die Tränen ist aus der (fiktiven!) Briefsituation zu geben. Der Autor will das enge Verhältnis zwischen Paulus und Timotheus bzw. zwischen dem Absender und dem sein Werk fortsetzenden Empfänger darstellen; und im Anschluß an das in V 2 vorgestellte Vater-Sohn-Verhältnis wird die Bindung des Apostelschülers an seinen Lehrer durch dieses Bild vom Lehrer, der sich der Tränen seines Schülers erinnert, noch verstärkt.

Etwas überraschend, zumindest nach dem Hinweis auf die Tränen des Timotheus, folgt dann der ἵνα-Satz, der wieder bezogen ist auf den Absender und seine Reaktion: „damit *ich* mit Freude erfüllt werde". Dies entspricht allerdings der schon angesprochenen alles bestimmenden Ausrichtung auf die Person des Paulus. Hier spielt schon die im „Brief" später zur Sprache kommende Gefangenschaft des Paulus mit herein.

5 Die Perspektive des Apostels bleibt auch in diesem Vers weiterhin bestimmend. Mit πίστις wird das Stichwort eingeführt, das dem „Timotheus" im Blick auf die ihm von „Paulus" übertragene Aufgabe, wie sie gleich im folgenden Abschnitt geschildert wird, in gleicher Weise als Auszeichnung wie als Forderung vor Augen gestellt wird. Das Autoritätsgefälle vom Apostel zu seinen Schülern bleibt gewahrt. Der Glaube des Timotheus wird aus der Sicht des Paulus als Gegenstand seiner Erinnerung ins Gespräch gebracht. Und „Paulus" fällt auch das Urteil; er bescheinigt seinem Schüler und Nachfolger, wie er 1 Tim vorgestellt worden ist (1 Tim 1,3), daß sein Glaube „ungeheuchelt" ist. Dieselbe Verbindung steht auch schon 1 Tim 1,5. Die Bedeutung dieser Qualifizierung wird aus dem dortigen Kontext klar: Der „ungeheuchelte Glaube" wird zusammen mit „Liebe aus einem reinen Herzen" und einem „guten Gewissen" den Irrlehrern gegenübergestellt; diese Bestimmungen sind folglich Kennzeichen der Gemeindemitglieder, denen Rechtgläubigkeit bescheinigt wird. Die gebrauchte Wendung „ungeheuchelter Glaube"[24] zeigt, daß der Verfasser – wie die Gemeinden der Past – bewegt ist von der Frage nach dem *rechten* Glauben. Es steht nicht mehr die Frage der Begründung des Glaubens oder einer noch ausstehenden inhaltlichen Füllung im Mittelpunkt, sondern das Problem der Garantie einer zuverlässigen Bewahrung des Glaubensgutes.

In diesem Kontext ist auch das Zeugnis über den Glauben des „Timotheus" zu sehen. Dieser Glaube erhält eine Bewertung von zwei Seiten her. Auf der einen Seite steht das Zeugnis des Apostels; dieser attestiert ihm einen „ungeheuchelten", d. h. den wahren Glauben. Auf der anderen Seite steht die Feststellung, daß er mit seiner Glaubensüberzeugung in Übereinstimmung steht mit der Tradition

---

[24] Zum Bedeutungsunterschied in der Verwendung des Adjektivs ἀνυπόκριτος bei Paulus sei verwiesen auf Röm 12,9 und 2 Kor 6,6, wo ἀνυπόκριτος in Verbindung mit ἀγάπη gebraucht wird. Im NT steht das Adjektiv noch Jak 3,17 (verbunden mit σοφία) und 1 Petr 1,22 (mit φιλαδελφία).

2 Tim 1,3–5

der Glaubensüberlieferung vor ihm. Bereits bewährte Repräsentantinnen dieses Glaubens sind seine Großmutter und seine Mutter; nicht nur in zeitlicher Hinsicht, sondern auch in der Bewertung wird Timotheus diesen nach- und untergeordnet. Sein Glaube wird an der Übereinstimmung mit dem ihrigen gemessen.

Für eine sachgerechte Bewertung dieser auf den ersten Blick beeindruckenden Detailkenntnisse des Verfassers hinsichtlich der Namen der engsten Angehörigen des Timotheus ist die Funktion solcher Einordnung des Glaubens des Timotheus zwischen Apostel und Familientradition im Blick auf die Gemeinden der Past zu bedenken. Es ist in Erinnerung zu rufen, daß der pseudepigraphische Charakter der Past in zweifacher Hinsicht gegeben ist. Nicht nur der Absender, auch der Adressat ist fiktiv. Die Bedeutung des Timotheus ist nicht aus der Vergangenheit her zu bestimmen, sondern wird durch die Gegenwart, d. h. die Zeit der Past, festgelegt. Was von Timotheus gesagt wird und was zu ihm gesprochen wird, das gilt der Gemeinde der Zeit des Autors bzw. den in diesen Gemeinden verantwortlichen Leitern und Vorstehern. Das Interesse für Timotheus und für alles, was mit ihm zusammenhängt, hat seinen Ausgangspunkt und folglich auch seinen Bezugspunkt in den christlichen Gemeinden der Zeit der Past. Dem entsprechend werden sein Leben und sein Glaube, seine Nöte und die an ihn gerichteten Anweisungen, sein Verhalten und auch seine persönlichen Verhältnisse so vorgestellt, daß die Christen gegen Ende des 1. Jahrhunderts sich darin wiedererkennen können. Aus diesen Bedingungen heraus ist auch der Stellenwert der Personenangaben zu bewerten.

Damit ist noch nicht ausgeschlossen, daß dem Verfasser Informationen zur Verfügung gestanden haben *können*, die diesen Timotheus und seine Familie näher kennzeichneten. Die beste und in allen Belangen zuverlässigste Quelle sind ja die Paulusbriefe, deren Kenntnis wenigstens zum Teil vorauszusetzen ist. Es ist auch nicht auszuschließen, daß der Verfasser Traditionen kannte, wie sie in Apg 16 überliefert sind. Dort wird auf die Mutter des Timotheus verwiesen und von ihr gesagt, daß sie eine gläubige Jüdin war; nicht genannt wird jedoch ihr Name.

Doch bleiben wir bei den Aussagen der Past und ihrem Anliegen. Wenn hier die Mutter und die Großmutter des Timotheus namentlich vorgestellt werden und ihnen das Zeugnis des rechten Glaubens ausgestellt wird, wenn sodann dieser Glaube, nach der Überzeugung des „Paulus", in „Timotheus" weiterhin lebendig ist, dann sind auch diese biographischen Angaben zu Mutter und Großmutter im Dienst der Begründung des Urteils über „Timotheus", daß er den „ungeheuchelten", d.h. den rechten Glauben bewahrt hat, zu sehen und zu bewerten. Eines ist in jedem Fall wichtig, daß nämlich mit dem Verweis auf die Großmutter und auf die Mutter zwei Repräsentantinnen der beiden Generationen vor Timotheus genannt sind. Doch wie steht es mit den Namen? Sie könnten fehlen, ohne daß der Argumentationsgang gestört würde. Es ist also zu fragen, ob es sich dabei um besondere Überlieferungen und Zeugnisse über die familiären Verhältnisse des Timotheus handeln muß, auf welche der Verfasser sich stützen konnte, so daß von der Zuverlässigkeit dieser Angaben auszugehen wäre[25]. Zugunsten dieser Annahme könnte geltend gemacht werden, daß ein besonderes Interesse der Past an den beiden Frauen und ihrer persönlichen Situation nicht erkennbar ist. Dann aber ist weiter zu fragen, warum der Verfas-

---

[25] Mit solcher zuverlässiger Tradition scheint u. a. auch zu rechnen N. BROX, Past 226f.

ser nicht auf die Nennung der Namen verzichtet hat. Das Vorkommen in ihm vorliegenden Überlieferungen (deren Charakter im übrigen wenigstens andeutungsweise zu klären wäre) genügt dafür nicht.

Diese Überlegungen führen zurück zur Frage, ob nicht auch die persönlichen Angaben zum „fiktiven Rahmen" zu rechnen sind, so daß die Namen der Frauen als „novellistisches Detail ohne Möglichkeit eines historischen Nachweises" zu bewerten sind[26].

Die von V. Hasler formulierte Nachfrage zur historischen Zuverlässigkeit der biographischen Angaben gibt nun die Möglichkeit, verstärkt nach der Intention des Autors zu fragen und nach den für ihn ausschlaggebenden Gründen für diese Namensnennungen. Es wurde bereits oben zu V 3 (im Zusammenhang des argumentativen Rückgriffs des Pseudo-Paulus auf die πρόγονοι) darauf hingewiesen, daß es dabei nicht um eine verifizierbare genealogische Ableitung geht, sondern daß mit diesem Verweis auf die „Vorfahren" die Bedeutung des Traditionsgedankens unterstrichen werden soll. Das gleiche gilt für diese Angaben zu Timotheus, die jetzt seine Vorfahren im engeren Bereich der Familie betreffen. Entscheidend ist in der brieflichen Konstellation die Gestalt des Timotheus; und πίστις wird von ihm her eindeutig als *christlicher* Glaube festgelegt[27]. Der Verfasser stellt in seiner literarischen Fiktion, hier verdeutlicht mit der namentlichen Nennung der Großmutter und der Mutter, den Timotheus in seine eigene Zeit, nämlich in die der dritten christlichen Generation[28]. Mit dem Rückgriff auf die Großmutter und die Mutter wird im Sinne der genealogischen Abfolge der Glaube des Timotheus noch präziser und noch beeindruckender in eine ihn tragende und zugleich legitimierende Traditionskette eingefügt. Es wird nicht zufällig die Reihenfolge betont: Der Glaube hat *zuerst* (πρῶτον) in der Großmutter und in der Mutter gewohnt[29]; und erst dann äußert der fiktiv urteilende Paulus die Zuversicht, daß es bei Timotheus – und nun darf man ergänzen: *jetzt* – auch so ist.

---

[26] So V. HASLER, Past 56. Die von Hasler geäußerten Zweifel an der Authentizität kann man keinesfalls als „absurdly sceptical" abtun, wie es A. T. HANSON, Past 120, macht; er setzt dagegen das Postulat: „it is a part of the author's authentic historical tradition. He knew the names of Timothy's mother and grandmother, and that they had been converted from Judaism to Christianity".

[27] Dagegen findet N. BROX, Past 227, im Stichwort „Glaube" eine „nahtlose Kontinuität zwischen Judentum und Kirche" bezeugt. Doch es geht in den Past nur um den einen Glauben, in welchem die Vermittlung des universalen Heilswillens Gottes gebunden ist an die Selbsthingabe Jesu Christi „für alle" (vgl. 1 Tim 2,4–6).

[28] Vgl. dazu auch Y. REDALIÉ, Paul 108f. Obwohl auch N. BROX, Notizen 79–82, die Bedeutung der (zugunsten des pseudepigraphischen Charakters von 2 Tim auszuwertenden) Personalbezeichnungen in V 5 in Zusammenhang mit der Glaubenssituation der Kirche der Past sieht, „die schon eine nennenswerte christliche Vergangenheit kennt" und für die das „Ideal christlichen Glaubens (Bewährung, Festigkeit, Erbe der Vorfahren) ... schon in Paulus und Timotheus verkörpert" ist, sind s.E. die Vorfahren nicht nur des „Paulus" (V 3), sondern auch des „Timotheus" (V 5) „als Juden zu denken".

[29] Irgendwelche Rückschlüsse auf die geschichtlichen Verhältnisse im Zusammenhang der Annahme des christlichen Glaubens durch die Familienmitglieder des Timotheus (vgl. dazu C. SPICQ, Past 706; auch J. N. D. KELLY, Past 157) lassen sich nicht ziehen.

Beachtet man diese Funktion des Rückgriffs auf die „Vorfahren" des Timotheus[30], dann erscheint es vorstellbar, daß der Verfasser mit einer namentlichen Benennung der beiden Personen die Bedeutung der über Generationen zurückreichenden Bezeugung der Glaubensüberlieferung besonders betonen wollte. In einer Zeit, in der die Frage nach dem *rechten* Glauben schon so aktuell geworden ist, daß der Rückgriff auf ein klärendes und wegweisendes Wort mit apostolischer Autorität für notwendig erachtet wird, gibt der Verweis auf bewährte Traditionen und deren namentlich bekannte Trägerinnen Halt und Sicherheit. Übereinstimmung mit der Tradition ist Gewähr für den rechten, den ungeheuchelten Glauben. Wie der Verweis auf die πρόγονοι bei *Paulus* so ist der biographische Rückblick bei seinem Schüler *Timotheus* mit der namentlichen Nennung seiner Großmutter und seiner Mutter und dem Hinweis, daß zuerst in ihnen dieser jetzt bei Timotheus feststellbare Glaube lebendig war, „ein literarisches Stilmittel"; es spiegeln sich darin „die späteren Verhältnisse der Kirche" wider, „in der die fromme Familienverbundenheit von drei Generationen zu einem idealen und tragenden Element des christlichen Selbstverständnisses geworden ist"[31].

Auf dem Hintergrund dieser aktuellen Ausrichtung ist bedeutsam, daß ἐν σοί betont am Ende des Proömiums steht. In der Person des vom Apostel legitimierten und bestätigten Glaubenszeugen und Verkünders kann die Gemeinde sich selbst in der Situation vielfältiger Anfechtung der Rechtmäßigkeit ihres Glaubens gewiß sein. Daß über den Adressaten im engeren und im weiteren Sinn, also Timotheus und die in ihm repräsentierten Gemeindeleiter, hinaus die christliche Gemeinde angesprochen ist, wird deutlich aus der Bestimmung als „ungeheuchelter Glaube". Bei diesem Urteil zur „Qualität" des Glaubens steht im Hintergrund die für die Zeit der Past aktuelle Frage nach den Kriterien, die eine Unterscheidung zwischen dem wahren und rechten Glauben und den Irrlehren zulassen (vgl. 1 Tim 1, 3–5; 4,1–3)[32]. Von diesem grundsätzlichen Interesse am Glauben her ist das abschließende ἐν σοί zu interpretieren. Der in der Briefsituation angesprochene Timotheus ist Repräsentant einer christlichen Generation, die schon zurückschaut auf den (christlichen!) Glauben der Eltern und Großeltern. Der in seiner Person angesprochene Glaube ist die kritische Norm für die Christen der Past; der Maßstab ist dabei für sie wie für „Timotheus" die Übereinstimmung mit der apostolisch legitimierten Glaubenstradition[33].

III
Dieser Textabschnitt wird aufgrund seiner Prägung durch persönliche Nachrichten bisweilen gegen die These von der pseudepigraphischen Abfassung der

---
[30] Warum der Verfasser kein männliches Mitglied benennt, kann unerörtert bleiben, da dies nur spekulativ zu klären wäre.
[31] V. HASLER, Past 56. Vgl. auch F. D. GEALY, Epistles 463.
[32] Vgl. H. v. LIPS, Glaube (66–)68.
[33] Vgl. dazu auch die Feststellung von G. KRETSCHMAR, Glaube 136, zum Gebrauch von πίστις in diesem Zusammenhang: „Solcher Glaube ist nicht Antwort auf die Verkündigung, nicht am einzelnen orientiert, sondern in der Gemeinschaft verbindende Wirklichkeit."

Past ins Feld geführt³⁴, und seine Informationen über die Familie des Timotheus werden z. T. als historisch zuverlässig betrachtet³⁵. Obwohl letzteres nicht mit Bestimmtheit ausgeschlossen werden kann, so ist doch für die Auslegung eine solche (immer noch mögliche) historische Basis bei Details (wie Personennamen) außer acht zu lassen. Es entspricht, insgesamt gesehen, den Past und ihrem Anliegen mehr, von der literarischen Fiktion in einem umfassenden Sinn auszugehen, einschließlich dieser Personennamen, die im Dienst der theologisch-paränetischen Zielsetzung des Verfassers stehen.

Die zugrundegelegte Stellung des Briefempfängers „Timotheus" wird auf eine zweifache Weise in Beziehung zur Gemeinde der Past gebracht. Er steht ihr einmal gegenüber als eine Autorität der Vergangenheit, insofern er als der unmittelbar von Paulus beauftragte und legitimierte Sachwalter der Glaubensüberlieferung auftritt. Dadurch, daß auch „Paulus" sich in eine bewährte Glaubenstradition einordnet, stellt er seinem Schüler und Nachfolger das Zeugnis aus, daß er – so er in dieser Tradition mit dem Apostel bleibt – auch des rechten Glaubens sicher sein darf. Dabei erfährt dieses formale Moment des Verbleibens in der Gemeinschaft mit und in der Kontinuität zum Apostel allerdings keine inhaltliche Konkretisierung.

„Timotheus" wird aber gleichzeitig vorgestellt als ein vorbildlicher Vertreter der christlichen Gemeinde in der Zeit der Past. Mit dem Verweis auf den ungeheuchelten Glauben seiner Großmutter und seiner Mutter wird er zusätzlich in einer vom *wahren* Glauben geprägten Generationenfolge vorgestellt³⁶. Der Rahmen der *christlichen* Glaubenstradition wird dabei jedoch nicht überschritten³⁷. Es spielt insgesamt, auch bei „Paulus" und dem Verweis auf seine „Vorfahren", die Frage nach der Relation des Evangeliums zur jüdischen Glaubenstradition keine Rolle mehr; denn diese ist faktisch durch den Anspruch der Christen entschieden, und die Kontinuität zur Gottesoffenbarung der jüdischen Tradition wird gewissermaßen als selbstverständlich vorausgesetzt³⁸. Das Problem ist jetzt die Bewahrung der Reinheit des Evangeliums. Und ein bedeutsames Kriterium ist dabei nach Darstellung unseres Autors die Kontinuität. Solche Kontinuität der Glaubenstradition ist einerseits gewährleistet durch die „offiziöse", apostolische Verbindung. Sie ist aber *jetzt* – d. h. in einer schon auf

---

³⁴ Vgl. J. N. D. KELLY, Past 157.
³⁵ So etwa E. F. SCOTT, Past 89: „This notice of Timothy's family is probable genuine, for even if the Epistle is not by Paul it yet dates from a time when memories of Timothy were still current in the Church".
³⁶ Vgl. P. TRUMMER, Paulustradition 125–127.129.
³⁷ Überlegungen zum Glauben der beiden Frauen als „gottesfürchtige jüdische Frauen" und zu ihren Messiaserwartungen (vgl. bei J. R. W. STOTT, Message 27; T. D. LEA – H. P. GRIFFIN, Past 185) haben im Text keinerlei Anhaltspunkte.
³⁸ Demgegenüber sieht B. KOWALSKI, Zitate 61–63, mit 2 Tim 1,3–5 „indirekt die Kontinuität zwischen der jüdischen und christlichen Religion betont", und zwar sowohl im Hinweis auf den (jüdischen) Glauben der „Vorfahren" (des Paulus) im Vergleich zum christlichen Glauben, als auch darin, daß „der vorbildhafte Glaube des Timotheus mit dem seiner jüdischen Mutter und Großmutter herausgestellt" wird.

(zumindest zwei) Generationen zurückblickenden christlichen Gemeinde – auch zu erkennen und zu überprüfen in den persönlichen und familiären Bindungen an bereits bewährte und anerkannte Glaubenszeugen. An diesem Punkt liegt, gerade auch unter Voraussetzung der Fiktionalität der Inszenierung, der Grund für die namentliche Vorstellung der Personen; an ihnen ist über die Generationen hinweg die Zuverlässigkeit der Glaubensüberlieferung festzumachen.

Was für die auf Timotheus hingeordneten Personen gilt, das gilt – in einer etwas differenzierten Art und Weise – auch für diesen selbst. Der schon im Präskript erkennbare Überstieg des personenbezogenen Rahmens wird weitergeführt. Bei aller, insbesondere durch die Adressierung und durch einige Attribute aufweisbaren Betonung der persönlichen Beziehung von Apostel und Apostelschüler wird bei der letztlich bedeutsamen Frage nach dem Glauben auch die christliche Gemeinde angesprochen, allerdings nicht mehr in der Gesamtheit, was für Paulus noch unverzichtbar war, sondern in der stellvertretenden Verantwortlichkeit der Gemeindeleiter. Daß es um *die Christen* der dritten christlichen Generation und um die sie bewegenden Fragen geht, macht der Verfasser literarisch äußerst geschickt dadurch deutlich, daß er auch den Briefempfänger „Timotheus" in *die dritte christliche Generation* stellt (vgl. bes. beim Stichwort πίστις!). Und dementsprechend kann der fiktiv sprechende Paulus der Großmutter und der Mutter den „ungeheuchelten Glauben" bezeugen (vgl. den Aorist ἐνῴκησεν), diesen Glauben aber dem Timotheus nur – wenn auch „vertrauensvoll" – wünschen. „Es ist das Ideal einer Kirche, die schon eine Vergangenheit des christlichen Glaubens kennt und eine hohe Wertschätzung für die Verwurzelung und Verwirklichung dieses Glaubens in den zwischenmenschlichen und familiären Ordnungen hegt."[39]

LITERATUR: C. SPICQ, „Loïs, ta grand'maman" (II. Tim., I, 5): RB 84 (1977) 362–364.

4. Ermahnung zu furchtlosem Zeugnis und zu Treue im Glauben (1, 6–14)

6 Deswegen erinnere ich dich, die Gnadengabe Gottes wieder zu entfachen, die in dir ist durch das Auflegen meiner Hände. 7 Denn Gott hat uns nicht einen Geist der Furchtsamkeit gegeben, sondern der Kraft, Liebe und Besonnenheit. 8 Schäme dich also nicht des Zeugnisses für unseren Herrn und auch nicht meiner, seines Gefangenen; trage vielmehr das Leiden für das Evangelium mit, entsprechend der Kraft Gottes, 9 der uns gerettet und mit heiligem Ruf berufen hat, nicht nach unseren Werken, sondern nach seinem Ratschluß und seiner Gnade, die uns in Christus Jesus gegeben ist vor ewigen Zeiten, 10 die jetzt aber offenbart worden ist durch die Erscheinung unseres Retters Christus Jesus, der den Tod vernichtet, Leben und Unvergänglichkeit ans Licht gebracht hat durch das Evangelium, 11 für wel-

---

[39] N. BROX, Past 227.

ches ich eingesetzt bin als Verkünder, Apostel und Lehrer. 12 Deswegen erleide ich auch dies; aber ich schäme mich nicht, denn ich weiß, auf wen ich mein Vertrauen gesetzt habe, und ich bin überzeugt, daß er die Macht hat, das mir anvertraute Gut zu bewahren bis zu jenem Tag. 13 Als Vorbild gesunder Lehren halte das fest, was du von mir gehört hast in Glaube und Liebe in Christus Jesus. 14 Bewahre das wertvolle anvertraute Gut durch den heiligen Geist, der in uns wohnt.

I

Der Textabschnitt setzt die von Beginn an erkennbare Ausrichtung auf die Charakterisierung der Beziehung des Apostels zu seinem Nachfolger fort. Bestimmend ist weiterhin das Vollmacht beanspruchende und Gehorsam einfordernde „ich" des Pseudo-Paulus. Diese Einseitigkeit der Beziehung wird deutlich bei der Betrachtung der beiden wichtigen Stichworte χάρισμα und παραθήκη. Das im Apostelschüler wirkende χάρισμα kommt vom Apostel; und es ist deshalb so zu verwalten, wie es vom Apostel beispielhaft vorgelebt wird, hier bezogen auf sein Leiden (VV 6–8). Aber auch als Verwalter des ihm von Gott anvertrauten Gutes (παραθήκη) steht der Apostel als Vorbild und als Garant der Wahrheit und Zuverlässigkeit (= Gesundheit) der Lehre vor seinem Nachfolger (VV 12–14).

Zwischen den auf die beiden Personen zugeschnittenen „Rahmentexten" VV 6–8 und VV 12–14 hat der Verfasser ein zumindest auf traditionellem Formelgut aufbauendes, bekenntnisartiges Stück eingeschoben. Allerdings weist auch dieser Mittelteil der VV 9.10 sprachlich und theologisch Eigenheiten unseres Autors auf, so daß, trotz der Abhängigkeit von Vorgaben, im Blick auf den Gesamttext seine theologische Intention zu bedenken ist.

Der Abschnitt ist klar gegliedert; dabei fällt auf, daß die Rahmentexte durch das bekenntnishafte Zwischenstück einerseits getrennt, andererseits übergreifend miteinander verknüpft sind. In den Einleitungs- und Schlußversen ist jeweils vom „Leiden" die Rede und davon, daß diese Leiden kein Grund sind, sich zu schämen (VV 8.12); außerdem wird gesprochen von dem „uns" gegebenen Geist (VV 7.14). Das Zwischenstück bietet dann eine inhaltliche Entfaltung des „Evangeliums", welches gerade in Verknüpfung mit dem Leiden vorgestellt wurde (V 8; vgl. aber auch wieder V 10fin)[1]. Die Auslegung muß entsprechend dieser Verknüpfung auf die gezielt durchgeführte inhaltliche Präzisierung des Auftrages des Apostels und des in seiner Nachfolge stehenden Trägers des (Amts-)Charismas achten.

Den Abschnitt bestimmen drei Stichworte, die einerseits untrennbar mit dem Apostel Paulus verbunden sind, andererseits aber in direkter Weise einen Bezug zum Briefempfänger und damit zur Situation der Gemeinde der Past herstellen:

---

[1] Zur Struktur des Abschnittes vgl. A. STÖGER, Wurzel 252f: „Die Anamnese hat ... einen Kern (2 Tim 1,9–11) und zwei Schalen (2 Tim 1,6–7.14 und 1,8.12–13)."

(1) τὸ χάρισμα τοῦ θεοῦ (V 6): es ist dem Paulus verdankt (durch das Auflegen seiner Hände), aber es ist auch „in dir";

(2) τὸ εὐαγγέλιον (VV 8.10): Paulus (ἐγώ!) ist in exklusiver Weise Verkünder, Apostel und Lehrer; das εὐαγγέλιον ist aber auch Botschaft vom Heil „für uns";

(3) ἡ (καλὴ) παραθήκη (VV 12.14): es ist die παραθήκη des Paulus (παραθήκη μου), und die normative Stellung des Paulus im Blick auf diese παραθήκη zeigt sich auch in der Wortverbindung λόγοι παρ' ἐμοῦ. Aber diese παραθήκη enthält auch den Auftrag an Timotheus: ὑποτύπωσιν ἔχε, φύλαξον.

Trotz gewisser Übereinstimmungen in der Art und Weise, wie Paulus in den authentischen Briefen sein persönliches Geschick, seinen Auftrag und seine Autorisierung als Verkünder des Evangeliums und den damit verbundenen Anspruch zur Sprache bringt[2], zeigen die Exklusivität der Beziehung zu „Timotheus", insbesondere beim Begriff χάρισμα, und die Verpflichtung auf die Bewahrung der παραθήκη deutliche Akzentverschiebungen. Die „Idee der apostolischen Sukzession" zeichnet sich ab[3].

II
6 Die einleitende Wendung „aus diesem Grund" (δι' ἣν αἰτίαν) bereitet der Auslegung einige Probleme.

O. Knoch bezeichnet diesen Anschluß als „jähe(n) Übergang" und beurteilt ihn als „nicht recht einsichtig"[4]; und auch F. J. Schierse meint, der Anschluß sei „merkwürdig", da ein logisch kausaler Zusammenhang mit dem Proömium nicht zu erkennen sei[5]. Demgegenüber findet J. N. D. Kelly die Verknüpfung der beiden Abschnitte ganz und gar passend („easy and natural"); die dem Timotheus bezeugte Festigkeit im Glauben ermögliche die nun folgende Mahnung[6].

Als Anknüpfungspunkt für den Kausalanschluß ist der gesamte Abschnitt der VV 3–5 anzusehen, in welchem die Einbindung sowohl des Apostels als auch seines Schülers und Nachfolgers in eine ihnen vorausgehende (christliche!) Glaubenstradition betont wird. Im Vordergrund steht weiterhin der Apostel, und konsequent dominieren die Hinweise auf seine Lage sowie die daraus für seinen Schüler resultierenden Aufgaben[7]. Der Verweis auf den Glauben des Timotheus ist darin ebenfalls ein zentrales Motiv, allerdings in Abhängigkeit von der ihm vorausgehenden Glaubensgeschichte. Der Bezug auf das unmittelbar zuvor in

---

[2] H. MERKEL, Past 56, verweist dazu u. a. auf 1 Thess 2,1–12; Gal 1,8–10; Phil 1,12–30; zu nennen wäre auch, mit negativem Vorzeichen, Gal 1,6–9.
[3] Vgl. G. STÄHLIN, Ruf 97.
[4] O. KNOCH, Past 52.
[5] F. J. SCHIERSE, Past 102.
[6] J. N. D. KELLY, Past 159; ähnlich N. BROX, Past 228.
[7] Der Zusammenhang wird nach M. WOLTER, Pastoralbriefe 213, sprachlich deutlich „durch die paronomastische Wiederaufnahme der Begrifflichkeit von 1,3–5 (μνεία, μιμνήσκομαι, ὑπόμνησις) in V. 6 (ἀναμιμνήσκω)"; vgl. auch C. SPICQ, Past 707.

V 5 genannte Stichwort „Glauben" ist insofern bedeutsam, als die dort bezeugte Gemeinschaft des Glaubens es nun ermöglicht, die Aufgaben für und die Anforderungen an „Timotheus" im Blick auf eben diesen Glauben zu präzisieren.

Dies geschieht zuerst einmal in der direkten Anrede. In dem Verbum ἀναμιμνῄσκω schwingt das Moment der Ermahnung mit[8], außerdem die Vorstellung von einer schon zurückliegenden Begebenheit und der jetzt erfolgenden Erinnerung. Auf diese Weise wird die Stellung des erinnernden Briefschreibers betont, und es klingt die Bedeutung der Tradition und damit der Gedanke der Sukzession im weitesten Sinn an.

Das wird dann noch deutlicher in der inhaltlichen Benennung dessen, woran der Adressat erinnert werden soll: die Gnadengabe Gottes, die er durch „seine" Handauflegung empfangen hat. Das angesprochene Charisma ist zwar gegenwärtiges Kennzeichen des Timotheus; wichtiger erscheint hier jedoch der Hinweis, daß es ihm durch Handauflegung übertragen wurde, und zwar von Paulus.

Zum Motiv der Weitergabe des χάρισμα, verbunden mit Handauflegung, ist als Parallele heranzuziehen 1 Tim 4,14; dort wird der Briefempfänger ebenfalls ermahnt, das ihm übertragene Charisma nicht zu vernachlässigen. Im Unterschied zum vorliegenden Text ist dort die Zuteilung des Charismas verknüpft mit der Handauflegung durch das Presbyterkollegium.

Zuerst ist aber die Bedeutung von χάρισμα zu bedenken, insbesondere im Vergleich mit und in Abgrenzung zu Paulus.

Mit χάρισμα bezeichnet Paulus im Blick auf die christlichen Gemeinden die unterschiedlichen, in einzelnen Personen wirksamen Geistesgaben, die auf das Zusammenleben der Gemeinde einwirken[9]. In diesen Charismen entfaltet und konkretisiert sich Gottes χάρις. Weil dieser Zusammenhang mit der von Gott geschenkten „Gnade" für die „Charismen" entscheidend ist, ist auch das „Charisma" immer nur als Geschenk von Gott her zu verstehen. Der einheitliche Quellgrund der „Charismen" der einzelnen Christen in der χάρις Gottes bewirkt, daß grundsätzlich jeder Glaubende den Geist und die Gnade Gottes besitzt und schon *dadurch* auf je eigene Weise dieses „Gnaden"-Geschenk verwirklicht. Aus einer solchen, unaufhebbaren Verbindung mit Gott und seinem Heilswillen (= χάρις) ergibt sich, daß der Glaubende die Geistesgabe nicht als nur ihm persönlich eigene und ihn auszeichnende Qualität empfangen hat; das Charisma bindet ihn vielmehr ein in die Gemeinschaft der Glaubenden. Der Ort der Charismen ist die Gemeinde; das Kriterium für ihre Wirksamkeit ist ihre Hinordnung auf das Ganze, verdeutlicht im Bild vom Leib (vgl. 1 Kor 12), bzw. in der Forderung der οἰκοδομή, der Auferbauung der Gemeinde[10].

Im Vergleich dazu hat sich die Bedeutung von χάρισμα in den Past entscheidend geändert[11]. Zwei Zusammenhänge kennzeichnen jetzt den Begriff: er wird

---

[8] Vgl. G. HOLTZ, Past 155; H. PATSCH, EWNT I 205.
[9] Dazu H. v. LIPS, Glaube 184–200. Zu χάρισμα bei Paulus vgl. auch U. BROCKHAUS, Charisma 128–202; J. HERTEN, Charisma – Signal einer Gemeindetheologie des Paulus: Kirche im Werden, 57–89; S. SCHULZ, Die Charismenlehre des Paulus. Bilanz der Probleme und Ergebnisse: J. FRIEDRICH U. A. (Hrsg.), Rechtfertigung (Festschr. E. Käsemann) (Tübingen/Göttingen 1976) 443–460; W. KLAIBER, Rechtfertigung 214–228.
[10] Vgl. dazu H. v. LIPS, Glaube 192; 190–196.
[11] Ausführlich dazu H. v. LIPS, Glaube 206–223.

nur noch bezogen auf den Amtsträger, und das Charisma ist verknüpft mit dem Akt der Handauflegung. Es ist deshalb gerechtfertigt, bezogen auf die Past von „Amtscharisma" zu sprechen[12]. Im Gegenüber zu Paulus ist somit das Charisma in den Past ganz eng charakterisiert und definiert mit folgenden Kennzeichen[13]: (1) Auch wenn es in der Gemeinde weiterhin unterschiedliche Dienste gibt, so ist doch χάρισμα jetzt beschränkt auf die Personen, die in den Gemeinden besondere Verantwortung tragen, sei es im Bereich der Verkündigung, sei es im Bereich der Gemeindeverwaltung. (2) Der Dienst der Gemeindeleitung bringt besondere Verantwortung und ist deshalb an besondere Bedingungen geknüpft. Die Übertragung des Amtes durch Handauflegung und die Ausstattung mit dem Charisma gehören untrennbar zusammen; insofern ist das Charisma auch „Gegenstand menschlicher Aktivität" geworden. (3) Die Aufgaben und Funktionen des Amtsträgers haben schon institutionellen Charakter. Wenn jemand für eine solche Aufgabe bestellt wird, dann bedarf er zu deren Erfüllung nicht nur entsprechender Fähigkeiten (wie etwa in 1 Tim 3, 1–13 und Tit 1, 6–9 aufgelistet), sondern auch der offiziösen Übertragung des Charismas.

Dann aber stellt sich erneut die Frage: Wer vermittelt das Charisma? Die Antwort darauf lautet nach V 6: der Apostel, durch das Auflegen seiner Hände. Der Verfasser läßt „Paulus" exklusiv sich selbst als Mittler des Charismas nennen. Allerdings taucht damit wieder das Problem der Differenz zu 1 Tim 4, 14 auf, wo die Übertragung des Charismas durch Handauflegung des Presbyterkollegiums vollzogen wird. Für die hier vorliegende Darstellung („durch meine Handauflegung") läßt sich als Grund nennen die von Anfang an erkennbare Gewichtung des persönlichen Verhältnisses zwischen dem Apostel und dem Verwalter seines Erbes in der Person des Timotheus. Damit verbunden liegt das Interesse auf der durch personale Beziehung garantierten Sicherung der Tradition[14]. Doch solches Interesse ist auch für 1 Tim geltend zu machen, und so bleibt weiterhin die Abweichung der Darstellung in 1 Tim 4, 14 zu erklären. *Eine* Möglichkeit der Erklärung wäre, in 1 Tim die kirchliche Praxis der Zeit der Past bezeugt zu sehen[15]. Auch wenn man dem zustimmt, so bleibt die Forderung, daß ein Lösungsvorschlag mit der Intention des Verfassers argumentieren muß. Der Hinweis auf den historischen Ablauf – etwa die Aufteilung auf zwei Vorgänge zu verschiedenen Zeiten und mit unterschiedlichen Beauftragungen oder die Rückführung auf ein und denselben Vorgang, mit Paulus und den Presbytern als

---

[12] Nicht ohne weiteres ist dagegen die Behauptung gerechtfertigt, mit der Bezeichnung „Amtscharisma" würde der Begriff χάρισμα disqualifiziert (so K. BERGER, EWNT III 1105); denn es wäre vorher noch zu klären, welche Vorstellung von „Amt" in diesem Zusammenhang vorausgesetzt ist! Nehmen wir etwa die Past, dann ist eine negative Sicht des Amtes eindeutig ausgeschlossen.
[13] Vgl. dazu H. v. LIPS, Glaube 220.222f.
[14] Vgl. etwa M. DIBELIUS – H. CONZELMANN, Past 73; N. BROX, Past 229.
[15] So A. T. HANSON, Past 121; H. v. LIPS, Glaube 242f; diese Position findet sich auch bei N. BROX, Past 229; weniger befriedigend ist die ebd. 228f geäußerte Vermutung, die unterschiedlichen Angaben seien unserem Autor „unterlaufen".

Akteuren – ist nicht nur in sich problematisch, sondern bleibt gerade die Erklärung aus der Intention der Past schuldig[16].

Die Darstellung ein und desselben Geschehens der Amtsübertragung in einer zweifachen, unterschiedlichen Form läßt vermuten, daß der Verfasser sowohl eine unterschiedliche Akzentuierung als auch eine gegenseitige Interpretation der beiden Aussagen beabsichtigt.

Entsprechend der maßgeblichen Autorität des Paulus für die christliche Gemeinde ist die unmittelbare Ableitung des zur Gemeindeleitung befähigenden und autorisierenden Amtscharismas von Paulus her bedeutsam. In der die Kirche und die Gemeinden der Zeit der Past bewegenden Suche nach stabilisierenden Ordnungen (vgl. 1 Tim 3,15) und wegweisenden Autoritäten wird vom Gemeindeleiter „apostolische" Legitimierung gefordert; das heißt in der Sicht der Past: Autorisierung von Paulus her. Was in den christlichen Gemeinden durch das Presbyterkollegium vollzogen wird, nämlich die Einsetzung von Gemeindeleitern durch Handauflegung, das entspricht der Absicht und der Praxis des Apostels Paulus. Auch hier spielt der Traditionsgedanke mit hinein: Der in der Gemeindesituation der Past amtierende Gemeindeleiter wird in der Praxis bestimmt vom Presbyterkollegium; über dieses Kollegium aber wirkt die Autorität des Paulus auf den Gemeindeleiter, der sich in der Situation und in der Verantwortung des Timotheus angesprochen wissen darf und muß. Diese Interpretation erscheint gerechtfertigt, weil in der Sicht der Past auch die Presbyter ihre Vollmacht von Paulus her erhalten.

Mit der doppelten Bezugnahme auf die Ordination durch Paulus *und* durch das Presbyterkollegium wird erneut die Bedeutung der Tradition und damit der Kontinuität unterstrichen. Zusammen mit der Frage nach dem rechten Glauben stellt sich immer gleich die Frage nach dem rechtmäßigen, mit dem Charisma und damit der apostolischen Legitimation ausgestatteten Verwalter dieses Glaubens. Der Autor gibt dazu, unter Miteinbeziehung der Aussage von 1 Tim 4,14, eine Antwort. Die Tatsache, daß die Handauflegung durch Paulus in 2 Tim bezeugt wird, ergibt sich aus dem spezifischen Charakter dieses „Briefes" mit der stärkeren Akzentuierung der Beziehung von Apostel und Apostelschüler[17].

Dieser autorisierende und legitimierende Gestus der Handauflegung war offenbar gegen Ende des ersten Jahrhunderts in der Kirche schon fester Bestandteil kirchlicher Praxis (Apg 14,23; vgl. auch 6,6; 13,3). Die Handlung hat aus der alttestamentlichen Tradition eine reiche Vorgeschichte (als Segensgestus, als Heilgestus und bei Opfervorschriften). Im Frühjudentum ist die Handauflegung vor allem als Ordinationsritus bekannt. Die christliche Gemeinde knüpft mit ihrem Verständnis an diese Vorgaben an[18].

An Timotheus ergeht die konkrete Aufforderung, das durch die Handauflegung vermittelte Charisma *neu zu entfachen*[19]. Das Verbum ἀναζωπυρεῖν ist

---

[16] Vgl. zur Kritik auch H. v. Lips, Glaube 241 f. Da die Erklärung von J. Murphy-O'Connor, 2 Timothy 411, 1 Tim und 2 Tim stammten nicht vom selben Verfasser und reflektierten unterschiedliche kirchliche Situationen, die These stützen soll, 2 Tim sei von Paulus geschrieben, kann sie hier unberücksichtigt bleiben.
[17] Vgl. auch N. Brox, Notizen 88; P. Trummer, Paulustradition 77; H. v. Lips, Glaube 241 bis 243; H. Merkel, Past 58; Y. Redalié, Paul 110–112.
[18] Vgl. zu 1 Tim 4,14.
[19] Vgl. H. v. Lips, Glaube 208–210.

neutestamentliches Hapaxlegomenon. In der jüdisch-hellenistischen Literatur findet sich dieser Begriff in wörtlicher und in übertragener Bedeutung. Bezogen auf das Charisma, welches hier als bereits vorhanden und wirksam vorausgesetzt ist, zielt die Aufforderung darauf, daß es die Pflicht des Gemeindevorstehers ist, diese einmal übernommene Aufgabe immer wieder zu überdenken und ihr durch aktives Handeln gerecht zu werden. Mit dem Gebrauch des Verbums ἀναζωπυρεῖν wird ein dynamisches Element mit dem Begriff „Charisma" verknüpft. Die Amtsgnade darf nicht zu einer statischen Größe werden, die nur noch aus der Erinnerung lebt und von der Vergangenheit zehrt. Die Präposition ἀνα- ist in diesem Fall verstärkend zu verstehen. Es liegt darin ein Akzent, welcher der Gefahr des „ein für alle Male" und damit eines statischen Besitzdenkens entgegenwirken soll.

Es kommt jedoch ausdrücklich nur das Verhältnis des Amtsträgers zu dem ihm übergebenen Charisma zur Sprache; es werden nicht der Bezug zu den und die Bedeutung für die betroffenen Gemeindemitglieder reflektiert – wenigstens hier noch nicht. Auch darin zeigt sich der große Abstand zu Paulus und dessen Charismenverständnis. An die Stelle der „charismatischen Gemeindeordnung" bei Paulus[20] tritt in den Past die „charismatische Gemeindeleitung".

7   Die Mahnung an Timotheus erhält in V 7 eine weiterführende Begründung, wie der Anschluß mit γάρ deutlich macht. Nach der bisher bestimmenden Konstellation mit der Beschränkung auf die beiden Protagonisten „Paulus" und „Timotheus" überrascht die pluralische Formulierung mit ἡμῖν. Daraus resultiert als erstes die Frage, auf wen die Aussage vom „Geistbesitz" zu beziehen ist. Vom unmittelbaren Kontext der VV 6 und 8 her legt sich nahe, das ἡμῖν auf die beiden Akteure Timotheus und Paulus zu beziehen; πνεῦμα wäre dann in eingeschränktem Sinn zu deuten als „Amtsgeist" bzw. als „Amtsgnade"[21]. Bei einer solchen Interpretation ist aber sogleich die Frage anzuschließen, ob dieses Verständnis von πνεῦμα exklusiv gelten soll oder ob in einem zweiten Schritt auch eine umfassendere Auslegung möglich ist.

Vor einer vorschnellen Verallgemeinerung, also einer Deutung auf alle Christen, muß man sich gewiß hüten. Der Plural ἡμῖν allein kann noch nicht ohne weiteres belegen, daß ein weiterer Kreis von Christen angesprochen werden sollte; denn ἡμῖν könnte im Zusammenhang auch ein ἐμοὶ καὶ σοί vertreten. Sowohl der enge Zusammenhang von χάρισμα und πνεῦμα als auch die (mit οὖν angeschlossene) Mahnung in V 8 legen den Schluß nahe, daß *primär* die als Inhaber bestimmter Funktionen vorgestellten Personen als angesprochen zu betrachten sind, das sind hier „Paulus" und „Timotheus" und damit die in ihrer Nachfolge stehenden Gemeindeleiter[22]. Zugunsten dieses Bezugs ist auch auf

---

[20] Vgl. dazu W. KLAIBER, Rechtfertigung 225f mit Anm. 133.
[21] Vgl. N. BROX, Past 229; O. KNOCH, Past 52; in diese Richtung auch V. HASLER, Past 57.
[22] Die Erklärung des Zusammenhangs bei M. DIBELIUS – H. CONZELMANN, Past 73, „weil der Christusgeist nicht ein Geist der Furcht ist, darum soll der Christ sein χάρισμα tapfer anwen-

V 14 zu verweisen, wo der spezifische Auftrag an Timotheus zur Bewahrung der παραθήκη verbunden ist mit dem Geistbesitz. Andererseits wird auch in V 14 davon gesprochen, daß der Geist „in uns" wohnt, nicht aber, wie der Auftrag an „Timotheus" nahelegen könnte, „in dir". Daß „Paulus" in V 14 bei der Wendung ἐν ἡμῖν exklusiv auf sich und „Timotheus" Bezug nehmen soll, erscheint recht unwahrscheinlich; denn die dort ausgesprochene Ausstattung mit „heiligem Geist" ist Kennzeichen *aller* Glaubenden.

In jedem Fall ist mit der Zuordnung von Amt und Geistbesitz nicht beabsichtigt, den übrigen Mitgliedern der Gemeinde den Geist abzusprechen[23]. Die Frage ist: Muß man bei dieser negativen Aussage stehenbleiben, oder läßt sich begründen, daß eine Öffnung auf die ganze Gemeinde angezielt ist?

Eine Antwort ist vielleicht zu geben unter Einbeziehung der mit πνεῦμα verbundenen Bestimmungen in Röm 8,15. Dieser Vers („Ihr habt nämlich nicht einen Geist der Knechtschaft empfangen, der euch zur Furcht gereicht, sondern ihr habt den Geist der Sohnschaft empfangen, in welchem wir rufen: Abba, Vater!") hat bedeutsame Gemeinsamkeiten mit dem Text in 2 Tim, die sicher nicht zufällig sind[24]; es ist anzunehmen, daß wir es mit einer bewußten Aufnahme dieses Gedankens von der Geistausstattung aus dem Röm zu tun haben[25]. Der bei Paulus gegebene heilsgeschichtliche Gegensatz zwischen Gesetz und Evangelium ist für die Past selbstverständlich nicht mehr vorauszusetzen. Konsequenterweise wird im Unterschied zu Paulus der Gegensatz zu πνεῦμα auch nicht mehr mit δουλεία ausgedrückt, sondern mit dem für die Verkündigung des Evangeliums passenden Begriff δειλία. So ist auch die Wirkung des πνεῦμα unterschiedlich bestimmt. Bei Paulus haben wir den umfassenden Bezug des aus dem Glauben geschenkten πνεῦμα (vgl. die Anrede „ihr habt empfangen ..."). Dagegen ist nach Auskunft des Paulus der Past mit der Geistbegabung die Überwindung von Verzagtheit und Feigheit verbunden[26]. Damit läßt sich die Deutung verknüpfen, daß es um die Beauftragung des Gemeindeleiters oder eines von der Gemeindeleitung autorisierten Vertreters zur freimütigen Verkündigung des Evangeliums geht; δειλία scheint so wieder für eine amtsspezifische Bestimmung von πνεῦμα zu sprechen.

Die positive Charakterisierung mit δύναμις verweist zunächst in dieselbe Richtung. Der „Geist der Kraft" umschreibt tautologisch[27], wozu die Geistausstattung befähigt, nämlich zu kraftvoller Bezeugung des Evangeliums.

Mit ἀγάπη und σωφρονισμός wird die Art und Weise der geistgelenkten Wirksamkeit des Verkünders weiter expliziert. Allerdings fällt es schwer, in der

---

den", nivelliert durch den Bezug von χάρισμα auf „den Christen" die Intention etwas vorschnell. Umgekehrt trägt das von G. W. KNIGHT, Past 371, zugunsten des Bezuges von ἡμῖν auf „Christen im allgemeinen" vorgebrachte Argument, daß Paulus und Timotheus „a special χάρισμα" erhalten hätten, eine vom Text (und auch von dem bei Knight genannten V 9) her nicht belegbare Trennung von χάρισμα und πνεῦμα.

[23] Mit H. v. LIPS, Glaube 214.
[24] Vgl. F. J. SCHIERSE, Past 102; M. DIBELIUS – H. CONZELMANN, Past 73; allerdings nimmt die konkretisierende Festlegung, der Verfasser wolle den Traditionsgedanken von V 6 „mit einem echten Paulusgedanken" stützen, die Unterschiede zu wenig ernst.
[25] So auch A. T. HANSON, Past 121; H. MERKEL, Past 58.
[26] Mit einem gewissen Recht spricht G. HAUFE, Form 78, im Blick auf den Sprachgebrauch der Past von einem „Gefälle ins rein Moralische".
[27] Vgl. C. SPICQ, Past 710.

2 Tim 1,6–14

vorliegenden Aufzählung das Spezifische des Gemeindeleiters festzumachen, denn ἀγάπη ist (wie πίστις) Kennzeichen der Christen allgemein, ebenso „Besonnenheit". Mit den Begriffen ἀγάπη und σωφρονισμός ist nicht mehr eindeutig Bezug genommen auf die spezifische Aufgabe eines Vorstehers – verstanden etwa als Forderung der „Liebe zu den Brüdern"[28] oder als Ausdruck der „pastoralen Klugheit"[29] –, vielmehr leitet der Verfasser hier über in die Situation der christlichen Gemeinde[30]. Das bestätigt die Formulierung 1 Tim 2,15 wo ein frommes, gottgefälliges Leben ähnlich umschrieben wird: ἐν πίστει καὶ ἀγάπῃ καὶ ἁγιασμῷ μετὰ σωφροσύνης („in Glaube und Liebe und Heiligung mit Besonnenheit").

Es zeigt sich erneut, daß die beiden Gruppen, Gemeindeleiter und Gemeindechristen, bei aller Unterschiedlichkeit der Zuständigkeiten und des Anspruchs auch bedeutsame Gemeinsamkeiten religiösen Lebens aufweisen. Bei der Aufzählung der Tugenden, die in der betonten Anrede an Timotheus (VV 6.8) als Kennzeichen des Gemeindevorstehers gefordert werden, orientiert sich der Verfasser an traditionellen Listen, die noch keine christlich-amtsspezifische Prägung aufweisen. Und Gleiches gilt für die Beschreibung des ihrem Glauben entsprechenden Lebens; sie haben das Ideal eines frommen Lebens zu verwirklichen, wie es auch von den Christen verlangt wird.

Die sprachliche Differenz von σωφροσύνη (vgl. 1 Tim 2,9.15) und σωφρονισμός (2 Tim 1,7) dürfen wir dabei vernachlässigen; denn darin läßt sich kein Unterschied festmachen[31]. Dies wird bestätigt durch Tit 2,12, wo christliches Leben charakterisiert wird mit den adverbialen Bestimmungen σωφρόνως καὶ δικαίως καὶ εὐσεβῶς.

Die Absicht, die den Verfasser bei einer solchen Ausweitung der Perspektive von den Amtsträgern hin zu den anderen Gemeindegliedern leitet, ist in einer zweifachen Weise zu bestimmen. Die ganze Gemeinde soll in ihrer Verantwortung für den Glauben in die Weisungen des Apostels miteinbezogen werden; und der Gemeindeleiter muß in der ihm eigenen Aufgabenstellung eingebunden bleiben in die ihn tragende Glaubensgemeinschaft. Wie der ideale Amtsträger als Glied in einer Generationenfolge vorgestellt und sein Glaube von den im Glauben bewährten Vorfahren her eingestuft wird (V 5), so ist er zugleich eingebunden in die Gemeinde der Gegenwart und in ihren Glauben.

Diese Deutung harmoniert zudem mit dem ganzen Abschnitt der VV 6–14,

---

[28] J. JEREMIAS, Past 50; ähnlich W. BARCLAY, Briefe 135: „die Liebe zu den Brüdern", „die Liebe zu der Gemeinde des Gottesvolkes".
[29] Vgl. O. KNOCH, Past 52.
[30] In diese Richtung geht auch die Auslegung bei L. R. DONELSON, Pseudepigraphy 143 f; mit der Einführung der Tugenden der Liebe und der Besonnenheit werde der Geist als die Kraft vorgestellt, die die Fähigkeit zur Verwirklichung dieser Tugenden gebe („The spirit hereby becomes an ethical enabler; it bestows the ability to perform the requisite virtues").
[31] BAUER, s.v. σωφρονισμός; vgl. auch C. SPICQ, Lexique 1497–1504. Zur Übersetzung von σωφρονισμός mit „Besonnenheit" vgl. D. GUTZEN, Zucht 46 („Einheit von innerer Haltung und äußerem Verhalten"); A. WEISER, Verantwortung 21 f („Lebensweisheit, die zu urteilsfähigem und selbstbeherrschtem Leben befähigt").

wo beide Aspekte eng miteinander verknüpft werden (vgl. v.a. die Einschaltung der VV 9.10).

8 In der Darstellung und in der Zielsetzung bestimmend bleibt weiterhin der direkte Kontakt zwischen dem Apostel und dem Adressaten Timotheus. Der Anschluß der Ermahnung, sich nicht zu schämen, mit οὖν zeigt, daß in solchem Verhalten die im vorhergehenden Vers genannte Geistausstattung sich auswirken soll. Das Motiv des „Sich-schämens" greift eine in der christlichen Verkündigung vorgegebene Vorstellung auf, die eng mit der Verkündigung des Evangeliums verbunden ist (vgl. Mk 8,38/Lk 9,26; Phil 1,20; 1 Petr 4,16). Eine auffällige Parallele bietet Röm 1,16, zumal dort auch die Verknüpfung mit den Stichworten εὐαγγέλιον und δύναμις θεοῦ gegeben ist. Wie an anderer Stelle (2 Tim 1,3–5) die Abhängigkeit vom Proömium des Römerbriefs schon angenommen worden ist, läßt sich auch hier eine entsprechende Erklärung von diesem Text her als zumindest wahrscheinlich begründen[32]. Die gemeinsamen Begriffe sind ἐπαισχύνεσθαι, εὐαγγέλιον, δύναμις θεοῦ; dem Begriff σωτηρία bei Paulus entspricht in 2 Tim die Ergänzung σώσαντος zu θεοῦ in V 9. Erwartungsgemäß setzt der Verfasser der Past die Akzente neu[33]. Die auffälligste Änderung liegt darin, daß er für das μὴ ἐπαισχυνθῇς zwei Objekte benennt, wobei eines davon der Apostel selbst ist. Die Parallelität der beiden Objekte erfordert eine Auslegung, die die Zusammengehörigkeit mitberücksichtigt. Dies könnte bedeutsam sein bei der Erklärung von τὸ μαρτύριον τοῦ κυρίου.

Zwei Fragen sind zu stellen: (1) Wie ist μαρτύριον zu verstehen? (2) Wie ist der Genitiv τοῦ κυρίου zu deuten?

(1) Aus dem Gesamtzusammenhang ließe sich eine Deutung im Sinne des Tatzeugnisses, also des Martyriums, ableiten. Die Darstellung des Paulus als eines Gefangenen und die Aufforderung zum „Mit-leiden" könnten dies belegen[34]. Des weiteren könnte die Lage der Gemeinden der Past damit verknüpft werden. So äußert etwa O. Knoch die Vermutung, „daß die Christen in der Öffentlichkeit mancherlei Herabwürdigung zu ertragen hatten bis hin zu Verdächtigungen, Anzeigen und Verhaftungen"[35]. Gegen diese Deutung spricht allerdings, daß sich solche Gefährdungen der Christen oder auch ihrer führenden Repräsentanten in den Past nicht nachweisen lassen[36]. Auch die Parallelisierung von μαρτύριον und Paulus als Gefangenem kann nicht zugunsten der Deutung von

---

[32] Vgl. auch F. J. SCHIERSE, Past 103; O. KNOCH, Past 52f; als „wahrscheinlich" J. L. HOULDEN, Past 111, und mit ihm A. T. HANSON, Past 122. „Diese Wahrscheinlichkeit" wird nach Meinung von G. LOHFINK, Paulinismus 174, „zur Gewißheit durch das Auftauchen des Themas ‚Ich schäme mich nicht des Evangeliums' in beiden Proömien".

[33] Im Blick auf die für Paulus zentralen Begriffe „Evangelium" und „Kraft Gottes" mag man einen gewissen Substanzverlust feststellen; es ist aber doch zu bezweifeln, daß man sich mit der Auskunft zufriedengeben darf, der Verfasser habe dem Satz einen paulinischen Klang geben wollen (vgl. dazu F. J. SCHIERSE, Past 103).

[34] Vgl. u. a. M. DIBELIUS – H. CONZELMANN, Past 73; C. SPICQ, Past 711; G. HOLTZ, Past 156.

[35] O. KNOCH, Past 52.

[36] Vgl. auch A. T. HANSON, Past 122: „The author does not seem to envisage that church leaders in his day may have to testify in court."

μαρτύριον in dem genannten Sinn der Ausrichtung auf das Martyrium ausgewertet werden; denn der in der Gestalt des Timotheus ermahnte Gläubige wird als von der Situation des Paulus Betroffener vorgestellt und nicht als einer, der das Los des Paulus teilt. Und auch die Aufforderung zum „Mit-leiden" heißt nicht notwendig, daß es für den Christen um das gleiche Schicksal wie bei Paulus geht. Mit dem Stichwort μαρτύριον ist im Blick auf den Adressaten im engeren und im weiteren Sinn der Einsatz für das Evangelium in einem umfassenden Sinn umschrieben.

(2) Die Wendung τὸ μαρτύριον τοῦ κυρίου kann übersetzt werden mit „das Zeugnis *von* unserem Herrn" oder „das Zeugnis *für* unseren Herrn". Im ersten Fall wird die inhaltliche Seite der in Christus Jesus ergangenen Offenbarung, einschließlich seines Todes, betont, wobei der Tod Jesu aber ein Teil dieses Offenbarungsvorganges bleibt und μαρτύριον nicht auf den Tod Jesu einzugrenzen ist. „Timotheus" wird in diesem Fall ermahnt, trotz möglicher Beeinträchtigungen sich um die Weitergabe und die Verkündigung dieser Botschaft, dieses Zeugnisses der Offenbarung Gottes, die in Jesus Christus ergangen ist, zu bemühen. Beeinträchtigungen und Gefahren, die die Weitergabe des Zeugnisses bedrohen, sind nicht einzuschränken und nicht einmal in erster Linie zu beziehen auf von außen kommende Angriffe. Die größeren Gefahren drohen der Kirche in dieser Zeit schon von innen, von Auseinandersetzungen um den rechten Glauben in den Gemeinden. Da die Einheit im Glauben zu zerbrechen droht, ist auch das „Zeugnis", die Verkündigung, gefährdet. In Verbindung mit dieser Situationsbestimmung, die sich auf 1 Tim und Tit stützen kann, und der daraus resultierenden Aufgabe für die Gemeindeleiter, für die „Bewahrung des Glaubensgutes" Sorge zu tragen (vgl. VV 12.14), ist die Übersetzung „das Zeugnis *von* unserem Herrn" passender als „Zeugnis *für* unseren Herrn". Im zweiten Fall läge der Akzent in der Mahnung: „schäme dich nicht, dich zu unserem Herrn zu bekennen"; den Hintergrund bildeten dann mögliche oder auch aktuelle Auseinandersetzungen mit einer feindselig-distanzierten nichtchristlichen Umwelt[37].

Wenn μαρτύριον im Sinn von εὐαγγέλιον zu deuten ist – wofür außerdem das Vorkommen dieses Begriffs im zweiten Versteil und die teilweise Übereinstimmung mit Röm 1,16 sprechen (οὐ γὰρ ἐπαισχύνομαι τὸ εὐαγγέλιον)[38] –, dann wird auch der Zusammenhang mit dem Verweis des „Apostels" auf sich als Gefangenen einsichtig. Das Evangelium ist untrennbar verbunden mit Paulus, mit seinem Wirken und seinem Geschick. Orthodoxie ist gleichbedeutend mit dem Festhalten an der von Paulus herkommenden Glaubenstradition. Für die Kirche der Zeit nach Paulus wird die Frage nach der Bewahrung und der Weitergabe der paulinischen Botschaft in zunehmendem Maße zum alles entscheidenden Kriterium. Nur in der Gemeinschaft mit dem Apostel bis hinein in die Situation seiner Gefangenschaft und seines Todes wird die Reinheit der Tradition gewährleistet.

Bereits aus der Sicht der christlichen Gemeinden der Past ist der Übergang von der vom Wirken des Paulus bestimmten Zeit in die nachpaulinische, d.h. die nachapostolische Epoche ein gravierender Einschnitt; denn damit wird die Frage nach der Bewahrung des paulinischen Evangeliums und den dafür verantwortlichen Personen akut. Diese Übergangssituation wird in der Inszenierung des Verfassers hier vorgestellt, mit den entspre-

---

[37] So in der Einheitsübersetzung und in der Auslegung bei N. Brox, Past 229; O. Knoch, Past 52. Mit Verweis auf 1 Kor 1,6 vertreten diese Deutung auch D. Guthrie, Past 127; J. N. D. Kelly, Past 160f; J. R. W. Stott, Message 32.
[38] Vgl. dazu H. v. Lips, Glaube 43.

chenden Bestimmungen für die beiden Exponenten: Paulus steht am Ende seines Lebens, Timotheus repräsentiert den in die Fußstapfen des Apostels tretenden Nachfolger, auf den nun angesichts der Abschiedssituation die Verantwortung für das Evangelium übergeht.

Auch der Verweis auf Paulus als Gefangenem ist in diesem Kontext der Verpflichtung seiner Nachfolger zu interpretieren und nicht einseitig als Aufruf zur Martyriumsbereitschaft zu deuten. In der vorliegenden Charakterisierung des Paulus wird der Horizont erweitert, vor welchem *jetzt,* d. h. in der Zeit *nach* Paulus, die Mahnung, sich nicht zu schämen – und das heißt positiv: die Mahnung zur Treue im Glauben! –, gesehen werden muß. Die *Treue im Glauben* muß sich auch zeigen in der *Treue zum Apostel*[39]. Da das Evangelium so eng, ja exklusiv an Paulus gebunden ist, wird auch sein Geschick zum Gegenstand der Überlieferung. „Treue zum Evangelium schließt das Bekenntnis zu dieser Form seiner Verkündigung ein, wie der gefesselte Paulus sie verkörpert."[40]

Die Selbstvorstellung des Pseudo-Paulus als δέσμιος führt nun allerdings aufgrund der Gesamtkonzeption der Past, Paulus als Vorbild und Beispiel vorzustellen, auch dazu, daß das Geschick des Apostels in seinem Vorbildcharakter angesprochen wird[41]. In diese Richtung weist die zweite Aufforderung: „leide mit". In dem συν(κακοπαθεῖν) wird die Gemeinschaft mit Paulus betont. Im Vordergrund steht aber auch hier nicht isoliert die Mahnung zur Leidensbereitschaft, sondern die Gemeinschaft mit Paulus. Der Gedanke des „Leidens für das Evangelium"[42] gewinnt seine Bedeutsamkeit von Paulus her; darin wird die Vorbildfunktion des Paulus verdeutlicht[43].

Für den Verfasser ist des weiteren wichtig, daß er damit wieder Gelegenheit findet, auf das Evangelium hinzuweisen. In ihm liegt der eigentlich verbindende Grund zwischen dem Apostel und dem Adressaten. Für dieses Evangelium einzutreten, es weiterzutragen und gegen alle Widerstände und Angriffe für dessen Reinheit zu sorgen – das ist Aufgabe dessen, der mit der Verkündigung beauftragt ist. Wie Paulus in Röm 1,16 das von ihm verkündete Evangelium als „Kraft Gottes" (δύναμις θεοῦ) preist, so erklärt auch der Paulus der Past den Einsatz für das Evangelium als auf die Macht Gottes einerseits angewiesen, andererseits aber auch von ihr getragen. Mit dem Begriff δύναμις ist nicht etwas von der Verkündigung des Evangeliums Losgelöstes gemeint; in der Verkündigung zeigt vielmehr Gott seine Macht und seine Kraft.

---

[39] Vgl. auch H. MERKEL, Past 58: Bedeutsam für den Ansatz der Past ist, „daß das Zeugnis für den Herrn Jesus mit dem Bekenntnis zum gefangenen Apostel verknüpft wird".
[40] N. BROX, Past 230.
[41] Für die Wahl der Formulierung τὸν δέσμιον αὐτοῦ kann die Absicht des Verfassers maßgeblich sein, diese Gefangenschaft des Paulus in ihrer Verbindung mit der ihm von Christus aufgegebenen Bestimmung zu verdeutlichen (so etwa E. F. SCOTT, Past 92; J. N. D. KELLY, Past 161).
[42] Vgl. N. BROX, Past 230.
[43] B. FIORE, Function 203, setzt den Akzent anders: „... Timothy is not asked to accept or understand the gospel teaching but to bear ill treatment along with it ..."; in dieser Mahnung spiegele sich der Hinweis auf den Prozeß Jesu von 1 Tim 6,13, und sie sei zu sehen im Zusammenhang der Feststellung vom unvermeidlichen Leiden der Frommen (2 Tim 3,12).

In der die Mahnung abschließenden Wendung κατὰ δύναμιν θεοῦ schafft der Verfasser wieder ein Gegengewicht zur starken, zur Ausschließlichkeit neigenden Betonung der Beziehung zwischen dem Apostel und dem Nachfolger in der Verwaltung des apostolischen Erbes. Der Rahmen ist zwar noch die Paränese für den Träger einer amtlichen Funktion in der Gemeinde; deshalb ist einerseits seine Funktion davon bestimmt, daß ihm das Evangelium von Paulus her als eine schon feststehende, der Veränderung enthobene Größe vorgegeben ist. Zum anderen zeigt sich gerade im Evangelium die Macht Gottes. Die Gemeindeleiterparänese hat letztendlich ihren tragenden Grund in der Bestimmung des Evangeliums von Gott her.

Die Stellung des Amtsinhabers als des für die Bewahrung des Evangeliums Beauftragten wird gestärkt und zugleich relativiert: gestärkt, insofern nach Ausweis der Past das Evangelium, das „Zeugnis über unseren Herrn", nur durch ihn gesichert erscheinen kann; relativiert, insofern mit dem Evangelium *alle* auf Gott verwiesen sind.

In den beiden folgenden VV 9.10 wird unter Verwendung vorgegebener Traditionen bzw. wahrscheinlicher: eines geprägten hymnischen Textes dieses Evangelium, in dessen Dienst der Gemeindeleiter in der Nachfolge des Paulus steht, entfaltet. Thematisch liegt der Akzent auf dem Bekenntnis der beiden ersten Zeilen: Gott hat uns gerettet und berufen. Die sprachliche Form und der Inhalt (besonders die Begriffe σωτήρ und ἐπιφάνεια) entsprechen der theologischen Grundstruktur der Past, so daß der Text in der vorliegenden Form als vom Verfasser gestaltet anzusehen ist[44]. Es liegt hier nicht nur ein erster Höhepunkt in 2 Tim vor[45]; die Verse haben darüber hinaus den Charakter eines „Summariums des apostolischen Kerygmas"[46].

9 Das Bekenntnis schließt unmittelbar an das Stichwort θεοῦ von V 8 an; der hymnische Text (VV 9f) erweist sich bereits dadurch als theologisch ausgerichtet.

In der ersten Aussage ist Bezug genommen auf Gottes rettendes Handeln. Als Hintergrund für diese Formulierung ist der hohe Stellenwert zu bedenken, welchen die Begriffe σῴζειν und vor allem σωτήρ in den Past haben. Schon im Präskript zu 1 Tim stellt der Autor Gott als „unseren Retter" vor. Er nennt ihn erneut in 1 Tim 2,3 σωτήρ und expliziert im nächsten Vers als den „Willen" Gottes, „daß alle Menschen gerettet werden und zur Erkenntnis der Wahrheit gelangen". Dieser Heils- und Retterwille Gottes (1 Tim 2,4: θέλει) ist auch zu bedenken, wenn einleitend in 2 Tim 1,1 „Paulus" sich als Apostel „διὰ θελήματος θεοῦ" vorstellt. Insgesamt gesehen ist der Titel σωτήρ (zusammen mit

---

[44] Vgl. dazu u. a. A. STRECKER, Formen 151–156, und PH.H. TOWNER, Goal 94–100.
[45] Vgl. F. J. SCHIERSE, Past 103f.
[46] Y. REDALIÉ, Paul 115. Vgl. auch P. H. TOWNER, Goal 94: „... a capsule summary of the gospel of salvation".

dem Begriff ἐπιφάνεια) als besonderes Kennzeichen der Theologie und der Christologie der Past zu betrachten[47]. Die einleitende Bezugnahme auf Gott und die damit verknüpfte Bestimmung als den, „der uns gerettet hat", bleibt für das ganze hymnische Stück bestimmend. Die nachfolgenden Aussagen zu χάρις, zu Jesus Christus, zu εὐαγγέλιον und den damit verknüpften Konsequenzen für den Menschen sind letztlich Explikation dieser einen, entscheidenden These: „Gott hat uns gerettet"[48].

Diese Grundaussage wird ergänzt durch das zweite Partizip „er hat uns gerufen mit heiligem Ruf". Inhaltlich ist darin im Sinne des Verfassers über die erste Aussage hinaus keine Überbietung zu sehen, und es ist keine neue Qualität damit zu verbinden, da sonst die Aussage vom Geschenk des Heils unterbewertet würde. Es wird aber auch nicht zweimal dasselbe gesagt, sondern es werden mit σώζειν und καλεῖν zwei Aspekte ein und desselben Ereignisses in einer gewissen Abfolge beschrieben, insofern einmal (bei σώζειν) das Geschehen und dann (bei καλεῖν) die Übermittlung des Geschehens benannt werden, die erst zusammen „das Ganze des Heilsgeschehens ad nos ausmachen"[49]. Dazu paßt der in καλεῖν enthaltene Bezug zur Taufe; eine solche Verbindung findet sich auch in 1 Tim 6,12[50]. In dem Verbum καλεῖν und seiner soteriologischen Einordnung wirkt paulinische Tradition weiter. Dabei liegt gegenüber Paulus eine Akzentverschiebung darin, daß für diesen der zentrale Kontext die Rechtfertigungsbotschaft war und καλεῖν für die gnadenhafte Erwählung durch Gott gebraucht ist (vgl. Gal 1,6), während in den Past die Konkretisierung des Heilswillens Gottes für die Menschen im Akt der Taufe im Vordergrund steht[51]. Die Bedeutung solch sakramentaler Entfaltung der Heilsbotschaft zeigt sich auch im weiteren Kontext der beiden Verse.

Das Partizip καλέσαντος kann also einmal in einer mit σώσαντος parallelen Bedeutung als Akt des erwählenden, heilschaffenden Handelns Gottes verstanden werden. Und es ist zum anderen zu beziehen auf die konkrete Vermittlung des Heils in der christlichen Taufe. Der zweite Aspekt ist dann stärker betont in der Ergänzung „in heiligem Ruf".

In V 9b klingt dem ersten Eindruck nach „der paulinische Gegensatz zwischen Werkgerechtigkeit und Glaubensgerechtigkeit" an[52]. Allerdings wird schon aus der Formulierung ersichtlich, daß nicht mehr die paulinische Rechtfertigungstheologie im Hintergrund steht. Es sind „*unsere* Werke", deren soteriologische Bedeutsamkeit verneint wird. Und es werden Gottes Vorsehung und Gnade genannt, durch die wir gerettet sind.

---

[47] Auf den Titel σωτήρ ist bei V 10 noch genauer einzugehen.
[48] Vgl. auch F. J. SCHIERSE, Past 104: Gott bleibt „grammatikalisch und logisch" Subjekt des ganzen Satzes, „da er Urheber und letzter Grund alles Heilsgeschehens ist".
[49] M. DIBELIUS – H. CONZELMANN, Past 74.
[50] Vgl. auch V. HASLER, Past 58, der V 9a für eine „Taufansprache" passend findet.
[51] Vgl. dazu P. TRUMMER, Paulustradition 185 f.
[52] V. HASLER, Past 58.

In der Linie der schon an anderen Stellen angesprochenen Abhängigkeit von Paulus wäre auch hier zunächst denkbar, den Text als Weiterentwicklung paulinischer Gedanken zu betrachten, vergleichbar mit der an Paulus orientierten Formulierung Eph 2,8f („Denn aus Gnade seid ihr durch den Glauben gerettet, nicht aus eigener Kraft, Gott hat es geschenkt; nicht aufgrund von Werken, damit keiner sich rühmen kann")[53]. Doch im Vergleich zum Epheserbrief gehen die Past einen Schritt weiter. Sie interpretieren die Werke als ἔργα ἡμῶν. Damit wird aber die Frage nach dem Stellenwert des Gesetzes im Rahmen der soteriologischen Bestimmung ganz beiseite geschoben, und als Grund und Ausgangspunkt der Heilsgewißheit werden „Gottes eigener Ratschluß und seine Gnade" genannt. So trägt der Verfasser die Perspektive einer zeitlichen Differenzierung ein.

Weil „unsere Rettung" und „Berufung" im Heilswillen Gottes begründet und durch sein Handeln gesichert sind (V 9a), deshalb *kann* das Tun der Menschen *dazu* nichts beitragen. Und es wird des weiteren die der Rechtfertigungstheologie zugrundeliegende Problemstellung aufgelöst. Während bei Paulus mit der Frage nach dem Stellenwert des Gesetzes für die Rechtfertigung des Menschen die mit dem νόμος verbundenen Werke (vgl. Röm 3,20.28; Gal 2,16; 3,2.5.10) hinsichtlich ihrer Bedeutung in der Heilsgeschichte bestimmt werden, sind die ἔργα in diesem Vers und in den Past im allgemeinen die in ihrer Bedeutung für den Glauben anerkannten Kennzeichen der Menschen im Unterschied zu Gott, zu seiner Entschließung und zu seiner Gnade. Auf diese Weise hat der Verfasser im Vergleich zu Paulus eine neue soteriologische Konzeption entwickelt, zum Teil unter Verwendung paulinischer Begrifflichkeit. Es ist aber zu fragen, ob man diese Stelle unter der von Paulus her bestimmten begrifflichen Definition der „Rechtfertigungslehre" betrachten darf[54].

Die Frage, wie der Mensch zum Heil kommen kann, ob u.U. ein von ihm selbst kommender Beitrag dabei helfen kann, diese Frage ist von vornherein entschieden: Das Heil ist ganz und gar begründet in Gottes Willen; der aber wird bestimmt als Gnade, als Gnade „von Anfang an" (πρὸ χρόνων αἰωνίων), ohne daß die der „Erscheinung" dieser Gnade vorausgehende Offenbarungsgeschichte berücksichtigt würde. Mit dieser Neubestimmung der Soteriologie hängt zusammen, daß nicht mehr von „Glaube" im Gegenüber zu den Werken die Rede ist; denn der Glaube steht in der theologischen Konzeption der Past mit den „Werken" auf einer Seite. Glaube und Werke sind *Resultate* der Heilsoffenbarung Gottes. Als die von Gott mit seiner Gnade Beschenkten, als die Erlösten (= die Geretteten) müssen sich die Christen im Glauben und im Leben (d.h. in den Werken) bewähren. Glaube und Werke kennzeichnen das Christsein; und dieses ist nur möglich als Geschenk von Gott.

---

[53] Vgl. dazu P. TRUMMER, Paulustradition 181–185. Auch I. H. MARSHALL, Faith 206f, sieht darin eine mit dem paulinischen Sprachgebrauch eng verwandte traditionelle Wendung, die vom Verfasser aufgenommen wurde, weil sie „einen bleibenden, wichtigen Grundsatz" enthält, auch wenn das zugrundeliegende Problem der Auseinandersetzung mit dem Judenchristentum nicht mehr besteht. Ähnlich urteilt H. MERKEL, Past 58.

[54] Eindeutig ist das Urteil über den Autor bei B. S. EASTON, Past 13 (vgl. 202–204): „His teaching about the Law in 1 Tim 1.9–11 is superlatively un-Pauline." Vgl. dazu auch die Ausführungen von U. LUZ, Rechtfertigung, bes. 378–380. Ein Problem bei Luz ist m.E., daß er zu pauschal auch in bezug auf 2 Tim 1,9–11 von „Rechtfertigungsaussagen" spricht, ohne die sprachliche Differenz als Zeichen eines dem Verfasser wichtigen sachlichen Unterschiedes zu würdigen.

Es besteht kein Zweifel, daß der Verfasser mit V 9b (οὐ κατὰ τὰ ἔργα ἡμῶν ἀλλὰ κατὰ ἰδίαν πρόθεσιν καὶ χάριν) die soteriologische Grundaussage ὁ θεὸς ἔσωσεν ἡμᾶς[55] erläutern will. Das Handeln Gottes ist seiner Gnade entsprungen; *Heilshandeln* ist es, weil darin Gott den Menschen seine χάρις offenbart. Die Bedeutung von χάρις wird festgelegt im Grundbekenntnis zum rettenden Handeln Gottes. Gegenüber dem paulinischen Verständnis von χάρις ist gewiß eine Bedeutungsverschiebung bzw. auch ein Verlust von soteriologischer Präzision gegeben. Gottes Gnade ist „nicht mehr der Freispruch des Richters, durch welchen Gott den Sünder zum Gerechtfertigten erklärt" – Röm 5,1–11 könnte dafür als paradigmatischer Text dienen[56].

„Gnade" ist für die Past in der theologischen Zuordnung zweifach bestimmt. Sie ist einerseits notwendigerweise mit der Ewigkeit Gottes und so mit der Ewigkeit seines Heilswillens verknüpft. Und gleichzeitig ist Gnade geschichtlich-konkret geschenkt in Christus Jesus (τὴν δοθεῖσαν ἡμῖν ἐν Χριστῷ Ἰησοῦ). Hier wird der Rückgriff auf das Revelationsschema erkennbar, nach welchem unterschieden werden muß zwischen einer Zeit der Verborgenheit bei Gott und der in der Geschichte erfolgten Manifestation. Da die Redeweise vom „Geschenk der Gnade Gottes in Christus Jesus vor ewigen Zeiten" die Möglichkeiten einer klaren Periodisierung sprengt, wird der Stellenwert des Christusgeschehens an dieser Stelle wieder stärker auf die Konkretion dieses Heilswillens „uns" betreffend bezogen. Die Aussage der Präexistenz ist an dieser Stelle *theologisch* ausgerichtet und gibt auf die Frage nach der Präexistenz Christi keine Antwort[57].

Im Blick auf den folgenden V 10 könnte man versucht sein, den Hinweis, daß Gottes Gnade „uns gegeben ist in Christus Jesus", als Präzisierung des Heilswillens Gottes zu verstehen, ohne daß damit Bezug genommen wäre auf die Inkarnation[58]. In der Verbindung des Stichwortes χάρις θεοῦ mit deren „Übergabe" (δοθεῖσα) an *uns* (ἡμῖν) in Christus Jesus ist es jedoch kaum vorstellbar, daß der Verfasser nicht an das für die christliche Gemeinde zentrale Ereignis der geschichtlich-konkreten Offenbarung der Gnade Gottes im „Menschen Christus Jesus" (vgl. 1 Tim 2,5c) denkt. Dies scheint auch durch den Beginn von V 9 mit der Feststellung von der schon erfolgten Rettung und Berufung (σώσαντος ἡμᾶς καὶ καλέσαντος) gefordert.

---

[55] So ist mit P. TRUMMER, Paulustradition 185, die „Tiefenstruktur" von V 9 wie auch die von Tit 3,5 zu bestimmen; s. auch J. R. W. STOTT, Message 34.

[56] Vgl. V. HASLER, Past 58. Es ist aber fraglich, ob die Intention der Past getroffen ist, wenn im Unterschied zu Paulus die Bedeutung von χάρις definiert wird als „die herablassende, barmherzige Tat des göttlichen Wohltäters" (ebd.). Solche Bestimmung des mit σωτηρία/σώζειν und mit χάρις gegebenen theologischen Gehalts wird dem soteriologischen Stellenwert dieser Begriffe in den Past sicher nicht gerecht.

[57] Anders J. N. D. KELLY, Past 163. Unbefriedigend ist die Erklärung bei A. T. HANSON, Past 123, der zwar in der dem Autor vorgegebenen Tradition die Präexistenz Christi bezeugt findet, dem Verfasser selbst aber nicht zutraut, daß er „die theologischen Implikationen der von ihm benutzten Traditionen" erkannt hat.

[58] In diesem Sinne könnte man N. BROX, Past 230, verstehen: „Die Vermittlung ‚in Christus Jesus' gehört bereits zur präexistenten Gewährung der Gnade hinzu."

10 Handelndes Subjekt ist weiterhin Gott. Entfaltet wird der Weg der Vermittlung von Gottes χάρις. Die einleitende Wendung „jetzt aber offenbart" zeigt an, daß es um die Weiterführung und Entfaltung einer Aussage geht; dem δοθεῖσαν (gegeben) folgt das φανερωθεῖσαν (offenbar gemacht). Es ist zu fragen, wie die Relation beider Aussagen zu bestimmen ist. Zumeist wird das heilsgeschichtliche Schema von „einst/jetzt" als Grundlage und Ausgangspunkt ausgewertet. In der Gestalt „einst geheim/ jetzt offenbar"[59] entspricht dieses Schema unserem Text aber nicht; denn hier werden „geschenkt"/„offenbart" einander zugeordnet (und nicht gegenübergestellt). Die erste Bestimmung ist zeitlich definiert durch die Präexistenzaussage (πρὸ χρόνων αἰωνίων), die zweite durch das νῦν. Dieses νῦν markiert zwar den „heilsgeschichtlichen Einschnitt", aber nicht nur im Sinne des Eintritts eines einmaligen, der Vergangenheit angehörenden Geschehens; das νῦν kennzeichnet vielmehr bleibend die Gegenwart bis zur Gemeinde der Past als die Zeit des Heils[60]. Mit dem „jetzt" wird auch nicht ein „einst" abgelöst, wie es in dem genannten Schema der Fall sein müßte[61]; das „jetzt" der „Offenbarung" ist vielmehr umschlossen von der bleibenden Heilswilligkeit Gottes. Da das rettende Handeln Gottes aus der Vergangenheit in die Gegenwart hinein und auch für alle Zukunft bestimmend andauert, bleiben alle zeitlichen und heilsgeschichtlich ausgerichteten Hinweise ganz im Rahmen der übergeordneten Bestimmung durch den Heilswillen und das Heilshandeln Gottes[62].

Der Text expliziert das νῦν der Offenbarung der Gnade Gottes. Es ist geschichtlich verbürgt „in der Erscheinung unseres Retters Christus Jesus".

Mit dem Titel σωτήρ und dem Terminus ἐπιφάνεια begegnen erneut die für die Theologie und die Soteriologie der Past zentralen Begriffe[63]; die in der Auslegung von 1 Tim 1,1 (zu σωτήρ) und 1 Tim 6,14 (zu ἐπιφάνεια) gegebenen Hinweise sind kurz in Erinnerung zu rufen bzw. zu ergänzen[64]. Σωτήρ steht als Titel in den neutestamentlichen Spätschriften, die hellenistischen Einfluß zeigen. Von den insgesamt 25 Belegstellen gehören fünf zu 2 Petr, zehn zu den Past. Bei letzteren ist auffällig, daß sechsmal von Gott als Retter gesprochen wird (1 Tim 1,1; 2,3; 4,10; Tit 1,3; 2,10; 3,4); dies ist sonst nur noch der Fall in Lk 1,47 (= Hab 3,18). Die entsprechende Grundlage bietet die LXX

---

[59] Vgl. V. HASLER, Past 58.
[60] Vgl. N. BROX, Past 230; G. HOLTZ, Past 158. Y. REDALIÉ, Paul 117, verweist zusätzlich auf die Parallelität mit 1 Tim 1,12–16.
[61] Vgl. dazu P. TACHAU, „Einst" 11, der das Schema unter dem Gesichtspunkt der „Gegenüberstellung von Vergangenheit und Gegenwart" analysiert. Zu den Unterschieden zum sog. „Revelationsschema" vgl. M. WOLTER, Weisheit 313.
[62] Hier ist nebenbei auch wieder eine deutliche Akzentverschiebung gegenüber Paulus erkennbar. Bei diesem verweist das νῦν durch den exklusiven Bezug zum Christusereignis und der damit angebrochenen eschatologischen Situation auf die Bedeutung der durch Christus eröffneten Zeit als Heilszeit; die Vergangenheit steht deshalb im Kontrast zur Gegenwart: vgl. etwa Röm 3,21.26; 5,9.11; 6,22; Gal 4,9.
[63] Vgl. zu dieser Einschätzung u. a. Y. REDALIÉ, Paul 44.
[64] Vgl. dazu u. a. die Exkurse bei M. DIBELIUS – H. CONZELMANN, Past 74–78; N. BROX, Past 232f; J. JEREMIAS, Past 51f, sowie die Ausführungen bei C. SPICQ, Lexique 577 (zu ἐπιφάνεια) und 1488–1493 (zu σωτήρ); Y. REDALIÉ, Paul 163–174.

mit der Gottesprädikation σωτήρ. Bei der Verwendung von σωτήρ als christologischem Hoheitstitel wird zumeist darauf verwiesen, daß eine innerjüdische Ableitung nicht möglich sei; denn als Bezeichnung für den Messias ist σωτήρ nicht nachzuweisen[65]. Immerhin belegt das einmalige Vorkommen bei Paulus (Phil 3,20), daß eine christologische Verwendung auch in paulinischer Zeit schon möglich war. Für die in den neutestamentlichen Spätschriften auffällige Häufung ist einerseits der Einfluß der alttestamentlichen Gottesvorstellung anzunehmen; dies gilt vor allem für die Titulierung Gottes als σωτήρ, denn dazu ist mit der LXX ein direkter Anknüpfungspunkt gegeben. Zusätzlich ist aber auch ein Einfluß der hellenistischen Umwelt anzusetzen, in der sowohl Gottheiten als auch Herrscher als σωτῆρες bezeichnet werden. Auf diesem Hintergrund ist kaum vorstellbar, daß der Autor der Past sich des kritischen Untertones bei der Titulierung Jesu als σωτήρ nicht bewußt gewesen sein sollte[66].

Beim zweiten Stichwort ἐπιφάνεια stehen wir vor ähnlichen Bedingungen. Mit der Ausnahme von 2 Thess 2,8 (verbunden mit παρουσία) steht das Substantiv nur in den Past, und zwar fünfmal (1 Tim 6,14; 2 Tim 1,10; 4,1.8; Tit 2,13); dazu ist auch zu zählen die verbale Form ἐπεφάνη (ἡ χάρις τοῦ θεοῦ bzw. ἡ χρηστότης καὶ ἡ φιλανθρωπία τοῦ σωτῆρος ἡμῶν θεοῦ) in Tit 2,11; 3,4. Auch der Begriff ἐπιφάνεια gehört zur Terminologie der griechisch-hellenistischen Umwelt; damit wird „das Sichtbarwerden der sonst verborgenen Gottheit" beschrieben, die Offenbarung seiner Macht in der Gegenwart[67]. In 2 Makk (und 3 Makk) begegnet ἐπιφάνεια in dieser religiösen Prägung des öfteren. Abhängigkeit vom Sprachgebrauch der hellenistischen Umwelt ist somit ebenfalls anzunehmen. Vor allem die Verbindung mit der soteriologischen Terminologie σώζειν/σωτήρ macht ἐπιφάνεια zu einem zentralen Stichwort der Christologie der Past. Die grundsätzlich theologische Einbindung scheint an den meisten Stellen durch die Erwartung der Parusie gegeben (etwa in 1 Tim 6,14 mit dem Auftrag zur Bewahrung der ἐντολή „bis zur ἐπιφάνεια unseres Herrn Jesus Christus"). Allerdings muß eine Beobachtung zu Zurückhaltung mahnen: Die Besonderheit der Verwendung von ἐπιφάνεια als Kennzeichen der Christologie liegt darin, daß es durch das Stichwort σώζειν/σωτήρ verknüpft wird mit der Soteriologie (bes. deutlich an unserer Stelle; aber auch Tit 2,13; dann Tit 2,11; 3,4). Kennzeichen dieser Soteriologie ist die starke Betonung der Gegenwart als Heilszeit. Der Horizont der auf die ἐπιφάνεια Jesu Christi Bezug nehmenden soteriologischen Aussagen ist deshalb, in Übereinstimmung mit den sprachlichen Parallelen aus der hellenistischen Umwelt, stärker in der Gegenwart zu sehen.

Wenn also die Offenbarung der χάρις Gottes umschrieben wird mit Verweis auf „die Erscheinung unseres Retters Christus Jesus", dann ist mit ἐπιφάνεια nicht ausschließlich auf ein Ereignis der Vergangenheit verwiesen, nämlich die Inkarnation; ἐπιφάνεια bezeichnet vielmehr die zeitübergreifende Wirklichkeit und Wirksamkeit des in Christus Jesus geschenkten Heils[68]. Das bedeutet, daß zwar in besonderer Weise das Gesamtgeschehen der Inkarnation, einschließlich

---

[65] Vgl. M. DIBELIUS – H. CONZELMANN, Past 75; N. BROX, Past 232. Vgl. auch J. ROLOFF, 1 Tim 363, mit der Ergänzung, daß „die christologischen σωτήρ-Stellen nicht in Anlehnung an atl. Gott-σωτήρ-Aussagen formuliert sind".
[66] So auch M. DIBELIUS – H. CONZELMANN, Past 76f; N. BROX, Past 232; A. T. HANSON, Past 123. Ob man in dieser Gegenposition zu den heidnischen σωτῆρες ein Hauptmotiv sehen muß (so etwa J. N. D. KELLY, Past 163), erscheint allerdings eher fraglich.
[67] So M. DIBELIUS – H. CONZELMANN, Past 77.
[68] Vgl. zu „Epiphaneia" G. STÄHLIN, Ruf 105: „Vor aller Geschichte und in der Mitte der Geschichte wie am Ende der Geschichte, dem wir entgegengehen, steht Christus ..."

des sühnenden Todes und der Auferweckung Jesu, angesprochen ist. Darüber hinaus ereignet sich aber diese ἐπιφάνεια in der Gegenwart, in der Verkündigung des Evangeliums[69]. In dem νῦν des Offenbarungsgeschehens ist die Gegenwart derer umschlossen, die in der nachapostolischen Zeit in der Verkündigung des Evangeliums von Jesus Christus der Liebe und Zuwendung Gottes begegnen.

Die Akzentuierung der Gegenwart als Offenbarungszeit und damit als Heilszeit ist auch noch an anderen sprachlichen Merkmalen festzumachen. In den VV 9.10 ist die häufige Bezugnahme auf die Gegenwart der christlichen Gemeinde durch das Personalpronomen ἡμεῖς auffällig. Dadurch wird ein Gegengewicht geschaffen zur Aussage von der Präexistenz der Gnade in Gott. In den Kontext einer bewußten Gewichtung der geschichtlichen Konkretion der χάρις und ihrer bleibenden Bezeugung gehört auch die zweifache Bezugnahme auf deren offenbarende Mitteilung in Christus Jesus. Sowohl in V 9 als auch in V 10 geht es um die Inkarnation, einmal im Verweis auf das Geschenk der Gnade Gottes „in Christus Jesus", dann in deren Konkretisierung „durch die Erscheinung unseres Retters Christus Jesus" für die Gegenwart, „für *uns*".

Die angeschlossenen Beschreibungen der Wirkungen dieses Offenbarungsgeschehens – Vernichtung des Todes und Aufleuchten des Lebens und der Unvergänglichkeit – sind am besten zu erklären als Bestandteil eines hymnischen Textes aus der Taufliturgie[70]. Mit diesen Wendungen konnte der Verfasser die Bestimmung seiner Gegenwart als Heilszeit betonen. Die Epiphanie des Retters Christus Jesus ragt hinein in die Gegenwart, ja sie verwirklicht sich in der Gegenwart der Kirche, in den sakramentalen Akten (wenn man Hanson folgen darf) der Taufe und der Eucharistie, die die Früchte dieser Offenbarung der Gnade Gottes darstellen. In Weiterführung zu V 9 wird in V 10 die ekklesiologische Konkretisierung nachgetragen[71].

Diese in der liturgischen Praxis der Kirche verhaftete Ausrichtung zeigt sich auch in den für die Beschreibung des Heilsstandes gewählten Begriffen. Von der Vernichtung des Todes spricht schon 1 Kor 15,26; dort wird die *eschatologische* Überwindung des letzten und mächtigsten Feindes, des Todes, angekündigt[72]. Wenn dessen Entmachtung aber, wie an unserer Stelle, für die Gegenwart ausgesprochen wird, dann ist daran zu denken, daß die mit dem Tod verbundenen Unheilskräfte, allen voran die Sünde, durch die Epiphanie Christi Jesu überwunden sind[73]. Der „Sitz im Leben" einer solchen Heilszusage, die Leben und Unvergänglichkeit zuspricht, und zwar, wie dem Gebrauch des Verbums φωτίζειν (ans Licht bringen) zu entnehmen ist, als „wirksame Manifesta-

---

[69] Vgl. L. OBERLINNER, Epiphaneia 202f.
[70] A. T. HANSON, Past 123, verweist auf die Parallelität zu Did 9 und 10; er will zudem differenzieren: Leben bezieht sich auf das durch die Taufe geschenkte neue Leben, Unsterblichkeit aber gehört zur Eucharistie (vgl. IgnEph 20).
[71] Vgl. PH. H. TOWNER, Goal 98f.
[72] Vgl. G. HOLTZ, Past 159.
[73] Vgl. N. BROX, Past 231.

tion"⁷⁴, ist wohl ursprünglich das im hellenistischen Bereich geprägte Verständnis der Taufe⁷⁵. Für die Past unterstreicht dies die soteriologische Grundaussage von der durch Gott geschenkten Rettung.

Der unlösbare Zusammenhang zwischen dem absoluten Heilswillen Gottes, seiner Offenbarung in Christus Jesus und seiner Verkündigung im Evangelium wird mit dem Zusatz „durch das Evangelium" ausdrücklich festgehalten. Das Evangelium ist der Weg, auf welchem die Heilsbotschaft zur lebensbestimmenden Wirklichkeit der Glaubenden werden kann.

Mit dem Stichwort „Evangelium" ist wie in V 8fin (zur Einleitung des bekenntnishaften Abschnitts) die Überleitung geschaffen in die Situation der Kirche. In ihr wird diese Botschaft verkündet, nicht im Sinne einer bloßen Konservierung einer Lehre, sondern als wirkmächtiges, lebensspendendes Wort⁷⁶. Da die kirchliche Verkündigung als heilswirksames Wort zu interpretieren ist, hat auch die Sorge um die Bewahrung des Evangeliums soteriologische Bedeutsamkeit. Aus diesem Zusammenhang ergibt sich der Stellenwert des Auftrages zur Bewahrung der apostolischen Tradition⁷⁷.

11   Gewähr für den rechten Glauben bietet nur die Kontinuität mit dem Apostel Paulus. „Wo vom Evangelium die Rede ist, ist in den Pastoralbriefen auch von Paulus die Rede" (vgl. 1 Tim 1,11; 2 Tim 2,8; Tit 1,3)⁷⁸. Der Paulus der Past spricht davon, daß er *„eingesetzt"* worden ist; das unterstreicht sowohl die Unbedingtheit der Indienstnahme durch Gott als auch die dem Apostel übertragene Autorität. Das betonte *„Ich"* läßt die exklusive Stellung des paulinischen Evangeliums für den Glauben der Kirche noch stärker hervortreten.

Als Verkünder, Apostel und Lehrer hat „Paulus" sich bereits in 1 Tim 2,7 vorgestellt, dort charakteristischerweise als διδάσκαλος ἐθνῶν (Lehrer für die Völker); der Grund für die unterschiedliche Bezeichnung liegt darin, daß in 1 Tim 2 das Bekenntnis zum universalen Heilswillen Gottes und zu Jesu Sühnetod „für alle" (1 Tim 2,3–6) unmittelbar vorausgeht. Für die Reihenfolge der Selbstbezeichnungen ist der Zusammenhang mit dem Stichwort εὐαγγέλιον (in 1 Tim 2,6: μαρτύριον) ausschlaggebend. Der dem historischen Paulus entsprechende, bevorzugte Titel ist Apostel. In Kontinuität zum Selbstverständnis und zum Anspruch des Paulus liegt die Bedeutung des Apostetitels auch für die Past in der Zuordnung zum Evangelium. „Es gehört zur geschichtlichen Erscheinungsform des Evangeliums, daß es von Gott an die Person des Paulus gebunden ist."⁷⁹

Seine Aufgabe als Apostel liegt darin, das Evangelium zu verkünden. In dieser Funktionsbestimmung braucht Paulus Nachfolger. Indem der Akzent auf

---

⁷⁴ Vgl. M. WINTER, EWNT III 1077f.
⁷⁵ Vgl. V. HASLER, Past 59.
⁷⁶ Vgl. N. BROX, Past 232.
⁷⁷ Vgl. E. LOHSE, Vermächtnis 274: „Indem die σωτηρία ... als Ziel und Inhalt des Evangeliums genannt wird, sind die christologischen Aussagen fest auf die apostolische Verkündigung bezogen, wie sie Paulus bei seiner Berufung aufgetragen wurde."
⁷⁸ H. MERKEL, Past 59. Vgl. auch H. v. LIPS, Glaube 42f; Y. REDALIÉ, Paul 118f.
⁷⁹ J. ROLOFF, Apostolat 241.

die Tätigkeit des κηρύσσειν gelegt wird – und diese Bestimmung ist nicht nur im vorangestellten Begriff κῆρυξ zu sehen, sie zeigt sich auch in der Funktionsbezeichnung διδάσκαλος –, erfährt der Aposteltitel eine gewisse Relativierung[80], und zugleich rückt die Tätigkeit des Verkündigens und Lehrens in den Vordergrund. Zwar steht Paulus an erster Stelle als „der urbildliche Verkündiger und damit der Garant des Evangeliums"[81]. Aber die Beauftragung zum „Verkündigen" gilt nicht nur ihm; sie gilt auch seinem Nachfolger in der amtlichen Funktion, für die rechte Lehre zu sorgen (V 6; vgl. 1 Tim 1,3). Konsequent lautet die Mahnung an „Timotheus": κήρυξον τὸν λόγον (2 Tim 4,2).

Mit der Verpflichtung auf das Evangelium tritt der durch Handauflegung autorisierte Gemeindeleiter die Nachfolge des Apostels an. In der Aufgabenbeschreibung, als „Verkünder" des Evangeliums zu wirken, geht die Zeit des Apostels unmittelbar über in die der nachapostolischen Gemeinde. Wenn für Paulus die Aufgabe des κῆρυξ mit den Worten von H. Schlier so bestimmt werden kann, er habe „der Mund des Evangeliums und zugleich Christi Jesu zu sein" und „das Heilswerk Gottes in Christus Jesus zu proklamieren"[82], dann ist darin auch die Vorbildfunktion des Apostels für die Nachfolger im Amt des Verkünders ausgesprochen. Der zur Verkündigung Legitimierte ist in der Gemeinde der Past derjenige, der als „Mund" des paulinischen Evangeliums seine Verkündigungsaufgabe versieht[83].

12   Nach dem bekenntnishaften Zwischenstück der VV 9.10 und der angeschlossenen Bestimmung seiner Funktion im Blick auf das Evangelium (V 11), wird wieder Paulus selbst Gegenstand der Darstellung. Das biographische Element bleibt allerdings der Verdeutlichung seiner Aufgabe und der Erwählung für das Evangelium verpflichtet. Die Parallelität des Anschlusses mit δι' ἣν αἰτίαν zu V 6 gibt einen Hinweis auf einen gemeinsamen Bezugspunkt; es geht jeweils um die Situation desjenigen, der mit dem Verkündigungsdienst beauftragt ist, was hier durch den Zusammenhang mit V 11 deutlich gemacht wird. Auch das Motiv vom Leiden dient dazu, den Dienst der Verkündigung hervorzuheben. Das präzisierende Demonstrativum „(auch) dieses" (καὶ ταῦτα) hat als Bezugspunkt im engeren Sinn die V 8 genannte Gefangenschaft, im weiteren Sinn die 2 Tim prägende Abschiedssituation des auf seinen Tod vorausblik-

---

[80] Vgl. J. WANKE, Paulus 173: „Paulus ist zwar Apostel – aber eben nur, weil er Herold des Evangeliums ist".
[81] J. ROLOFF, Apostolat 242.
[82] Vgl. H. SCHLIER, Ordnung 476; zitiert bei J. ROLOFF, Apostolat 242.
[83] H. v. LIPS, Glaube 273, macht den Vorschlag, in der Verteilung der Funktionen zu differenzieren. Alle drei Beschreibungen träfen nur für Paulus zu, weil nur er Apostel ist. Da die Funktion des κηρύσσειν nur von Timotheus ausgesagt werde, sei zu erwägen, „ob nicht diese speziell für Timotheus als Apostelschüler, nicht aber zugleich als Typus des Amtsträgers gilt"; für letzteren gelte das διδάσκειν. Diese Erklärung beachtet zu wenig die Pseudonymität des Adressaten und damit auch die Fiktion der Relation Paulus – Timotheus; dessen Beauftragung durch „Paulus" wird bestimmt aus der Situation der Past.

kenden Paulus (vgl. 4,6f)[84]. Die Absicht des Verfassers liegt nicht darin, das Leiden als Bestandteil des apostolischen Wirkens des Paulus und entsprechend des christlichen Verkünders *für sich genommen* zu betonen[85]. Paulus soll umfassend als Vorbild und Autorität gezeichnet werden. Die Dringlichkeit der Mahnungen und Weisungen wird gesteigert, indem er sie im Leiden, dem Tod nah, gibt, womit er auch schon den Übergang von der apostolischen zur nachapostolischen Zeit vorwegnimmt.

Der Blick auf den leidenden, verfolgten Apostel Paulus konnte aber auch apologetischen Zwecken dienen. Angriffe gegen denjenigen in der Gemeinde, der für die Bewahrung des rechten Glaubens Verantwortung trägt, bleiben nicht aus. Sie sind aber keine Widerlegung seines Anspruches. Im Gegenteil! Der Blick auf den Apostel lehrt: Verfolgung und Leiden sind Kennzeichen gerade des rechtmäßigen Glaubensboten.

Deshalb besteht – wiederum in Entsprechung zum Apostel – kein Anlaß, sich der Leiden zu schämen. In der angeschlossenen Begründung greift „Paulus" sehr weit aus. Der Grund für seine Zuversicht sind sein Glaube und seine Überzeugung von der Zuverlässigkeit und Macht Gottes. Das Motiv der Vorbildlichkeit des Paulus im Leiden wird weitergeführt; der Apostel ist auch Vorbild des Vertrauens auf Gott. Inhalt dieses Vertrauens ist, daß Gott das anvertraute Glaubensgut bewahren wird „bis zu jenem Tag".

Zwei Fragen sind zur hier gewählten Formulierung παραθήκη μου zu stellen: (1) Wie ist die Konstruktion παραθήκη μου zu übersetzen? (2) Welche Bedeutung hat es, daß von der Bewahrung der παραθήκη durch *Gott* gesprochen wird, wenn doch gleich in V 14 (wie auch schon in 1 Tim 6,20) *Timotheus* zu deren Bewahrung aufgefordert wird?

Παραθήκη[86] ist ein Begriff aus dem Sachenrecht. Die zugrundeliegende Rechtskonstruktion findet sich schon in der alttestamentlich-jüdischen Tradition (in ein paar Fällen auch mit dem Begriff παραθήκη in der LXX: Ex 22,6–12; Lev 5,20–26). Mit παρα(κατα)θήκη wird ein Rechtsverhältnis bezeichnet, welches „Pflichten gegenüber einem Gut auferlegt, jedoch keine Rechte an demselben verleiht"[87]. Mit παραθήκη kann aber auch das Gut selbst bezeichnet werden, welches zur Bewahrung übergeben wird. In den Grundzügen besteht zwischen den jüdischen, griechischen und römischen Vorschriften zu diesem „Depositalrecht"[88] Übereinstimmung: Eine Sache wird von jemandem an eine andere Person übergeben mit dem Ziel der Aufbewahrung zu treuen Händen. Durch

---

[84] Vgl. G. HOLTZ, Past 160, der hierin eine „martyrologische Anspielung und Verhüllung" sieht. Es ist gut möglich, daß der Verfasser für seine Schilderung der Lage des Paulus auf eine Tradition zurückgreift, die von dessen gewaltsamen Tod in Rom handelt.
[85] Vgl. dagegen O. KNOCH, Past 54: „Zur Sendung des christlichen Verkünders gehört das Leiden, wie das Leben des Apostels Paulus beispielhaft zeigt"; ähnlich V. HASLER, Past 59.
[86] Zu παραθήκη vgl. W. LOCK, Past 90–92; K. WEGENAST, Verständnis 144–155; N. BROX, Past 235f; J. ROLOFF, Apostolat 244–248; G. LOHFINK, Normativität 95–97; P. TRUMMER, Paulustradition 219–222; H. v. LIPS, Glaube 47–51. 266–269; L. R. DONELSON, Pseudepigraphy 162–170; M. WOLTER, Pastoralbriefe 115–130; J. ROLOFF, 1 Tim 371–373; Y. REDALIÉ, Paul 120–126.
[87] K. WEGENAST, Verständnis 144.
[88] Vgl. H. v. LIPS, Glaube 266. Vgl. zu den Belegen C. SPICQ, Lexique 1153–1157.

die Übergabe (von seiten des Deponenten) und die Annahme (seitens des Depositarius) kommt ein Vertragsverhältnis zustande; es verpflichtet den Empfänger zur Aufbewahrung (φυλάττειν) und zur Rückgabe (ἀποδιδόναι). Veruntreuung ist gleichgesetzt mit Raub. „Grundlage ist die zwischen den beiden Geschäftspartnern bestehende πίστις."[89] Ein weiterer wichtiger Gesichtspunkt ist, daß für beide Geschäftspartner Rechtsnachfolge möglich ist[90]. Das Depositum kann weitergegeben werden an die Nachfolger bzw. die Angehörigen des Depositarius; die Rechte des Deponenten gehen ebenfalls über auf seine Erben. Der ursprüngliche Bezug auf Sachen ist im Laufe der Zeit ausgeweitet worden auf Worte und Lehren, das Leben der Menschen und ihre Fähigkeiten. In solch übertragener Bedeutung[91] gebraucht z. B. Philo παρακαταθήκη[92], worin Übereinstimmung mit den Past vorliegt.

Was aber wird in den Past mit παραθήκη bezeichnet? Die Übernahme des juridisch geprägten Begriffs impliziert das Interesse an den damit verbundenen Bedingungen. Es geht zum einen um die Vorstellung von einem Gut, welches von einer Person einer anderen übergeben werden kann. Es geht sodann um den damit verbundenen Gedanken der Beauftragung zu treuer Aufbewahrung. Daß dieser Gedanke im Blick auf die Situation der Kirche der Past höchst aktuelle Bedeutung hatte, wird deutlich durch die in 1 Tim und Tit bezeugte Gefährdung des rechten Glaubens durch Irrlehrer. Ihnen und ihrer Absicht, „andere Lehren zu verbreiten" (vgl. 1 Tim 1,3), „nach eigenen Gelüsten" sich Lehrer zu beschaffen (2 Tim 4,3) und „Mythen" an die Stelle der gesunden Lehre zu setzen (2 Tim 4,4; 1 Tim 1,4; Tit 1,14), stellt der Verfasser das Bollwerk der παραθήκη gegenüber. In der Einführung des Begriffs stecken sowohl das Wissen um die Verpflichtung zu unveränderlicher Bewahrung und Weitergabe als auch der Anspruch auf den Gehorsam derer, die dem rechten Glauben, der „gesunden Lehre" folgen wollen[93]. Abweichung von der παραθήκη ist Abirren vom Glauben (vgl. 1 Tim 6,20f, wo παραθήκη und πίστις parallel stehen).

Daß in der Vorstellung von Übergabe und Bewahrung dieses „Glaubensgutes", wie παραθήκη übersetzt werden kann, dem Apostel Paulus eine herausragende Bedeutung zukommt, zeigt 1 Tim 6,20 mit der Ermahnung an „Timotheus": „Bewahre das anvertraute Gut!" In welcher Beziehung steht aber Paulus zur παραθήκη? Diese Frage ergibt sich aus der Formulierung unseres Verses: τὴν παραθήκην μου. Und damit zusammenhängend ist zu fragen, wofür παραθήκη steht[94].

Zur inhaltlichen Bestimmung sind zwei Vorschläge zu nennen. (1) παραθήκη wird gleichgesetzt mit Evangelium. Dafür kann man auf den vorliegenden Zusammenhang 2 Tim 1,10–14 verweisen, wo das Stichwort Evangelium

---

[89] H. v. Lips, Glaube 267.
[90] H. v. Lips, Glaube 267.
[91] H. v. Lips, Glaube 269: „Entsprechend der allgemeinen Verbreitung und Bedeutung des παραθήκη-Instituts wird die Terminologie schon früh in übertragenem Sinne ... gebraucht."
[92] Vgl. auch J. Roloff, Apostolat 246f. Belege aus Philo vgl. zu 1 Tim 6,20.
[93] Vgl. N. Brox, Past 236; auch J. Roloff, Apostolat 248.
[94] Zur ausführlichen Diskussion vgl. M. Wolter, Pastoralbriefe 116ff.

„in Vers 12 aufgegriffen und als παραθήκη des Paulus, d. h.: als dem Paulus anvertrautes Gut bezeichnet (wird)"[95]. (2) Mit παραθήκη wird „die gesamte paulinische Verkündigung" umschrieben, „die wie ein Depositum gegenüber allen Versuchen der Verfälschung bewahrt werden muß"[96]. Mit den beiden Erklärungen ergeben sich auch für das Verständnis der Wendung παραθήκη μου unterschiedliche Nuancen. Im ersten Fall ist der Genitiv μου als genitivus objectivus wiederzugeben; die παραθήκη wird verstanden als „das mir anvertraute Gut", also als das dem Apostel zur Bewahrung übergebene Evangelium. Paulus stünde dann in der Position des Depositarius[97]. Im zweiten Fall wird der Genitiv μου gedeutet als genitivus auctoris bzw. als genitivus subjectivus; Paulus ist nicht Empfänger der παραθήκη, sondern er wird als Eigentümer und Deponent gekennzeichnet, „der sich darauf verläßt, daß Gott die von ihm dem Timotheus übergebene Tradition bis ans Ende der Tage zu bewahren imstande ist, und zwar durch die Gabe des Geistes (2 Tim 1, 7.14)"[98].

Für das Verständnis von παραθήκη in den Past sind aber noch zwei durch den Kontext (im weiteren und im engeren Sinne) gegebene Aspekte zu berücksichtigen: (1) Die unbedingte Bindung der kirchlichen Glaubensüberlieferung an die Person des Apostels Paulus; und (2) die Betonung des Traditionsgedankens, in den auch Paulus – allerdings in überragender Funktion – eingeschlossen ist.

Im Mittelpunkt steht für das Glaubensverständnis der Past ohne Zweifel die Orientierung an Paulus; der rechte Glaube ist der apostolisch = paulinisch legitimierte Glaube. Kann man aber sagen, daß es mit der Wahl des Begriffes παραθήκη darum ging, Paulus selbst „als den normativen Ursprung der Tradition darzustellen"[99]? Dagegen spricht zum einen, daß der Verfasser bemüht ist, in den Fällen, wo er mit Rückgriff auf vorgegebene Wendungen und traditionelle Bekenntnisformulierungen *sein Evangelium* als das *Evangelium des Paulus* entfaltet, diesen ebenfalls in den Dienst des Evangeliums zu stellen. Eindeutige Belege dafür sind die zwei Abschnitte, deren Bedeutung im Rahmen der „Briefe" unumstritten ist: 1 Tim 2, 4–6 und 2 Tim 1, 9 f. An die Zitation der beiden Glaubensformeln, die als solche auch schon kenntlich gemacht und hervorgehoben werden durch die Einführung, schließt der Verfasser gleichlautend die Benennung der Aufgabe für Paulus an: εἰς ὃ ἐτέθην ἐγώ ... Die Relation ist eindeutig: Das „Evangelium" (vgl. 2 Tim 1, 8; in 1 Tim 2, 6 steht in gleicher Bedeutung μαρτύριον) ist eine von menschlichem Wollen und Können unabhängige Größe; Paulus wird zu dessen Verkündigung, Verwaltung und lehrhafter Entfaltung eingesetzt. Der Bezug von Evangelium und

---

[95] G. LOHFINK, Paulinische Theologie 96–101; diese Deutung auch bei J. ROLOFF, Apostolat 245–248.
[96] So K. WEGENAST, Verständnis 152; vgl. 150–153. Diese Position wird ausführlich entfaltet und begründet bei M. WOLTER, Pastoralbriefe 118–120.
[97] Vgl. G. LOHFINK, Paulinische Theologie 97; J. ROLOFF, Apostolat 246.
[98] M. WOLTER, Pastoralbriefe 117. Der Genitiv ist nach Wolter „ohne jeden Zweifel ein Genitivus auctoris oder besser subjectivus"; zustimmend U. WAGENER, Ordnung 101.
[99] So M. WOLTER, Pastoralbriefe 120; ähnlich H. v. LIPS, Glaube 271.

2 Tim 1,6–14

„Paratheke" erscheint auf diesem Hintergrund nicht zweifelhaft. Weil die „Paratheke" des Paulus die Größe ist, die für die Gemeinden der Past (angesichts der unabänderlichen Abwesenheit des Paulus) zur Norm ihres Glaubens erklärt wird, deshalb ist eine inhaltliche Bestimmung der παραθήκη in der Sicht des Verfassers besonders wichtig. Es ist kein Zufall, daß „Paulus" im Anschluß an die beiden genannten Zitierungen von Bekenntnisaussagen, die neben der Abhängigkeit von vorgegebenen, formelhaften Wendungen das theologische und soteriologische Zentrum der Past besonders deutlich artikulieren, jeweils *seine Funktion* im Blick auf dieses Glaubensgut festhält – als Verkünder, Apostel, Lehrer.

Die παραθήκη ist also „das dem Apostel zugeschriebene Lehrgut", welches dem Schüler übergeben wird, damit er es unversehrt bewahre und weitergebe[100]. Doch weder der Apostel noch sein Nachfolger bleibt in der Erfüllung dieser Aufgabe auf sich gestellt. Die Rückbindung an die Macht und an den Willen Gottes und der Ausblick auf die eschatologische Vollendung ordnen die Bewahrung des anvertrauten Gutes sowohl von der Herkunft als auch für die Zukunft Gott zu. Paulus ist zwar „der erste" in der Tradentenreihe, erster aber nur im Rahmen der Vermittlung der von Gott ausgehenden, seit ewigen Zeiten in Christus Jesus geschenkten und „jetzt" offenbarten Gnade und der von ihm kommenden Vollendung[101].

Der Ausdruck παραθήκη bleibt in der Beziehung zu Paulus in der Schwebe. Es ist das dem Apostel Paulus anvertraute Gut, für dessen Bewahrung und Weitergabe er zu sorgen hatte (als κῆρυξ und διδάσκαλος); dafür spricht auch, daß der Apostel sich in eine (fiktive) Traditionskette stellt (vgl. 1,3). Und es ist gleichzeitig das von Paulus herkommende und durch ihn legitimierte Gut, welches über seinen Schüler und Nachfolger den Gemeinden bzw. ihren Autoritäten zur Bewahrung übergeben ist[102].

Auf den ersten Blick wirkt die Tatsache befremdlich, daß Gott als der genannt ist, der die dem Paulus zugeordnete παραθήκη bewahren wird. Dadurch ergibt sich eine Spannung zu der im Begriff παραθήκη grundgelegten Vorstellung, wie sie an den beiden anderen Stellen bezeugt ist: Das „Bewahren" der παραθήκη ist Aufgabe einer damit beauftragten Person, und das ist nach dem Zeugnis von 1 Tim 6,20 und 2 Tim 1,14 Timotheus, der in die Fußstapfen des Apostels getreten ist.

Das Problem versucht G. Holtz dadurch zu lösen, daß er in dem Begriff παραθήκη μου den gläubigen Timotheus mitgemeint sein läßt; Paulus würde über die Zeit, da er und Timotheus für das Evangelium Sorge tragen können, hinausblicken[103]. Man muß aber für diesen Fall – Holtz vertritt die Authentizität der Past – zugestehen, daß zum einen die Wahl des Begriffs παραθήκη überraschen würde; zum anderen kann man in dieser Kon-

---

[100] Mit M. WOLTER, Pastoralbriefe 124.
[101] Vgl. V. HASLER, Past 59: „Paulus wird als erstes Glied einer Kette rechtgläubiger Verkünder sichtbar." Zu der Bezeichnung als „erster" vgl. aber auch M. WOLTER, Pastoralbriefe 125 f.
[102] Vgl. H. v. LIPS, Glaube 269; O. KNOCH, Past 54.
[103] G. HOLTZ, Past 160 f.

struktion dem Timotheus nur schwer eine Bedeutung zuschreiben, da die Rede ist vom Vertrauen des Paulus auf die Macht Gottes, sein Evangelium zu bewahren.

Nach Meinung von F. J. Schierse nimmt der Autor hier Bezug auf die Situation, in welcher der Apostel von sich sagt, daß er „den guten Kampf gekämpft" hat (2 Tim 4,7); und so brauche „der Apostel das ihm anvertraute Gut des rechten Glaubens nicht mehr selber zu bewahren. Gott hütet es für ihn ‚auf jenen Tag hin' ..."[104]. Auch dieser Lösungsvorschlag ist unbefriedigend, weil doch gerade die angesprochene Situation des Endes von Leben und Wirken Pauli Anlaß dazu ist, den *Timotheus* in die Position des verantwortlichen Nachfolgers einzuweisen (vgl. etwa 1 Tim 1,3)[105].

Die Absicht der Zuordnung der παραθήκη zu Gott läßt sich so bestimmen: Mit dem Ausblick auf das Handeln Gottes und auf seinen Beistand wird sowohl die Tätigkeit des Apostels als auch die des von ihm beauftragten und autorisierten Nachfolgers im Amt des Verkünders der Ungesichertheit menschlichen Tuns enthoben und letztlich im Willen Gottes verankert[106]. Der Apostel verbindet mit παραθήκη die Glaubenszuversicht, die jeden Nachfolger über seine Aufgabe hinaus verpflichtet, nämlich die Gewißheit, daß Gott selbst für die Bewahrung der Glaubenstradition, der Glaubenslehre sorgen wird[107]. Es ist zu erwägen, ob nicht diese Formulierung letztlich dasselbe sagt, was in V 14 der Hinweis auf den Heiligen Geist zum Ausdruck bringt.

13 Der im Begriff παραθήκη und in der darin angesprochenen Rechtskonstruktion enthaltene Gesichtspunkt, daß mit der παραθήκη der beauftragte Vertragspartner die Verpflichtung zu treuer Verwahrung übernimmt, wird, der (fiktiven) Situation entsprechend, weitergeführt. War im vorangehenden Vers vom Handeln Gottes im Blick auf die παραθήκη des Paulus die Rede, so wird jetzt auf den Anspruch an den von Paulus mit der Weitergabe und Bewahrung dieses Glaubensgutes Beauftragten hingewiesen. Der in der Nachfolge des Apostels stehende Bote des Evangeliums hat sich zu orientieren an der Lehre des Apostels. Mit dem Ausdruck „gesunde Worte" ist dabei ein für die Past charakteristisches Stichwort aufgegriffen[108].

Es finden sich sowohl der Ausdruck ὑγιαίνοντες λόγοι (so auch 1 Tim 6,3; im Singular Tit 2,8: ὑγιὴς λόγος) als auch der Begriff ὑγιαίνουσα διδασκαλία (1 Tim 1,10; 2 Tim 4,3; Tit 1,9; 2,1) sowie Formulierungen mit dem Verb ὑγιαίνειν (Tit 1,13; 2,2).

---

[104] F. J. Schierse, Past 106f.
[105] Dem entspricht die Formulierung von J. Roloff, Apostolat 257: „Die Wahrung der Paratheke geschieht in dem Akte der Verkündigung und Auslegung des Wortes, im Kampf des bevollmächtigten Verkünders gegen Irrlehre und Verfälschung des Zeugnisses vom Kyrios und schließlich im Leiden des Zeugen."
[106] Vgl. E. F. Scott, Past 96; N. Brox, Past 234; L. R. Donelson, Pseudepigraphy 163, wo festgestellt wird: Die Weitergabe der παραθήκη „is part of God's management of the plan of salvation (οἰκονομία θεοῦ)".
[107] Vgl. auch H. v. Lips, Glaube 269: Der Verweis auf Gott bzw. Christus als Bewahrer „drückt die Gewißheit aus, daß das pln Evangelium mit göttlicher Hilfe bis zur Wiederkunft Christi bewahrt bleibe".
[108] Vgl. auch zu 1 Tim 1,10.

"Gesund" ist eine auch polemisch geprägte Kennzeichnung des rechten Glaubens; denn Häresie ist Krankheit (vgl. 1 Tim 6,4). Bei dieser Bestimmung des eigenen Standortes liegt das vorrangige Interesse in der Abgrenzung. Die Frage nach dem rechten Glauben wird als eindeutig geklärt betrachtet. Wer sich entscheidet, weiß, wofür er sich entscheidet. Damit wird das christliche Kerygma in einer statisch-formalen Bestimmung gekennzeichnet[109]. Als die Gemeinden verpflichtende Erkenntnis gilt, daß es Personen gibt, die aufgrund ihrer Stellung in den Gemeinden Bescheid wissen über den rechten Glauben und über die gesunde Lehre. Die Garantie für die Wahrheit der Glaubensüberlieferung ist von den autorisierten Vorstehern her gegeben.

Entsprechend muß der die Nachfolge des Apostels antretende christliche Verkünder verpflichtet werden auf das Vorbild des Apostels bzw. auf das Vorbild der als apostolisch = paulinisch anerkannten Lehrtradition. Die Anwendung des Begriffes ὑποτύπωσις auf die Beziehung des „Paulus" zu seinem Schüler erinnert an 1 Tim 1,16; während aber dort „Paulus" sich selbst aufgrund des ihm von Gott geschenkten Erbarmens als „Urbild" all derer vorstellt, die zum Glauben kommen sollen, werden hier in der Hinordnung auf „Timotheus" die Worte des Apostels als Maßstab der rechtmäßigen christlichen Lehre bestimmt[110]. Die Abfolge ist festgelegt: Die gesunden Worte, d.h. die rechte Lehre, ist das, was der Apostel verkündet; von ihm heißt es zu lernen, auf ihn zu hören, seine Botschaft zu bewahren. Und wo das geschieht, da ist der rechte Glaube gesichert, da ist das Zeugnis der Liebe zu attestieren. Glaube und Liebe werden hier als (christliche) Tugenden genannt, die die Autorität der in der Nachfolge des Apostels stehenden Verwalter der Verkündigung unterstreichen[111]. Im Vordergrund steht wiederum die Partizipation des Verwalters einer amtlichen Stellung an der apostolischen Autorität.

14 Der Vers formuliert ausdrücklich die Aufgabenstellung für den Vorsteher in seiner Verantwortung für die Bewahrung des „wertvollen Gutes". Es ist kennzeichnend und liegt im Autoritätsgefälle begründet, daß solche Indienstnahme nicht vom Apostel, sondern nur von dem durch ihn beauftragten Nachfolger ausgesagt wird. Und doch wird auch die Gemeinschaft zwischen dem Apostel und seinem Schüler in der Berufung auf den „in uns" wohnenden Heiligen Geist betont. In Entsprechung zu V 7 mit dem ausschließlich für den Gemeindeleiter in Anspruch genommenen Charisma ist auch hier der Heilige Geist – im Unterschied zum paulinischen Verständnis von der umfassenden Geistausgießung und dem Geist als dem Kennzeichen aller Christen (vgl. u.a. Röm 8,15; 1 Kor 12,13; 2 Kor 13,13; Gal 4,6) – zuerst einmal in seiner Zuordnung zum Träger einer amtlichen Funktion zu sehen[112]. In der Verknüpfung mit der Aufgabe des

---

[109] Vgl. F. J. SCHIERSE, Past 107f.
[110] Vgl. dazu D. G. MEADE, Pseudonymity 125f.
[111] Vgl. N. BROX, Past 235.
[112] Vgl. E. F. SCOTT, Past 97; N. BROX, Past 235; A. T. HANSON, Past 125.

„Bewahrens" ist der Geist zur „Sicherungsinstanz für die Reinheit des Überlieferten"[113] geworden, zum „Prinzip der bewahrenden Tradition"[114].

Nun wird allerdings vom Heiligen Geist ausgesagt, daß er „*in uns* wohnt". Und dieses ἡμῖν (statt eines ebenfalls passenden σοι) läßt an der Ausschließlichkeit des Bezugs auf den Amtsinhaber zweifeln[115]. Zwar ist der Geistbesitz der verantwortlichen Verkünder und Vorsteher die zentrale Aussageintention. Da aber mit παραθήκη die Garantie für den rechten Glauben verbunden ist und das Festhalten an der paulinischen Tradition für die Gemeinden als Kennzeichen des rechten Glaubens zu gelten hat, verbindet die Christen mit der παραθήκη und mit dem Glauben an das von Paulus überkommene und von den Gemeindeleitern verkündete Evangelium auch die Ausstattung mit dem Heiligen Geist. Über den Begriff παραθήκη und damit verbunden über das „Evangelium" ist in dem ἡμῖν die Geistausstattung als für alle Christen gültiges Kennzeichen zumindest implizit ausgesprochen – aber eben *nur* auf dem Weg dieser „amtlichen" Vermittlung.

Zum verpflichtenden Traditionsgut wird die christliche Botschaft erst in den christlichen Gemeinden der nachpaulinischen Zeit. Die Funktion des Paulus wird darin gesehen, daß er entscheidenden Anteil an der Ausbildung der παραθήκη hat. Seine Nachfolger haben diese *seine* παραθήκη (vgl. V 12) treu zu bewahren. Auch Paulus ist zwar schon in eine Traditionsabfolge eingebunden (vgl. V 3), doch erst nach ihm und von ihm her gibt es die mit seiner Autorität als Apostel begründete Beauftragung zur *Bewahrung* des ihm „anvertrauten Gutes". In dieser Hinsicht ergibt sich eine aufschlußreiche Parallelität von παραθήκη und εὐαγγέλιον. Auch das Evangelium wird vorgestellt als eine Größe, die dem Paulus „übertragen" (V 6; vgl. 1 Tim 2,7), ihm „anvertraut" worden ist (vgl. 1 Tim 1,11). *Sein* Evangelium ist die Richtschnur für die kirchliche Verkündigung (vgl. 2 Tim 2,8).

III

Es seien noch einmal die drei Stichworte aufgegriffen, die unter I bereits als für den Abschnitt bedeutsam genannt worden waren:
τὸ χάρισμα τοῦ θεοῦ (V 6)
τὸ εὐαγγέλιον (VV 8.10f)
ἡ (καλὴ) παραθήκη (VV 12.14).
Merkmal dieser Stichworte ist, daß sie zuerst die Bedeutung des Apostels Paulus für die christlichen Gemeinden definieren und in Abhängigkeit von ihm in der Person des Timotheus die verantwortlichen Personen in den Gemeinden ansprechen. Auf diese Weise wird folgender Zusammenhang hergestellt: Die Gemeinden sind in Ordnung, wenn die Gemeindeleitung in Ordnung ist, und ein gutes Urteil über die Gemeinden ist abhängig von ihrer Treue zu einer Tradi-

---

[113] K. WEGENAST, Verständnis 153.
[114] F. J. SCHIERSE, Past 107.
[115] So auch H. v. LIPS, Glaube 213f.

tion, die als Glaubensgut und Lehre schon feste Formen angenommen und als von Paulus her legitimiertes Glaubensgut in den Gemeinden Anerkennung gefunden hat. Glaube und Liebe verwirklichen sich im Hören auf und in der Treue zu den „gesunden Worten", die diese ihre Qualität der Abkunft von Paulus verdanken (V 13).

Aus dieser Ordnung der Zuständigkeiten und Abhängigkeiten erwachsen allerdings neue Fragen. Es drängt sich zum einen die Frage nach der theologischen Begründung der Autorität und Verantwortung des Gemeindevorstehers auf. Und es entsteht zum zweiten die Frage nach dem Charakter der Beziehung von Gemeindeleiter und Gemeinde. Beide Fragen hängen eng miteinander zusammen. Der Gemeindeleiter wird einseitig bestimmt durch den Bezug zur Gestalt und zum Auftrag des Apostels Paulus; es wird eine Beziehung vorgestellt, die relativ geschlossen ist. Da das Traditionsdenken im Zentrum steht und der formale Gesichtspunkt der Kontinuität überwiegt, wirkt der hier vorgestellte Gemeindeglaube recht statisch. Der Traditionsgedanke prägt vor allem die Bedingungen für die Nachfolge in der von Paulus ausgehenden Legitimation durch die Handauflegung und die dadurch bewirkte Gnaden- und Geistausstattung (VV 6f). Es fehlt dabei ein eindeutig ausgesprochener Überstieg zur Gemeinde; es fehlt auch die direkte Miteinbeziehung der Gemeinde in die Bestimmung der Aufgabe und der Qualifikation des Gemeindeleiters. Was die Gemeinde betrifft, so ist sie zwar gegenwärtig als der Ort, in welchem die vorgestellten Funktionen des Paulus und des von ihm angewiesenen Gemeindeleiters angesiedelt sind. Dieser Ort wird aber definiert, ohne daß die Gemeinde mit dem ihr zustehenden Anteil *unmittelbar* ins Gespräch gebracht würde.

Diese Betonung der Beziehung des Paulus zu seinem Schüler und verantwortlichen Nachfolger (neben der Erinnerung an die Handauflegung ist zu nennen die Beauftragung in 1 Tim 1, 3 f) ist sicher wesentlich bedingt durch den Charakter von 2 Tim als eine Art „literarisches Testament"[116]. Es gilt deshalb auch immer, für den Einzeltext den Ort in der Ekklesiologie unter Berücksichtigung des gesamten Corpus der Past zu definieren.

Ein Aspekt, der näherer Betrachtung wert erscheint, ist die Frage nach dem Verständnis von φυλάσσειν (τὴν παραθήκην). Bedeutet dies für die Past in erster Linie die Verpflichtung auf das Traditionsgut, auf die Glaubensüberlieferung in inhaltlicher Sicht (also im Sinne: Bewahrung vor Veränderung)? Oder aber ist in der Intention des Autors in dem φυλάσσειν mitenthalten der Gedanke der Verantwortung für dieses Evangelium in der Verkündigung, so daß *notwendigerweise* die Relation zur Gemeinde, zu den Menschen Berücksichtigung finden muß? Der zweite Gesichtspunkt ist in den an traditionellem Formelgut orientierten VV 9f erkennbar, in den Rahmenversen (V 6 und VV 13f) dagegen liegt der Akzent auf dem Moment der Bewahrung und Sicherung der Glaubenstradition; letzteres scheint für den Verfasser das größere Anliegen zu sein.

---

[116] Vgl. M. WOLTER, Pastoralbriefe 203.

LITERATUR: A. AB ALPE, Paulus „praedicator et Apostolus et magister" (2 Tim 1,11): VD 23 (1943) 199–206.238–244; W. BARCLAY, Our Security in God (2 Timothy I.12): ExpT 69 (1957/58) 324–327; J. M. BOVER, „Illuminavit vitam" (2 Tim. 1,10): Bibl. 28 (1947) 136–146; S. CIPRIANI, La dottrina del „depositum" nelle lettere pastorali: Studiorum Paulinorum Congressus Internationalis Catholicus 1961 (AnBib 17–18) (Rom 1963), Bd. II, 127–142; A. EHRHARDT, Parakatatheke: ZSRG.R 75 (1958) 32–90 und 76 (1959) 480–489; D. GUTZEN, Zucht oder Besonnenheit? Bemerkungen zur Übersetzung von 2 Timotheus 1,7: S. MEURER (Hrsg.), Die neue Lutherbibel. Beiträge zum revidierten Text 1984 (Stuttgart 1985) 40–46; G. HAUFE, Form und Funktion des Pneuma-Motivs in der frühchristlichen Paränese: F. L. CROSS (Hrsg.), Studia Evangelica V (TU 103) (Berlin 1968) 75–80; K. KASTNER, Die zivilrechtliche Verwahrung des gräko-ägyptischen Obligationsrechts im Lichte der Papyri (παραθήκη) (Diss.jur. Erlangen – Nürnberg 1962); A. MÉDEBIELLE, Dépôt de la Foi: DBS II (1934) 374–395; M. SAILLARD, Annoncer l'évangile c'est révéler le dessein de Dieu, 2 Tim 1,8–10: ASeign 15 (1973) 24–30; A. SOHIER, Je sais à qui j'ai donné ma foi (2 Tim. 1,12 et 4,8): BVC 37 (1961) 75–78; C. SPICQ, Saint Paul et la loi des dépôts: RB 40 (1931) 481–502; G. STÄHLIN, Der Heilige Ruf, 2 Tim 1,6–10: ThBeitr 3 (1972) 97–106; A. STÖGER, Die Wurzel priesterlichen Lebens. 2 Tim 1,6–14: ThPQ 136 (1988) 252–257.

5. Erinnerung an das Verhalten einzelner Christen Paulus gegenüber (1, 15–18)

15 *Du weißt davon, daß alle in Asien sich von mir abgewendet haben; zu ihnen gehören Phygelos und Hermogenes.* 16 *Möge der Herr Erbarmen schenken dem Haus des Onesiphoros; denn er hat mir oft Erquickung gebracht und sich meiner Gefangenschaft nicht geschämt,* 17 *vielmehr hat er, in Rom angekommen, mich mit Eifer gesucht und gefunden.* 18 *Der Herr gebe, daß er Erbarmen findet beim Herrn an jenem Tag. Und was er in Ephesus an Diensten verrichtet hat, das weißt du am besten.*

I

Der Text ist stark von biographischen Details geprägt. Es werden sowohl nicht genauer identifizierte Personengruppen als auch namentlich eingeführte Einzelpersonen in ihren gegensätzlichen Verhaltensweisen Paulus gegenüber vorgestellt. Erzählerisch eingebunden ist dies in die Form einer Erinnerung des Adressaten an ihm bereits Bekanntes. Die paränetische Ausrichtung zeigt sich in der Art und Weise der Formulierung der Erinnerung, daß nämlich „Timotheus" nicht nur als mit den Verhältnissen bestens vertraut, sondern auch als jemand, der das Verhalten der Personen richtig einzuschätzen vermag, vorgestellt wird. Untreue und Treue zum Apostel, Abfall und Bewährung werden paradigmatisch benannt, wobei der Hinweis auf die Gefangenschaft des Paulus dem unterschiedlichen Verhalten der Personen ihre besondere Note gibt. Das verbindende Stichwort zum vorhergehenden Textabschnitt ist das Verbum „sich schämen" (ἐπαισχύνεσθαι). Die dort in V 8 an Timotheus gerichtete Mahnung, sich der Botschaft Jesu und des gefangenen Apostels nicht zu schämen, erhält hier eine paränetische Ergänzung durch zwei Beispiele, eines für Abfall und Versagen, das andere für Zuwendung und Treue.

Dadurch, daß zu Beginn (in V 15) und am Ende des Textes (in V 18) hervorgehoben wird, daß „Timotheus" über die von „Paulus" geschilderten Einzelheiten seiner Biographie Bescheid weiß, kommt ein Text zustande, der sehr stark geprägt wird von dieser Gemeinsamkeit des Wissens, welches Absender und Empfänger verbindet.

Hier erscheint es wieder wichtig, den fiktiven Charakter der Briefsituation und zugleich auch den fiktiven Charakter der das Verhältnis von Paulus und Timotheus bestimmenden biographischen Details in Anschlag zu bringen[1]. Die Bedeutung dessen, was über die (namentlich vorgestellten) Personen gesagt wird, liegt nicht auf der Ebene der Geschichte, also auf der Ebene der (der Vergangenheit angehörenden) Beziehung zwischen dem Apostel Paulus und seinem Mitarbeiter Timotheus, sondern auf der fiktiven literarischen Ebene des „Briefes". Es ist schon in der formalen Gestaltung mit der demonstrativen Gegenüberstellung von Versagen und Bewährung zu erkennen, daß die Leser angesprochen sind und daß sie die vorgestellten Situationen in deren grundsätzlicher Bedeutung für ihre Zeit erkennen sollen[2].

Das ist bedeutsam für die Bewertung der biographischen Angaben. Mit N. Brox ist zu bedenken, daß „fingierte Personalnotizen als Stilmittel antiker Pseudepigraphie bekannt" sind und daß „die geschickte Verwendung der Personalnotizen" das Niveau der Past kennzeichnet[3]. Die Angaben zu den Personen werden nicht nur als dem Apostel eigene Erfahrungen dargestellt, sondern auch als dem Timotheus bekannt. Es gibt allerdings keine Anhaltspunkte dafür, daß dieser Bezug zwischen den beiden Protagonisten, der mit den biographischen Hinweisen aufgebaut wird, für die Gemeinden der Zeit der Past ausgewertet werden soll. Daß also auf Personen Bezug genommen wird, die der Gemeinde der Past bekannt waren, erscheint höchst unwahrscheinlich. Eher wäre an allgemein bekannte Paulustradition zu denken, in der die Namen enthalten waren. Einschränkend ist hier aber gleich festzuhalten, daß auch solche Zugehörigkeit zur Paulustradition nicht als Garantie für historische Zuverlässigkeit auszuwerten ist[4].

Die Beschreibung der Beziehungen der genannten Personen zu Paulus in der vorausgesetzten Situation des 2 Tim ist in jedem Fall erst vom Verfasser der Past vorgenommen worden; dafür hatte er keine Vorlagen, und – so ist gleich zu ergänzen – dafür brauchte er keine Vorlagen. Irgendwie geartete biographische Vorgaben waren nicht erforderlich. Da der Autor die Beziehung des Paulus zu Timotheus als einzigartig darstellen will (wie etwa die Anrede als „[geliebtes] Kind" in 1,2 und 2,1 zeigt), könnte bei der Wahl der Personennamen das Interesse im Spiel sein, gerade nicht allgemein bekannte und geläu-

---

[1] Vgl. N. Brox, Past 237; H. Merkel, Past 60.
[2] Vgl. dazu Y. Redalié, Paul 126f, der auf die Parallele 1 Tim 1,18–20 verweist. L. R. Donelson, Pseudepigraphy 59f, nennt als Möglichkeit, daß Zeitgenossen der Past mit den namentlich Genannten irgendwie in Beziehung standen.
[3] N. Brox, Past 237; so auch V. Hasler, Past 60. Anders urteilt C. Spicq, Past 731.
[4] Vgl. dazu die zurückhaltende Position bei F. J. Schierse, Past 109; N. Brox, Past 237. Für „Paulustradition" plädiert O. Knoch, Past 54, mit der Erwägung, bei den beiden Erstgenannten könne es sich um „einflußreiche kirchliche Führer" handeln (55).

fige oder in der Paulustradition vorgegebene Namen zu wählen. Es gibt daher auch keinen Grund zur Annahme, daß für den Verfasser eine Verankerung der genannten Personen in der Paulustradition von Bedeutung war. Was „sein Paulus" schildert, ist zuerst einmal das ihn mit „Timotheus" exklusiv verbindende Wissen.

Die Personennamen können folglich vom Verfasser ohne konkrete Vorlage oder historische Bezüge gewählt worden sein, zumal auch die mit ihnen verknüpften Situationen nicht auf historische Verankerung in der Paulusüberlieferung[5] angewiesen sind.

II
15 Mit dem einleitenden, emphatischen οἶδας τοῦτο[6] wird beim Leser der Eindruck erweckt, daß die folgenden biographischen Details dem Timotheus bekannt sind und jetzt nur in Erinnerung gerufen werden sollen. Mit diesem Hinweis auf das gemeinsame Wissen wird die enge Verbindung zwischen dem Apostel und dem mit der Fortsetzung seines Wirkens beauftragten Schüler und Nachfolger (vgl. die Mahnungen in 1,6.8.13.14) betont. Dies entspricht der von Anfang an erkennbaren Tendenz, den Adressaten in einer besonders innigen Gemeinschaft mit Paulus vorzustellen, und das bedeutet immer auch: in der gemeinsamen Verantwortung für die Bewahrung und die Weitergabe des Glaubens. Weil also diese so nachdrücklich betonte Beziehung nicht auf das persönliche Verhältnis zwischen dem Apostel und seinem Nachfolger gerichtet ist, sondern auf die Demonstration der Autorität des Paulus – bezogen auf den Glaubensstand des Nachfolgers (V 5), seine Einsetzung in die verantwortliche Stellung für die Gemeinde (V 6) und die Beauftragung zu treuer Bewahrung des überlieferten rechten Glaubens (VV 13f) –, deshalb kann nun in einer Ausweitung des biographischen Rahmens paradigmatisch von einzelnen Personen gesprochen werden, die darin versagt oder sich darin bewährt haben.

Die Erfahrung des Versagens von Christen in ihrer Beziehung zum Apostel wird zuerst sowohl hinsichtlich der Personen als auch in der Art und Weise der Verfehlung in einer global-undifferenzierten Feststellung von „Paulus" beschrieben, daß nämlich „alle in der Asia" sich von ihm abgewendet haben; anschließend werden zwei Namen genannt[7]. Ein ähnliches Verfahren findet sich in 1 Tim 1,19f; der Apostel schaut dort auf „einige", die in ihrem Glauben Schiffbruch erlitten haben, und aus dieser Gruppe werden zwei namentlich vor-

---

[5] Vgl. auch U. BORSE, Past 82, der feststellt, die ersten beiden Namen habe Paulus selbst gewählt. Was für Phygelos und Hermogenes gilt, darf auch für Onesiphoros angenommen werden: „Wahrscheinlich verdanken wir seine Gestalt nicht geschichtlichen Kenntnissen, sondern der Vorstellungsgabe des Verfassers."
[6] Vgl. C. SPICQ, Past 731.
[7] Ein allegorisches Verständnis von Phygelos als „Schläuling, der die Gefahr wittert und sich beizeiten aus dem Staube macht", wie V. HASLER, Past 60, vorschlägt, erscheint etwas gekünstelt und wird auch von A. T. HANSON, Past 126, kritisiert.

gestellt, Hymenaios und Alexander. Die Namen verdeutlichen und präzisieren die Gefahr, welcher Christen in ihrem Glauben ausgesetzt sind[8]. Sowohl der globale Hinweis auf das Versagen einer größeren Gruppe von Gemeindemitgliedern wie die differenzierende Nennung zweier Namen soll auf die Gefahr des Versagens in der Treue zum Apostel und zu seinem Wort aufmerksam machen.

Das mit ἀποστρέφεσθαι beschriebene Verhalten wird häufig mit Verweis auf das Objekt με und im Vergleich zur Haltung des Onesiphoros gedeutet als Versagen der Genannten in einer für den Apostel lebensgefährlichen Situation, wie etwa Gefangennahme oder Gefangenschaft[9]. In Entsprechung zu dem in 2 Tim vorgestellten Gefängnisaufenthalt des Apostels ließe sich denken an einen „aus Feigheit" erfolgten Rückzug der Christen von Paulus[10], also an ein Versagen auf der Ebene der persönlichen Beziehung. Eine Interpretation von ἀποστρέφειν im Sinne von „Abfall vom Glauben" wird von einigen Kommentatoren, unabhängig von der Entscheidung über den Charakter der Past als Briefe des Paulus oder als Pseudepigrapha, für diese Stelle ausdrücklich ausgeschlossen[11]. In diesem präzisen Sinn der Abkehr vom rechten Glauben steht das Verbum in 2 Tim 4,4 und Tit 1,14, dort allerdings verbunden mit ἀλήθεια. Da aber Paulus der von Gott eingesetzte Verkünder des Evangeliums ist (vgl. 1,10f; auch 1 Tim 2,6b.7; 2 Tim 2,8), ist Abwendung von Paulus gleichbedeutend mit Abwendung vom rechten Glauben und Hinwendung zur Irrlehre[12]. Gerade der vorhergehende Abschnitt hatte betont, daß der rechte Glaube, das Evangelium, welches als „kostbares Gut" zu bewahren ist (1,12.14), nur in der Gemeinschaft mit dem Apostel, im Hören auf die von ihm verkündeten „gesunden Worte", zu vernehmen ist (1,13). Wer sich vom Apostel abwendet, der verliert diese Basis des rechten Glaubens[13].

Wenn dieser innere Zusammenhang mit dem vorhergehenden Abschnitt bejaht wird, dann ist vom ersten Eindruck her denkbar, daß der Autor bei den genannten Personen an „leitende Kirchenleute in der Provinz Asia" gedacht hat[14]. Noch häufiger aber wird diese namentliche Einführung der beiden Perso-

---

[8] Vgl. dazu auch L. R. DONELSON, Pseudepigraphy 106f.
[9] Vgl. u.a. W. LOCK, Past 89; D. GUTHRIE, Past 134; J. N. D. KELLY, Past 169; J. R. W. STOTT, Message 44.
[10] So etwa J. REUSS, 2 Tim 40.
[11] Vgl. D. GUTHRIE, Past 147: „... here the context demands no more than a defection from the apostle himself". Vgl. auch E. F. SCOTT, Past 98; M. DIBELIUS – H. CONZELMANN, Past 79; N. BROX, Past 238; J. JEREMIAS, Past 52; A. T. HANSON, Past 125f.
[12] Mit J. L. HOULDEN, Past 114; F. J. SCHIERSE, Past 108; G. D. FEE, Past 236; O. KNOCH, Past 54f.
[13] Diese untrennbare Zusammengehörigkeit von Tradition und Paulus betont D. G. MEADE, Pseudonymity 122–130, indem er 123 festhält: „... Paul was not only a bearer of the proper tradition, but *part* of the tradition itself" und 127: „Authoritative tradition and the person of Paul cannot be separated".
[14] So V. HASLER, Past 60. Es ist auch nach H. MERKEL, Past 61, „denkbar, daß die namentlich angeführten Männer Hermogenes und Phygelos aus der Umgebung des Briefverfassers stammen, aber zur Irrlehre übergegangen waren".

nen durch historische Konkretisierung ausgebaut, indem Phygelos und Hermogenes als „bekannte Gemeindeleiter" identifiziert werden, die zusätzlich zu ihrer führenden Stellung in kleinasiatischen Gemeinden durch den Wechsel zu den Irrlehrern bekannt geworden seien[15]. Aus der Intention der Past erscheint ein solcher Bezug jedoch weder erforderlich noch naheliegend. Die gewählte Formulierung, daß „alle" sich von Paulus abgewendet haben, verweist eher auf die für die Gemeinden der Past aktuelle Gefahr einer Glaubenskrise, die die Gemeinden Kleinasiens bedroht. Und diese Gefahr wird durch die Nennung zweier Personen veranschaulicht, wobei weder auf ihren Namen noch auf ihrer Stellung und Funktion besonderer Nachdruck liegt. Das schließt allerdings nicht aus, daß gemäß dem Gesamtduktus der Past mit der deutlich akzentuierten Verantwortung der Gemeindeleiter auch in dieser als Erinnerung des Timotheus formulierten Warnung in besonderer Weise die Verantwortlichen in den Gemeinden auf ihre Pflichten hingewiesen werden sollen.

Nicht eindeutig ist die Zuordnung der topographischen Angabe. Entweder wird die Formel οἱ ἐν τῇ Ἀσίᾳ als Hebraismus oder als Koine-Form anstelle von οἱ ἐκ τῆς Ἀσίας erklärt, so daß damit Christen aus der Provinz Asia bezeichnet werden, die sich in Rom aufhalten, wo Paulus gefangen ist[16]; oder aber der Verfasser läßt Paulus von einer Gefangenschaft in Kleinasien sprechen, die für Christen Anlaß war, sich von Paulus zu distanzieren[17]. Die in den Past vorausgesetzten Verhältnisse mit Timotheus als verantwortlichem Gemeindeleiter in Ephesus (vgl. 1 Tim 1,3) und der Gefangenschaft des Paulus in Rom (vgl. 2 Tim 2,17) lassen die zweite Deutung als die passendere erscheinen. Dem entspricht, daß „Timotheus" an ihm bereits Bekanntes erinnert wird. Auch topographisch entsteht so ein Kontrast: In den kleinasiatischen Gemeinden kam es zur Abkehr vom Apostel und damit zum Abfall vom Glauben[18], in Rom dagegen gibt es das nachahmenswerte Beispiel des Onesiphoros.

16 Gerade weil das Verhalten des Onesiphoros im zweiten Teil des Verses als positiver Kontrast zu dem der kleinasiatischen Christen, speziell des Phygelos und Hermogenes, nämlich ihrer „Abkehr" von Paulus, vorgestellt wird, überrascht der Einsatz in V 16 mit der Bitte um Erbarmen „für das Haus des Onesiphoros". Daß es dabei um die Darstellung des vorbildhaften Verhaltens des Onesiphoros als für andere beeindruckendes Beispiel und Vorbild geht, belegt der angeschlossene Begründungssatz. Onesiphoros hat also das bereits in die

---

[15] So etwa G. HOLTZ, Past 162; auch nach O. KNOCH, Past 55, handelt es sich um „einflußreiche kirchliche Führer, die sich auf die Seite der Irrlehrer schlugen". Häufig begegnet die Vermutung, die Genannten seien die „Anführer" der antipaulinischen Agitation gewesen (vgl. J. R. W. STOTT, Message 45; T. D. LEA – H. P. GRIFFIN, Past 197; G. W. KNIGHT, Past 384).
[16] Vgl. C. SPICQ, Past 732; bevorzugt wird die Erklärung auch von P. DORNIER, Past 198.
[17] Dafür sprechen sich etwa aus G. WOHLENBERG, Past 248; A. T. HANSON, Past 126.
[18] Vielleicht darf man in dieser Nennung der Provinz Asia einen Hinweis auf die Herkunft und die Zielgruppe der Past sehen.

Tat umgesetzt, wozu in V 8 der Adressat des „Briefes" ermahnt wurde; er hat zum Apostel in dessen Bedrängnis in der Gefangenschaft gehalten. Aber nicht nur Treue hat er gezeigt (er hat sich seiner Gefangenschaft nicht geschämt), sondern er hat dem Gefangenen „Erquickung" gebracht[19]. Versuche einer Konkretisierung des mit ἀναψύχω[20] umschriebenen Verhaltens sind nur im Rahmen der durch den Kontext vorgegebenen Konstellation sinnvoll.

Es ist nicht nur an eine Unterstützung mit den zum Leben notwendigen Dingen zu denken. Von der die Past insgesamt und auch 2 Tim bisher prägenden Betonung der Bedeutung der Treue zum Apostel und zu dem von ihm verkündeten Evangelium her und in der Gegenüberstellung zu den negativen Beispielen von V 15 liegt es nahe, in dem Motiv „Erquickung" ein Verhalten angesprochen zu sehen, welches auf einer vergleichbaren Ebene liegt, also in der Bewährung im Glauben. In Weiterführung der damit gegebenen paränetischen Ausrichtung läßt sich der Gedanke anknüpfen, daß auch der Apostel in der Bedrängnis des Zuspruchs von seiten der treuen Christen bedurfte. Solches gilt dann entsprechend und in noch viel größerem Maße für die in der Nachfolge des Paulus stehenden Gemeindeleiter.

Zu mancherlei Spekulationen gibt der Ausdruck „Haus des Onesiphoros" Anlaß, und zwar vor allem deshalb, weil man angesichts des Begründungssatzes V 16b auch im Hauptsatz, der die Fürbitte enthält, die alleinige Nennung des Onesiphoros erwarten könnte. Aus der Tatsache seiner Nichterwähnung in V 16a wird häufig der Schluß gezogen, dieser Onesiphoros sei bereits gestorben[21] oder – bei Zugrundelegung des fiktiven Charakters der vorgestellten Situation – er werde „als bereits verstorben vorgestellt"[22]. Zur Stützung dieser Erklärung wird einmal auf den folgenden V 18 hingewiesen, wo die Fürbitte für Onesiphoros im Blick auf den „Jüngsten Tag" formuliert ist; des weiteren scheint der Schlußgruß 4,19, der an das „Haus des Onesiphoros" gerichtet ist, ohne daß der Hausherr selbst eigens genannt wird, dafür zu sprechen. Dies alles zusammengenommmen führt zu der Schlußfolgerung: „Offensichtlich ist Onesiphorus bereits gestorben und seine Familie in arger Bedrängnis."[23]

Eine derartige Bestimmung der Lage des Onesiphoros und seiner Familie ist jedoch schwerlich haltbar[24]. Hier ist zuerst einmal zu verweisen auf die Bedeutung von οἶκος. Es ist keineswegs sicher, daß in V 16 unterschieden werden muß bzw. darf zwischen dem „Haus", d.h. der Familie des Onesiphoros, und dem Familienvorstand. Das Stichwort οἶκος bezeichnet nicht die Hausgemein-

---

[19] Beide Verben des ὅτι-Satzes sind – gegen J. R. W. Stott, 2 Tim 45 – auf die Situation der Gefangenschaft zu beziehen und nicht aufzuteilen.
[20] Das Verbum ἀναψύχω ist neutestamentliches Hapaxlegomenon, allerdings, wie G. Holtz, Past 162, festhält, „ein in der Profangräzität alltägliches Wort".
[21] Vgl. E. F. Scott, Past 99; W. Lock, Past 90; J. N. D. Kelly, Past 169f. G. W. Knight, Past 386, hält die Erklärung, daß Onesiphoros am Leben war, allerdings von seiner Familie getrennt lebte, für „ebenso möglich" wie die, daß er tot war.
[22] N. Brox, Past 239; eine auch nach H. Merkel, Past 61, „zu Recht" bestehende Folgerung.
[23] V. Hasler, Past 60.
[24] Vgl. auch W. Hendriksen, Past 140: „... the conclusion that Onesiphorus had actually died is not necessary."

schaft unter Ausschluß des Hausvorstandes; dieser ist vielmehr als darin miteingeschlossen zu sehen²⁵. Das bedeutet umgekehrt auch, daß im Dank des Apostels für die Treue des Onesiphoros und in der Fürbitte für ihn die Hausgemeinschaft eingeschlossen ist. In der wechselnden Nennung der Hausgemeinschaft (V 16a) und des Onesiphoros (V 16b) liegt eine Parallelisierung zur Formulierung von V 15 vor und wird zugleich ein Gegengewicht zu V 15 geschaffen; der Erfahrung des Abfalls in Kleinasien steht gegenüber der Erweis der Treue zum Apostel, und zwar nicht nur von seiten des Onesiphoros, sondern von seinem ganzen Haus her. Ein weiterer Grund für die Nennung des οἶκος in der Bitte des „Paulus" in diesem Vers mag sein, daß dieselbe Bitte für Onesiphoros in V 18 noch einmal formuliert wird, wenn dort auch mit anderer Akzentuierung.

Ein zusätzliches Argument gegen die These, Onesiphoros sei „inzwischen" gestorben²⁶ oder aber der Autor setze solche Überzeugung beim Leser voraus, ergibt sich aus der Beachtung der vom Verfasser inszenierten geschichtlichen Zusammenhänge. Die Situation, auf die Bezug genommen wird, ist geteilt; die Fürbitte in V 16 verweist in die Gegenwart, Onesiphoros aber hat sich schon bewährt; er steht als leuchtendes Beispiel und Vorbild vor dem Briefadressaten (vgl. V 18b). Diese Bewährung, die Treue des Onesiphoros zum gefangenen Apostel, wird im nächsten Vers noch erläutert.

17 Von sich aus hat er Paulus gesucht und schließlich auch gefunden. Ganz nebenbei wird jetzt Rom als Ort der Gefangenschaft des Paulus eingeführt. An einer weiteren Entfaltung der Aktivitäten des Onesiphoros zeigt der Verfasser kein Interesse. Mit den knappen Angaben – er kam, suchte eifrig und hatte Erfolg – wird beispielhaft umschrieben, was es heißt, treu zum Glauben und zu seinem Boten zu stehen, sich seiner auch in der Verfolgung nicht zu schämen.

Die Kontaktaufnahme ist in den Blick genommen vom Apostel und seiner Situation her. Das Bemühen des Onesiphoros wird geschildert mit den wichtigsten Stationen; von einem Abschluß dieses Bemühens, sei es freiwillig oder erzwungen, wird dabei nichts gesagt. Der Akzent liegt auf den beiden Verben des „Suchens" und „Findens": ἐζήτησέν με καὶ εὗρεν, die – als Gegengewicht zu ἀπεστράφησάν με πάντες ... von V 15 – die Treue zu Paulus dokumentieren.

18 Der Inhalt dieses Verses mit der Bitte um Erbarmen und mit dem Hinweis auf das Wissen des Timotheus ist auf den ersten Blick eine Wiederholung von bereits Gesagtem. Doch setzt die erneute Bitte für Onesiphoros im Vergleich zu

---

²⁵ Auch D. GUTHRIE, Past 135, vertritt mit E. K. SIMPSON, The Pastoral Epistles (1954), die Meinung, daß ein Mann und die zu ihm gehörende Hausgemeinschaft nicht voneinander zu trennen sind, auch nicht in unserem Fall. Dies betrifft auch die Auslegung bei U. BORSE, Past 82, die getrennte Erwähnung der Familie könne so erklärt werden, daß Onesiphoros „noch nicht zu seinen Angehörigen nach Ephesus zurückgekehrt war".
²⁶ Vgl. etwa die Bemerkung bei L. KOEHLER, Past 179: „Nun ist er auch schon dahin!"

V 16 einen anderen Akzent. Es wird jetzt nur von Onesiphoros gesprochen; damit wird der Tatsache Rechnung getragen, daß sowohl vorher von seiner Bewährung in der Bedrängnis des Paulus die Rede war und daß gleich im folgenden dem Timotheus die Verdienste des Onesiphoros für die Gemeinde in Ephesus in Erinnerung gerufen werden. Es spielt hier der für die Past zentrale Gedanke der Bewährung des Gemeindeleiters im Bild des Hausvorstandes mit hinein (vgl. 1 Tim 3,4f.12; ähnlich 1 Tim 3,15; Tit 1,7). Dabei ist weiterhin davon auszugehen, daß, der Intention der Past entsprechend, bei der Nennung des Vorstehers sein Haus, seine Familie mitzudenken ist.

Die Bitte um Erbarmen für Onesiphoros hat eschatologischen Zuschnitt; sie blickt auf das Endgericht und erbittet dafür Gottes Gnade. Auch eine solche Bitte setzt in keiner Weise voraus, das sei noch einmal betont, daß der so der Gnade Gottes Anbefohlene als bereits verstorben vorgestellt sein müßte oder daß nur für einen Verstorbenen eine solche Bitte als sinnvoll angesehen werden könnte.

Auffällig ist die zweimalige Erwähnung des Titels κύριος mit Bezug auf die eine „Situation" des Bestehens des Onesiphoros im Endgericht, zumal die an den Kyrios gerichtete Erwartung nur einmal mit ἔλεος umschrieben wird. Die Erklärung für die doppelte Nennung des κύριος wird häufig darin gesehen, daß zwei unterschiedliche formelhafte Wendungen miteinander verbunden worden seien: „der Herr schenke ihm Erbarmen", und: „er möge Erbarmen finden beim Herrn"[27]. Doch auch in diesem Fall bleibt noch offen, ob κύριος in diesem Kontext – ganz abgesehen von der Schwierigkeit einer Entscheidung im vorliterarischen Stadium – jeweils auf Gott oder auf Jesus Christus zu beziehen ist, oder aber ob abwechselnd Gott und Jesus Christus bzw. Jesus Christus und Gott als κύριος bezeichnet sind. Der Versuch, über den unterschiedlichen Gebrauch des Artikels zu einer Entscheidung zu kommen, ist v.a. deshalb problematisch, weil die damit verknüpfte Argumentation mit dem Sprachgebrauch in anderen Schriften – so etwa mit Verweis auf Paulus: ὁ κύριος stehe für Jesus Christus – nur sehr bedingt brauchbar ist[28].

Letztendlich bedarf jede Erklärung einer Begründung aus dem näheren und weiteren Kontext der Past. Am passendsten erscheint auf dem Hintergrund der vorangehenden Ausführungen zum Handeln Gottes in und durch Jesus Christus (VV 9.10) folgende paraphrasierende „Auflösung": Der „Herr Jesus Christus" lasse ihn Erbarmen finden „vor Gott dem Herrn am jüngsten Tag"[29]. Diese Erklärung harmoniert auch mit der schon des öfteren festgestellten Form der

---

[27] So J. JEREMIAS, Past 52f; auch D. GUTHRIE, Past 136; J. N. D. KELLY, Past 170; V. HASLER, Past 60.
[28] Mit Paulus argumentiert etwa G. WOHLENBERG, Past 286f; die Deutung des artikellosen κύριος auf Gott begründet G. HOLTZ, Past 163, mit dem Sprachgebrauch der LXX.
[29] Vgl. H. MERKEL, Past 61. Für diesen Bezug sprechen sich u.a. aus D. GUTHRIE, Past 136; C. SPICQ, Past 735; P. DORNIER, Past 200; N. BROX, Past 239; A. T. HANSON, Past 127; U. BORSE, Past 82. O. KNOCH, Past 55, sieht zudem eine Verbindung mit der alttestamentlichen Tradition vom „Tag des Herrn", wodurch auch das Gerichtswalten Gottes unterstrichen werde.

Soteriologie der Past: Das Christusgeschehen ist in seiner heilsvermittelnden Bedeutung ganz hineingenommen in den Heilswillen Gottes (vgl. VV 9f; auch in Tit 3,5 steht ἔλεος im Kontext einer vergleichbaren Formel zur Charakterisierung des Retterhandelns Gottes durch Jesus Christus).

Das Interesse wendet sich nach dem Ausblick in die eschatologische Zukunft wieder der Gegenwart zu. „Timotheus" wird erneut angesprochen in seiner Funktion als Zeuge für die Verdienste des Onesiphoros für die Gemeinde in Ephesus. Mit diesem biographischen Detail ist Bezug genommen auf die zu Beginn von 1 Tim vorgestellte Aufgabenbeschreibung: Timotheus wurde von Paulus in Ephesus zurückgelassen mit dem Auftrag, darüber zu wachen, daß gewisse Leute „nicht Falsches lehren" (1 Tim 1,3). Die Notiz in 2 Tim 1,18 ist die einzige Stelle in 2 Tim, an der die Verbindung des Timotheus mit Ephesus zumindest indirekt angesprochen wird. Onesiphoros gilt als Vorbild aufgrund seiner Treue zu Paulus, und das ist gleichbedeutend mit Treue zum Evangelium, und wegen seiner Dienste für die Gemeinde. Von der Kenntnis solch vorbildlichen Einsatzes führt der Weg unmittelbar zur Weisung gegenüber dem Angesprochenen, wie der Übergang zu 2,1 deutlich zeigt: σὺ γινώσκεις (1,18) – σὺ οὖν, τέκνον μου, ἐνδυναμοῦ ... (2,1).

III

In dem Abschnitt 1,15–18 werden zwei Zeitebenen dargestellt. Es ist zum einen die Ebene der von „Paulus" in Erinnerung gerufenen Ereignisse, die der Vergangenheit angehören und die nur den Apostel betroffen haben; und es ist zum anderen die – ebenfalls fiktive – Gegenwart des „Timotheus". Der „Brief" gibt „Paulus" die Möglichkeit, die gemeinsamen Erfahrungen in Erinnerung zu rufen und sie kurz zu beschreiben. Durch die Verknüpfung mit konkreten Personenangaben wird einerseits erzählerisch veranschaulicht, daß es sich um Ereignisse handelt, die mit der in der Vergangenheit liegenden besonderen Geschichte des Paulus zu tun haben. In der vergegenwärtigenden Erinnerung erhalten diese Beispiele von (Glaubens-)Untreue und (Glaubens-)Bewährung einen aktuellen Bezug zur Gemeindegegenwart. Die genannten Personen dienen dabei zur Illustration[30]. Dieser Bezug zur Gegenwart wird noch deutlicher, wenn auf die Adressaten geachtet wird – Christen der dritten christlichen Generation, die sich in der Paulus-Nachfolge bewähren müssen; und das schließt notwendigerweise ein: in der Treue zu seinem Evangelium. Die von Paulus geschilderten gegensätzlichen Verhaltensweisen ihm gegenüber sind auch Kennzeichen der Gemeinden der Past und insbesondere Appelle an die Christen der nachpaulinischen Zeit, „sich in der P(aulus)-Nachfolge zu bewähren"[31].

Es ist zumindest als auffällig anzumerken, daß im Vergleich zum vorhergehenden und zum nachfolgenden Kontext die Rolle des Timotheus eine etwas

---

[30] Vgl. L. R. DONELSON, Pseudepigraphy 107; N. BROX, Notizen 84.
[31] P. TRUMMER, Paulustradition 132.

andere ist; er wird nämlich nicht auf sein Verhalten hin angesprochen, sondern er fungiert als Zeuge[32].

Abschließend ist zu den Personenangaben festzuhalten, daß der Verfasser sie ausschließlich „in paränetischer Absicht" nennt[33]. Nicht Information über bestimmte, gar der Gemeinde bekannte Personen und ihre Beziehung zu Paulus ist beabsichtigt; der Verfasser präzisiert damit vielmehr seine Mahnung an die Christen, im treuen Festhalten an der von den Past vorgelegten Paulustradition und an deren Paulusinterpretation auch ihre Treue zum Apostel und damit zum wahren Evangelium zu beweisen[34].

IV

Zwei weitergehende Aspekte sollen abschließend kurz angesprochen werden: die Bezeugung der genannten Namen in der apokryphen Literatur und die Inanspruchnahme von V 8 als Beleg für das Gebet für Verstorbene.

(1) In den gegen Ende des 2. Jahrhunderts entstandenen „Taten des Paulus und der Thekla" werden Onesiphoros und Hermogenes (zusammen mit Hermas) genannt[35]. Die Darstellung ihres Verhältnisses zu Paulus zeigt auffällige Parallelen zu 2 Tim: Hermogenes (als Kupferschmied vorgestellt; in 2 Tim 4,14 wird der „Schmied Alexander" genannt) ist zusammen mit Hermas Begleiter des Paulus; doch sie sind „voll Verstellung", eifersüchtig. Hermogenes ergreift dann auch Partei gegen Thekla, die sich dem Paulus anschließen will. Auf der anderen Seite steht Onesiphoros; sein Haus ist der Ort, wo Paulus das Brot bricht und das Wort Gottes verkündet. Von ihm heißt es auch, daß er dem Paulus mit seiner ganzen Familie gefolgt sei.

Diese Einbindung des Onesiphoros in sein Haus, in seine Familie, ist zusammen mit der Darstellung der Beziehung zu Paulus eine auffällige Parallele zu 2 Tim. Abhängigkeit von den Past ist zwar nicht nachzuweisen, denn es ist nicht auszuschließen, daß die Past und die Paulus-Akten unabhängig voneinander legendäre Paulustraditionen verarbeitet haben[36]. Die Hypothese einer unabhängigen Bezeugung der Personennamen scheint aber

---

[32] Die Formulierung von F. J. SCHIERSE, Past 108, daß „der als furchtsam und wankelmütig charakterisierte Timotheus vor die Entscheidung gestellt (wird), wessen Beispiel er sich anschließen will", ist weder in der psychologisierenden Zeichnung des Timotheus noch in der Bestimmung des Apostelschülers als Adressat, der um die Bedeutung der Ereignisse weiß (vgl. V 18), überzeugend.

[33] H. MERKEL, Past 60, verknüpft allerdings den Hinweis auf die „paränetische Absicht" – das „ausschließlich" steht nicht bei ihm – mit der Überlegung, daß sich in diesen Namen „wahrscheinlich ... Erinnerungen an bewährte bzw. abgefallene kleinasiatische Christen" widerspiegeln.

[34] N. BROX, Notizen 83: „Treue zum Apostel ist Bewährung im Dienst an dem von ihm hinterlassenen Evangelium".

[35] Zum Text vgl. W. SCHNEEMELCHER, Apokryphen 2, 216–224; zu den „Paulusakten" insgesamt 193–243.

[36] Auf Benutzung gleicher Traditionen bzw. Legenden über Paulus sind nach Meinung von Y. REDALIÉ, Paul 127–129, diese Übereinstimmungen zurückzuführen. Zur Diskussion um die gemeinsamen Traditionen der Past, insbesondere 2 Tim, und der sog. Paulus-Akten vgl. u.a. J. ROHDE, Pastoralbriefe und Acta Pauli: F. L. CROSS (Hrsg.), Studia Evangelica V (TU 103) (Berlin 1968) 303–310; W. RORDORF, Nochmals: Paulusakten und Pastoralbriefe: G. F. HAWTHORNE – O. BETZ (Hrsg.), Tradition and Interpretation in the New Testament (Festschr. E. E. Ellis) (Grand Rapids/Tübingen 1987) 319–325.

weniger wahrscheinlich; denn zum einen ist das paränetische Interesse bei der Nennung der Personen und bei der Beschreibung ihres Verhaltens in beiden Fällen offenkundig, und zum anderen ist die Begrenzung auf die beiden Traditionsstränge, 2 Tim und Paulus-Akten, recht auffällig. Die Personennamen und die mit ihnen verknüpften Beziehungen zu Paulus sind darum am besten zu erklären als erst vom Verfasser der Past in dieser Form ausgestaltete Tradition; und von hier aus haben sie dann Eingang gefunden in die Paulus-Akten[37].

(2) An den V 18 schließt sich bisweilen die Diskussion an, ob hier ein Beleg für das Gebet und die Fürbitte für Verstorbene vorliegt. Die Diskussion ist dadurch etwas beeinträchtigt, daß die konfessionelle Grenze als Erkenntnis- bzw. Bekenntnisgrenze mithereinspielt. Die von katholischen Exegeten eingenommene Position[38] wurde von Exegeten anderer Konfessionen bisweilen als katholische Position, nicht aber als die der Past beurteilt[39]. Hier hat ein gewisser Wandel stattgefunden, wie er etwa dokumentiert wird in der Position von G. Holtz: „V.18 hat eine Rolle in der Frage gespielt, ob Fürbitte für Tote erlaubt sei. Ein solcher Gebetswunsch liegt hier vor. Ihn abzulehnen wäre Unnatur. Ein dogmatisches Gewicht liegt auf ihm nicht."[40] Wie in der Exegese zu V 18 ausgeführt, ist die Erklärung, es sei der Tod des Onesiphoros vorausgesetzt, aus dem Text nicht zwingend abzuleiten. Damit erscheint die Frage in der vorgelegten einseitigen Beziehung auf die verstorbene Person nicht textgerecht. Zumindest ist festzuhalten, daß die in der Auslegung mit diesem Text verknüpften Fragen und Probleme (noch) nicht die des Autors sind. Mit der Nennung des „Jüngsten Tages" wird zwar in die Zukunft ausgeschaut; dabei kommt aber der mit dem Tod gegebenen Begrenzung des menschlichen Lebens keine Bedeutung zu. Die Fürbitte um das Erbarmen Gottes am Jüngsten Tag ist ohne weiteres denkbar auch für lebende Personen. Auch die Parusie ist allerdings in den Past kein zentrales Thema; der Hinweis auf „jenen Tag" hat stärker paränetische Bedeutung. Die Fürbitte um das Erbarmen Gottes wird ausgesprochen im Blick auf die Entscheidung im Endgericht, wobei schon Verstorbene unter dieser eschatologischen Ausrichtung davon nicht ausgeschlossen zu sehen sind.

Die angesprochene Problemstellung ist folglich nach zwei Seiten zu korrigieren bzw. zu entschärfen: (1) Die Frage nach der Möglichkeit des fürbittenden Gebetes für Verstorbene stellt sich für den Verfasser der Past nicht in einer grundsätzlich zu entscheidenden Weise, weil die Frage nach dem „Zustand" des Onesiphoros nicht reflektiert wird und auch nicht von Bedeutung ist. Die Behauptung, Onesiphoros sei als verstorben vorausgesetzt, ist am Text selbst nicht zu verifizieren. (2) Die Entscheidungszeit ist für die Past die Gegenwart; der Ausblick auf den „Jüngsten Tag" bleibt unbetont. Da aber der Tod vernichtet ist und „Leben und Unvergänglichkeit" als von Gott geschenkte Güter betrachtet werden dürfen (vgl. 1,10), ist diese Zuversicht auf Gott eine über den Tod hinausgehende Glaubensgewißheit. Ein Ausschluß der Verstorbenen vom Gebet stünde aufgrund dieses Bekenntnisses geradezu in Widerspruch zu den Past.

---

[37] Vgl. dazu auch F. J. SCHIERSE, Past 109.
[38] Z. B. bei C. SPICQ, Past 735.
[39] Vgl. L. KÖHLER, Past 179.
[40] G. HOLTZ, Past 163.

6. Mahnung zu unerschrockener Weitergabe des Glaubens (2, 1–7)

2,1 Du also, mein Kind, werde stark in der Gnade, die in Christus Jesus ist; 2 und was du von mir gehört hast durch viele Zeugen[1], das vertraue zuverlässigen Menschen an, die sich als geeignet erweisen werden, auch andere zu belehren. 3 Leide mit (mir) als ein guter Soldat Christi Jesu. 4 Keiner, der im Kriegsdienst steht, verstrickt sich in die Geschäfte des täglichen Lebens, damit er seinem Kriegsherrn gefällt. 5 Wenn aber einer am Wettkampf teilnimmt, so bekommt er den (Sieges-)Kranz nicht, wenn er nicht den Regeln entsprechend gekämpft hat. 6 Der Bauer, der sich abmüht, soll als erster an den Früchten Anteil bekommen. 7 Bedenke, was ich sage; denn der Herr wird dir Einsicht in allem geben.

I

Nachdem bisher das am Apostel orientierte Verhalten des Apostelschülers und -nachfolgers im Mittelpunkt stand, wird im folgenden noch eindeutiger die ihm zufallende Aufgabe festgelegt, daß er jetzt seinerseits aufgrund der ihm übertragenen Verantwortung Sorge tragen muß für die rechte Weitergabe des Glaubens. Während in den ersten drei Versen „Timotheus" mit Imperativen zu einem Verhalten ermahnt wird, welches auch für Paulus kennzeichnend ist (zu ἐνδυναμοῦ V 1 vgl. 1 Tim 1,12; 2 Tim 4,17; zu παράθου V 2 vgl. 1 Tim 1,18; 2 Tim 1,12; zu συγκακοπάθησον V 3 vgl. 2 Tim 1,12; 2,9f), werden in den VV 4–6 drei Beispiele genannt, die es ermöglichen, das zuletzt erwähnte Motiv des Leidens verallgemeinernd anzuwenden[2].

Die gleich in den beiden ersten Versen formulierte Verbindung von Mahnung an „Timotheus" und Verweis auf seine Verantwortung für die Bestellung von zuverlässigen Nachfolgern ist für alle folgenden Anweisungen von Bedeutung. Wo immer Timotheus als von Paulus Angesprochener begegnet, da ist er zugleich in seiner Stellung als Mittler dieser Weisung des „Paulus" für die vorgestellt, die nach ihm, aber so wie er, in verantwortlichen Positionen in der Gemeindeleitung stehen. Die nachfolgenden Imperative (bis 4,8) sind in diesem weiteren und grundsätzlichen Bezug zu lesen. Es fehlt zwar noch die ausgeprägte und reflektierte Sukzessions*lehre*, die sich am apostolischen Ursprung des Amtes orientiert; mit der Betonung der Verantwortung für die Bewahrung und für die Weitergabe des Glaubensgutes gewinnt aber der Traditionsgedanke deutlich an Gewicht[3]. Die Zielsetzung in der ganzen Argumentation und Darstellung liegt in der Gegenwart der Past. In der Gestalt des Timotheus wird den

---

[1] Oder: „in Gegenwart vieler Zeugen", vgl. BAUER, s.v. διά A. III.2.a, und so auch die häufigste Übersetzung; möglich ist auch die Übersetzung von V. HASLER, Past 61, „durch Vermittlung".
[2] Vgl. dazu Y. REDALIÉ, Paul 196f.
[3] Vgl. M. DIBELIUS – H. CONZELMANN, Past 80; F. J. SCHIERSE, Past 110.

„in der paulinischen Tradition stehenden Amtsträgern insgesamt" die ihnen aus ihrer Stellung erwachsene Verantwortung entfaltet[4].

II

1 Mit der auf den Adressaten Timotheus ausgerichteten Anknüpfung (σὺ οὖν) wird die Unmittelbarkeit des Bezugs von „Paulus" zu seinem Nachfolger unterstrichen. Was Paulus in den Mund gelegt wird bzw. was er schreibt, das ist formuliert im Blick auf den bzw. auf die, die in der Zeit der nun endgültigen Abwesenheit des Apostels im Dienst für das Evangelium und damit auch in der Spannung zwischen Annahme und Ablehnung dieses Evangeliums stehen. Die Aufforderung, in der Gnade stark zu werden, erinnert an die Mahnung an Timotheus in 1,6, die Gnade Gottes neu zu beleben. Entsprechend wird hier zu denken sein an die dem Apostelschüler bei der Einsetzung vermittelte Gnade zur Verwaltung des ihm übertragenen Amtes. Eigenes Bemühen und das Wissen um die Verwiesenheit auf den Mittler dieser Gnade, Christus Jesus, kommen zusammen und müssen sich ergänzen.

Die Formulierung dieser Aufforderung, sich zu stärken, kann im Traditionszusammenhang mit einer in der alttestamentlich-jüdischen Literatur bezeugten Vorstellung gesehen werden, wo zur Vorbereitung auf die Übernahme einer Aufgabe bzw. eines Amtes vergleichbare Wendungen gebraucht werden, wie etwa in der Aufforderung des Mattatias an seine Söhne in 1 Makk 2,64: „Meine Söhne, seid stark und mutig im Kampf für das Gesetz ..."[5]. Eine Gemeinsamkeit im Einsatz dieses Motivs liegt auch darin, daß die Aufforderung eng verknüpft ist mit dem Gedanken der Kontinuität.

Der Akzent liegt in 2 Tim darauf, daß die Kontinuität nicht nur sachbezogen definiert werden kann, also etwa mit dem Hinweis auf das Evangelium in einem allgemeinen Sinn, sondern daß diese Kontinuität unlösbar mit der Person des Paulus und mit dem von ihm verkündeten Evangelium verknüpft ist. Im Hintergrund steht das gemeinsame „Wissen", daß die Reinheit des Evangeliums, die Unverfälschtheit des von Paulus herkommenden Glaubensgutes (παραθήκη) gefährdet ist. Wirkungsvoll begegnen kann „Timotheus" dem nur, wenn er sich vorbehaltlos dem apostolischen Auftrag verpflichtet weiß und sich entsprechend der Durchsetzung der apostolischen Weisungen widmet. Zwar wird der Apostelschüler auf „die Gnade" (Gottes) verwiesen; doch ebenso betont wird er – im Rahmen der (fiktiven) Briefsituation – angesprochen als „mein Kind", also auf die ihn legitimierende und verpflichtende Autorität des Paulus hin.

Die Bezeichnung als „mein Kind" ist zu sehen in Verbindung mit der Anrede als „Kind" in den Präskripten 1 Tim 1,2 (vgl. 1,18) und v.a. 2 Tim 1,2. In dem durch die apostolischen Anweisungen gekennzeichneten Kontext liegt die Bedeutung dieser Anrede nicht im Bereich besonderer persönlicher Vertrautheit. Einerseits wird mit dieser Anrede das Autoritätsgefälle vom Apostel zu seinem Nachfolger im Dienst der Verkündigung des Evangeliums demonstriert;

---

[4] Vgl. H. MERKEL, Past 62.
[5] Vgl. mit entsprechenden Belegen M. WOLTER, Pastoralbriefe 216–218.

andererseits werden darin die Verpflichtung und die Bevollmächtigung zu diesem Dienst dokumentiert. Es mag aber auch ein apologetischer Unterton mitschwingen, etwa der Art, daß die Berufung auf Paulus, auf sein Evangelium und seine apostolische Autorität, eingebunden bleiben muß in eine kirchlich anerkannte Traditionsfolge[6].

2 Das Moment der Verantwortung des noch von Paulus eingesetzten Nachfolgers für die Weitergabe der Glaubenstradition wird jetzt in einen neuen Rahmen gestellt. Die vorliegende Ausdrucksweise zeigt überdeutlich, daß die Past auf die Lösung von Problemen ihrer Gegenwart aus sind, sie also Fragen ihrer Zeit reflektieren und durch Bescheid des (Pseudo-)Paulus klären wollen. Der Ausgangspunkt bleibt Paulus (παρ' ἐμοῦ); der Zielpunkt ist die Lehrtätigkeit von Christen, die dafür geeignet erscheinen ([ἄνθρωποι] ἱκανοὶ ... διδάξαι). Dem Timotheus kommt in dieser Konstellation eine Vermittlerrolle zu.

Im Vergleich zu 1,14 ist ein weiterer Schritt getan; während Timotheus dort als Empfänger des Auftrages von seiten des Paulus zur Bewahrung des ihm anvertrauten Gutes angesprochen wurde, erscheint er jetzt in der Rolle dessen, der seinerseits dafür Sorge zu tragen hat, daß die Traditionsweitergabe für die Zukunft gesichert ist. Timotheus rückt, von der Funktion her gesehen, an die Stelle des Paulus. Berücksichtigt man das Interesse der Past an dem zeitlich strukturierten Traditionsgedanken (vgl. bes. 1,3–5), dann ist in den von Timotheus zu beauftragenden „zuverlässigen Menschen" ausdrücklich schon die zweite Generation nach Paulus angesprochen[7]. Der Imperativ παράθου stellt dabei nicht zufällig einen Bezug zur Aufgabe des vom Apostel eingesetzten Nachfolgers, die παραθήκη zu bewahren, her.

Wenn von den von Timotheus zu beauftragenden Leuten gefordert wird, daß sie „zuverlässig" (πιστοί) sein müssen, ist dies ein weiterer Beleg dafür, daß bei ihnen an die Nachfolger in der amtlichen Verwaltung der (paulinischen) Glaubenstradition zu denken ist. Als ihre Aufgabe wird beschrieben, andere zu unterweisen. Folglich meint die an Timotheus ergehende Mahnung, das von Paulus Gehörte zuverlässigen Menschen anzuvertrauen, nicht bloß „die unversehrte Weitergabe der Tradition"[8], sondern ist zu beziehen auf die Einsetzung

---

[6] V. HASLER, Past 61, gibt zu bedenken, daß solche Berufung auf Paulus aus zwei gegensätzlichen Situationen kommen kann. Entweder soll die bestehende hohe Einschätzung der paulinischen Tradition betont werden, um damit ein Kriterium zu gewinnen im Gegenüber zu „unkirchlichen Traditionen aus einer Vielfalt von als christlich herumgebotenen Überlieferungen"; oder es soll gegen die Gefahr einer Verdrängung der paulinischen Verkündigung durch andere kirchliche Lehrtraditionen, u.U. mit Berufung auf einen anderen Apostel, das Evangelium des Paulus als das dem rechten Glauben entsprechende ausgewiesen werden. Angesichts der konkreten Situation, nämlich der innerkirchlichen Auseinandersetzung um die rechte Lehre, ist insbesondere der erstgenannte Zusammenhang der wahrscheinlichere und naheliegendere. Gegen die zweite Argumentation scheint auch der folgende Vers zu sprechen.
[7] Vgl. H. MERKEL, Past 62: „Der Standort des Verfassers in der dritten christlichen Generation wird hier besonders deutlich."
[8] So M. WOLTER, Pastoralbriefe 234.

von geeigneten Leuten in die Funktion verantwortlicher Gemeindeleiter[9]. Es ist weiterhin beachtenswert, daß diese Amtsträger der dritten christlichen Generation in einer konkreten Beauftragung gezeigt werden; sie erhalten den Auftrag, andere zu belehren. Auch dadurch wird klar: Ausgangs- und Zielpunkt der Darstellung der Past ist ihre Gegenwart; demonstriert und eingefordert wird die durch Beauftragung und Weitervermittlung des Auftrags garantierte Zuverlässigkeit der Verkündigung des Glaubens.

Zum Nachweis solcher Zuverlässigkeit sind aber *zwei Bedingungen* zu erfüllen: Zusammen mit der personal durch Beauftragung bestimmten Garantie der Kontinuität muß auch die sachlich-inhaltliche Kontinuität der Verkündigung bzw. der Lehre gewährleistet sein. Der Autor läßt deshalb den Paulus ausdrücklich „das" (ταῦτα) als Inhalt der dem Timotheus aufgetragenen Vermittlung nennen, „was du *von mir* gehört hast durch viele Zeugen". Bei der Bestimmung des Inhalts dessen, was „Paulus" als Traditionsgut benennt, sind zwei Erklärungsmöglichkeiten gegeben: Entweder man deutet es im Rahmen der Beauftragung des künftigen Gemeindeleiters und -lehrers als Verpflichtung auf bestimmte, vorgegebene Lehrinhalte, die im Akt der Ordination „διὰ πολλῶν μαρτύρων", also „vor vielen Zeugen" erfolgte (wobei im Anschluß an 1 Tim 4, 14 f u. U. an die Presbyter zu denken wäre)[10]. Diese Einengung der Situation der „Beauftragung" auf die Ordination, womit insbesondere eine inhaltliche Engführung dessen gegeben ist, was „zuverlässigen Menschen" anvertraut werden soll, erscheint jedoch nicht zwingend notwendig und vom Anspruch der Past her auch nicht naheliegend. Eine andere Möglichkeit der Deutung von ταῦτα ist deshalb vorzuziehen: Die paulinische Tradition (= seine Briefe) zusammen mit deren authentischer Interpretation durch die Past sind Gegenstand der Vermittlung (durch Timotheus) und dann auch Inhalt der Verkündigung (*„durch"* zuverlässige Leute). Die Betonung liegt weiterhin auf παρ' ἐμοῦ, also auf der authentisch paulinischen Prägung des Glaubensgutes einerseits und auf der Verpflichtung der in der Nachfolge des Paulus*schülers* stehenden Glaubensboten andererseits. An dieser Stelle des Übergangs von der „apostolischen" zur „nachapostolischen" Zeit liegt, auch zeitlich gesehen, die Aufgabe des Timotheus.

Geht es dann also *exklusiv* um Paulus, den Paulusschüler und um dessen Nachfolger in der Gemeindeleitung? Wieder kann ein kurzer Blick auf die Entstehungsbedingungen der Past weiterhelfen. Sie setzen eine schon relativ festgefügte Paulustradition in der Form

---

[9] Mit H. v. LIPS, Glaube 181 f. Die gegen v. Lips von W. THIESSEN, Christen 305, vertretene Interpretation, hier werde nicht auf die Einsetzung neuer Gemeindeleiter Bezug genommen, es solle vielmehr „viel grundsätzlicher zur Bewahrung und Weitergabe der paulinischen Tradition motiviert werden", vernachlässigt die für die Past wesentliche Bindung solcher „Bewahrung" und „Weitergabe" an den von „Paulus" (über „Timotheus") gerade dazu beauftragten Gemeindeleiter.

[10] Vgl. M. DIBELIUS – H. CONZELMANN, Past 80 f; N. BROX, Past 240; H. v. LIPS, Glaube 181. Nach O. KNOCH, Past 56, setzt 2,2 „einen liturgisch-sakramental-juridischen Ritus der Weitergabe der apostolischen Glaubenslehre in Form eines Glaubensbekenntnisses (1 Tim 6, 13) voraus".

eines Corpus Paulinum voraus und wollen als deren Abschluß verstanden werden[11]. Timotheus wird einerseits durch die enge Bindung an Paulus als Empfänger des Evangeliums und der paulinischen Lehrverkündigung vorgestellt; er wird aber auch in die lebendige Glaubenstradition von seiner Familie her eingebunden (vgl. 1,5) und als deren Empfänger vorgestellt. Damit formulieren die Past ein Traditionsverständnis, welches zwar die Legitimation von Paulus her über alles stellt, das aber darüber hinaus vor allem in inhaltlicher Hinsicht für ein umfassenderes Traditionsverständnis offen ist.

Der Aufgabe der Bewahrung des vom Apostel ausgehenden Glaubensgutes (παραθήκη) können der Apostelschüler und der in seiner Nachfolge stehende Gemeindeleiter nur dann gerecht werden, wenn sie nicht nur die Grundbedingungen der Amtsnachfolge erfüllen, sondern auch in einer lebendigen Glaubenstradition stehen. In diese Richtung ist auch der Zusatz „durch viele Zeugen" zu interpretieren. Diese Zeugen sind Vermittler des Traditionsgutes, also des Evangeliums, von Paulus her; sie repräsentieren wie „die Vorfahren" den breiten Traditionsstrom. Die beiden Formulierungen παρ' ἐμοῦ und διὰ πολλῶν μαρτύρων gehören zusammen, stehen aber auch in einer gewissen Spannung zueinander. Die christliche Glaubenstradition ist einerseits zentral und unverzichtbar durch Paulus bestimmt; sie blickt andererseits auch auf einen schon über längere Zeit sich hinziehenden Überlieferungsprozeß zurück. Möglicherweise will der Verfasser damit der Tendenz eines einseitigen und exklusiven „Paulinismus" begegnen. Zusammen mit der Paulustradition soll mit dem Hinweis auf „viele Zeugen" auch die reiche und in den Gemeinden sicher auch dominierende, nicht auf Paulus rückführbare kirchliche Glaubensüberlieferung – zu denken ist insbesondere an die Jesustradition – einbezogen und ihr Stellenwert betont werden.

3   Die etwas unmotiviert erscheinende Einführung der Aufforderung zum Mitleiden in diesem Vers ist ein bewußter Rückgriff auf den Abschnitt 1,8–12[12]. Es wird im Vergleich zu jenen Versen nichts Neues gesagt. Wieder ist der Grundgedanke der Zusammengehörigkeit von Verkündigung des Evangeliums und Leiden, nicht nur bei Paulus, sondern auch bei dem, der in der Nachfolge des Apostels steht. Genau besehen aber bleibt das Motiv des Leidens völlig unbetont. Der entscheidendere Gesichtspunkt ist die Forderung zu unerschrokkenem Einsatz.

Die Aufforderung zum Mit-Leiden ergibt sich gewissermaßen situationsbedingt aus dem Vorbildcharakter des Apostels für seinen Schüler und Nachfolger. Es handelt sich bei diesem Motiv vom Mit-Leiden um eine Art Standardthema des 2 Tim, welches ohne spezielle Kontextbindung eingeschoben werden kann. Seine Funktion erschöpft sich letztlich darin, daß es sich um eine Aussage über Paulus handelt.

Dieser Bezug und auch die Zuordnung zum Bild vom Soldaten lassen erkennen, daß nicht die Gefahr von Verfolgungen bis hin zum Martyrium beschworen

---

[11] Dazu sei wiederum verwiesen auf P. TRUMMER, Corpus Paulinum.
[12] Vgl. H. v. LIPS, Glaube 170f.

werden soll[13], sondern es wird ganz grundsätzlich und allgemein vorbildhafter Einsatz verlangt, wie ihn ein guter Soldat zeigt.

Das Bild vom Soldaten ist wie das vom „(guten) Kampf" (vgl. 1 Tim 1,18; 6,12; 2 Tim 4,7) in der Tradition der griechisch-hellenistischen Philosophie mit der Bezeichnung des Lebens als Kriegsdienst und mit den von Paulus aus dem Militärwesen übernommenen Metaphern zu sehen (Röm 6,13f; 13,12; 2 Kor 6,7; 10,3f; vgl. Eph 6,11–17)[14]. Hier wird aber nicht mehr der einzelne Christ in seinem Leben und Bemühen als „guter Soldat" angesprochen, sondern exklusiv der Gemeindeleiter. In der Charakterisierung als „Soldat Christi Jesu" wird zusammen mit der Verpflichtung auf das Vorbild des Paulus die Vorrangstellung des Vorstehers unterstrichen[15].

Den Gesichtspunkt der Bewährung im Dienst und in der Aufgabe, die jemand übernommen hat, veranschaulichen die in den folgenden Versen angefügten Beispiele.

4–6 Die Bilder dieser Verse sind der Tradition entnommen. Zusammen mit anderen Motiven werden sie auch bei Paulus in 1 Kor 9,7.10.24f verwendet, dort jedoch zur Veranschaulichung der Rechtmäßigkeit des Anspruchs des Apostels und seiner Mitarbeiter auf Unterhalt durch die Gemeinde.

Der in den Past übergeordnete Gedanke ist dem V 3 zu entnehmen: Die Anerkennung als „guter Soldat Christi Jesu" ist mit bestimmten Pflichten, aber auch mit Rechten verbunden. Es ist deshalb nicht notwendig, die drei Bilder einheitlich mit nur einem Gedanken zu verknüpfen. In dem zum Stichwort στρατιώτης angeschlossenen V 4 wird das Thema der Bewährung in einer einmal übertragenen Aufgabe veranschaulicht; eine zufriedenstellende Erfüllung einer übernommenen Verpflichtung ist nur dort zu erwarten, wo die Bereitschaft da ist, sich ganz mit der Sache zu identifizieren, in deren Dienst sich jemand gestellt hat. Daraus ergibt sich einerseits die Notwendigkeit, auf manches zu verzichten (und aus dem Kontext läßt sich präzisieren: auf manche Annehmlichkeit des Lebens); andererseits liegt in solcher Bereitschaft zu uneingeschränktem Einsatz die Voraussetzung dafür, daß die Erwartungen erfüllt werden, die mit der Übernahme des Dienstes verbunden sind. Für die Konzeption der Past ist dabei charakteristisch, daß das Lob „von oben" ausgesprochen wird, daß also die Erwartungen der übergeordneten Autorität als Kriterium vorgestellt werden, daß aber nicht von den anderen mit der Durchführung eines Auftrags Betroffenen gesprochen wird (etwa in dem Sinne: Garantie von Sicherheit und Freiheit für die Bürger eines Landes).

Auch das zweite Beispiel (V 5), dem Bereich des Sports entnommen, erinnert an die Entsprechung von situationsgerechtem Verhalten und Lohn. Die Anstrengung hat nur dann Aussicht auf Erfolg, wenn sie ohne Vorbehalt erfolgt. Das

---

[13] So aber G. Holtz, Past 164, und F. J. Schierse, Past 112.
[14] Vgl. H. Merkel, Past 63. Ausführlich dazu V. C. Pfitzner, Paul, bes. 166–171.
[15] Mit H. Merkel, Past 63, läßt sich sogar schon von einem „Ehrentitel" sprechen.

Motiv des Siegeskranzes, also des Lohnes, bleibt im Bild unbetont. Mit dem Zusatz νομίμως wird dagegen darauf abgehoben, daß die einmal getroffene Entscheidung auch eine konsequente Übernahme aller damit verknüpften Bedingungen verlangt, wobei allerdings der Aspekt des Verzichts und der Entsagung ungenannt bleibt. Eine Parallelisierung mit dem Stichwort κοπιᾶν von V 6[16] trägt einen im Bild selbst nicht angesprochenen Gesichtspunkt ein.

Im dritten Bild vom Bauern (V 6) kann die Entsprechung von Arbeitseinsatz und Belohnung der Mühen als das Aussageziel angesehen werden; damit wäre an die Gemeinden eine Aufforderung, gute Dienste anzuerkennen, ausgesprochen. Der Genuß der Früchte steht deshalb dem Bauern als erstem zu, weil er sich um sie abgemüht hat. Umgekehrt ist aber das κοπιᾶν auch die Bedingung dafür, daß ihm überhaupt, dann allerdings als erstem, die Möglichkeit eröffnet wird, die Früchte zu genießen. Die Vorstellung einer besonderen Belohnung steckt nicht dahinter.

Zusammengenommen können die Bilder unter folgendem allgemeinen, einheitlichen Aspekt betrachtet werden: Die in der Weitergabe des Glaubens übernommenen Aufgaben gilt es ernst zu nehmen; entsprechender Erfolg und angemessene Belohnung sind nur dann zu erwarten, wenn der Dienst ohne Vorbehalte und mit dem Einsatz der ganzen Person geleistet wird. Solcher Einsatz führt aber in der Regel nicht zum Martyrium; davon, und auch von Leiden und Verfolgungen, wird hier noch nicht gesprochen[17].

Mit dem Vorbild des Paulus ist auch das Motiv des Leidens für das Evangelium (vgl. 1,8–12) mitgegeben. Die, die im Dienst der Verkündigung stehen, werden (V 8) mit der Forderung konfrontiert, daß sie an diesem Geschick des Apostels Anteil haben müssen. Es hat aber den Anschein, daß die Past wegen der historischen Vorgabe des (in 2 Tim noch literarisch überhöhten Beispiels des) Märtyrers Paulus und zugleich mit Rücksicht auf die Bedingungen ihrer Zeit dieses Motiv vom Leiden zwar beibehalten wollen, daß es aber gleichzeitig nicht über Gebühr betont, sondern auf die alltäglichen, dabei als nicht weniger bedeutsam erscheinenden Fragen und Probleme der Gegenwart herabgestuft werden soll. Wie an vielen anderen Stellen wirken auch hier die Umstände der christlichen Gemeinden der Zeit der Past ein: Für die Christen und insbesondere für die Gemeindeleiter sind es gerade die alltäglichen Dinge und Beziehungen, in denen das Zeugnis für ihren Glauben eingefordert wird (vgl. auch die Tugendlisten für den Episkopos und die Diakone 1 Tim 3,2–7; Tit 1,7–9; 1 Tim 3,8–12).

7 Nach den Bildern bleibt die erwartete Anwendung der Beispiele aus. Der Schlußsatz bringt einen neuen Gedanken ein, der die drei Veranschaulichungen eher relativiert: Die Bedeutung des Gesagten eröffnet sich erst im Bedenken. Nicht eine allgemein verbindliche Quintessenz oder eine Regel steht am

---

[16] So M. DIBELIUS – H. CONZELMANN, Past 81.
[17] Vgl. auch N. BROX, Past 241.

Schluß, sondern der Hinweis auf die Verpflichtung zu eigenverantwortlicher Entscheidung. Was jeweils konkret vom einzelnen verlangt wird, das ist nicht allgemeingültig vorauszusagen und festzulegen; dazu bedarf es des Bedenkens und des Überlegens, der Berücksichtigung der konkreten Bedingungen und Verhältnisse.

Bei aller Neigung zur Reglementierung und zur Festlegung sowohl des Glaubensinhaltes als auch der Aufgaben der Gemeindeleiter scheint hier so etwas auf wie Besinnung auf die Bedeutung von Eigenverantwortung. Und gleichzeitig äußert der Verfasser die Zuversicht, daß die eigene *Einsicht* zur richtigen Entscheidung führen wird. Auch wenn diese Nuance angesichts der direktiven Charakteristik der Past nicht überbewertet werden darf, so liegt darin doch ein Hinweis, daß der einzelne bevollmächtigte Funktionsträger und kraft Beauftragung und Handauflegung autorisierte Gemeindevorsteher der Verantwortung für die ihm übertragene Aufgabe auch gerecht zu werden suchen muß[18]. In Entsprechung dazu wird die Befähigung verknüpft mit der Zuversicht auf den Beistand des Kyrios.

III

Zwei Themen sind noch einmal kurz anzusprechen: Die Bedeutung des Sukzessionsgedankens und die Frage nach der Bewertung der Verantwortung des Gemeindeleiters.

(1) Der in der einzelexegetischen Analyse angedeutete Versuch einer Unterscheidung zwischen Sukzessionsvorstellung und Traditionsgedanke ist etwas zu vertiefen.

Die Möglichkeit einer derartigen Differenzierung könnte in Frage gestellt werden durch den etwa von N. Brox formulierten Hinweis, daß die Sukzession hier zwar „nicht als eigenes Prinzip" genannt werde, jedoch „im Weg der Paratheke durch die Tradition impliziert" sei; da eine vom Apostel ausgehende Reihe von amtlichen Tradenten vorgestellt werde, sei die Sukzessionsidee mitgegeben[19]. Und M. Wolter formuliert für das Traditionsverständnis von 2 Tim die Thesen, „daß die inhaltliche Kontinuität zum paulinischen Ursprung zugleich auch als personale Kontinuität gedacht ist" und „daß die in der Gegenwart der Pastoralbriefe als Vertreter der paulinischen Tradition wirkenden Personen diese Traditionen institutionell repräsentieren, insofern sie sich als über Timotheus vom Apostel selbst in die Nachfolge eingesetzt und mit der Fortführung des paulinischen Werkes beauftragt verstehen können". Die Kontinuität der Tradition sei, entsprechend

---

[18] R. J. KARRIS, Past 21, spricht sich gegen einen exklusiven Bezug der VV 3–7 auf Timotheus „as a church leader" aus; angesprochen seien vielmehr alle Christen. Auch hier ist aber zu beachten, was für alle listenartigen Aufzählungen der von Gemeindemitgliedern in verantwortlichen Positionen geforderten Eigenschaften gilt (vgl. 1 Tim 3,1–7.8–12; Tit 1,6–9); es sind Verhaltensweisen, die zwar nicht ausschließlich, aber in besonderer Weise von den Gemeindeleitern verlangt werden.

[19] N. BROX, Past 241: „Sobald der Traditionsgedanke derart artikuliert ist wie im vorliegenden Text, ist die Idee der aufeinanderfolgenden Träger des Amts im Dienst an der Paratheke unmittelbar mitgegeben, obschon die Sukzession hier nicht als eigenes Prinzip genannt, sondern im Weg der Paratheke durch die Tradition impliziert ist."

der Einführung der πιστοὶ ἄνθρωποι als Nachfolger der Apostelschüler, „als durch personale Sukzession vermittelt vorgestellt"[20].

Die Bedeutung des Traditionsgedankens für die Past ist offenkundig, wie zu Beginn von 2 Tim neben den Hinweisen auf die „Vorfahren" im Glauben sowohl für Paulus (1,3) als auch für Timotheus (1,5) v.a. die Stichworte παραθήκη (1,12.14) und παρατίθεσθαι (2,2) belegen. Ebenso zentral ist das Moment der Sukzession, das sich nicht nur in der ausdrücklichen Einsetzung der Begleiter und Schüler des Paulus, Timotheus und Titus, zur Fortführung der Tätigkeit des Apostels zeigt (1 Tim 1,3; Tit 1,5), sondern auch in der Bezeichnung des Timotheus als „(geliebtes) Kind" (1,2; 2,1; vgl. 1 Tim 1,2.18). Und doch scheint es möglich und notwendig, zwischen Tradition und Sukzession zu differenzieren. Während im ersten Fall die Übereinstimmung im Glauben im Vordergrund steht und diese die Kontinuität garantiert, liegt im zweiten Fall das ganze Interesse auf einer durch Personen begründeten Kontinuität. Mit dem Begriff παραθήκη verschiebt sich das Gewicht bereits, insofern es sich ausschließlich um das von „Paulus" garantierte und seinem Nachfolger zu treuer Bewahrung übergebene „Glaubensgut" handelt. Es fehlt aber noch jede Reflexion über die Entwicklung eines für die Zukunft gültigen Prinzips der Sukzession. Für die Past steht die Gegenwart im Mittelpunkt; der Verfasser bemüht sich darum, seine Gemeinden, ihren Glauben und ihre allmählich sich entwickelnde Struktur von „Paulus" und den von ihm autorisierten Nachfolgern her zu legitimieren. Dagegen spricht auch nicht die in 2,2 an „Timotheus" ergehende Anweisung zur – in der fiktiven Briefsituation noch in der Zukunft liegenden – Einsetzung von „zuverlässigen Menschen". Der Verfasser hat dabei seine Gegenwart und die apostolische Legitimation der von ihm repräsentierten Gemeinden im Blick; an der weiteren Entwicklung zeigt er sich nicht interessiert.

Die Past blicken trotz der sicheren Kenntnis von nichtpaulinischer Jesusüberlieferung und trotz eines auf unterschiedlichen Traditionen beruhenden christologischen Entwurfs, der in zentralen Bekenntnisinhalten nicht die paulinische Tradition aufgreift, beinahe ausschließlich auf den Apostel Paulus und die von diesem garantierte und legitimierte Glaubenstradition.

Wenn in diesem Zusammenhang auf den Gedanken der Successio hingewiesen wird, dann kann dieser aufgrund der genannten Engführung, streng genommen, nur den Paulusschüler und unmittelbaren -nachfolger betreffen[21]. Zu beachten ist auch die Formulierung von V 2; die Kontinuität von Paulus zur Gemeinde der Past ist garantiert in der Identität der Verkündigung des Paulus und der „Lehre" der von Timotheus Beauftragten (ταῦτα παράθου)[22]. Die Tat-

---

[20] M. WOLTER, Pastoralbriefe 239.
[21] Zu Recht verweist H. MERKEL, Past 62f, auch darauf, daß es „für die Pastoralbriefe keine apostolische Sukzession, sondern nur eine paulinische Sukzession" gibt. Vgl. auch schon N. BROX, Past 240.
[22] Vgl. auch U. WAGENER, Ordnung 9f: „In der literarischen Fiktion der Pastoralbriefe bilden

sache, daß der Traditionsgedanke im Mittelpunkt steht, ist stärker zu gewichten. Die Grundidee der apostolischen Sukzession wird erkennbar; sie ist aber noch voll integriert in den Traditionsgedanken[23].

(2) Bei der Bewertung der Verantwortlichkeit des Gemeindeleiters bleibt zur Auslegung von V 7 die Frage nachzutragen, ob er über den engeren Kontext der VV 1–7 hinaus für das Verständnis vom Gemeindeleiter etwas hergibt. Nun läßt sich eine gewisse Spannung beobachten zwischen der in V 7b formulierten Versicherung und dem sowohl vorausgehenden als auch nachfolgenden Kontext. Das Amtscharisma wurde übertragen durch die Handauflegung des Apostels (1,6), und die Aufgabe des Gemeindeleiters ist festgelegt durch das ihm anvertraute „Glaubensgut" (vgl. 1,12–14). Aufgabe und Funktion des Vorstehers werden nicht von ihm selbst bestimmt, sondern in Abhängigkeit von Paulus und der von ihm ausgehenden bzw. durch seinen Namen legitimierten Lehre. Bleibt da noch Raum für Eigenverantwortung? Nach dem bisher Gesagten scheint dies eher ausgeschlossen, da das Gehorsam und Unterordnung fordernde „Ich" des Apostels alles bestimmt. Sogar im ersten Satz in V 7 erteilt „Paulus" noch eine Aufforderung, das von ihm Gesagte zu bedenken.

Nun ist dann aber in V 7b überraschenderweise nicht mehr Paulus der Gebende, sondern der Kyrios; und nicht mehr eine Aufforderung an Timotheus, der Weisung des Paulus zu entsprechen (vgl. 1,6.8.13.14; 2,1.2.3), wird ausgesprochen, vielmehr die Verheißung, daß ihm, so er das Gesagte bedenkt, Einsicht geschenkt werden wird.

Fürwahr, keine sehr aufregende Ankündigung, zumal gleich anschließend Pseudo-Paulus wieder in die für ihn typische Sprachform des Imperativs wechselt (2,8; vgl. aber auch 2,14–16.22f; 3,1). Aber angesichts der Einseitigkeit und Ausschließlichkeit der Betonung der Autorität des Apostels gegenüber den Untergebenen – und dieselbe Konstellation bestimmt auch die Ekklesiologie der Past – klingt hier doch ein anderer Ton an und wird eine Sichtweise im Umgang mit Autorität und Untergebenen erkennbar, die auch nach ihren Auswirkungen in der Ekklesiologie befragt werden könnte und sollte.

LITERATUR: A. M. Javierre, ΠΙΣΤΟΙ ΑΝΘΡΩΠΟΙ (2 Tim 2,2). Episcopado y sucesión apostólica en el Nuevo Testamento: Studiorum Paulinorum Congressus Internationalis Catholicus 1961 (AnBib 17–18) (Rom 1963), Bd. II, 109–118; W. Leege, Some Notes on 2 Tim. 2:1–13 (Courageous Faithfulness of Pastors as Soldiers of Christ): CTM 16 (1945) 631–636.

---

die Figuren der Apostelschüler das Bindeglied zwischen den apostolischen Anfängen und der aktuellen Situation: So wie sie von Paulus beauftragt wurden, sollen sie das von ihm Gehörte wiederum an πιστοὶ ἄνθρωποι (2 Tim 2,2) weitergeben ... Somit stellt der Autor seiner Gegenwart zwei normative Instanzen zur Verfügung: zum einen die Briefe selbst mit ihrem System einer theologisch begründeten christlichen Ethik und Ekklesiologie, zum anderen das Amt, das ebenfalls als paulinische Institution legitimiert wird."

[23] In der Anordnung gegenüber „Titus", dieser solle in den Städten Presbyter einsetzen (Tit 1,5), ist zwar das personale Moment stärker betont; da aber der Akzent darauf liegt, daß es sich dabei um eine von Paulus ausgehende Maßnahme handelt, steht auch dort nicht der Gedanke der Sukzession im Vordergrund, sondern der der apostolischen Legitimation der leitenden Personen in den Gemeinden der Past.

7. Die Verheißung für Treue im Glauben (2, 8–13)

8 Denke an Jesus Christus, auferweckt von den Toten, aus Davids Samen, gemäß meinem Evangelium, 9 um dessentwillen¹ ich Leiden erdulde bis zu Fesseln wie ein Verbrecher; das Wort Gottes aber ist nicht gefesselt. 10 Deshalb ertrage ich alles um der Auserwählten willen, damit auch sie das Heil in Christus Jesus erlangen mit ewiger Herrlichkeit. 11 Zuverlässig ist das Wort: Wenn wir nämlich mitgestorben sind, werden wir auch mitleben; 12 wenn wir ausharren, werden wir auch mitherrschen; wenn wir verleugnen, wird auch jener uns verleugnen; 13 wenn wir untreu werden, bleibt jener (doch) treu; denn sich selbst kann er nicht verleugnen.

I

Als übergeordneter Gesichtspunkt steht über diesem Abschnitt die Vorstellung vom leidenden Apostel und die daraus resultierende Verpflichtung für seinen Nachfolger im Amt des Verkünders des Evangeliums. Das im vorhergehenden Abschnitt (vgl. V 3) schon kurz eingeführte Stichwort κακοπαθεῖν in V 9 ist der Grund, daß viele Kommentatoren die VV 2,1–13 als Einheit lesen und interpretieren, zumeist unter dem Stichwort „Leiden"². Doch das Leidensmotiv hat in den beiden Abschnitten unterschiedliche Ausrichtung und unterschiedliches Gewicht. Während es im ersten Abschnitt, im Kontext der Mahnung an den Apostelschüler und Gemeindeleiter, ein paränetischer Topos ohne direkten Bezug zum Kontext ist (in den Bildern VV 4–6 wird keinerlei Verbindung hergestellt, und in V 3 selbst könnte im Zusammenhang mit dem Bild vom Soldaten ein anderes Verbum als συνκακοπαθεῖν stehen), ist im vorliegenden Abschnitt VV 8–13 Paulus Betroffener, und zwar ausschließlich er; das Leiden erscheint als Teil seiner Verkündigung des Evangeliums (vgl. auch schon in 1,8). Auf den in der Nachfolge des Paulus stehenden Gemeindeleiter und Verkünder des Evangeliums wird dagegen in diesem Zusammenhang nicht Bezug genommen.

Ein weiterer Unterschied liegt in der Verschiedenheit der Wirkabsicht und damit der Textsorte. Während 2,1–7 ganz im Rahmen der Paränese verbleibt, sind die VV 8–13 durch das Bekenntnis bestimmt; der Text ist christologisch geprägt, wie insbesondere aus den Rahmenversen V 8 und V 13 zu ersehen ist. Dafür werden erneut formelhafte Elemente aus der Bekenntnistradition aufgenommen, die deutliche Anklänge an paulinische Aussagen aufweisen.

II

8 Wieder wird mit dem Imperativ μνημόνευε „Timotheus" direkt angesprochen, verbunden mit einer ausdrücklichen inhaltlichen Bestimmung seines Glaubensbekenntnisses. Genannt werden Jesu Auferweckung und die Abstam-

---
¹ Anders übersetzt etwa V. HASLER, Past 64: „für ihn ..." = für Christus.
² Vgl. u. a. J. N. D. KELLY, N. BROX, P. DORNIER, H. MERKEL. Mit der Überschrift „Erneuter Aufruf zum Leiden" nimmt F. J. SCHIERSE, Past 111, den Abschnitt 2,3–13 als Einheit.

mung aus Davids Samen. In der Beschränkung auf diese beiden Aussagen über Jesus zeigt der Text eine kaum zufällige Übereinstimmung mit Röm 1,3f, einer von Paulus ebenfalls aus der Tradition übernommenen Glaubensformel. Auffällig ist gegenüber der Parallele im Röm-Präskript die Reihenfolge, daß nämlich zuerst von der Auferweckung gesprochen wird und erst an zweiter Stelle von der Davidssohnschaft. Trotz dieses Unterschiedes zu Paulus und dessen eigenständiger christologischer Akzentuierung im Kontext des Röm-Präskripts ist, wie schon an anderen Stellen, literarische Abhängigkeit von Röm 1,3f als höchst wahrscheinlich anzunehmen[3].

Mit solcher Abhängigkeit läßt sich sehr gut die Beobachtung unterschiedlicher Akzentuierung durch den Verfasser verknüpfen. Für die Voranstellung des Bekenntnisses zur Auferweckung ließe sich ganz allgemein und überzeugend die Absicht anführen, diese Aussage besonders zu betonen[4]. Mit der „Erinnerung" an die Auferweckung Jesu Christi – als Bestandteil des Evangeliums des Paulus und damit als ein Kernsatz der in der paulinischen Tradition stehenden Gemeinde – schafft der Verfasser auch eine Art Gegengewicht zum Schlüsselsatz der Irrlehrer, den er in 2,18 zitiert, daß nämlich die Auferstehung schon geschehen sei; diese Meinung wird als Abweichen von der Wahrheit und als Zerstörung des Glaubens verurteilt[5]. Der Verweis auf Jesu Abstammung aus Davids Samen ist diesem Bekenntnis zu- und untergeordnet. Der mit der Davidsabstammung traditionell verbundene Gedanke der Erfüllung der messianischen Verheißungen war unserem Verfasser sicher nicht unbekannt. Umstritten ist jedoch, ob er diesen Hinweis auf David auch als christologisches Bekenntnis betonen wollte. Dagegen spricht eigentlich die hier gewählte Reihenfolge. Mit der Abstammung aus dem Stamm Davids wird nicht die Stellung Jesu in christologischer oder soteriologischer Hinsicht gekennzeichnet, sondern seine menschliche Herkunft[6]. Dies entspricht der Gestaltung der Christologie in den Past mit der nachdrücklichen Betonung der Inkarnation. Eine Parallele dazu bietet 1 Tim 2,5, wo ebenfalls betont vom „Menschen Christus Jesus" gesprochen wird[7]. In dem Verweis auf Jesu davidische Abstammung soll die Identität

---

[3] Vgl. etwa P. TRUMMER, Paulustradition 202f; L. OBERLINNER, Epiphaneia 207–209; H. MERKEL, Past 63f; J. ROLOFF, Weg 160–162. Anders entscheidet G. LOHFINK, Paulinische Theologie 95. S. E. läßt sich hier keine Paulusrezeption annehmen, sondern der Verfasser der Past sei von derselben durch die Tradition vorgegebenen Credo-Formel abhängig wie Paulus. Ähnlich urteilt PH.H. TOWNER, Goal 101, daß die Unterschiede zwischen Röm 1,3f und 2 Tim 2,8 sich leichter erklären ließen auf der Grundlage von gemeinsamer oder ähnlicher vorpaulinischer Tradition; vgl. auch I. H. MARSHALL, Christology 165f.
[4] Vgl. J. JEREMIAS, Past 54; A. STRECKER, Formen 52f; P. TRUMMER, Paulustradition 202.
[5] Auf diesen Zusammenhang weist PH.H. TOWNER, Goal 102, hin.
[6] Vgl. V. HASLER, Past 65. Als Hinweis auf die Messianität des Auferweckten interpretiert ἐκ σπέρματος Δαυίδ dagegen I. H. MARSHALL, Christology 166. Eine extreme Position vertritt J. R. W. STOTT, Message 62: „Taken together, the two phrases seem to allude to his double role as Saviour and King."
[7] Dazu P. TRUMMER, Paulustradition 203f; darin sind aber, gegen Trummer, auch antidoketistische Tendenzen zu sehen. In der Aufnahme dieser formelhaften Wendung sieht auch H. MERKEL, Past 64, eine gegen gnostische Häresien gerichtete Spitze.

des Auferweckten mit der geschichtlichen Gestalt Jesu als Bekenntnisinhalt und als Evangelium festgehalten werden[8].

Häufig sieht man in dem Hinweis auf den auferweckten Jesus Christus auch den Weg zur Auferweckung, der durch Leiden und gewaltsamen Tod führt, im Bekenntnis miteingeschlossen. Da Jesu Weg durch die Erniedrigung „Bedingung für seine Verherrlichung" war, sei der „Zusammenhang zwischen Leiden und Verherrlichung" in diesem christologischen Bekenntnis impliziert[9]. Eine weitere Schlußfolgerung geht dann dahin, daß dieser Weg Jesu über Leiden und Kreuz zur Herrlichkeit auch für die Jünger als der Weg zum Heil vorgestellt werden solle[10]. Gegen diese Ausweitung und die damit verbundene Umwandlung des Christusbekenntnisses in eine Paränese spricht zum einen, daß der Verfasser klar zu verstehen gibt, daß er ein christologisches Bekenntnis formulieren bzw. tradieren wollte; der angefügte Verweis auf das „Evangelium" ist eindeutiger Beleg dafür. Zum anderen ist die paränetische Auswertung des Leidens des Apostels gleich im nächsten Vers geltend zu machen. Es ist also eine vom Text her nicht gerechtfertigte Nivellierung, wenn sowohl das Leiden Christi als auch das Leiden des Apostels als verpflichtendes Beispiel für die Leidensbereitschaft des kirchlichen Verkünders hingestellt werden[11].

Auffällig ist, daß der Verfasser aus der christlichen Glaubensüberlieferung nur das Bekenntnis zum Auferweckten aufgreift. An anderer Stelle (1 Tim 2,5f) zitiert er das Passionskerygma, wobei dort der ausdrückliche Hinweis auf die Auferweckung fehlt; abgesehen von der auch in 1 Tim 2 vorliegenden Abhängigkeit von Formelgut ist der Hinweis auf die Selbsthingabe des Menschen Christus Jesus „für alle" im Kontext jenes Kapitels angemessen, weil diese Aussage in den Zusammenhang der Entfaltung des Bekenntnisses zum universalen Heilswillen Gottes gestellt wird (1 Tim 2,3f). Die Mitberücksichtigung dieser christologischen Wendung und ihrer Einbindung in den Kontext von 1 Tim 2 bestätigt die oben von Ph.H. Towner übernommene Erklärung, daß für die Gestaltung des Bekenntnisses von 2 Tim 2,8 ebenfalls auf den Kontext (2,18) zu achten ist. Dieser Zusammenhang kann dann auch erklären, daß weder die Wendung ἐξ ἀναστάσεως νεκρῶν noch die Einsetzung Jesu zum „Sohn Gottes" aus Röm 1,4 übernommen worden ist[12]; denn die in der Formulierung von Röm 1,4 enthaltene Hervorhebung der eschatologisch gültigen himmlischen „Herrscherfunktion des Erhöhten" und der in der Auferweckungsaussage enthaltene Aspekt, daß der Auferstandene „als Repräsentant der durch die Totenauferweckung angebrochenen vollendeten Heilswirklichkeit Gottes" gedeutet werden

---

[8] Zu dieser Interpretation vgl. Y. REDALIÉ, Paul 192. Die Auskunft von K. WENGST, Formeln 116f, der „Zusatz ἐκ σπέρματος Δαυίδ" sei auch zu erklären aus dem mit der Vorlage Röm 1,3f gegebenen „Formzwang" (von mir früher übernommen, vgl. Epiphaneia 208), erscheint demgegenüber zu oberflächlich.
[9] N. BROX, Past 242; ähnlich F. J. SCHIERSE, Past 113; O. KNOCH, Past 56.
[10] So J. JEREMIAS, Past 54.
[11] Vgl. dazu O. KNOCH, Past 56.
[12] Das Fehlen des Motivs von der Einsetzung zum „Sohn Gottes" ist neben anderen Beobachtungen z.B. für PH.H. TOWNER, Goal 101, und I. H. MARSHALL, Christology 166, Beleg dafür, daß Röm 1,3f nicht die Vorlage für 2 Tim 2,8 war.

konnte[13], hätte vielleicht in den Augen des Verfassers der Past den Irrlehrern Auftrieb gegeben. In der Verkündigung von Jesus als dem von den Toten Auferweckten liegt die Mitte der christlichen Heilsbotschaft vor; und daran muß sich der in der Nachfolge des Apostels stehende Missionar und Gemeindeleiter, der für die Bewahrung des Evangeliums und das heißt zugleich für die „Wahrheit" und für den „Glauben" (vgl. 2,18!) verantwortlich ist, immer erinnern.

Der dem Apostel in den Mund gelegte Hinweis auf „mein Evangelium" wirkt dem ersten Eindruck nach wie ein ungeschickt angefügtes Anhängsel ohne besondere Betonung. Doch ein Blick auf die übrigen drei Belege für den Gebrauch des Wortes εὐαγγέλιον (1 Tim 1,11; 2 Tim 1,8.10) zeigt, daß für die Past mit diesem Begriff die Sendung des Paulus, seine Auserwählung durch Gott, präzis zu definieren ist. Auffällig ist aber, daß mit einem deutlichen Anspruch auf Exklusivität das Auferweckungskerygma von „Paulus" als „mein Evangelium" festgelegt wird[14]. Ein Grund mag darin zu sehen sein, daß der Autor mit der Übernahme der Glaubensformel aus Röm 1,3f sich bewußt am Brieftext des Paulus orientiert hat. So liegt darin wieder ein Zeugnis für die Bedeutung der Autorität des Paulus. Die christliche Verkündigung hat sich zu orientieren an der Paulus-Tradition. Dessen „Evangelium" wird sowohl in einer grundsätzlichen Entscheidung (vgl. 1 Tim 1,11; 2 Tim 1,10f) als auch anhand von Einzelinhalten zugrunde gelegt als eine „feste und bekannte Größe" mit normativer Bedeutung[15]. Daß der fiktiv redende Paulus gerade das Bekenntnis zum Auferweckten als „mein Evangelium" kennzeichnet, entspricht dem Gesamtbild des Apostels in den Past, aber auch dem Zeugnis des Apostels in seinen Briefen. Die gesamtkirchliche Anerkennung des Glaubensgutes resultiert aus der Prägung durch den Apostel Paulus. Da sich diese Wendung „mein Evangelium" gut aus der Intention der Past herleiten läßt, ist in diesem Falle für die Formulierung Abhängigkeit von Paulus, nämlich von Röm 2,16 (Röm 16,25 ist als spätere Glosse hier zu vernachlässigen), nicht notwendigerweise anzunehmen; denn in dieser Formel drückt sich authentisch der Anspruch des kirchlichen Amtsträgers aus, den der Autor mit der Bestimmung der christlichen Glaubensüberlieferung als Evangelium des Paulus (= „mein Evangelium") verknüpft[16].

Des weiteren ist zu beachten, daß hier wie schon in 1,8–11 das Stichwort εὐαγγέλιον mit der Zitierung einer traditionellen christologischen Formel verbunden ist. Es ist „sein" Evangelium, weil es auch ihm, dem Paulus, *von Gott* anvertraut worden ist (vgl. 1 Tim 1,11) und weil er für dieses Evangelium *von Gott* eingesetzt worden ist als Verkünder, Apostel und Lehrer (vgl. 2 Tim 1,11).

---

[13] Vgl. U. WILCKENS, Der Brief an die Römer (Röm 1–5) (EKK VI/1) (Zürich/Neukirchen 1978) 65.
[14] Die Bemerkung von G. HOLTZ, Past 166, zur Wendung κατὰ τὸ εὐαγγέλιόν μου, sie habe „sachlich eine ähnliche Bedeutung wie διὰ πολλῶν μαρτύρων von V. 2", läßt die m. E. in letzterer Formel enthaltene Offenheit für die nichtpaulinische Tradition, etwa für die Jesusüberlieferung, außer acht.
[15] Vgl. H. v. LIPS, Glaube 48.
[16] Vgl. auch V. HASLER, Past 65.

Im Blick auf das Gesamtbild des Paulus der Past sowie auf das von ihm verwaltete und der Kirche für die Zeit nach seinem Tod (vgl. 4,6) anvertraute Evangelium ist somit im Vergleich zur oben festgestellten Bindung des Evangeliums an Paulus noch ein Schritt zurück zu gehen. Der verpflichtende Charakter des von „Paulus" dem „Timotheus" übergebenen und über diesen den Gemeindeleitern anvertrauten Evangeliums (vgl. 2 Tim 2,2) beruht letztlich darauf, daß es die Autorität Gottes ist, die Paulus und seine Botschaft legitimiert.

9   Mit dem Stichwort „Evangelium" wird übergeleitet zum Geschick des „Paulus", hier zu seiner Gefangenschaft; darin zeigt sich eine Gemeinsamkeit mit 1,8. Die einleitende Wendung ἐν ᾧ ist dabei auf „Evangelium" zu beziehen, nicht auf Jesus Christus.

Die Verknüpfung von Evangelium bzw. Verkündigung des Evangeliums und Leiden ist ein für die Past zentraler Gedanke, wie bereits in dem Abschnitt 1,6–14 deutlich geworden ist. Ausgehend von der immer wieder betonten und (speziell von den Vertretern der pseudepigraphischen Abfassung) anerkannten Aktualität könnte man den Anknüpfungspunkt in den Gemeinden der Past suchen. Angesichts von Verfolgungen der Gemeindeleiter – so eine mögliche Erklärung – werden diese verwiesen auf das Vorbild des Paulus: Leiden, Ablehnung und schlechte Behandlung durch die Umwelt sind nicht nur keine Widerlegung der Rechtmäßigkeit ihres Handelns, sondern in diesem Leiden folgen die Verantwortlichen dem Beispiel des Paulus. Auch er hat Leiden und Gefangenschaft erdulden müssen; er wurde behandelt wie ein Verbrecher.

Man wird zwar für die Zeit der Past nicht ausschließen können, daß es schon zu Übergriffen gegen Christen, v.a. auch zu Repressalien gegen die verantwortlichen und die Gemeinden nach außen hin repräsentierenden Leiter gekommen ist. Allerdings dürfte der entscheidende Grund für die starke Prägung der Gemeindeleiterparänese der Past durch das Bild vom Apostel, der für sein Evangelium Leiden auf sich nimmt, durch die Paulus-Tradition vorgegeben gewesen sein. Paulus selbst hat in seinen Briefen seine Gefangenschaft verknüpft mit seinem missionarischen Wirken (Phil 1,7.13; Phm 9.13). In der Situation der Abfassung der Past kam dann wahrscheinlich die Überlieferung von seinem Martyrium in Rom hinzu. Neben den Paulusbriefen gibt es sodann sicher schon früh eine Paulustradition mit idealisierenden Zügen und novellistischen Entfaltungen; diese Tradition findet ihren literarischen Niederschlag u.a. in 2 Tim[17].

Die Verknüpfung von Leiden und Evangelium gibt dem Verfasser die Gelegenheit, auf die für die Gemeinde wichtige Frage einzugehen, wie diese Behandlung des mit der Bewahrung und Verkündigung des Evangeliums Betrauten als Verbrecher im Blick auf das Evangelium zu bewerten ist. Er tut das in der sehr knappen Feststellung: „das Wort Gottes ist nicht gefesselt". Man kann darin den Versuch einer Bewältigung der paradoxen Situation sehen, daß gerade die Boten, die mit dem Anspruch der Verkündigung der *Frohbotschaft* auftreten, auf Widerstand und Gegnerschaft stoßen bzw. Verfolgungen erdulden müssen.

---

[17] Vgl. F. J. SCHIERSE, Past 113.

Der Autor kann sich dafür einerseits an dem in der christlichen Tradition eingeführten Topos von der Verfolgung der Gerechten orientieren (vgl. Mt 5,10; Jak 1,12; 1 Petr 3,14)[18]. Zum anderen enthält die von Paulus selbst gegebene Interpretation seiner Gefangenschaft, daß er Gefangener „um Christi willen" (vgl. Phil 1,7.13–17) bzw. „um des Evangeliums willen" ist (vgl. Phm 13), bereits eine Antwort. Diesen Zusammenhang von Verkündigung des Evangeliums und Leiden übernehmen die Past.

Wenn also „Paulus" „um des Evangeliums willen" (so ist das ἐν ᾧ zu interpretieren) leidet, ist dieses Leiden Kennzeichen seines apostolischen Wirkens und entspricht somit Gottes Willen. Darüber hinaus aber sieht der Verfasser die Notwendigkeit, eigens zu betonen, daß das Geschick des Verkünders des Evangeliums nicht auf dieses selbst übertragen werden darf. Das Evangelium ist einzig und allein Gott unterstellt. Der zweite Teil von V 9 zeigt, daß die Adressaten die christlichen Gemeinden und ihre Vorsteher sind und daß sie aus diesen Erklärungen des „Paulus" für ihre Zeit Trost schöpfen sollen. Verfolgung und Bedrängnis, Gefängnis und Verachtung sind Kennzeichen des Apostels in seinem Verkündigungsdienst; sie sind folglich geradezu notwendige Kennzeichen der wahren, legitimen Boten des Evangeliums. Die darin ausgesprochene Zuversicht[19] hat jedoch ihren entscheidenden Grund in der Glaubensüberzeugung, daß das Evangelium „Gottes Wort" ist.

Es ist bedeutsam, daß in diesem Zusammenhang, da vom geduldigen Leiden des Apostels im Dienst der Verkündigung des Evangeliums die Rede ist, nicht auf die Passion Jesu Bezug genommen wird[20]. Der Verfasser schlägt gerade nicht den Bogen von Jesus über Paulus zu Timotheus bzw. zum Gemeindeleiter der Past[21]. Dafür dürfte auch bestimmend sein, daß für die Past – in einer klaren Orientierung an der v.a. von Paulus repräsentierten christlichen Tradition – die Passion Jesu Gegenstand des Bekenntnisses und damit Inhalt des Evangeliums ist[22]. Erst mit der Verkündigung dieses Evangeliums von Jesus Christus ergibt sich die Erfahrung von Verfolgung und Verleumdung, und zwar nicht nur von der nichtchristlichen Umwelt, sondern auch als innergemeindliches Phänomen; der Lebensweg des Paulus gibt davon Zeugnis. Aber auch die Gewißheit, daß Gottes Wort nicht aufgehalten oder unwirksam gemacht werden kann, verbürgt der Apostel Paulus, der aus dem Kerker und im Angesicht seines Todes weiterhin das Evangelium verkündet und für dessen Bewahrung Sorge trägt[23].

---

[18] Dazu N. Brox, Der erste Petrusbrief (EKK XXI) (Zürich/Neukirchen 1979) 157–159.
[19] Mit N. Brox, 1 Petr 157, sind diese Aussagen nicht als Argument, sondern als „Zuspruch" zu deuten.
[20] Vgl. auch V. Hasler, Past 65.
[21] Vgl. dagegen N. Brox, Past 243: „Wie Jesus der wie ein Verbrecher Gekreuzigte war, so ist Paulus der wie ein Verbrecher Gefesselte, und so wird Timotheus, d.h. jeder Verkünder des Evangeliums vom Kreuz, damit zu rechnen haben, sich als Verbrecher eingestuft zu finden."
[22] Vgl. auch H. Merkel, Past 64: In den Past „ist die Passion Jesu an keiner Stelle ein Vorbild für Mühsal und Leiden des Gemeindeleiters".
[23] Demgegenüber betont J. Roloff, Weg 162, diese Aussage, daß das Wort Gottes, das Evangelium, sich „gerade dann machtvoll durchsetzt, wenn sein Träger leiden muß", lasse sich nur

10 Der Stellenwert des geduldigen Ausharrens im Leiden in Sicht auf die Verkündigung des Evangeliums erfährt eine Ausweitung, indem „Paulus" den Sinn seines Leidens von den Adressaten seiner Verkündigung her deutet. Als ἐκλεκτοί (vgl. Tit 1,1) sind nicht undifferenziert alle bezeichnet, die sich „Christen" nennen. Der Verfasser verbindet damit einen Anspruch an die Gemeinden, der mit der Autorität des Paulus und mit seinem Evangelium verknüpft ist. Die Auserwählten sind die, die dem Paulus (und das bedeutet immer auch: seinem Evangelium) die Treue halten (vgl. 1,8.16–18). Ihnen kommt das Leiden des Apostels zugute.

Mit der hier dem Paulus in den Mund gelegten Interpretation der Bedrängnis wird ein weiterer Akzent eingetragen. Es geht nicht nur um die Tatsache, daß der Apostel Leid erfährt; betont wird vielmehr sein Ausharren, seine Ausdauer. In der Verwendung von ὑπομένειν sind beim Leidensmotiv zwei zusätzliche Aspekte zu bedenken. Zum einen ist mit dem Gebrauch dieses Verbums die Möglichkeit eines allgemeineren und umfassenderen Verständnisses gegeben; die Notwendigkeit auszuharren, trotz bestimmter Widrigkeiten zu der einmal getroffenen Entscheidung zu stehen, ergibt sich für Christen in vielen Lebenslagen [24]. Es können in einem allgemeinen Sinn die Erfahrungen von Unverständnis und Feindseligkeiten, mit denen vor allem die mit der Gemeindeleitung und mit der Verkündigung Beauftragten sich konfrontiert sehen, miteingeschlossen gedacht werden. Für solches umfassendes Verständnis von ὑπομένειν spricht auch das Objekt πάντα. An dieser Stelle will der Verfasser wohl besonders auf den innergemeindlichen Bereich mit seinen vielfältigen Problemen verweisen.

Die Formulierung mit ὑπομένειν trägt sodann, im Gegenüber zu den Hinweisen auf das Leiden des Apostels und seine Gefangenschaft, ein stärker aktives Moment ein. Paulus soll nicht nur als Betroffener vorgestellt werden, sondern als der, der aktiv in der Geduld und im Ausharren, in der Beständigkeit der Verkündigung, seinen Auftrag für das Evangelium erfüllt. Berücksichtigt man die exemplarische Bedeutung der Selbstaussagen des „Paulus" für die christlichen Amtspersonen [25], zeigt sich der paränetische Stellenwert des mit ὑπομένειν umschriebenen Verhaltens. Solche Ausdauer ist ein unverzichtbares Kennzeichen des Dienstes am Evangelium. Auch an dieser Stelle ist das öfter angesprochene Prinzip zu bedenken: Über die Bezugnahme auf das missionarische Wirken des Paulus wird das Geschehen zur Zeit der Past in den Blick genommen und darin das Verhalten derer angesprochen, die ihm in dieser Aufgabe nachfolgen. Die apokalyptische Vorstellung von der noch ausstehenden Erfüllung der Zeit, die durch Gott festgesetzt wird [26], spielt dagegen kaum eine Rolle.

---

formulieren „unter der Voraussetzung, daß sich in diesem Evangelium der Zusammenhang von Leiden und Herrlichkeit, wie er im Weg Jesu sichtbar geworden war, weiterhin manifestiert".

[24] Vgl. W. RADL, EWNT III 967f: Bedrängnisse, erwachsen aus der Verkündigung des Evangeliums und dem Bekenntnis zu ihm, „gehören zur apostolischen Existenz (2 Tim 2, 10.12) und überhaupt zur christl. Existenz (Röm 12,12; Hebr 10,32; 12,7)".

[25] Vgl. N. BROX, 243; V. HASLER, Past 65; H. MERKEL, Past 64.

[26] Etwa ausgedrückt in der Vorstellung vom Maß der Leiden (vgl. Kol 1,24), vom Maß der

Diese Auslegung von ὑπομένειν hat Konsequenzen für das Verständnis des Ausdrucks „um der Erwählten willen". Es wird darin nicht eine auf das Leiden des Apostels bezogene soteriologische Sinngebung ausgesprochen, etwa im Sinn eines stellvertretenden Leidens[27], sondern auf das Ziel für das missionarische Wirken hingewiesen, nämlich für das Heil der Auserwählten Sorge zu tragen. Das Wissen um eigene Bedrängnis und persönliche Gefährdung darf nicht dazu führen, nun auch die Hoffnung auf persönliche Rechtfertigung und Heilserfahrung in den Vordergrund zu stellen. Es geht aber um das Thema „Heil" in dem endgültigen, eschatologischen Sinn, und es geht darum, daß dieses Heil mit dem Geschick des Verkünders des Evangeliums verknüpft ist. Der Akzent liegt auf dem „Ausharren". Die im Leiden gezeigte *Geduld* hat – natürlich abhängigen und eingegrenzten – „soteriologischen" Stellenwert. In der Bewährung des Paulus und dann der christlichen Missionare wird das von Gott, dem Retter, ausgehende Handeln in Jesus Christus für die Menschen Wirklichkeit, Heil schaffende Wirklichkeit. Mit dem Stichwort σωτηρία, hier zur Verstärkung mit „ewiger Herrlichkeit" verbunden, erhält die *Verkündigung* des Paulus und der missionarischen Boten insgesamt das Siegel der soteriologischen Bedeutsamkeit.

Das Heil kommt ausschließlich von *Gott*; es ist geschenkt in *Jesus Christus*; es wird vermittelt durch den dazu beauftragten *Apostel* – und die, die in seiner Nachfolge stehen.

Es ist anzunehmen, daß es der Intention des Autors zumindest nicht widerspricht, den Umkehrschluß anzufügen: Wo diese pastorale Zielsetzung, die Einbindung in den Heilswillen Gottes und dessen Vermittlung, nicht gesehen wird, da sind die Befähigung und die Legitimation des Gemeindevorstehers in Leitung und Verkündigung in Frage gestellt. Und an diesem Punkt bekommt das Stichwort der paulinischen = apostolischen Nachfolge eine Prägung, die von der Seite der betroffenen Gemeinden her definiert wird. Wenn in der Erfüllung des Verkündigungsauftrages der pastorale Dienst am Menschen, die Verwirklichung des ihm von Gott zugedachten Heils, vernachlässigt wird, dann wird eine nach Meinung des pastoralen Paulus grundlegende Bedingung des kirchlichen Amtes und seiner theologischen Legitimation vernachlässigt.

11–13 In diesen Versen wird wieder ein in sich geschlossenes Traditionsstück zitiert, welches hymnusartig und in bekenntnishaften kurzen Sätzen die Situation der Christen beschreibt[28]. Als wichtiges Stichwort für die Einfügung der Verse ist an εὐαγγέλιον in V 8 zu denken und an die Verbindung von Ausharren in der Verkündigung und σωτηρία der Gläubigen.

Eine Hervorhebung erfahren die zitierten Bekenntnisaussagen durch die für

---

Sünde (1 Thess 2,16), von der Vollzahl der Märtyrer (Apk 6,11) und von der Vollzahl der Heiden, die zum Heil gekommen sind (Röm 11,25). Zum Einfluß solcher apokalyptischer Gedanken vgl. G. HOLTZ, Past 166f; J. JEREMIAS, Past 54.
[27] So etwa die Auslegung bei J. JEREMIAS, Past 54. Ähnlich J. REUSS, 2 Tim 48.
[28] Zu den unterschiedlichen Urteilen über formkritische Charakterisierung und ursprünglichen Bestand dieses Textes sowie zur formalen und inhaltlichen Analyse vgl. den Überblick bei G. LOHFINK, Vermittlung 177–180. Zu detaillierten Analysen vgl. I-JIN LOH, Study; G. W. KNIGHT, Sayings 112–137.

die Past typische Einleitungswendung „zuverlässig ist das Wort". Fünfmal taucht diese Formel in den Past auf, und zwar dreimal in dieser Form (1 Tim 3,1; 2 Tim 2,11; Tit 3,8) und zweimal erweitert um die Ergänzung καὶ πάσης ἀποδοχῆς ἄξιος (1 Tim 1,15; 4,9)[29]. Die Frage, ob die Formel auf das Vorherige oder auf das Folgende zu beziehen ist, muß jeweils vom Kontext her beantwortet werden. Im vorliegenden Zusammenhang ist eine eindeutige alternative Entscheidung nicht möglich; denn ohne Zweifel will der Verfasser durch die Einfügung dieser formelhaften Wendung zwar den anschließenden hymnisch geformten Text hervorheben; doch diese Aussagen sind zugleich verstanden als Entfaltung der vorangehenden VV 8–10 mit den wichtigen Stichworten τὸ εὐαγγέλιον, ὁ λόγος τοῦ θεοῦ, σωτηρία, ἐν Χριστῷ Ἰησοῦ[30].

Durch die in den ersten vier Zeilen wiederholte Einleitung mit εἰ und durch den parallel gestalteten Aufbau erweisen sich diese vier Strophen (VV 11b–13a) als eine dem Verfasser vorgegebene Einheit. Da der Schlußsatz V 13b sprachlich abweicht, ist er wahrscheinlich Zusatz des Verfassers[31].

Bei der *ersten Zeile* (V 11b) ist die Parallelität mit Röm 6,8 auffällig. Es fehlt allerdings der für Paulus wesentliche ausdrückliche Bezug σὺν Χριστῷ. Die Verbindung der Präposition σύν mit dem Verbum ἀποθνήσκειν kann nicht als ausreichender Ausgleich gelten. Der Grund für das Fehlen von σὺν Χριστῷ mag u.a. darin liegen, daß auf diese Weise die Parallelität mit den drei folgenden Teilen gewahrt werden konnte.

Die Abhängigkeit dieser ersten Zeile von Röm 6,8, wird allgemein angenommen, wobei allerdings nach G. Lohfink „kein unmittelbarer Bezug" vorliegt; es handle sich vielmehr um „eine dem Verfasser der Pastoralbriefe bereits vorgegebene Tradition, die Röm 6,8 auf ihre Weise gelesen und transformiert hat"[32]. Als ein besonders beweiskräftiges Argument für den genannten traditionsgeschichtlichen Zusammenhang mit Röm 6,8 gilt Lohfink u.a. die Aoristform συναπεθάνομεν. Bei Paulus ist das Wort vom Sterben bzw. vom „Gestorben-sein" eingebunden in sein Taufverständnis. Häufig wird der Bezug auf das Sterben im Kontext der Past dagegen „realistisch" auf den Tod des Märtyrers Paulus gedeutet[33]. Das hat zur Folge, daß die Aoristform von ἀποθνήσκειν zwar für Paulus und im Blick auf das Taufgeschehen als passend erkannt, in diesem Zusammen-

---

[29] Zur πιστὸς ὁ λόγος-Formel vgl. zu 1 Tim 1,15. Eine ausführliche Darstellung zu Ursprung und Bedeutung bei I-Jin Loh, Study 69–128.
[30] Vgl. auch Ph.H. Towner, Goal 103f. Die Argumente gegen einen Bezug der πιστός-Formel auf die vorhergehenden Verse, V 8 sei zu weit entfernt und V 10 sei nicht bedeutsam genug („not sufficiently memorable"), die jüngst wieder von R. A. Campbell, Identifying 75, angeführt werden, können angesichts der klaren *übergreifenden* Textstrukturierung und der für die Past zentralen Stichworte εὐαγγέλιον (V 8) und σωτηρία (V 10) nicht überzeugen.
[31] Vgl. G. Lohfink, Vermittlung 177f; I-Jin Loh, Study (45–)68. Für die Zugehörigkeit der ersten vier Zeilen zu einem „frühchristlichen Hymnus", entstanden in den paulinischen Gemeinden nach des Apostels Tod, plädiert auch A. T. Hanson, Past 132. Seltener werden VV 11–13 insgesamt als Bildung des Verfassers der Past erklärt, vgl. U. Borse, Past 87 („vielleicht").
[32] G. Lohfink, Vermittlung 180.
[33] Vgl. u.a. bei F. J. Schierse, Past 114; N. Brox, Past 244; V. Hasler, Past 65f.

hang aber, bezogen auf den „möglicherweise bevorstehenden Märtyrertod", als ohne „rechten Sinn" beurteilt wird. Zu erklären sei die in der Vergangenheitsform formulierte Sterbensaussage folglich als Nachwirkung der Paulus-Sprache; passender stünde, entsprechend dem Futur ἀρνησόμεθα in der dritten Zeile, auch hier das Futur[34].
Die Annahme der Abhängigkeit von Röm 6,8 in unmittelbarer Form bzw. wahrscheinlicher über die Zwischenstufe eines nach dem Tod des Paulus gebildeten hymnischen Textes scheint gut begründet. Allerdings kann die vorgestellte Erklärung der Aoristform einzig aus der Vorlage und in gewisser Weise gegen die Intention der Past nicht recht befriedigen.

Eine Verbindung des Motivs vom Sterben mit dem Martyrium des Paulus ist im Blick auf 2 Tim insgesamt und auch vom engeren Kontext her (vgl. VV 9f) gut zu begründen[35]. Eine *ausschließliche* Festlegung des Verbums συναπεθάνομεν auf das (künftige!) Martyrium des Paulus ist jedoch problematisch; denn es wird ja durchgängig in diesen Zeilen von dem gesprochen, was den Paulus der Past, den Timotheus und die Christen überhaupt angeht, sowohl in der Vergangenheit als auch in der Gegenwart und in der Zukunft. Setzen wir also den Bezug der Aussage vom „Mitsterben" zur Taufe nicht nur für Röm 6,8 bzw. auch für eine im Vergleich zu Paulus fortentwickelte hymnische Vorlage, sondern auch noch für die Past selbst voraus[36], so ist doch durch die Einbindung in die Gemeindeleiterparänese eine Akzentverlagerung gegeben; zum Ausdruck kommt dies in den Imperativen in V 8 und in V 14, die sich jeweils über Timotheus in erster Linie an die Gemeindeleiter wenden. Aus dem ursprünglich als universal gültige Heilszusage verstandenen Bekenntnis wird in den Past ein Glaubenssatz, in welchem die Erinnerung an die Taufe als Mahnung an die Gemeindeleiter dient, der übernommenen Verpflichtung entsprechend zu leben; dies wird in den folgenden Zeilen noch deutlicher ausgesprochen. Der Bezug zu den Gemeindemitgliedern ist eigentlich nur dadurch gegeben, daß in V 10 auf die Verantwortung des „Paulus" *für* „die Erwählten" hingewiesen und über das für die Past *grundsätzlich* mit dem Gedanken der Universalität verknüpfte Stichwort σωτηρία[37] zumindest indirekt auf die Gläubigen insgesamt bzw. auf alle Menschen Bezug genommen wird.

Wie das Bild vom Sterben ist auch die Aussage, daß wir „zusammen leben

---

[34] So G. LOHFINK, Vermittlung 179.
[35] Vgl. L. R. DONELSON, Pseudepigraphy 150: „The entire letter of 2 Timothy is shadowed by Paul's death ..." Darüber hinaus sei das ganze Traditionsstück als „normativ" anzusehen, „because the doctrines therein agree in every detail with the author's own theology. In each of the couplets a specific ethical behavior is made the immediate cause of a corresponding Christological behavior".
[36] Solches wird m.E. überzeugend begründet bei PH.H. TOWNER, Goal 104; ähnlich schon G. W. KNIGHT, Sayings 116f. I-JIN LOH, Study 54–57.276–278, hingegen vertritt die Meinung, es habe eine Akzentverlagerung stattgefunden; der ursprüngliche „Taufhymnus", in welchem das συναπεθάνομεν wie in Röm 6,8 auf das Ereignis der Taufe („the event of baptismal death") bezogen war, wurde vom Verfasser der Past überarbeitet und ergänzt (durch VV 12b–13) mit dem Ziel, „to exemplify the reality of persecution and even the possibility of martyrdom".
[37] In dieser Zuordnung zum Corpus der Past ist die universale Bedeutung von σωτηρία auch in V 10 vorauszusetzen; vgl. C. SPICQ, Past 747.

werden", im übertragenen Sinn zu deuten. Im Anschluß an Paulus bzw. auch in Übereinstimmung mit einer nachpaulinischen Gestaltung des den Past vorausgehenden Bekenntnistextes legt sich eine eschatologische Interpretation nahe; der Verfasser verweist auf eine noch in der Zukunft liegende Erfüllung des in der Taufe vermittelten Lebens. Da aber für die Past der Ausblick auf die künftige Vollendung getragen ist von der Glaubensüberzeugung, daß das Heil bereits für die Gegenwart erfahrbare Wirklichkeit ist (vgl. 2 Tim 1,9f; 1 Tim 1,15f; 4,6–10; Tit 2,11–14; 3,4–7)[38], ist auch in dem Futur συζήσομεν der Blick auf die Bewährung des in der Taufe geschenkten neuen Lebens in der Gegenwart gerichtet[39]. Die Bekenntnisaussage zum gegenwärtigen und zukünftigen Heil enthält also bereits in dieser ersten Zeile eine deutliche paränetische Ausrichtung[40].

Vorangehend war die Rede nicht nur von der Geduld des Apostels im Leiden, sondern auch davon, daß diese Geduld den (von Gott) Auserwählten zugute kommt. Wenn dieser Zusammenhang zwischen dem Ausblick auf das „Heil" (σωτηρία) und der Aussage vom Mitgestorbensein ernstgenommen wird, dann ist auch beim zweiten Gedanken an ein bis in die Gegenwart andauerndes und für die Zukunft gültiges Heilsgeschehen zu denken. Es spricht folglich nichts dagegen, daß auch für die Past das entscheidende Heilsereignis in der Taufe liegt und somit im „Mitgestorben-sein" die „durch die Taufe begründete Schicksalsgemeinschaft mit Christus" festgehalten ist[41]. Die Aoristform συναπεθάνομεν ist also bewußt beibehalten, weil sie ihren Sinn im Blick auf die Glaubenden hat. Auch das die ersten drei Zeilen strukturierende zeitliche Gefälle mit dem Ausblick auf die Gegenwart (εἰ ὑπομένομεν) und auf die Zukunft (εἰ ἀρνησόμεθα) harmoniert damit[42]. Gegen eine Deutung auf die Taufe spricht auch nicht die futurische Form συζήσομεν im zweiten Teil der Zeile. Hierin liegt eine Parallele zu V 10, wo die Christen als die (von Gott) Erwählten zugleich als die genannt werden, die das „Heil in Christus Jesus zusammen mit ewiger Herrlichkeit" erlangen sollen.

Das in den VV 8–10 angesprochene Leiden des Paulus war sicher ein wichtiger Anknüpfungspunkt für die Einfügung des hymnischen Stückes mit dem einleitenden Gedanken vom Mit-sterben. Doch wie schon in diesen Versen der Hinweis auf das Leiden des Apostels eingebunden war in die Aussagen von der Verkündigung des Evangeliums und der Erlangung des Heils für die Auserwählten, so ist auch das Bekenntnis, daß wir „mit gestorben" sind, zuerst als soteriologische Bestimmung zu interpretieren, implizit verbunden mit der Mahnung zu einem diesen Heilszusagen entsprechenden Leben.

---

[38] Vgl. Ph.H. Towner, Goal 106.
[39] Vgl. G. W. Knight, Sayings 118f: „The believer who has died with Christ shall also from that time on live with him." Ähnlich J. R. W. Stott, Message 63f.
[40] Zur Verknüpfung von Paränese und Christologie auch L. R. Donelson, Pseudepigraphy 150; P. Trummer, Paulustradition 205f. Die „ethische Bedeutung der Taufe" in VV 11.12a betont auch I-Jin Loh, Study 187–191.
[41] Vgl. O. Knoch, Past 57. Ähnlich A. T. Hanson, Past 132.
[42] Vgl. auch G. Lohfink, Vermittlung 179.

Die *zweite Zeile* (V 12a) führt den Gedanken der Entscheidung für den Dienst am Evangelium – und das ist gleichbedeutend: für Jesus Christus – weiter und präzisiert ihn auf die Gegenwart hin. Auf der Gegenwart liegt das eigentliche Gewicht[43]. Die in Aussicht gestellte eschatologische Belohnung korrespondiert dem Verhalten hier und jetzt. Auch beim Motiv vom „Ausharren" ist eine einseitige Hinordnung auf die Vorstellung vom Märtyrer zu vermeiden, selbst wenn etwa von der Verwendung von βασιλεύειν in Apk 20,4–6 her eine Deutung im Sinne „apokalyptischer Martyrerhoffnung" sich anzubieten scheint[44]. Aber gerade der Kontext spricht deutlich gegen einen solchen einseitigen Bezug auf das Martyrium, sowohl für „Paulus" als auch für die „Mit"-Angesprochenen. Das Verbum ὑπομένειν hat gerade in V 10 eine christologische und soteriologische Fundierung erhalten[45]. Ausdauer, Geduld, Treue sind von den Christen und dann insbesondere von den Boten des Evangeliums gefordert, wollen sie ihren Aufgaben gerecht werden. Vor allem die Gemeindeleiter sollen ermuntert werden, in den täglichen Schwierigkeiten und angesichts der Auseinandersetzungen mit Irrlehrern und der Verteidigung des wahren, apostolischen Glaubens nicht mutlos zu werden. Es gilt dabei, dem Vorbild des Apostels nachzueifern. Für die Gemeinden, aus denen die Past kommen und für die sie bestimmt sind, ist Paulus nicht nur das große Vorbild der Bewährung im Glauben, sondern auch der Garant der Zuversicht auf Anteil an der „Herrschaft des Auferstandenen"[46]. Die Ausdauer wird belohnt durch das Geschenk der βασιλεία.

Die *dritte Zeile* (V 12b) nennt die Möglichkeit des Versagens mit der daraus sich ergebenden Folge. Wer Christus verleugnet, der hat im Endgericht mit derselben Verhaltensweise von seiten des Endrichters zu rechnen. Die Evangelienüberlieferung kennt im sog. Bekenner- und Verleugnerspruch (Lk 12,8f/Mt 12,32f) ein ähnliches Wort Jesu, so daß traditionsgeschichtliche Zusammenhänge zu vermuten sind. Während in dem Jesuswort der unmittelbare Bezug zur Verleugnung Jesu und das darauf antwortende Verhalten des Menschensohn-Endrichters ausgesprochen sind, bleibt die Verleugnung hier ohne Objekt. Die Konkretisierung ist aus dem Kontext vorzunehmen, der bestimmt ist von der Mahnung zur Treue in der Bewahrung des rechten Glaubens. Objekt von ἀρνεῖσθαι ist, entsprechend den vorhergehenden, mit der Vorsilbe συν- formulierten Verben, im enge-

---

[43] Zu Recht verweist F. J. SCHIERSE, Past 115, darauf, daß der Ton jeweils auf den ersten Vershälften liegt.
[44] F. J. SCHIERSE, Past 114; aufgenommen von G. LOHFINK, Vermittlung 179: „Genau hier ist man dem συμβασιλεύειν von 2 Tim 2,12 am nächsten". Anklänge an das „Thema des συμβασιλεύειν" bei Paulus sind nach G. LOHFINK in 1 Kor 4,8; 15,23f; Röm 5,17; 8,17 auszumachen.
[45] Vgl. zu V 10 L. R. DONELSON, Pseudepigraphy 151: „The role of the teacher and preacher in the salvation process could not be more succinctly put. Unless the saving message is preached by reliable preachers then salvation will not occur. Furthermore, the teaching and preaching functions of church leaders have direct Christological foundations."
[46] Vgl. H. MERKEL, Past 65. Daß der Verfasser aber daran denkt, „daß der Märtyrertod das ewige Leben garantiert" (ebd.), ist dem Text nicht zu entnehmen.

ren Sinn Christus. Da aber Jesus Christus den Menschen in der Verkündigung des Evangeliums begegnet (vgl. V 8), ist solche Verleugnung Christi in der Gegenwart der Past gegeben in der Abweichung von diesem Evangelium[47].

Die *vierte Zeile* (V 13a) zeigt zu den vorangehenden einerseits Parallelität, weicht aber an einem ganz entscheidenden Punkt von der Struktur ab, insofern nun nicht mehr in der gewohnten Art zum Verhalten der Menschen auf seiten Gottes eine *entsprechende* Reaktion beschrieben wird.

Der erste Teil des Satzes spricht zuerst wieder von einer Möglichkeit, wie „wir", also die Christen, uns verhalten; insofern liegt Parallelität zu den vorhergehenden Zeilen vor. Es folgt dann ebenfalls der Blick auf Gott bzw. auf Christus, jetzt aber nicht mehr im Sinne der Entsprechung. Dem Versagen des Menschen in seiner Glaubenstreue antwortet Gott bzw. Christus nicht in derselben Weise. Gott steht zu seiner Bundestreue auch dann, wenn der menschliche Partner sich aus der Verpflichtung löst[48].

Diese Aussage über die Verläßlichkeit Gottes läßt zwar wiederum Anklänge an paulinische Tradition erkennen (vgl. Röm 3,3f). Für die Past liegt der Akzent jedoch, entsprechend der durchgängigen Betonung der Universalität des Heilswillens Gottes (vgl. 1 Tim 1,16; 2,3f; Tit 2,11), darauf, daß die Zusage von Gott her unaufhebbar Gültigkeit behält. Es ist eine Treue zugunsten der Menschen, die bleibende Verpflichtung Gottes auf seinen Heilswillen[49]. Die Bekenntnisaussage zur Treue hat aber die Glaubensgewißheit zur Voraussetzung, daß der Heilswille Gottes in dem „Menschen Christus Jesus" als unserem „Retter" (vgl. 2 Tim 1,10) „vermittelt" worden ist (1 Tim 2,5f).

Weil das Evangelium die unaufhebbare Verknüpfung dieses Bekenntnisses zu Jesus Christus mit dem Glauben an den Retterwillen Gottes zu verkünden hat, deshalb muß auch die Frage nach dem Subjekt der Treue-Aussage, ob Gott oder Jesus Christus, offenbleiben[50].

In den Gemeinden der Past ist die Möglichkeit der ἀπιστία Wirklichkeit geworden; es gibt Beispiele für den Abfall vom Glauben. Die damit aufbrechende Auseinandersetzung um den rechten und wahren Glauben bewirkt Verunsicherung, und zwar gerade auch bei denen, die sich aufgrund ihrer Stellung in den Gemeinden für die Verkündigung und die Bewahrung dieses Glaubens einsetzen. Der Verweis auf Gottes Treue soll Trost zusprechen und Zuversicht wecken. Die Krise der Gemeinden wird nicht bagatellisiert; es wird aber betont,

---

[47] Vgl. L. R. DONELSON, Pseudepigraphy 150; V. HASLER, Past 66. Gegen Haslers Einwand, Objekt der Treue sei immer der Glaube, nicht Christus (ebd.), ist zu fragen, ob in dieser Form differenziert werden darf; dies erscheint zweifelhaft, da der Schluß wieder formuliert ist im Blick auf Christus.

[48] Vgl. M. DIBELIUS – H. CONZELMANN, Past 82; F. J. SCHIERSE, Past 115.

[49] Vgl. P. TRUMMER, Paulustradition 206.

[50] Aufgrund der schon angesprochenen Struktur der Soteriologie der Past ist es sowohl möglich, von der „Treue Gottes" zu sprechen – wie etwa H. MERKEL, Past 65, es tut –, als auch davon, „daß Christus seine Verheißungen aufrechterhält", wie bei N. BROX, Past 245. Der Akzent liegt in den Past aber deutlich auf dem Gottesbekenntnis.

daß die entscheidende Antwort der Christen auf die Glaubenskrise darin liegen muß, sich der Heilszusage Gottes zu vergewissern und auf sie zu vertrauen. Im Blick auf den Gesamtkontext der Past ist ἀπιστία inhaltlich zu konkretisieren als Infragestellung des universalen Heilswillens Gottes, wie er im Evangelium verkündet wird. Wer diesen Glauben aufgibt, stellt sich selbst außerhalb und gegen dieses Heil. Gottes Treue erhält auf diese Weise richterliche Funktion.

Mit V 13b erhält die letzte Aussage zur Treue Gottes und Jesu Christi noch einmal eine Bekräftigung. Diese wahrscheinlich „nachträglich" vom Autor der Past angefügte Begründung[51], daß der, auf den die Glaubenden in ihrer Heilszuversicht bauen, sich selbst nicht verleugnen kann, ist auch auf das ganze bekenntnisartige Stück zu beziehen. Das Vertrauen auf die Treue Gottes und die Zuverlässigkeit seiner Verheißungen bestimmte schon das Bekenntnis, daß die, die geduldig aushalten, entsprechenden Lohn erwarten dürfen (V 12a). Die Treue Gottes zu sich selbst besagt im besonderen seine Treue zu den Verheißungen, die er den Menschen gegeben hat[52].

III

Das den Abschnitt bestimmende Stichwort ist εὐαγγέλιον (V 8). Dieser Begriff bietet nach einer kurzen, thesenartigen Inhaltsangabe für „Paulus" den Anknüpfungspunkt zur Beschreibung seiner Lage, die bestimmt ist einerseits vom „Leiden" als Gefangener (V 8), andererseits von Standhaftigkeit und Ausdauer, die den Gläubigen zugute kommt (V 10).

Das „Evangelium des Paulus" wird in diesem Text in drei Bezügen entfaltet: (1) In einem christologischen Bekenntnis wird vor allem die Existenzweise des Auferweckten betont. Gerade der über den Tod triumphierende Christus – dabei bleibt der Tod Jesu völlig unbetont und der Akzent liegt auf dem Bekenntnis zum Auferweckten! – gibt die Gewißheit, daß Gottes Wort auch durch eine von Menschen bewirkte Verfolgung seiner Boten nicht aufgehalten werden kann.

(2) Ausdauer und Bewährung in der Verkündigung des Evangeliums trotz Leiden bekommen sodann soteriologischen Stellenwert zugesprochen (V 10). Auf diese Weise wird nicht nur dem missionarischen Wirken des Paulus, sondern auch dem Tun der Gemeindevorsteher, die mit der Verkündigung des Evangeliums in seiner Nachfolge stehen, eine kaum mehr zu überbietende theologische Legitimation zuerkannt. Das Amt wird in einer doppelten Weise legitimiert, soteriologisch und pastoral. Dies soll für die in der Gemeindeleitung und in der Verkündigung tätigen Vorsteher der Zeit der Past eine Ermutigung sein. Persönliche Anfeindungen bis hin zu Verfolgungen, die sowohl von der nicht-

---

[51] Nach G. Lohfink, Vermittlung 178, wirkt V 13b „eher wie ein nachträglicher Kommentar durch den Verfasser der Pastoralbriefe"; ähnlich J. L. Houlden, Past 119; A. T. Hanson, Past 133. Als Bestandteil des vorgegebenen hymnischen Stückes erklärt dagegen den Begründungssatz E. F. Scott, Past 106.
[52] Vgl. J. Jeremias, Past 55.

christlichen Umwelt kommen können als auch von (ehemaligen) Gemeindemitgliedern, die nach dem Urteil des Verfassers vom rechten Glauben abgefallen sind, sind nicht Zeichen der Verlassenheit und der Abwesenheit Gottes. In solchen Feindseligkeiten wiederholt sich vielmehr, was schon Paulus selbst, der von Gott zur Verkündigung des Evangeliums erwählte Apostel (1,10f; vgl. 1 Tim 2,7), erdulden mußte. Das Evangelium kann davon nicht betroffen werden. Entscheidend für den Dienst am Evangelium bleibt das Vertrauen auf Gott und seine Treue.

(3) Es folgt in dem hymnisch gestalteten Schlußteil VV 11–13 ein paränetisch akzentuierter Text[53], der mit der formelhaften Wendung „zuverlässig ist das Wort" noch besonders betont werden soll. Das Vertrauen auf den Beistand Gottes wird sowohl mit dem Blick auf das gegenwärtige Heil als auch mit der Aussicht auf eschatologische Erfüllung (in der βασιλεία) begründet. So wird dieser traditionelle Text in den Past auch zu einer Mahnung[54]. Nur in der Gemeinschaft mit Gott und in der Verpflichtung auf seinen Heilswillen werden die Gemeindeleiter ihrer Aufgabe gerecht. Ein wichtiges Stichwort ist πιστός. Die Zuverlässigkeit des dem Auftrag der Verkündigung verpflichteten Gemeindemitglieds zeigt sich im Ausharren. Allerdings erhält der Aufruf zur Zuverlässigkeit und zur Treue wieder eine theologische Akzentuierung. Das entscheidende Argument in der auch leidvollen und ungesicherten, durch Abfall und Irrlehren bedrohten Gemeinde ist für deren Vorsteher der Verweis auf Gottes Treue (V 13a)[55].

Die paränetische Ausrichtung kündigt sich hier deutlich an, sie rückt im folgenden Abschnitt noch deutlicher ins Zentrum.

LITERATUR: E. DRIESSEN, „Secundum Evangelium meum" (Rom 2,16. 16,25; 2 Tim 2,8): VD 24 (1944) 25–32; A. FRIDRICHSEN, „Sich selbst verleugnen", AMNSU (Uppsala o.J. [1936]) 1–8; I-JIN LOH, A Study of an Early Christian Hymn in II Tim. 2:11–13 (Theol. Diss.) (Princeton 1968); G. H. P. THOMPSON, Ephesians III.13 and 2 Timothy II.10 in the light of Colossians I.24: ExpT 71 (1959/60) 187–189.

---

[53] J. ROLOFF, Weg 164, spricht sich gegen die Bezeichnung als „hymnisches Stück bzw. als Lied" aus; es handle sich vielmehr um „ein katechetisches Traditionsstück paränetischen Inhalts".
[54] Zu einseitig ist die von I-JIN LOH, Study 275 f, gegebene Begründung für die Einfügung des Textes: „It is now evident that the present hymn is quoted and adopted here for no other reason than to illustrate the sufferings, persecution, and even the possibility of death by martyrdom which may befall the soldier of Christ."
[55] Zu diesem „Bekenntnis" zur Treue Gottes schreibt P. TRUMMER, Treue Menschen 131 f: „Dieses Bekenntnis hat weitreichende Konsequenzen. In ihm erhält das Ja im Glauben an Gott und in der Treue gegenüber Menschen ein eschatologisches, äußerstes und letztgültiges Gewicht. Aber nicht Menschen garantieren es, auch nicht mit all ihren Anstrengungen. Die Past wissen um die Endlichkeit und Grenzen des Menschseins, auch in den Fragen des Glaubens und der Treue. Sie gründen ihre Hoffnung nicht auf menschliches Stehvermögen und Durchhalten um jeden Preis, sondern einzig in der Treue Gottes, die in menschlichen Beziehungen zeichenhaft angedeutet, aber keinesfalls demonstriert und bewiesen werden kann. Denn im letzten ist es Gott und einzig er, der sich selbst und seinem Heilswillen für alle Menschen treu bleibt, auch unabhängig von allen Geh- und Ausweichversuchen und der Hinfälligkeit der Menschen. Eine solche Sicht der in Gott geborgenen Treue verändert den gesamten Horizont und Stellenwert menschlichen Tuns."

8. Das rechte Verhalten gegenüber den Irrlehrern und die (heilsgeschichtliche) Beurteilung der Häresie (2,14–21)

14 Das rufe in Erinnerung, indem du vor Gott beschwörst, keine Wortgefechte auszutragen; das ist zu nichts gut, es führt zur Verstörung der Zuhörer[1]. *15 Sei eifrig bemüht, dich als vor Gott bewährt zu erweisen, als Arbeiter, der sich nicht zu schämen braucht, der das Wort der Wahrheit geradeheraus verkündet. 16 Dem gottlosen, leeren Gerede geh aus dem Weg; denn sie werden immer weiter in die Gottlosigkeit hineingeraten, 17 und ihr Wort wird wie ein Krebsgeschwür um sich greifen. Zu ihnen gehören Hymenaios und Philetos, 18 die von der Wahrheit abgeirrt sind, da sie behaupten, die Auferstehung sei schon geschehen, und die (so) den Glauben mancher Leute zerstören. 19 Das feste Fundament Gottes freilich hat Bestand, da es dieses Siegel hat: „Es kennt der Herr die Seinen", und: „Es soll von der Ungerechtigkeit ablassen jeder, der den Namen des Herrn nennt". 20 In einem großen Haus(halt) aber gibt es nicht nur goldene und silberne Gefäße, sondern auch solche aus Holz und aus Ton; und es sind die einen für ehrenvollen Gebrauch, die anderen für unehrenhaften Gebrauch. 21 Wenn nun einer sich von diesen reinigt, wird er ein Gefäß sein zu ehrenvollem Gebrauch, geheiligt, nützlich für den Hausherrn, für jedes gute Werk vorbereitet.*

I

Mit diesem Abschnitt kommt wieder eine Besonderheit der Past zum Tragen. Der Apostelschüler ist zwar entsprechend der fingierten Briefsituation unmittelbar angesprochener Empfänger der Weisung des Apostels, doch ganz offensichtlich wird, indem er angesprochen ist, auf die Probleme Bezug genommen, welche die Gemeinden des wirklichen Verfassers bewegen. Es handelt sich um Gemeinden, die von Irrlehren und damit vom Abirren von der Wahrheit bedroht sind. Die Fiktion im Paulusbild und in der Darstellung des Adressaten zeigt sich darin, daß beide, z. T. unter Aufnahme von Überlieferungsgut, in ihrem Tun und in ihren Entscheidungen bzw. in den Bedingungen ihres Lebens und Glaubens von der Gemeindesituation der Past her festgelegt werden.

Die das Problem der Irrlehrer betreffenden Aussagen gehen in zwei Richtungen: „Paulus" gibt zuerst mehr praktisch orientierte Anweisungen für den Umgang mit den Irrlehrern (VV 14–18), und er schließt dann grundsätzliche Überlegungen an zu der für christliche Gemeinden verwirrenden und verunsichernden Tatsache, daß es in der sich auf Jesus berufenden Kirche Uneinigkeit, Spaltung, gegensätzliche Lehrmeinungen gibt (VV 19–21).

---

[1] Vgl. BAUER, s.v. καταστροφή: zur Verstörung der Hörer; als Gegensatz dazu: Erbauung.

II

14 Der direkte Anschluß mit dem rückverweisenden ταῦτα zeigt, daß nach Meinung des Autors die folgenden Mahnungen als eine Weiterführung, Vertiefung und Konkretisierung der unmittelbar vorangehenden Verse (2,8–13) zu verstehen sind, in denen es um das von „Paulus" verkündete Evangelium (VV 8.10) und um das Vertrauen auf die Macht und die Treue Gottes ging (VV 9b.13). Darauf aufbauend wird jetzt „Timotheus" angewiesen, für die Verteidigung und für die Sicherung des rechten Glaubens Sorge zu tragen. Die christliche Gemeinde und an ihrer Spitze die Amtsträger stehen in Auseinandersetzung mit Irrlehrern. Das war auch schon Thema der vorhergehenden VV 8–10, insofern die dort vorgestellte Lage des Apostels als Gefangener in untrennbarem Zusammenhang mit dem von ihm verkündeten Evangelium und damit mit dem Einsatz für den rechten Glauben steht. Für seine Nachfolger gilt dasselbe. In ihrer Funktion als Lehrer sind die Gemeindeleiter eingebunden in eine Traditionskette mit dem Apostel (vgl. 2,2). Sie sind für das von Paulus ihnen weitergegebene Evangelium auserwählt (V 8); sie partizipieren damit auch an der soteriologischen Einbindung der Verkündigung, wie sie vom Apostel ausgesagt ist (vgl. V 10).

An all das ist zu denken, wenn der Adressat des Briefes aufgefordert wird, „dies" (ταῦτα) in Erinnerung zu rufen. Mit dieser Formulierung gelingt es, die Gemeindeleiter der Past und über sie die Gemeinden selbst als die unmittelbaren Adressaten der von Paulus ausgehenden Anweisungen erscheinen zu lassen. Es ist zu fragen, ob für 2 Tim „neben dem Anstoß der Verfolgung, des scheinbaren Scheiterns und der Erfolglosigkeit" die Häresie als „die zweite große Gefährdung für den Glauben" zu nennen ist[2]. Das Auftreten von Irrlehrern ist die entscheidende, zentrale Gefahr für die christlichen Gemeinden, und alle drei Schreiben haben letztlich als gemeinsames Ziel, die Gemeinden und insbesondere deren Leiter auf diese Gefahren hinzuweisen und sie anzuleiten, wie sie dieser Gefährdung des Glaubens zu begegnen haben. Es geschieht dies im folgenden unter stärker praktischen Gesichtspunkten.

Zuerst wird Timotheus wieder vorgestellt in einer für ihn typischen Funktion; er hat die Weisung des Paulus weiterzugeben. Angesprochen sind also die Gemeindevorsteher der „späteren" Zeit, die nicht nur auf Paulus, sondern auch auf seine unmittelbaren „Nachfolger" im Dienst der Verkündigung zurückschauen; dies war auch schon bei den vorangehenden Aufnahmen des Motivs des „Erinnerns" (vgl. 1,6; 2,8) der Fall. Konsequent schließt sich gleich ein praktischer Rat bzw. eine Anordnung an, die die Beziehung der Gemeindeleiter zu den Irrlehrern regeln soll. Der Stellenwert dieser Weisung zeigt sich schon in der Einführung. Die von „Paulus" vermittelte Weisung, die von „Timotheus" nicht nur zu befolgen, sondern – bei anderen – in Erinnerung zu rufen ist, steht, wie die schwurähnliche Formel (διαμαρτυρόμενος ἐνώπιον τοῦ θεοῦ) zeigt, unter dem Anspruch Gottes. Es wird den Vertretern des rechten Glaubens unter-

---

[2] So N. Brox, Past 246.

sagt, sich auf inhaltliche Auseinandersetzungen mit den Irrlehrern einzulassen (vgl. 1 Tim 6,4, wo das Substantiv λογομαχία den kennzeichnet, der „Falsches lehrt", der „verblendet" ist). Die vom Verfasser für solches Verhalten gegebenen Begründungen verweisen zum einen auf die Nutzlosigkeit derartiger Auseinandersetzungen, zum anderen auf deren negative Auswirkungen für die mittelbar Betroffenen, nämlich die Gemeinden; damit werde nur Verwirrung gestiftet und letztlich kein Beitrag zur Auferbauung der Gemeinden und zur Stärkung des Glaubens geleistet.

Eine derartige Anordnung zum „Verzicht auf argumentative Auseinandersetzung mit den Irrlehrern" steht in krassem Widerspruch zur Praxis des Paulus, dessen Briefe gerade vom theologischen Disput, von der argumentativen Widerlegung der Positionen seiner Gegner und der sachlich-theologischen Begründung seines Standpunktes gekennzeichnet sind[3].

V. Hasler bemerkt dazu, solches „Rede- und Diskussionsverbot" sei „nur innerhalb einer organisierten Gemeinde denkbar. Es setzt Lehrzwang und Kirchenzucht voraus, die eine offene Gemeinschaft in einen kontrollierten Kultverband verwandeln"[4]. Es erscheint aber doch fraglich, ob man aus den hier formulierten Anweisungen schon auf die weite Verbreitung solcher Ansichten oder gar auf die Existenz festgefügter Organisationsformen und Ordnungsmaßnahmen schließen darf. Der Verfasser sah sich vor die Aufgabe gestellt, angesichts von Gemeinden, die durch recht gravierende Meinungsunterschiede in zentralen Glaubensfragen gespalten waren, praktikable Lösungen für das tägliche Leben anzubieten. Den entscheidenden Beitrag für den Glauben der Gemeindemitglieder leisten die verantwortlichen Leiter nicht dadurch, daß sie sich der Diskussion mit denen widmen, die abweichende Positionen vertreten, sondern dadurch, daß sie der Gemeinde das überlieferte Glaubensgut in Erinnerung rufen.

Darin ist zuerst einmal eine recht pragmatische Einstellung des Autors zu sehen[5]. Die Aufgabe der Gemeindeleiter ist die Verkündigung des Glaubens; daran sollen sie sich halten. In der Stärkung des rechten Glaubens liegt die beste Antwort auf Irrlehren. Allerdings ist auch nicht zu übersehen, daß mit dieser Forderung an die Verantwortlichen in der Gemeinde ein gravierender Einschnitt im Verständnis von Gemeinde gegeben ist. Auch wenn die Annahme intellektueller Unterlegenheit unseres Autors oder gar der von ihm repräsentierten orthodoxen Gemeindeleiter gegenüber den gnostisch beeinflußten Theologen als Erklärung nicht ausreicht[6], so sind doch der Rückzug auf die eigene Position und der programmatische Verzicht auf argumentative Überzeugung oder wenig-

---

[3] Vgl. H. MERKEL, Past 67.
[4] V. HASLER, Past 67.
[5] N. BROX, Past 246, bemerkt treffend: „Die Vermeidung jeder disputierenden Auseinandersetzung ist für die Pastoralen eine Hauptvoraussetzung für jede aussichtsreiche Begegnung mit der Ketzerei."
[6] Der These von H. MERKEL, Past 67, daß „der weitaus raffinierteren Art, mit der die Gnostiker alte Traditionen ihren Zwecken dienstbar machten, offensichtlich die kirchliche Seite nicht immer gewachsen (war)", kann man zustimmen.

stens Auseinandersetzung als ein Zeichen großer Verunsicherung der Gemeinden zu bewerten.

Zu einfach ist das Urteil, es werde ein „Kampf um Worte" abgelehnt, also eine Auseinandersetzung, die man als „Theologengezänk" bewerten[7] und damit mit gutem Recht zurückweisen könnte, ja müßte. Die Bestimmung ist auch nicht ohne weiteres auszuwerten als Zeichen für die Furcht, durch Gesprächsbereitschaft und Diskussion könne man sich schon zu sehr dem Glaubensverständnis der Irrlehrer anpassen[8].

Noch entschiedener ist zu berücksichtigen, daß es in unserem Vers nicht nur und nicht vorrangig um das Verhältnis der verantwortlichen Personen in den Gemeinden zu den sog. Irrlehrern geht, sondern um das Verhältnis dieser Gemeindeleiter zu den Gemeinden, allerdings unter besonderer Berücksichtigung der Tatsache des Auftretens von Falschlehrern. Die Häretiker kommen erst einmal nur als negative Folie in den Blick. Wenn man die für die Gemeindeleiterparänese der Past konstitutiven Personengruppen betrachtet – das sind die Gemeinden, die Gemeindeleiter und die Irrlehrer –, dann gilt für den Autor, daß das Verhalten des Gemeindeleiters und sein Handeln von der Gemeinde her definiert werden muß. Das eigentlich entscheidende „Argument" bei der hier formulierten Forderung nach Verzicht auf inhaltliche Auseinandersetzung (wiederholt in V 16; vgl. auch 1 Tim 6,20; Tit 3,9) liegt deshalb nicht bei den Irrlehrern und dem Inhalt ihrer Lehren, sondern bei der Gemeinde. Solche Streitigkeiten haben keinen Nutzen für die Gemeinde; sie führen nur zur Verunsicherung, nicht aber zur Festigung und Auferbauung des Glaubens (vgl. 1 Tim 1,3–5; 6,3–5; 2 Tim 2,23; Tit 3,9). Das Urteil über die Häretiker wird jedoch bald nachgeliefert (vgl. 3,1–9).

15   Erneut wird die Verantwortung des Vorstehers für die ihm anvertraute Gemeinde in Erinnerung gerufen. Dies geschieht in einer positiven Darstellung dessen, wie „Paulus" den idealen Leiter definiert und was in der vorgestellten Notlage der Gemeinden, ihrer Verunsicherung durch Irrlehrer, von diesem zu fordern ist.

Der Verfasser nennt zuerst die von ihm im Vergleich zur Auseinandersetzung durch das Wort für nützlicher erachtete Alternative. Das beste „Argument" des Gemeindeleiters ist die Bewährung, und zwar nicht nur in der ihm übertragenen Aufgabe der Leitung und Verkündigung, sondern in einem umfassenden Sinn der persönlichen Integrität und der vorbildlichen Lebensführung. Die Überzeugung, daß dies das beste Bollwerk gegen die Irrlehrer ist, durchzieht alle drei Schreiben (vgl. 1 Tim 4,6–8.12–16; 2 Tim 2,22; 3,10f; 4,5; Tit 2,7f; 3,8). Der Stellenwert des damit begründeten Urteils über den Gemeindeleiter kommt darin zum Ausdruck, daß seine Bewährung als „vor Gott" bedeutsam vorgestellt wird. In Verbindung mit V 22 läßt sich für das vom pastoralen Paulus

---

[7] Vgl. G. Holtz, Past 170.
[8] Vgl. F. J. Schierse, Past 120.

favorisierte Ideal des Gemeindeleiters auf den ersten Blick die Alternative formulieren: Der wortreichen Auseinandersetzung und einem Vertrauen auf den besseren Redner, dem Sieger im Wortgefecht, steht gegenüber die integre Persönlichkeit. Dazu würde im übrigen auch passen, daß den Vertretern der Irrlehre, entsprechend dem geläufigen Strickmuster der gegen sie global eingesetzten Polemik, solche persönliche Bewährung abgesprochen wird (vgl. 1 Tim 1,3f.9f; 4,1f; 6,3–5.9f; 2 Tim 3,1–7.13; Tit 1,10.15f).

Es gibt wiederum Anklänge an Paulus, sowohl in der Formulierung (vgl. Röm 6,13; 2 Kor 8,8) als auch im Gebrauch des Adjektivs δόκιμος (2 Kor 10,18; Röm 16,10). Der Stellenwert der „Bewährung" im Kontext der Past ist aber im Vergleich zu Paulus erkennbar höher; denn hier ist der Sinnzusammenhang die Fortsetzung des apostolischen Wirkens im Einsatz für die Bewahrung und Sicherung des Evangeliums. Wichtiger als die Möglichkeit literarischer Zusammenhänge mit den Paulusbriefen ist, daß der Verfasser den Vorbildcharakter des Verhaltens des Paulus betonen will; das, worum der Schüler des Apostels und sein Nachfolger sich bemühen sollen, das hat Paulus schon in vorbildlicher Weise vorgelebt. Der Paulus der Past kann als Paradigma eines Menschen gelten, der vor Gott als „bewährt" anzusehen ist (vgl. 1 Tim 1,12 [... πιστόν με ἡγήσατο ...]; 2 Tim 4,7 [... τὴν πίστιν τετήρηκα]).

Der Zusammenhang mit der Absicht, den Apostel als Vorbild zu präsentieren, ergibt sich noch eindeutiger mit der folgenden Kennzeichnung, um die der Gemeindeleiter sich bemühen soll, nämlich sich als „Arbeiter" zu profilieren, der sich nicht zu schämen braucht. Ein Blick auf das Zeugnis der authentischen Paulusbriefe zeigt erneut den Unterschied. Mit einer negativen Kennzeichnung verbunden, steht ἐργάτης 2 Kor 11,13 und Phil 3,2 für ein von Paulus verurteiltes Wirken fremder Missionare. Mit der Bezeichnung des Vorstehers als „Arbeiter" geht die Paränese der Past im Vergleich zu δόκιμος einen Schritt weiter; sie wird spezifischer. Als „Arbeiter" ist der Leiter mit einer besonderen Aufgabe in der Gemeinde betraut; so wird in 1 Tim 3,1 vom Amt des Episkopos als ἔργον gesprochen und in 2 Tim 4,5 vom „Werk eines Evangelisten".

Für die weitere Charakterisierung als jemand, der sich nicht zu schämen braucht (ἀνεπαίσχυντος), ist der voranstehende Kontext maßgeblich. Der im Vertrauen auf Gott die Gefangenschaft erduldende Apostel kann sagen, daß er sich nicht schämt (1,12). Und auch der in der Nachfolge des Apostels mit der Verkündigung des Evangeliums, mit der Weitergabe des Glaubensgutes betraute Gemeindeleiter wird ermahnt, sich nicht zu schämen (1,8). Die Treue zum gefangenen Apostel ist zugleich Treue zu seinem Evangelium und wird deshalb bei Onesiphoros eigens gewürdigt (1,16)[9]. Hinter dem Ausdruck ἐργάτης ἀνεπαίσχυντος steht also zwar die Aufforderung zu unerschrockener, freimütiger Verkündigung des Evangeliums; der „Arbeiter, der sich nicht zu

---

[9] Vgl. N. Brox, Past 247: „Die Anweisung von 1,8 erfährt ihre paränetische Exemplifizierung an Paulus (1,12) und an Onesiphoros (1,16), und sie wird hier noch einmal im Idealbild des kirchlichen Predigers wiederholt: Dieser ‚schämt sich nicht des Zeugnisses', d.h. er weicht seinem Auftrag auch in der Anfechtung (dort des Verfolgungsleidens, hier des häretischen Widerspruchs) nicht aus."

schämen braucht", ist aber nicht nur der Verkünder des Evangeliums, sondern der, der in vielfältiger Weise im Dienst der Gemeinde steht und so Sorge trägt für die Bewahrung des rechten Glaubens. Zumindest implizit ist im Gebrauch des Substantivs ἐργάτης auch eine Frontstellung spürbar zu der im vorangehenden Vers schon zurückgewiesenen Tendenz, sich auf das Gespräch mit den Irrlehrern einzulassen.

Das darf natürlich nicht als Verzicht auf Verkündigung mißverstanden werden. In einem dritten Schritt – nach dem Verbot der Diskussion mit den Irrlehrern, weil solches Tun nur zur „Verstörung der Zuhörer" führt, und der Forderung eines vorbildlichen Lebenswandels – folgt mit der Verpflichtung auf das „Wort der Wahrheit" eine weitere Präzisierung dessen, was den rechten Gemeindeleiter auszeichnet und ihn zugleich vom Häretiker unterscheidet. Mit der Formel „Wort der Wahrheit" soll die inhaltliche, in der Lehre festzumachende Abgrenzung betont werden. Allerdings ist auch dabei die Tendenz der Abwehr und Ablehnung jeglichen Diskutierens und Suchens deutlich spürbar. Der Anspruch auf den Besitz der Wahrheit und die darin begründete Aufgabe des Vorstehers, für deren Bewahrung Sorge zu tragen, schließt jegliches Diskutieren aus.

Die wörtliche Übersetzung von ὀρθοτομεῖν ist „in gerader Richtung schneiden", „in gerader Richtung teilen"[10]. Die in den beiden anderen Belegstellen (Spr 3,6; 11,5) vorliegende Verbindung mit ὁδοί wird bisweilen für die Deutung unserer Stelle herangezogen und damit die Übersetzung „einen Weg anbahnen" auch für unsere Stelle begründet[11]. Demgegenüber scheint es überzeugender, aus dem Kontext eine präzisere und auf die Problemstellung der Past ausgerichtete Deutung zu versuchen. Es ergeht die Aufforderung an den Gemeindeleiter, vom „Wort der Wahrheit", d.h. vom Evangelium, auf dem geraden Weg, ohne Abstriche und ohne Einschränkung Zeugnis zu geben. Sich nicht auf Streitereien um die Wahrheit einzulassen, das ist die eine Seite; die Wahrheit zu bezeugen, sie uneingeschränkt zu verkünden, das ist die andere, nach der Überzeugung des Verfassers mit ziemlicher Sicherheit sogar die *notwendig* andere Seite[12].

16 Nachdem V 15 die Verpflichtung auf das „Wort der Wahrheit" formuliert hatte, wird nun eine Verhaltensweise empfohlen, die wieder an den Ausgangspunkt in V 14 anknüpft. „Paulus" stellt Alternativen vor und fordert entspre-

---

[10] Vgl. BAUER, s.v. ὀρθοτομεῖν.
[11] So etwa bei M. DIBELIUS – H. CONZELMANN, Past 83.
[12] Demgegenüber meint V. HASLER, Past 67, der Autor denke „hier nicht an eine orthodoxe Predigt oder an eine besonders tief in die Schrift eindringende Belehrung. Der Gegenverkündigung soll Timotheus nicht gleichsam das korrekte Wort von der Kanzel, sondern seine aus dem Glauben gewachsene Frömmigkeit gegenüberstellen. Die Waffe im Kampf gegen die theologischen Lehren der Gegner sind die in einer vorbildlichen Lebensführung verwirklichten Ideale christlicher Tugend". Das trifft grundsätzlich zu, darf aber angesichts der vorliegenden Formulierung nicht verabsolutiert werden und kann nicht ausschließen, daß der Verfasser auch auf seiten der Gemeindeleiter als Reaktion die geradlinige und kompromißlose Bereitschaft zur Bezeugung des Evangeliums fordert; vgl. auch A. T. HANSON, Past 134.

chend Entscheidung. Was nicht mit der Wahrheit zu tun hat, das ist leeres, überflüssiges Geschwätz; mehr noch: es ist gegen Gott und seine Heiligkeit gerichtet. In der Unmöglichkeit eines Ausgleichs, eines Kompromisses liegt auch der Grund, daß jegliche inhaltliche Charakterisierung wegfallen und der Verfasser sich begnügen kann mit der Aufforderung, solchem Gerede aus dem Weg zu gehen. „Oberstes Gesetz ist die Distanzierung von der Falschlehre, ihre kompromißlose Verwerfung."[13] Eine ähnliche Mahnung steht schon 1 Tim 6,20, wo das dem „Timotheus" übergebene Glaubensgut (παραθήκη) ebenfalls den „gottlosen leeren Reden" (κενοφωνίαι) gegenübergestellt wird. Die Weisung wird an unserer Stelle noch unterstrichen durch den Hinweis, daß derart gottlose Reden immer weiter von Gott wegführen. Wenn als das unausweichliche Ziel der abweichenden Lehren die Gottesferne, die Gottlosigkeit (ἀσέβεια) zu sehen ist, dann ist der Verzicht auf inhaltliche Auseinandersetzung nicht nur gerechtfertigt, sondern geradezu gefordert.

Die Wahrheit, die den Gemeindeleitern in der Person des Timotheus aufgetragen ist, und das Gerede der Falschlehrer sind unvereinbar; sie bewegen sich, bildlich gesprochen, in entgegengesetzte Richtungen. Wer sich auf diese anderen, die falschen Lehren einläßt, der bewegt sich notwendigerweise auch von der Wahrheit weg und steht im Widerspruch zu dem, was einen in der rechten Lehre lebenden Christen kennzeichnet, nämlich „Frömmigkeit" (εὐσέβεια).

17 Daß das Wirken der von den Past bekämpften Falschlehrer bereits eine gewisse Eigendynamik entwickelt hat, das unterstreicht das Bild vom Wuchern „ihres Wortes" wie ein Krebsgeschwür. Einmal wird darin die Bedrohung veranschaulicht, die von der Irrlehre ausgeht; in der Adressierung an die für „das Wort der Wahrheit" verantwortlichen Leiter liegt die Warnung, daß der Versuch argumentativer und inhaltlicher Einsprüche den Charakter der Irrlehre verkennt. Und eine weitere, für die Past wichtige Unterscheidung klingt an. Wie für die von Paulus herkommende und in den Gemeinden der Past gültige Lehre das Stichwort „gesund" zutrifft (vgl. 1 Tim 1,10; 2 Tim 1,13; Tit 1,9; 2,1.8), so wird die davon abweichende Lehre nicht nur als falsch bezeichnet, sondern mit Krankheit verbunden (vgl. 1 Tim 6,3f). Diese Bemerkung des Autors zum gefährlichen Vordringen der Irrlehre verfolgt paränetisches Interesse und läßt sich nicht als pessimistische Einschätzung der Gemeindesituation deuten[14].

Um der durch das Auftreten von Irrlehrern drohenden Gefahr begegnen zu können, müssen die Gemeinden und insbesondere die Vorsteher zumindest beurteilen können, was als Irrlehre und Kennzeichen von Gottlosigkeit zu gelten hat. Und deshalb setzt der Verfasser jetzt wieder, wenn auch nur in groben Skizzen, zu einer inhaltlichen Konkretisierung an, und zwar in zwei Richtungen (vgl. auch 1 Tim 1,18–20; 4,3). Zuerst werden zwei Vertreter der abweichenden Lehre, die zur Gottlosigkeit (ἀσέβεια) führt (V 16b), mit Namen

---

[13] N. BROX, Past 248.
[14] So F. J. SCHIERSE, Past 122; vgl. dagegen V. HASLER, Past 67.

vorgestellt (V 17b); es folgt dann (V 18b) eine thesenartige Zitierung einer Glaubensposition, die schon vorweg (V 18a) als „Abweichung von der Wahrheit" beurteilt wird. Gerade wegen des seltenen Bezugs auf Inhalte der abweichenden Glaubenslehre ist davon auszugehen, daß ein solcher Hinweis für den Verfasser große Bedeutung und besonderes Gewicht hat. Dies hat Konsequenzen für die Beurteilung der beiden damit verknüpften Personennamen in V 17.

Was die Namen betrifft, so finden wir Hymenaios auch in 1 Tim 1,20, und zwar zusammen mit einem Alexander; von ihnen heißt es, daß sie im Glauben Schiffbruch erlitten haben und daß Paulus sie dem Satan übergeben hat. Daß beide Male mit der Nennung des Hymenaios dieselbe Person gemeint ist, darf unterstellt werden. Die Frage ist aber: Handelt es sich bei den beiden, bei Hymenaios und dem nur hier genannten Philetos, um historische Gestalten? Von den Vertretern der Authentizität der Past wird diese Frage durchweg bejaht. Das dann entstehende Problem der zeitlichen Abfolge der beiden Bezugnahmen auf Hymenaios (erst Exkommunikation, dann Verweis auf das Wirken als Irrlehrer) muß nach Auskunft dieser Exegeten nicht gelöst werden durch eine Umstellung in der Entstehung der Schreiben (also 2 Tim vor 1 Tim); es sei vielmehr denkbar, daß der genannte Hymenaios nach seiner Exkommunikation weiterhin aktiv blieb, vielleicht als ein Führer der Abweichler[15]. Auch wenn man die pseudepigraphische Abfassung der Past annimmt, ergibt sich die Möglichkeit, geschichtlich zuverlässig zwei Exponenten aus dem Lager der Irrlehrer genannt zu sehen, möglicherweise deren führende Köpfe[16]; sie gehörten dann aber in die spätere Zeit der Paulus-Rezeption, am ehesten in eine der Gemeinden der Past[17].

Man kann bei der Nennung der jeweils zwei Namen (in 1 Tim 1,20 und in 2 Tim 2,17) feststellen, daß ein besonderes Interesse an den beiden als geschichtlichen Personen von seiten des Verfassers nicht erkennbar ist. Die Erwähnung in 1 Tim 1,20 enthält keine Hinweise darauf, daß die Past, ihr Verfasser oder die angesprochenen Gemeinden den beiden Personen über den konkreten Augenblick und über den aktuellen Moment der Bezugnahme hinaus besondere Aktualität beimessen würden[18].

Und auch an unserer Stelle geben die Namen der Beschreibung der Gefahr des „Abweichens von der Wahrheit" historische Anhaltspunkte, ohne daß eine Bedeutung der Personen sowohl für die Irrlehre als auch für die Gemeinden der Past erkennbar wäre. Auch diese Namen können somit als Bestandteil der literarischen Fiktion erklärt werden, im Unterschied zu „Paulus" und „Timotheus" möglicherweise ohne geschichtlichen Anhalt[19]. Es ist also ohne weiteres denk-

---

[15] Vgl. dazu D. GUTHRIE, Past 149; J. N. D. KELLY, Past 184; G. HOLTZ, Past 172; J. JEREMIAS, Past 56; G. W. KNIGHT, Past 413; T. D. LEA – H. P. GRIFFIN, Past 216.
[16] So etwa N. BROX, Past 248; O. KNOCH, Past 58. Vgl. auch J. ROLOFF, Pfeiler 243: „... offenbar zwei Männer aus dem Kreis der Gemeindeleiter ...".
[17] A. T. HANSON, Past 135, sieht dagegen in diesen beiden geschichtliche Gegenspieler des Paulus, deren Einfluß hier noch nachwirkt.
[18] Vgl. auch zu 1 Tim 1,20.
[19] Vgl. auch V. HASLER, Past 68: „Hymenäus und Philetus stehen für christliche Lehrer, die

bar, daß der Verfasser die beiden Namen zur Veranschaulichung seiner Darstellung eingefügt hat, ohne daß er konkrete Personen aus der Zeit des Paulus oder aus seiner Zeit bzw. aus seinen Gemeinden im Auge hatte. Zumindest besteht, vorsichtiger formuliert, keine Notwendigkeit zu fordern, es müsse in der Geschichte der frühchristlichen Theologie und ihrer Entstehung diese zwei Personen Hymenaios und Philetos gegeben haben, die die in V 18 zitierte Meinung zur Auferstehung vertreten haben.

18 Mit der inhaltlichen Konkretisierung der theologischen Position, als deren Vertreter die beiden in V 17 Genannten vorgestellt wurden, wird der Gedankengang von V 14 her zu einem Abschluß und Höhepunkt geführt. Zwar ist durch den Argumentationsverlauf schon klargestellt, wie der Verfasser darüber denkt; zur Verdeutlichung stellt er aber noch einmal ausdrücklich sein Urteil bzw. besser seine Verurteilung voran. Während es den vor Gott bewährten „Arbeiter" auszeichnet, daß er „das Wort der Wahrheit" unerschrocken und geradeheraus vertritt (V 15), verkehrt „das Wort" dieser Leute (vgl. V 17), daß nämlich die Auferweckung schon geschehen sei, diese Wahrheit. Wer solches behauptet, der ist von der Wahrheit, vom rechten Glauben abgewichen. Aber nicht nur persönlicher Glaubensirrtum wird bescheinigt; diese Leute sind eine Gefahr für den Glauben anderer Menschen. Aus dem letztgenannten Vorwurf ist entweder auf eine gewisse missionarische Tätigkeit dieser Leute zu schließen, oder aber es steckt das Zugeständnis dahinter, daß die verurteilten theologischen Positionen auf Gemeindemitglieder eine nicht unbedeutende Anziehungskraft ausübten.

Der Verfasser war mit ziemlicher Sicherheit der Meinung, daß er mit diesem Zitat die theologische Mitte oder zumindest eine wesentliche Position derer vorstellt, die eine s.E. den rechten Glauben gefährdende Irrlehre vertreten. Mit dem Zitat ist ein eindeutiger Beleg dafür gegeben, daß die von den Past so massiv bekämpfte Strömung ein gnostisch beeinflußtes Christentum repräsentiert, da die vertretene Auferstehungsvorstellung dem „Heilsverständnis der Gnosis" entspricht[20].

---

sich mit ihrem beträchtlichen Anhang der Kanonisierung der Paulusbriefe und einer sich auf Paulus berufenden Rechtgläubigkeit widersetzen." Fraglich erscheint freilich, ob sich aus den Angaben auch „die zur Zeit der Briefe herrschenden Zustände" in der Weise bestimmen lassen, „die Gemeinden (seien) zerstritten, die Führer ohne Autorität und die Disziplin verlottert" (ebd.).

[20] Vgl. dazu N. BROX, Erleuchtung 20–22. Ähnlich lautet das Urteil von H. E. LONA, Über die Auferstehung des Fleisches. Studien zur frühchristlichen Eschatologie (BZNW 66) (Berlin 1993) 57f: „Die Behauptung, die Auferstehung sei schon geschehen, läßt sich ... als eine Früherscheinung christlicher Gnosis deuten, die im Verlauf des zweiten Jahrhunderts zur vollen Entfaltung gelangen wird." W. THIESSEN, Christen 330f, bestimmt die Position der Irrlehrer im Anschluß an Texte der jüdisch-hellenistischen Missionsliteratur (u.a. nennt er 2 Makk 7,22f; Philo, migr. 122f): Die *Bekehrung* werde als Auferstehung verstanden; es bestehe deshalb „kein Anlaß, die Häretiker in 2 Tim 2, 18 außerhalb dieser Tradition zu suchen" (ähnlich 333f: die Auferstehungsvorstellung sei „vermutlich auf Taufe oder Bekehrung bezogen"). Nimmt man aber andere Aussagen zu den theologischen Positionen der Christen, die der Häresie verdächtigt oder angeklagt werden, hinzu, wie etwa die Auseinandersetzung um die Ehe und um

Im Rahmen der Auseinandersetzung um die rechte Paulus-Interpretation muß der Autor zusätzlich die Gefahr gesehen haben, daß nicht nur die von ihm bekämpften Irrlehrer, sondern auch Mitglieder „orthodoxer" Gemeinden der Meinung sein konnten, es werde mit der zitierten Auffassung eine genuin paulinische Position beibehalten bzw. weitergeführt.

Nicht nur Paulus selbst kann mit vergleichbaren Aussagen und Formulierungen zitiert werden (vgl. 2 Kor 5,17; Röm 6,1–14), sondern auch die Paulus-Rezeption zeigt Tendenzen, die zumindest als ein Schritt in die Richtung der hier vorliegenden Aussage von der schon erfolgten Auferstehung verstanden werden konnten[21]. Solches ist der Fall Eph 2,4–6: „Gott aber, der voll Erbarmen ist, hat uns, die wir infolge unserer Sünden tot waren, in seiner großen Liebe, mit der er uns geliebt hat, zusammen mit Christus wieder lebendig gemacht. Aus Gnade seid ihr gerettet. Er hat uns mit Christus auferweckt und uns zusammen mit ihm einen Platz im Himmel gegeben."[22]

Die besondere Problematik und damit die große Gefahr lag also darin, daß sich keineswegs so eindeutig und klar bestimmen ließ, wann und wo von einer „Irrlehre" zu sprechen sei. Die Grenzen waren (und blieben!) fließend. Ein Blick über Paulus hinaus läßt erkennen, daß vergleichbare Positionen in anderen Schriften – vielleicht aber auch nicht ganz ohne Widerstand in manchen Gemeinden! – als orthodoxe Aussagen Anerkennung gefunden haben. Zu nennen sind hier insbesondere Aussagen aus dem Johannesevangelium (vgl. Joh 3,36; 5,24; 6,47; 11,25f), als dessen Kennzeichen die Aussagen von der Gegenwärtigkeit des Heils, des (ewigen) Lebens gelten können[23]. Die entscheidende Frage liegt also darin, ob diese Bekenntnisaussagen jeweils gleich verstanden wurden und in welchem christologischen und theologischen Kontext sie standen. Die Bedeutung solcher Interpretation durch den Kontext zeigt sich etwa in der Bemerkung von A. Schlatter zu dem Satz, daß die Auferstehung schon geschehen sei: „Das muß eine andere Bedeutung gehabt haben, als wenn Paulus vom Auferstandensein der Glaubenden sprach."[24]

Unser Verfasser lehnt den zitierten Satz eindeutig als falsche Glaubensaussage ab. Letztlich ist, obwohl dies nicht eindeutig und ausdrücklich gesagt wird, für das radikale und kompromißlose Urteil über diese Formulierung der christlichen Erlösungsgewißheit ausschlaggebend, daß sich daran eine Reihe von Folgerungen knüpft, die für die Mitte des christlichen Glaubens, die Soteriologie, weitreichende Konsequenzen haben.

---

bestimmte Speisen (vgl. 1 Tim 4,3), dann erscheint eine solche Eingrenzung auf das Ereignis der Glaubensannahme oder der Eingliederung in die Glaubensgemeinschaft problematisch.
[21] Vgl. G. SELLIN, Auferstehung 233f: bei der hier zitierten Behauptung, die Auferstehung sei schon geschehen, gehe es um „eine semantische Umfüllung eines Begriffs", wobei im Hintergrund „eine Krise der apokalyptischen Zukunftserwartung in der Zeit nach dem Tod des Paulus" stehe.
[22] Vgl. dazu A. T. HANSON, Past 136.
[23] V. HASLER, Past 69, stellt dazu fest, daß das Johannesevangelium Äußerungen kennt, „die in die Nähe der von Hymenäus und Philetus vertretenen Lehre gehören"; es seien somit in den Past Auffassungen verurteilt, „die in der griechischen Christenheit durch viele Jahre und weit verbreitet gelehrt und geglaubt wurden".
[24] A. SCHLATTER, Kirche 242. Ganz allgemein ist der Satz von der bereits Wirklichkeit gewordenen Auferstehung zu deuten als „eine spiritualisierende Umdeutung der Auferstehungslehre"; vgl. J. JEREMIAS, Past 57; so auch M. DIBELIUS – H. CONZELMANN, Past 83; G. HOLTZ, Past 172.

Es ist deshalb sicher zu wenig, hierin nur die Gefahr angesprochen zu sehen, diese Behauptung von der bereits geschehenen Auferweckung lähme „den Eifer für die frommen Werke" und beeinträchtige „das Heiligkeitsstreben der Gemeinde"[25]. Umgekehrt ist aber auch zu fragen, ob man gleich so weit gehen darf, alle nur möglichen gnostischen Positionen damit zu erklären[26]. Es lassen sich zwar manche Anknüpfungspunkte in den Past benennen (z.B. die Ablehnung der Ehe und das Verbot bestimmter Speisen in 1 Tim 4,3); vieles aber, was v.a. in den katalogartigen Aufzählungen von Lastern mit der Irrlehre verbunden wird (vgl. gleich in 3,2–5), ist nicht von den Vertretern abweichender theologischer Meinungen her zu erklären, sondern ist aus dem großen Arsenal der Lasterkataloge genommen und dient dem Verfasser als Stütze seines negativen Urteils. Es ist aber verständlich, daß der Autor gerade diesen Satz zur Vorstellung der von der Wahrheit abweichenden und den Glauben zerstörenden „Lehre" gewählt hat; denn sowohl zur Soteriologie mit dem Bekenntnis zur universalen Heilswirksamkeit des Sühnesterbens Jesu als auch zur Eschatologie mit der Hoffnung auf die Heilsvollendung in der Auferweckung des Leibes – insbesondere das erste ist ein Grundanliegen der Past – war mit diesem Bekenntnissatz eine radikale Gegenposition aufgebaut.

Schon Paulus hatte sich mit vergleichbaren Tendenzen in der Gemeinde von Korinth auseinanderzusetzen. Auch wenn nicht eindeutig zu klären ist, welche Auffassung sich hinter der von Paulus zitierten These, „daß es eine Auferstehung von Toten nicht gibt" (1 Kor 15,12), verbirgt, sind doch zwei grundlegende Gemeinsamkeiten mit der 2 Tim 2,18 zitierten Einstellung der Irrlehrer zu erkennen: Es handelt sich um eine in Verbindung mit dem Christusglauben entwickelte und von ihm her begründete Einstellung, also um ein innergemeindliches Phänomen; und dahinter steht eine enthusiastische Frömmigkeit, welche die Ablehnung einer noch künftigen, leiblichen Auferweckung verbindet mit dem Anspruch einer Heilsvollendung, die durch das Erlösungsgeschehen in Jesus Christus geschenkt und durch den Geistbesitz garantiert ist[27].

---

[25] So V. HASLER, Past 68.
[26] Vgl. O. KNOCH, Past 58; Knoch nennt als „Folge" dieser Einstellung, „der gnostisch erleuchtete Christ sei durch seine Geistseele bereits dem Einfluß der Materie entzogen und in den Bereich des göttlichen Geistes eingetreten": „die Ablehnung gewisser Speisen, der Ehe, der Arbeit, ein Gefühl der Freiheit gegenüber sittlichen Geboten und Verboten, den Verzicht auf Sakramente, die Ablehnung der Kirche als Erlösungsgemeinschaft, des kirchlichen Amtes als geistliche Institution und die Zurückweisung der kirchlichen Eschatologiehoffnung …".
[27] Vgl. dazu J. KREMER, Auferstehung der Toten in bibeltheologischer Sicht: G. GRESHAKE/ J. KREMER, Resurrectio Mortuorum. Zum theologischen Verständnis der leiblichen Auferstehung (Darmstadt 1986) 23f; A. LINDEMANN, Paulus und die korinthische Eschatologie: NTS 37 (1991) 373–399, hier 381–387. Dabei muß offenbleiben, ob diese Leugnung einer Totenauferstehung mit der Meinung der Christen zusammenhängt, sie seien „dank ihres Geistbesitzes vom Sterben nicht mehr wirklich betroffen" (so A. LINDEMANN, a.a.O. 381), oder aber ob ihnen vom griechisch-hellenistischen Denken her „der Gedanke an eine Auferstehung des Leibes fern lag oder töricht erschien" (so J. KREMER, a.a.O. 24). Zu den unterschiedlichen Erklärungen von 1 Kor 15,12 vgl. G. SELLIN, Der Streit um die Auferstehung der Toten (FRLANT 138) (Göttingen 1986) 15–37; A. J. M. WEDDERBURN, Baptism and Resurrection

Für christliche Gnostiker, die sich ihres vollendeten Heilsstandes sicher sind, beruht diese Heilszuversicht auf dem Anspruch, daß sie die erlösende Erkenntnis besitzen[28]. Für den Stellenwert der in den Past zitierten theologischen Position zum Auferweckungsglauben bieten dann spätere gnostische Texte noch deutlichere Parallelen. Neben entsprechenden Hinweisen in den Schriften der Kirchenväter[29] finden sich Parallelen insbesondere in den gnostischen Schriften von Nag Hammadi[30]. In dem „Brief an Rheginus" (NHC I 3, 43–50) wird der Adressat ermahnt: „... denke nicht stückweise, o Rheginus, noch lebe gemäß diesem Fleisch, um der Einmütigkeit willen, sondern fliehe vor den Spaltungen und den Fesseln, und schon hast du die Auferstehung" (NHC I 3, 49,9–16)[31].

Bei der inhaltlichen Charakterisierung der Irrlehre durch die Past ist bemerkenswert, daß die Position zitiert und ohne inhaltliche Argumentation und Auseinandersetzung radikal verworfen wird. Der in V 14 geforderte Verzicht auf argumentative Widerlegung wird vom Verfasser selbst in vorbildhafter Weise befolgt. Sein Interesse liegt darin, die Position der Irrlehrer klar zu benennen und die aus *seinem* Urteil als Falschlehre resultierende Entscheidung radikaler Ablehnung zu verlangen.

19   Diese Art der Auseinandersetzung mit der als Falschlehre verurteilten Form der christlichen Verkündigung wird weitergeführt. Für die Irrlehrer stehen zwei, abgesehen vom Namen nicht weiter gekennzeichnete Personen, von denen die eine, wie (auch für den Leser der Past!) erinnerlich, von Paulus selbst aus der Gemeinschaft der Gläubigen ausgeschlossen worden ist (1 Tim 1,19f); ihr Kennzeichen ist, daß sie von der Wahrheit abgewichen sind (vgl. 2 Tim 2,18). Dem steht gegenüber das „feste Fundament Gottes", auf welches die gebaut haben, die am „Wort der Wahrheit" festhalten (vgl. V 15). Kennzeichen der rechtgläubigen Gemeinde ist das feste Vertrauen auf das von Gott gefügte Fundament. Die Kirche wird zwar nicht ausdrücklich genannt; doch aus der Tatsache, daß sie für den rechten Glauben in den Past besondere Bedeutung hat, wie etwa die Bezeichnung als „Säule und Grundfeste der Wahrheit" (1 Tim 3,15) belegt, ist zu schließen, daß auch hier der Paulus der Past von der Kirche spricht[32]. Was den Irrlehrern fehlt, ist dieses Fundament. Sie können deshalb letztlich auch die Kirche nicht gefährden, weil dieser tragende Grund, auf dem sie ruht, von Gott gelegt ist und von ihm erhalten wird. Das Fundament und die darauf gegründete Kirche haben in ihm ihren Bestand.

(WUNT 44) (Tübingen 1987) 6–37; M. C. DE BOER, The Defeat of Death (JSNT Suppl. Ser 22) (Sheffield 1988) 96–105.
[28] Vgl. dazu auch N. BROX, Past 248.
[29] Etwa Justin, Apol. I 26,4: der samaritanische Gnostiker Menander, ein Schüler des Magiers Simon (vgl. Apg 8,9), habe gelehrt, daß seine Taufe die Auferstehung vermittle. Beispiele dazu auch bei Iren., haer. I 23,5; II 31,12; Clem. Alex., strom. III 48,1; Orig., Cels. III 11; Epiph., Pan. 31,7, 6.7,10.
[30] Vgl. die Übersicht bei K. RUDOLPH, Gnosis 205–211.
[31] Übersetzung nach M. L. PEEL, Gnosis und Auferstehung. Der Brief an Rheginus von Nag Hammadi (Neukirchen-Vluyn 1974) 44; zit. auch bei H. MERKEL, Past 68; N. BROX, Erleuchtung 21 f.
[32] Vgl. O. KNOCH, Past 59.

Zur Bekräftigung des diesem Fundament zugesprochenen Charakters der Zuverlässigkeit und Festigkeit wird, weiterhin im Bild, die Kennzeichnung durch ein Siegel mit zwei Schriftworten angefügt. Probleme für das Verständnis ergeben sich aus der Sicht mancher Ausleger dadurch, daß die Vorstellung vom Siegel nicht zum Fundament bzw. zur Grundmauer paßt. Mit der Übersetzung „Inschriften"[33] ergibt sich die Möglichkeit eines allgemeineren Verständnisses (vergleichbar der am Tempeleingang in Jerusalem angebrachten Inschrift mit der Androhung der Todesstrafe bei unerlaubtem Betreten durch Heiden, vgl. Apg 21, 28 f). Aber damit wird die begriffliche Präzision verwischt. Es ist davon auszugehen, daß der Verfasser die beiden Begriffe θεμέλιος (Fundament) und σφραγίς (Siegel) in der ihnen eigenen Bedeutung verwenden wollte. Die Frage, ob ein Grundstein mit einem Siegel bzw. mit einer Inschrift versehen werden konnte, ist in diesem Fall zweitrangig; denn wie bei dem Begriff θεμέλιος schon an die übertragene Bedeutung, das Fundament der Kirche, zu denken ist, so auch bei dem Begriff σφραγίς. Offen ist dann aber noch, wofür σφραγίς steht. Mit Verweis auf den Gebrauch des Verbums σφραγίζειν in 2 Kor 1, 22 und in der gleichen Bedeutung in Eph 1,13 und 4,30 ließe sich die Deutung auf die Taufe auch an unserer Stelle rechtfertigen[34]. Es ist allerdings als ziemlich sicher anzunehmen, daß der Verfasser der Past eine zumindest erweiterte Sinngebung von σφραγίς unterlegt; denn die Taufe ist jetzt, in der *innergemeindlichen* Auseinandersetzung um den rechten Glauben und in der polemischen Gegenüberstellung von Falschlehrern und Rechtgläubigen, keine ausreichende Bestimmung und Kennzeichnung mehr[35].

Die Bedeutung von σφραγίς wird einmal festgelegt durch die angeschlossenen Zitate. Das erste Schriftargument ist eine Formulierung im Anschluß an Nm 16,5; in der Auseinandersetzung von Mose und Aaron mit Korach und seinen Leuten sagt Mose: „Morgen früh wird der Herr zeigen, wer zu ihm gehört, wer der Heilige ist und wer sich ihm nähern darf. Wen der Herr erwählt, der darf sich ihm nähern." Denkbar ist auch ein traditionsgeschichtlicher Zusammenhang mit der synoptischen Tradition (vgl. das Jesuslogion Mt 7,23 „niemals habe ich euch gekannt")[36]. In der Übertragung des Schriftwortes auf die Kirche wird der Anspruch der von den Past repräsentierten, der „Wahrheit" verpflichteten Gemeinden als der von Gott besiegelten und legitimierten Glaubens- und Heilsgemeinschaft unterstrichen. Da der Kirche dieses Siegel zugesprochen wird, liegt darin nicht nur eine allgemein antihäretische, sondern eine dem Kontext entsprechende antignostische Ausrichtung. Im Gegenüber zum Anspruch der gnostischen Lehre, die die Erlangung des Heils an die vom einzel-

---

[33] Vgl. M. Dibelius – H. Conzelmann, Past 84; V. Hasler, Past 69; H. v. Lips, Glaube 101; O. Knoch, Past 59.
[34] Diese Meinung vertreten etwa G. Holtz, Past 173; V. Hasler, Past 69 f; zustimmend auch A. T. Hanson, Past 137 f; ders., Studies 32.34 f; J. Roloff, Pfeiler 244 f.
[35] Eine „Anspielung auf die Taufe" liegt an dieser Stelle nach T. Schramm, EWNT III 760, „kaum" vor.
[36] Vgl. F. J. Schierse, Past 117; O. Knoch, Past 59.

nen zu leistende *Erkenntnis* bindet, wird das *freie Gnadenhandeln Gottes* als Kriterium für christliche Hoffnung und Zuversicht betont. Zur Taufe kommt der Glaube hinzu, und zwar ganz wesentlich der Glaube an die Kirche als den Ort der Heilsvermittlung[37].

Das zweite Zitat bringt eine Ergänzung bzw. eine paränetische Präzisierung. Es enthält den „Appell, die Zugehörigkeit zu Gott praktisch zu bewähren"[38]. Verschiedene Traditionen scheinen in dieses zweite Wort eingeflossen zu sein (vgl. Jes 26,13; 52,11; Lev 24,16)[39]. Von den Exegeten, die als den ursprünglichen Kontext der beiden Zitate die Taufe sehen, wird auch die zweite Stelle daraufhin gedeutet[40].

Im Kontext der Past bekommt auch die zweite Aussage eine spezifische Bedeutung. Der Begriff ἀδικία kennzeichnet nicht mehr die Situation des Sünders in der Zeit vor der Taufe (wie Röm 1,18), sondern das Verhalten und die Lehre mancher Getaufter. Das Kriterium der Zugehörigkeit zur wahren Kirche ist in der Vorstellung der Past zusammen mit der Anrufung des Namens des Kyrios die bewußt getroffene und bleibende Entscheidung für den Glauben, der von der Kirche und den in ihr eingesetzten Vorstehern repräsentiert und verkündet wird[41]. Für die, die sich dem „gottlosen Geschwätz" hingegeben haben (vgl. V 16), kann es nur einen Weg geben, nämlich sich davon abzuwenden.

Hier werden zwei Beobachtungen aus anderen Zusammenhängen bestätigt: Die geschilderte Auseinandersetzung um die „Wahrheit" ist ein innergemeindliches Problem; und die Past ergreifen Partei in einer noch nicht eindeutig entschiedenen Situation. Bei aller Schärfe der Wortwahl scheint doch die Spaltung in den Gemeinden noch nicht endgültig vollzogen zu sein. Es gilt zwar, die eigene orthodoxe Position zu festigen; aber die Irrlehrer bzw. die, die zu ihnen tendieren, werden noch zur Abkehr von der falschen Lehre ermahnt (vgl. auch V 21)[42]. Diese Sicht wird durch die beiden folgenden Verse unterstrichen.

20 Daß es um die Kirche als institutionelle Größe geht, zeigt die Verwendung des Bildes von einem Haus. Mit der Kennzeichnung als „großes Haus" (μεγάλη οἰκία) ist nicht nur final die eschatologische Bestimmung der Kirche gemeint[43],

---

[37] Vgl. auch J. ROLOFF, Pfeiler 243; PH.H. TOWNER, Goal 132; H. MERKEL, Past 68; Y. REDALIÉ, Paul 277f. Wenn J. ROLOFF, Kirche 260, zumTaufverständnis der Past schreibt, es sei „das der Kirche als Ganzer aufgeprägte Eigentumssiegel Gottes, das sie ihrer Zugehörigkeit zu Gott gewiß macht, und zwar *unabhängig vom Glaubensstand der einzelnen Getauften*", dann wird die Tatsache zu wenig gewichtet, daß der Streit um die Wahrheit des Glaubens in den Past gerade zwischen Getauften geführt wird.
[38] N. BROX, Past 249.
[39] Vgl. A. T. HANSON, Studies 36–40, mit weiteren Belegen für die Bedeutung des Motivs von der „Nennung des Namens" in der jüdischen Literatur.
[40] Vgl. V. HASLER, Past 70: „Zur Versicherung der Zugehörigkeit zu Christus trat in der Taufe auch die Aufforderung zu einem geheiligten Lebenswandel"; ähnlich A. T. HANSON, Past 138.
[41] Vgl. C. SPICQ, Past 761.
[42] Vgl. J. ROLOFF, Pfeiler 245, der darauf verweist, daß „die gundsätzliche Möglichkeit der Reinigung und Umkehr für alle Glieder der Kirche offengehalten wird".
[43] So aber G. HOLTZ, Past 174.

und es soll damit auch nicht nur das Vorkommen unterschiedlicher Gefäße erklärt werden. Die Größe des Hauses verweist vielmehr auf seine Bedeutung; das Adjektiv μεγάλη wird als passend angesehen, weil die Sache (= Kirche) schon mit dem Bild vom Haus mitgedacht wird. Im Bild betrachtet, ist sodann das angesprochene Vorkommen von unterschiedlich beschaffenen Gefäßen im Haus nicht weiter verwunderlich; es ist sogar die Normalität.

Gleiches gilt dann, vom Bild her gesehen, auch für die folgende Aussage, daß nämlich nicht alles dem gleichen Zwecke dient, daß manche Gefäße bestimmt sind für ehrenhafte Dinge, daß andere aber, entsprechend den Bedingungen der Haushaltung, für weniger ehrenvolle, einfache und schmutzige Dinge vorgesehen sind. Allerdings wird mit der Einführung des Begriffspaares τιμή und ἀτιμία schon eine Wertung eingetragen, die von der Sache, also von der Kirche, her bestimmt ist.

Die Bildsprache hat Vorbilder im Alten Testament (vgl. Weish 15,7; Is 29,16; 45,99). Paulus hat in Anknüpfung daran mit dem Bild vom Töpfer die Freiheit der Gnadenwahl Gottes veranschaulicht, um so den Weg der Heilsgeschichte von Israel zu den Heiden als dem Willen Gottes entsprechend verständlich zu machen (Röm 9,19–24)[44].

Zwar ist die Kenntnis dieses von Paulus gestalteten Bildes beim Autor der Past anzunehmen; dennoch ist seine Absicht eine ganz andere, wenn er nicht nur von der unterschiedlichen Beschaffenheit der Gefäße spricht, sondern auch von der Bewertung, die ihnen durch den menschlichen Gebrauch zukommt[45]. Und auf dem letztgenannten Motiv der Beurteilung durch den Gebrauch der Menschen liegt der Akzent, der für die „Sache" ausgewertet wird. Der Autor hat dabei kaum die Absicht, eine „Begründung der Häresie" zu geben[46]; es geht vielmehr zunächst um die Konstatierung des Faktums unterschiedlicher und gegensätzlicher Glaubenspositionen und um eine Mahnung an die Gemeindeleiter, sich in ihrem Tun und in ihren Entscheidungen darauf einzustellen.

Während sich Paulus in Röm 9 um eine heilsgeschichtliche und damit im Willen Gottes begründete Erklärung eines Sachverhaltes bemüht, der im Widerspruch zur Offenbarungsgeschichte zu stehen scheint, fehlt an dieser Stelle in den Past nicht nur der Versuch einer auf den Willen Gottes rekurrierenden Erklärung, sondern es fehlt auch jegliche „tiefere theologische Reflexion" zum Problem der Häresie[47]. Es erscheint deshalb zuviel versprochen, wenn P. Trummer zu dem Gesamtabschnitt 2,14–21 bemerkt, es werde hier eine „Deutung" des Phänomens der Häresie versucht und V 20 mit dem Bild von den verschie-

---

[44] Vgl. dazu u. a. F. J. SCHIERSE, Past 119; A. T. HANSON, Past 138.
[45] Die Unterschiedlichkeit des Bildgebrauchs bei Paulus und in 2 Tim 2,20 betonen auch PH.H. TOWNER, Goal 135, sowie Y. REDALIÉ, Paul 279. Der Verfasser hat nach A. T. HANSON, Studies 29–31.34f, die Vorlage Röm 9,14–33 entsprechend den Bedingungen der Gemeinden seiner Zeit, die geprägt waren vom Gegenüber von Häretikern und Rechtgläubigen, überarbeitet; er habe diesen Text benutzt „to encourage the orthodox remnant within the Church to stand firm against the heretical teachers who have come out of the Church".
[46] Dies vertritt N. BROX, Past 250.
[47] Vgl. V. HASLER, Past 70.

denartigsten Gefäßen biete eine „Reflexion über die Häresie"[48]. Eher könnte man den Eindruck gewinnen, es werde mit diesem Bild (vielleicht mit einem Anflug von Resignation?) ein Faktum in den Bereich des nicht weiter Verwunderlichen und eigentlich Selbstverständlichen gehoben, welches schon durch die bloße Existenz zu einem schier unlösbaren Problem geworden ist, nämlich die Uneinigkeit der christlichen Gemeinden in zentralen Fragen ihres Glaubens.

Nun kann natürlich eine solche Feststellung von der allgemein bekannten und im Bild sogar notwendigen Existenz der verschiedenen Gefäße in einem Haus – übertragen auf die Sachebene: von Rechtgläubigen und solchen, die sich der Irrlehre zugewandt haben[49] – nicht das letzte Wort eines Christen zum Thema Häresie bleiben. Es fehlt zwar auf der einen Seite die eindeutige Ablehnung der Gefäße von geringerem Wert; es fehlt auf der anderen Seite aber auch – was sehr verständlich ist – die Aussage, die Existenz der unterschiedlichen Gefäße, vor allem auch derer „für unehrenhaften Gebrauch" (εἰς ἀτιμίαν), sei unverzichtbar. Während im ersten Teil des Verses eine beinahe um Verständnis werbende Rechtfertigung des Vorhandenseins verschiedenartiger Gefäße im Haus – also von Rechtgläubigen und Irrlehrern in der Kirche – geboten wird, gibt der zweite Teil ein eindeutiges Qualitätsurteil ab. Die beiden Feststellungen haben recht unterschiedlichen Aussagegehalt über die Gefäße im Haus; sie sind zwar aufeinander bezogen, aber nicht aufeinander abgestimmt und bleiben für sich gültig. Sie stehen zueinander in einer Spannung, die nicht ausgeglichen oder aufgelöst wird. Vielleicht liegt aber gerade darin der Versuch, das Phänomen der Irrlehre in der Kirche zu bewerten als eine Sache, die zwar unvermeidbar ist, mit der die Gläubigen sich aber nicht zufriedengeben dürfen. Der Akzent liegt auf dem zweiten Teil von V 20.

Die mit Relativanschluß angefügte Ergänzung in V 20b scheint nun doch an Röm 9 anzuknüpfen. Auch Paulus spricht davon, daß der Töpfer die Macht hat, unterschiedliche Gefäße herzustellen, ὃ μὲν εἰς τιμὴν σκεῦος ὃ δὲ εἰς ἀτιμίαν (Röm 9, 21). Von besonderer Brisanz ist natürlich die Bestimmung zur ἀτιμία. Da es bei Paulus um einen theologischen Zusammenhang geht und mit ἀτιμία die Situation des Menschen nicht in einem allgemeinen Sinn gekennzeichnet, sondern damit seine Stellung vor Gott umschrieben wird, ist zu fragen, warum manche für die „Ehrlosigkeit" bestimmt scheinen. Liegt dies in einer menschlicher Verfügung enthobenen Zwangsläufigkeit, oder ergibt es sich aus Bedingungen, die beim Menschen liegen? Paulus verneint eine Ableitung aus geschichtlicher oder im Menschen liegender Notwendigkeit. Er stellt dies ganz der Freiheit Gottes anheim. Was „unehrenhaft" ist, bestimmt Gott in seinem konkret-geschichtlichen Handeln.

Unter veränderten Bedingungen und mit anderer Zielsetzung wird dagegen in den Past die mit den Begriffen τιμή und ἀτιμία beschriebene Qualifikation der Gläubigen in bezug auf ihre Stellung in der Kirche ausgewertet; dazu wird im folgenden Vers das Verhalten der Christen als Kriterium für die Bestimmung mit τιμή angeführt.

---

[48] P. TRUMMER, Paulustradition 168.
[49] Vgl. PH.H. TOWNER, Goal 135: „genuine and false believers".

21 Wenn man in V 20 in dem Hinweis auf das große Haus und dem damit verknüpften Vorhandensein von verschiedenartigen und unterschiedlich zu bewertenden Gefäßen ein Bild für die Lage der Kirche sehen will, also für das „Nebeneinander von Irrglaube und Rechtgläubigkeit" unter dem Gesichtspunkt von „notwendigen und selbstverständlichen Unterschiedlichkeiten"[50], dann wird mit V 21 auf den ersten Blick dieses Zugeständnis wieder in Frage gestellt[51]. Die von der „Sache", d.h. der Kirche, her mögliche Forderung, das Haus von den Gefäßen mit einer Bestimmung für das Unehrenhafte zu reinigen, wird nicht erhoben. Es wird aber auch nicht gesagt, daß es bei der geschilderten Vielfalt bleiben müsse, daß also in einem „großen Haus" die Gefäße zu unterschiedlichem Gebrauch und damit auch mit unterschiedlicher Bewertung, also auch die Gefäße εἰς ἀτιμίαν, Bestand haben müßten. Stattdessen wird in einer paränetischen Umbiegung des Bildes[52] auf die Möglichkeit hingewiesen, daß jeder es selbst in der Hand hat, seinen Platz im Haus, in der Kirche, zu bestimmen. Es hängt vom Tun des einzelnen Gemeindemitgliedes ab, ob es in der Kirche als ein ehrenvolles, gottgefälliges Werkzeug Geltung und Anerkennung findet. Voraussetzung dafür ist, sich von jeder unehrenhaften Befleckung, von jeglicher Irrlehre freizuhalten bzw. zu reinigen. In dem Bedingungssatz „wenn einer sich von all dem reinigt" wird der Weg der Absage an die Irrlehre beschrieben. Mit der Formulierung ἀπὸ τούτων ist deshalb nicht die Abkehr der Christen von den Falschlehrern gemeint[53], sondern die Abwendung von der Irrlehre[54].

Mit der Abkehr von der Irrlehre und der Rückkehr in den Dienst in der Kirche als „Gefäß zu ehrenvollem Gebrauch" (σκεῦος εἰς τιμήν) wird den Betroffenen in Aussicht gestellt, daß sie wieder an allem teilhaben werden, was für die Gläubigen Gültigkeit hat. Mit den drei Partizipien ἡγιασμένον (geheiligt), εὔχρηστον (brauchbar [für den Herrn]) und ἡτοιμασμένον (zubereitet [für jedes gute Werk]) wird die uneingeschränkte Zugehörigkeit zur kirchlichen Gemeinschaft, noch unter dem Bild von den Gefäßen, umschrieben. In dieser paränetischen Auswertung des Bildes von den *vielerlei* Gefäßen in dem *einen* Haus und der durch eigenes Verhalten bedingten Bestimmung der *Funktion* in ihm ist vielleicht ein Hinweis darauf zu sehen, daß die Past bemüht sind, die Einheit dieses „großen Hauses" der Kirche trotz der in der Lehre vorhandenen Differenzen nicht vorschnell aufzugeben; außerdem ist das Anliegen erkennbar, die Möglichkeiten der Umkehr zu betonen, die in den eigenen Kräften und Entscheidungen liegen.

---

[50] N. BROX, Past 250.
[51] Vgl. F. J. SCHIERSE, Past 119.
[52] Vgl. H. MERKEL, Past 69.
[53] Diese Deutung bei G. HOLTZ, Past 175; ähnlich auch A. SCHLATTER, Kirche 245f; W. LOCK, Past 101; H. MERKEL, Past 69; G. W. KNIGHT, Past 418.
[54] Vgl. auch C. SPICQ, Past 763, der allerdings zu Recht darauf hinweist, daß die beiden Deutungen nicht streng voneinander getrennt werden können.

III

Es ist ein nicht zu übersehendes, auch im Neuen Testament selbst vielfältig bezeugtes Faktum: Schon früh hat es in den christlichen Gemeinden Meinungsverschiedenheiten in gewichtigen theologischen Fragen gegeben; es gab Strömungen und Gruppierungen, die zentrale Inhalte des Glaubens im Vergleich zu einer Mehrheit oder auch im Unterschied zur Tradition anders verstanden und interpretierten oder gar leugneten; und es kam zur Bildung von christlichen Lehren, die von anderen Christen mit dem Vorwurf der Abweichung vom Glauben belegt wurden. Die dadurch bewirkte Uneinigkeit und Zerstrittenheit der Christen untereinander war nicht nur für das Erscheinungsbild nach außen hin eine Belastung, sondern bedeutete auch für die christlichen Gemeinden selbst einen höchst beunruhigenden Sachverhalt. Darin ist einer der Gründe dafür zu sehen, daß ein Christ der dritten christlichen Generation sich dieses Themas des Auftretens von Irrlehrern annahm und es in den Past behandelte. Die Auseinandersetzung mit den Häretikern durchzieht alle drei Schreiben, und sie steht auch dort im Hintergrund, wo nicht ausdrücklich darauf Bezug genommen wird, vor allem bei den Anweisungen für die Gemeindeleiter.

Diese Auseinandersetzung wird in dem Textabschnitt 2,14–21 konkretisiert. Die Thematik bzw. Problematik ist unter zwei Gesichtspunkten besprochen: Zum einen wird die praktische Frage gestellt, wie der verantwortliche Gemeindeleiter sich den Irrlehrern gegenüber zu verhalten hat, und zum anderen findet sich eine im Bild veranschaulichte Reflexion darüber, wie die Häresie als innerkirchliche Erscheinung theologisch und ekklesiologisch zu bewerten ist.

(1) Im Mittelpunkt steht die Überzeugung, daß das Fundament der Kirche von Gott gelegt ist. Darin liegt auch ein Hinweis auf die Differenz zwischen Wahrheit und Irrtum. Nur dort, wo der Glaubensinhalt durch die Gemeinschaft der Kirche garantiert ist, vor allem in der Person des verantwortlichen Gemeindeleiters, nur dort ist „Wahrheit" zu finden (V 15). Das eher statische Bild vom festgefügten Fundament paßt zur Beauftragung des Gemeindeleiters, für die unverfälschte Weitergabe des Glaubensgutes Sorge zu tragen (vgl. 1 Tim 6,20; 2 Tim 1,14). Und es paßt auch zu dem nachdrücklich von den Gemeindevorstehern geforderten Verhalten den Häretikern gegenüber, sich nicht auf inhaltliche Auseinandersetzungen und Streitereien einzulassen (VV 14.16), daß die „Antwort" des Verfassers auf die zitierte Position der Irrlehrer von V 18 nicht in der Form einer sachbezogenen Stellungnahme oder durch eine theologisch begründete Widerlegung erfolgt, sondern daß sie mit dem Verweis auf das von Gott gefügte Fundament, die Kirche, gegeben wird.

Die Mahnung des Autors, sich nicht auf Streitereien einzulassen, und der von ihm selbst geübte Verzicht auf inhaltliche und argumentative Auseinandersetzung mit der Irrlehre sind letztlich ekklesiologisch verankert. Die an der Gemeinde ausgerichtete Argumentation in V 14 sollte nicht als eine vordergründige Absicherung gegen mögliche Kritik oder als bequeme Ausrede gesehen werden. Die Frage nach der rechten Lehre und damit auch nach dem Umgang mit „Irrlehrern" ist in der Sicht der Past nicht in erster Linie ein dogmatisch-lehrmäßiges Problem, sondern muß in ekklesiologisch-praktischer Verantwortung geklärt werden.

(2) Der zweite Aspekt, mit dem sich dieser Abschnitt befaßt, ist die Bewertung des Phänomens der Irrlehre. Sie gehört in der Sicht der Past beinahe wie selbstverständlich zum Bestand der Kirche, so wie zu jedem Haushalt nicht nur wertvolle, sondern auch für Schmutz und Abfall bestimmte Gefäße gehören. Damit wird jegliches Bemühen, die Häresie auszurotten, letztlich als zwecklos hingestellt. Die Kirche der Past muß, wie P. Trummer treffend formuliert, lernen, „mit der Häresie als einem bleibenden kirchlichen Phänomen zu leben"; sie ist „kein vorübergehendes, sondern ein ständiges Problem für die Kirche, das sich nicht durch Diskussionen aus der Welt schaffen läßt"[55]. Die grundsätzliche Fragestellung lautet also: Wie geht die Kirche jetzt und in Zukunft mit dem in ihr vorfindlichen Phänomen der Häresie um?

Das Anliegen des Verfassers der Past liegt im Grundansatz nicht in einer aktuellen Auseinandersetzung mit den Irrlehren seiner Zeit, sondern in einer allgemeingültigen, auf die Zukunft ausgerichteten Weisung. Das schließt keineswegs aus, daß an einzelnen Stellen auch konkrete Bezüge auf bedeutsame Unterschiede in den theologischen Positionen der Gegenwart einfließen. Doch auch diese werden nicht im eigentlichen Sinne theologisch-argumentativ geklärt, sondern durch eine kirchenamtliche – d.h. eine vom Apostel getroffene und für seine Nachfolger bindende – Entscheidung, wobei das Kriterium die Frage nach Übereinstimmung mit oder Abweichung von der „Wahrheit" ist (VV 15.18; vgl. auch 1 Tim 1,19f; 6,5; 2 Tim 2,25; Tit 1,14)[56]. Das Verhalten gegenüber den Christen, denen Abweichung von der Wahrheit und vom rechten Glauben zum Vorwurf gemacht wird, ist gekennzeichnet von Abgrenzung, und eines der wichtigsten „Argumente" gegen diese der Häresie Bezichtigten ist die Feststellung, daß sie sich mit ihren theologischen Aussagen nicht in Übereinstimmung mit dem Evangelium des Paulus und der in seiner Nachfolge und Autorität stehenden Gemeindeleiter befinden. Konsequent wird von diesen Gemeindeleitern als ihr Beitrag zum Kampf gegen die Irrlehrer gefordert, daß sie die Tradition bewahren (1,14; vgl. 1 Tim 6,20), daß sie „das Wort der Wahrheit geradeheraus vertreten" (2 Tim 2,15).

Es kommt auf diese Weise allerdings auch zu einer folgenschweren Verlagerung der innergemeindlichen Glaubensdiskussion. Der Häresie wird einerseits die Autorität des Amtsträgers gegenübergestellt, andererseits die Bewährung der Christen, allen voran natürlich des Gemeindevorstehers, in einem frommen Leben[57]. Für die, die der Häresie bezichtigt werden, bleibt also nur Unterwer-

---

[55] P. Trummer, Paulustradition 172.
[56] Ansätze zu einer inhaltlichen Auseinandersetzung finden sich in 1 Tim 4,3f.
[57] Vgl. auch P. Trummer, Paulustradition 172: Neben dem „Festhalten am rechten Glauben" ist v.a. „die richtige Praxis entscheidend". „Gegenüber den angedeuteten und allen anderen möglichen Irrlehren möchte die Theologie der Past ihren Wahrheitsbeweis vor allem durch die bessere Praxis antreten, welche jedoch durch das bessere Glaubensbekenntnis und -verständnis getragen werden muß."

fung unter die Amtsautorität und unter ein Kirchenverständnis, welches Glaubensinhalte vor allem unter doktrinären Aspekten zu entscheiden und unter ethischen Normen zu betrachten sich anschickt.

(3) Ein weiterer Gesichtspunkt ist abschließend noch anzusprechen. Wir sind es gewohnt, die Begriffe Orthodoxie und Häresie in der Auslegung der Past beinahe mit Selbstverständlichkeit zu verwenden. Dazu berechtigt uns in gewisser Weise die Form der Darstellung, daß nämlich die Aufgabe des Gemeindeleiters gerade dahingehend festgelegt wird, gegen die Falschlehrer vorzugehen und den rechten Glauben zu stärken. Inhaltlich gesehen wird die Irrlehre jedoch nur an einigen Stellen und mit einigen Grundaussagen zur Sprache gebracht. Mit der Tatsache, daß es sich um ein innergemeindliches Phänomen handelt, verbindet sich die Einsicht, daß die Grenze zwischen rechtem und falschem Glauben noch nicht mit Eindeutigkeit festzulegen ist. Dies ist auch in diesen Versen zu erkennen. Der Rückzug auf den Entscheid der Amtspersonen und die Betonung eines frommen Lebenswandels als Kennzeichen des rechten Glaubens mag auch bestimmt sein von der Absicht, sich in den Auseinandersetzungen um Glaubensfragen in der definitiven Festlegung des Glaubens in der Form von Glaubenssätzen zurückzuhalten. Solche Zurückhaltung dürfte zudem begründet sein in dem Wissen, daß die Frage nach der Rechtgläubigkeit eines Glaubenssatzes auch abhängig ist von dem Kontext, in welchem er steht. Man könnte auch noch erwägen, daß nicht vorschnell und endgültig innerhalb der Gemeinde Barrieren und Gegensätze aufgebaut werden sollten.

Der dem Gemeindeleiter aufgetragene Verzicht auf inhaltliche Auseinandersetzung mit den theologischen Positionen der Irrlehrer kann folglich nicht ohne weiteres erklärt werden mit einem intellektuellen Defizit oder mit Mangel an theologischem Wissen auf der Seite des Past-Autors bzw. der von ihm repräsentierten Gemeinde oder auch einer bestimmten Gruppierung bzw. Schicht in den christlichen Gemeinden. Es war (und ist) zudem gar nicht so einfach, beispielsweise bei dem Bekenntnis, daß die Auferweckung schon geschehen sei, die „Abweichung vom Glauben" theologisch-argumentativ nachzuweisen, wenn gleichzeitig ähnlich lautende und ebenfalls die Gegenwart als Heilszeit betonende Bekenntnisaussagen in der Kirche überliefert und als der „Wahrheit" und der Tradition entsprechend anerkannt wurden (und werden).

Abschließend sei noch auf einen Aspekt in der Argumentation verwiesen, der vor allem mit den VV 14f verknüpft ist: die Verantwortung des Gemeindeleiters für die Gemeinde. Es wäre zu viel gesagt, wollte man behaupten, dieser Gedanke stehe im Zentrum der Argumentation; er entspricht aber doch der Grundstruktur der Gemeindeleiterparänese der Past, in welcher die gesamte Verantwortung für Leben und Glauben der Gemeinde dem Vorsteher übertragen ist. Die pastorale Rücksicht auf die Gemeinschaft der Glaubenden war für den Verfasser in jedem Fall ein Gesichtspunkt, der s.E. in der Frage der innerkirchlichen theologischen Auseinandersetzung Beachtung finden muß. Und gleich im nächsten Abschnitt taucht dieser Gedanke wieder auf.

LITERATUR: W. ARNDT, ἔγνω, 2 Tim. 2:19: CTM 21 (1950) 299–302; F. Z. BROWNE, What was the Sin of Hymenaeus and Philetus?: BS 102 (1945) 233–239; A. PENNA, „In magna autem domo ..." (2 Tim. 2,20 sg.): Studiorum Paulinorum Congressus Internationalis Catholicus 1961 (AnBib 17–18) (Rom 1963), Bd. II, 119–125; G. SELLIN, „Die Auferstehung ist schon geschehen". Zur Spiritualisierung apokalyptischer Terminologie im Neuen Testament: NT 25 (1983) 220–237.

9. *Der Umgang des Gemeindeleiters mit denen, die der Irrlehre verfallen sind (2, 22–26)*

22 *Fliehe die Leidenschaften der Jugend; bemühe dich vielmehr um Gerechtigkeit, Glaube, Liebe und Frieden zusammen mit denen, die den Herrn aus einem reinen Herzen anrufen.* 23 *Die törichten und unverständigen Untersuchungen aber weise ab, da du weißt, daß sie (nur) Streitereien hervorbringen.* 24 *Ein Knecht des Herrn aber darf sich nicht in Streit einlassen, sondern er muß freundlich sein gegen alle, verständig in der Unterweisung, geduldig;* 25 *er soll in Sanftmut die Widerspenstigen zurechtweisen, damit ihnen Gott vielleicht Umkehr zur Erkenntnis der Wahrheit schenkt* 26 *und sie sich wieder besinnen, heraus aus der Schlinge des Teufels, die sie von ihm lebendig gefangen gehalten sind, unter(worfen) seinem Willen*[1].

I

Die Paränese, in V 14 begonnen, findet ihre Fortsetzung, allerdings mit veränderter Akzentuierung. Hatte im vorhergehenden paränetischen Abschnitt die Relation Gemeindeleiter – Gemeinde – Irrlehrer den Argumentationsgang geprägt, so geht es jetzt wieder stärker um das Gegenüber des verantwortlichen Gemeindeleiters zu den Irrlehrern bzw. auch zu den von diesen Verführten[2]. Das bedeutet nicht, daß die Gemeinde ganz ausgeblendet wäre; V 22 belegt gleich das Gegenteil. Die Gemeinde hat jetzt aber nicht mehr denselben argumentativen Stellenwert wie im vorhergehenden Abschnitt.

Der Charakter der Paränese zeigt sich in der Aufreihung der Imperative φεῦγε, δίωκε, παραιτοῦ und δεῖ μάχεσθαι, verstärkt jeweils durch die Partikel δέ[3]. In der für die Past insgesamt typischen und auch in 2 Tim geläufigen Verwendung des Imperativs in der direkten Anrede an „Timotheus" (vgl. 1,8.13f; 2,1.3.7f.14–16; 3,1 u.ö.) wird wiederum der ideale Gemeindeleiter vorgestellt als Gegenbild zu den vorher erwähnten Irrlehrern.

---

[1] Auffällig ist der Wechsel des Pronomens αὐτός zu ἐκεῖνος. Beide Male ist aber der Bezug zu Satan klar. M. DIBELIUS – H. CONZELMANN, Past 86, erklären den Wechsel so, daß dadurch eine Wiederholung von αὐτός vermieden werden solle; A. T. HANSON, Past 142f, sieht im Gebrauch von ἐκεῖνος eine leichte Betonung: *sein* Wille (nicht der Gottes).
[2] Vgl. V. HASLER, Past 71; gegen Hasler ist aber daran festzuhalten, daß es nicht nur um die „Verführten in der Kirche" geht, sondern auch – um im Sprachgebrauch zu bleiben – um die Verführer.
[3] Vgl. Y. REDALIÉ, Paul 323.

II

22 Die erste Anweisung, die eine Warnung vor den „Leidenschaften" der Jugend ausspricht, ist mit der Präzisierung der ἐπιθυμίαι durch das Adjektiv νεωτερικός zu interpretieren auf dem Hintergrund von 1 Tim 4,12 („niemand soll dein jugendliches Alter mißachten"). Es ist aber auch hier zu fragen, ob der Verfasser mit der dem ersten Eindruck nach biographisch interessierten Anspielung auch auf eine konkrete Situation der Gemeinde bzw. auf besondere Kennzeichen der Gemeindeleiter seiner Zeit Bezug nehmen wollte – etwa auf die Tatsache, daß in den christlichen Gemeinden unter den ἐπίσκοποι sich viele junge Leute befanden, was eventuell zu Problemen führte –, oder ob es sich um eine allgemeiner zu interpretierende Veranschaulichung der paränetischen Anweisung handelt. Vom Kontext her könnte man an eine Gefahr für den mit der Gemeindeleitung Beauftragten und damit auch für Verkündigung und Glaubenslehre Verantwortlichen denken, daß nämlich jugendlicher Eifer eher dazu verführt, in Auseinandersetzungen mit den Gegnern auf die eigene Überzeugung und auf die Kraft des Glaubens und der Argumente zu vertrauen. Demnach bestand das Problem darin, daß Gemeindeleiter in einer Situation, in der Irrlehrer die Einheit der Gemeinden bedrohten oder diese schon gespalten hatten, zu unbekümmert und ohne die notwendige Überlegung und Zurückhaltung sich engagierten. In der Erklärung der ἐπιθυμίαι wäre somit nicht zurückzugreifen auf die Bedeutung von ungeordneten und damit gottwidrigen Leidenschaften, sondern es wäre allgemein ein Verhalten bezeichnet, das von Ungestüm und leidenschaftlichem Einsatz geprägt war[4]. Die in der Mahnung angesprochene Problematik würde dann darin liegen, daß solcher Einsatz der Vorsteher[5] ohne Ordnung und Kontrolle nicht nur zu unbedachtem Reden und Handeln führen kann, sondern daß der Eifer unter Umständen der Sache, der sie „mit Leidenschaft" dienen wollen, eher schadet.

Wenn man dagegen die hellenistischen Tugendreihen als Parallele heranzieht[6], dann ist ein anderer Sinnzusammenhang herzustellen. Auf dem Hintergrund der in den Tugendlisten für Gemeindevorsteher eingeforderten Verhaltensweisen (vgl. 1 Tim 3,1–7; Tit 1,5–9) wäre auf den ersten Eindruck hin die Vermutung zu rechtfertigen, es sei „an

---

[4] In diese Richtung geht auch die Deutung des Adjektivs νεωτερικός bei C. SPICQ, Past 764. Im Anschluß an Spicq sieht auch L. J. JOHNSON, Polemic 10f mit Anm. 43, darin nicht eine Bezeichnung des jugendlichen Alters des Timotheus, sondern einen Hinweis auf die „Neuerungssucht" („novelty-seeking") der Falschlehrer.
[5] W. METZGER, epithymiai 133–135, schlägt vor, die „jugendlichen Begierden" als Kennzeichen der Irrlehrer zu erklären, die wie die in 3,6f genannten Frauen in ihrer „Neuerungssucht" sich den gnostischen Gedanken öffneten (zustimmend PH.H. TOWNER, Goal 239.321 Anm. 96: „A reference to Timothy's own youthful lusts would disrupt the flow of thought in vv.14–26"); das ist m.E. in jedem Fall zu einseitig; vgl. die Bemerkung bei B. FIORE, Function 210 Anm. 68, diese Identifizierung sei nicht notwendig; kritisch äußert sich auch P. TRUMMER, Paulustradition 77 Anm. 114. Da der Verfasser hier das Ideal des Gemeindeleiters vorstellt, zugleich als Kontrastgestalt zu den Irrlehrern, ist die Forderung auch von der Person des Gemeindeleiters und den seine Amtsführung betreffenden Problemen her zu deuten; vgl. auch Y. REDALIÉ, Paul 324f.
[6] So V. HASLER, Past 71.

sinnliche Zügellosigkeit [des Timotheus] gedacht, wie sie bei seinen heidnischen Altersgenossen zu beobachten ist"[7]. Angesichts der großen Bedeutung des Zeugnisses eines frommen und rechtschaffenen Lebens als Nachweis nicht nur des rechten Glaubens, sondern auch der Kompetenz zur Gemeindeleitung erscheint dieser Zusammenhang keineswegs unmöglich. Es ist aber im Gegenüber zu der sehr eng gefaßten Deutung der Ermahnung als Warnung vor den „Begierden der Jugend"[8] ein allgemeineres Verständnis zu befürworten, nämlich als Teil der Mahnung zu einem frommen christlichen Leben. Das bedeutet, daß der Verfasser bei diesen ἐπιθυμίαι nicht notwendig konkrete Sachverhalte, die mit der Jugend der Gemeindeleiter und speziellen Problemen auf ihrer Seite zu tun hatten, im Auge haben mußte[9].

Befürwortet man die weiter gefaßte Deutung, die weder den Begriff der Leidenschaft einseitig als ethische Kategorie im Sinne der Tugendkataloge festlegt noch das Stichwort der „Jugendlichkeit" auf ein bestimmtes Alter der angesprochenen Gemeindevorsteher eingrenzt, dann ist auch eine Verbindung mit der oben genannten Deutung auf das Verhalten in einem allgemeinen Sinn möglich. Der Gemeindeleiter kann seiner Aufgabe in der Auseinandersetzung mit Falschlehrern dann am besten gerecht werden, wenn er sich nicht in (jugendlichem) Ungestüm in Auseinandersetzungen hineinziehen läßt (vgl. auch VV 14–16!), wenn er sich vielmehr auf die (Überzeugungs-)Kraft des Glaubens und des Zeugnisses eines frommen Lebens besinnt.

Diese aus der Situation der christlichen Gemeinden der Past abgeleitete Interpretation schließt nicht aus, daß dem Verfasser der Begriff νεωτερικός auch deshalb als passend erscheinen konnte, weil in der fiktiven Briefsituation Paulus seinem (jüngeren) Schüler und Nachfolger im Amt der Verkündigung und Gemeindeleitung Anweisungen gibt.

Zu einem solchen Verständnis eines umfassenderen Gebrauchs des Begriffes ἐπιθυμίαι als Bezeichnung von Gefahren, die den Gemeindeleiter in der ihm aufgetragenen Verteidigung des Glaubens gegen Irrlehrer beeinträchtigen könnten, paßt auch die Fortsetzung, nämlich die Aufzählung von Tugenden, die wie die in den Tugendkatalogen in 1 Tim 4,12; 6,11 und 2 Tim 3,10 genannten Tugenden den rechten, guten Christen und insbesondere den Amtsinhaber kennzeichnen[10]. Christen, die sich durch ein solch vorbildliches Verhalten auszeichnen, zeigen schon durch ihr Leben, daß sie sich vom wahren Glauben leiten lassen; und dies wird für den Dienst am „Wort der Wahrheit" (vgl. V 15) als weit aussagekräftiger und nützlicher eingestuft denn leidenschaftlicher Kampf. Auffällig ist die Nennung von εἰρήνη, da dieses Stichwort sonst nur in der Grußzuschrift auftaucht. Möglicherweise wirkt hier die vorgestellte Situation ein, die gekennzeichnet ist von der Härte und Kompromißlo-

---

[7] U. BORSE, Past 90; ähnlich auch schon im Anschluß an A. Schlatter G. HOLTZ, Past 175f.
[8] So die Auslegung bei U. BORSE, Past 90.
[9] Etwas phantastisch klingt es, wenn V. HASLER, Past 71, hier in Timotheus den jungen Presbyter angesprochen sieht, „der in der Gefahr steht, sich in die jungen Witwen zu verlieben oder wie die Verführer in die Häuser der ungefestigten Frauen zu gelangen und hängen zu bleiben"; vgl. 1 Tim 5,11; 2 Tim 3,6.
[10] Vgl. N. BROX, Past 251.

sigkeit dessen, der den rechten Glauben zu verteidigen hat[11]. Einfluß dürfte aber auch vom folgenden Vers her vorliegen.

Der Gemeindeleiter ist angesprochen, und zwar als jemand, der in der Gemeinschaft der Gläubigen sein Christsein verwirklicht. Es ist wiederum auffällig, daß die an den Amtsträger gerichtete Paränese diesen zuerst einmal in die Gemeinschaft der Glaubenden verweist[12]. Der Rahmen der Belehrung des Gemeindevorstehers über seine Pflichten in der Abwehr der Irrlehrer ließe eigentlich eher erwarten, daß zusammen mit all den positiven Kennzeichen eines frommen und vorbildlichen Christen auch seine Funktion in der Gegenüberstellung und im Gegensatz zu den Irrlehrern angesprochen würde. Es kommt aber wiederum zuerst die mit ihm verbundene Gemeinde zur Sprache. Im Vergleich zur gemeindebezogenen Argumentation von V 14 liegt allerdings eine Akzentverschiebung vor. Der Gemeindeleiter wird jetzt nicht mehr der Gemeinde gegenübergestellt, sondern in seiner Bewährung in Glauben und Leben als Teil der Gemeinde gesehen. Man kann fragen: Wer profitiert dabei von wem, wer ist auf wen angewiesen? Die Antwort darf sich nicht auf eine Alternative festlegen lassen; denn die Beziehungen sind von gegenseitigem Geben und Nehmen geprägt. Die Gemeinschaft der Glaubenden braucht den Vorsteher als Garant der rechten Lehre und als Vorbild des Glaubens; aber auch der in der Autorität des Paulus agierende Amtsinhaber kann seiner Aufgabe nur gerecht werden, wenn er in die Gemeinschaft der Glaubenden eingebunden und von ihr getragen ist und wenn er sein Tun auf sie hinordnet[13].

In der Bezeichnung der Christen als die, „die den Herrn anrufen", begegnet traditioneller Sprachgebrauch (vgl. 1 Kor 1,2; Röm 10,12–14; Apg 9,14.21; an diesen Stellen ist jeweils die Formulierung gebraucht ἐπικαλεῖσθαι τὸ ὄνομα [τοῦ κυρίου ἡμῶν Ἰησοῦ Χριστοῦ]). Daß dieses Bekenntnis zum Herrn aus einem „reinen Herzen" kommen muß, bestimmt christliches Leben wieder nachdrücklich auf der ethischen Ebene[14]; dabei ist jedoch zu beachten, daß für die Past „das reine Herz" (wie etwa auch „das reine Gewissen", vgl. 1,3) Zeichen des rechten Glaubens und damit des gläubigen Menschen im Unterschied zu den Irrlehrern ist[15].

23   Der Verfasser lenkt den Blick wieder auf praktische Fragen, d. h. auf die Irrlehrer und darauf, wie das Vorgehen des Vorstehers gegen sie zu gestalten ist. Die dazu ausformulierten Leitlinien wirken eher defensiv. Auch wenn die Imperative den Vertreter der in der apostolischen Tradition stehenden Gemeinde zum

---

[11] Vgl. H. MERKEL, Past 70: „Aggressives Verhalten des Gemeindeleiters würde die Gemeinden nur noch mehr in den Streit hineinführen."
[12] Daß die in den Katalogen genannten Kriterien „bis auf ganz wenige Ausnahmen" als Eigenschaften aller Gläubigen vorausgesetzt sind, erlaubt nach P. TRUMMER, Menschen 100, die Schlußfolgerung, „daß die Kluft zwischen Amt und Gemeinde nicht zu groß gewesen sein kann".
[13] Vgl. N. BROX, Past 251: „Dieser Verweis auf die Glaubensgemeinschaft mit allen ist für die Festigung des Gemeindeleiters wie für die allgemeine Stärkung der kirchlichen Gemeinden in gleicher Weise wichtig."
[14] Vgl. V. HASLER, Past 71: Den Herrn anrufen meint „das Gebet im Allgemeinen"; vgl. auch O. KNOCH, Past 59.
[15] Vgl. zu dieser umfassenden Bedeutung auch PH.H. TOWNER, Goal 159: „Thus *kathara kardia* represents the new existence in its totality, seen from the perspective of the inner man."

Handeln auffordern, ist alles deutlich auf Verteidigung eingestellt. Jegliches Eingehen auf das, worin sich die Glaubenslehre der orthodoxen Gemeinde von den Häretikern unterscheidet, wird erneut untersagt (vgl. die gleichgerichteten Weisungen der VV 14.16a). Der Verfasser selbst demonstriert, wie mit den Irrlehrern zu verfahren ist. Grundlage dafür ist die Überzeugung, daß das Urteil über die vom rechten Glauben Abgewichenen eindeutig und damit für alle einsichtig ist. Es fehlt ihnen rundherum alles, was den wahren Glauben und den, der sich an ihn hält, auszeichnet.

Als der vom Apostel legitimierte Träger des „Amtscharismas" (vgl. 1,6) und damit auch der Verantwortung für das „Glaubensgut" (vgl. 1,14) muß „Timotheus" gegen alles vorgehen, was dem Ideal eines frommen Menschen (vgl. 2,22b) widerspricht. Das gilt auch für die Lehre. Mit dem Imperativ παραιτοῦ (vgl. 1 Tim 4,7: „die unheiligen und zu alten Frauen passenden Fabeln"; auf Personen bezogen 1 Tim 5,11; Tit 3,10) wird eine absolute Ablehnung signalisiert[16]. Den Gegenstand dieser Ablehnung bezeichnet „Paulus" als ζητήσεις. Im Unterschied zum außerbiblischen Sprachgebrauch[17] und zur Verwendung im Neuen Testament (Joh 3,25; Apg 15,2.7; 25,20) ist in den Past (noch 1 Tim 6,4; Tit 3,9; vgl. auch ἐκζητήσεις in 1 Tim 1,4) die negative Konnotation vorgegeben durch die Einbindung in die Irrlehrerpolemik. Damit ist aber die Frage nach der Übersetzung noch offen. Während E. Larrson vom Kontext her „eindeutig" belegt sieht, daß „törichte und nutzlose *Diskussionen*" gemeint sind[18], lehnt G. W. Knight eine solche positive Bedeutung wegen der Adjektive μωρός und ἀπαίδευτος ab[19]. Über die Übersetzung und damit verbunden das Verständnis entscheidet das Verbum παραιτεῖσθαι. Weil damit als Aufgabe des „Timotheus" festgehalten wird, die ζητήσεις abzuweisen, erscheint die Übersetzung mit „Streitgespräche", „Diskussionen" zu schwach. Es geht um mehr, nämlich um die Lehre der Gegner. Diesen ζητήσεις der Irrlehrer fehlt gerade das, was den rechten Glauben ausmacht, nämlich die Gewißheit, die Zuverlässigkeit, der Charakter des ein für alle Mal feststehenden Glaubensgutes. „Irrlehrer" bieten Untersuchungen, Streitigkeiten (etwas positiver formuliert: Fragen). Damit wird die Ablehnung für den rechten und echten Gemeindeleiter selbstverständlich und zur Pflicht; denn seine Aufgabe besteht darin, für die Wahrheit und ihren Bestand Sorge zu tragen, für die Wahrheit, die feststeht und unveränderlich ist. Die beiden Adjektive „töricht" und „unverständig" sind eine Steigerung dieser Abwertung und eine zusätzliche Begründung für die Ablehnung. Dem Treiben der Irrlehrer wird jeder Sinn und jede Bedeutsamkeit abgesprochen. Und schließlich wird als das Ergebnis jeglicher Beschäftigung mit der Falschlehre der Streit genannt, die Uneinigkeit der Christen untereinander. Das aber

---

[16] Der Imperativ Präsens von παραιτεῖσθαι ist nach C. Spicq, Past 765, „eine sehr drastische Form des Ausschlusses".
[17] Vgl. Lidell-Scott-Jones, s.v. ζήτησις.
[18] E. Larsson, EWNT II 257.
[19] G. W. Knight, Past 422.

widerspricht dem vorgestellten Ideal der in sich geschlossenen und gefestigten Gemeinde, dem geordneten „Haus Gottes" (vgl. 1 Tim 3, 16).

24 Nach der Beschreibung des Verhaltens des „Timotheus" gegenüber den Falschlehrern richtet sich der Blick wieder neu (δέ) auf ihn als denjenigen, der im Dienst des „Herrn" steht. Da Streit und Kampf Kennzeichen der Häretiker sind, wie gerade in V 23 behauptet worden ist, dürfen sie in der christlichen Gemeinde nicht vorkommen. Insbesondere aber muß der sich davon freihalten, dem mit der Verantwortung in der Gemeinde auch die Abwehr der Häretiker und ihrer Lehren übertragen ist[20]. Er steht im Dienst der Wahrheit, somit im Dienst der Gemeinde und folglich auch im Dienst des „Herrn" (vgl. V 22).

Die Wahl der Bezeichnung δοῦλος κυρίου für den Amtsträger hat zum einen den Zweck, sowohl die Autorität als auch die Zuordnung und Bedingtheit dieser Autorität zu unterstreichen. Mit dieser Zuordnung ist wie in anderen Fällen in den Past auch eine Grenze gezogen zu denen, die zwar vergleichbare Ansprüche in ihrer Lehrtätigkeit erheben, denen aber die Legitimation abgesprochen wird. Entscheidend ist also, daß das Tun der in der Person des Timotheus angesprochenen Autoritäten in den Gemeinden – und das betrifft auch ihre Aktionen gegen Irrlehrer und deren Anhänger – als im Auftrag des Kyrios geleisteter Dienst sowohl verstanden wird als auch Anerkennung findet.

Ob hinter der Bezeichnung δοῦλος κυρίου die deuterojesajanische Überlieferung vom Gottesknecht steht, eventuell über die christologische Zwischenstufe vermittelt, das muß offenbleiben[21], ist aber unwahrscheinlich. Der Verfasser steht hier in einer im Alten Testament und in jüdischem Verständnis grundgelegten und dann auf breiter Basis im Neuen Testament bezeugten Tradition, in welcher mit der Bezeichnung von Menschen als δοῦλος/δοῦλοι das Abhängigkeitsverhältnis und auch die besondere Erwählung durch Gott (vgl. u. a. Apg 16, 17; 1 Petr 2, 16; Jak 1, 1; Apk 7,3; auch Tit 1,1) und durch Jesus Christus (vgl. Röm 1, 1; 1 Kor 7, 22b; Gal 1, 10; Eph 6, 6; Kol 4, 12; Jak 1, 1; 2 Petr 1, 1; Apk 1,1) charakterisiert werden[22].

Nachdem Kampf und Streit als mit dem Dienst im Auftrag des Kyrios unvereinbar abgelehnt worden sind, wird im Gegensatz dazu (ἀλλά!) im zweiten Teil des Verses mit positiven Stichworten das Verhalten des Verantwortungsträgers in der Gemeinde charakterisiert. Deutlich ist dabei zu erkennen, daß sich mit der Bezeichnung als „Knecht des Herrn" auch eine Akzentverschiebung in der Art und Weise der Beschreibung seiner Aufgaben vollzieht. Er wird nicht mehr in der bloßen Opposition zu den dem Glauben Entfremdeten und ihren im

---

[20] Vgl. Y. REDALIÉ, Paul 325f: „Le conflit, la dispute, la controverse: voilà ce qu'amènent les adversaires. L' alternative réside dans la douceur et l'enseignement donnés par le responsable de la communauté, non pas seulement comme contenu, mais aussi comme pratique."
[21] Vertreten etwa von G. HOLTZ, Past 176f; P. DORNIER, Past 220f; vgl. aber schon W. LOCK, Past 101; J. N. D. KELLY, Past 190.
[22] Vgl. A. WEISER, EWNT I 846. Die von A. T. HANSON, Past 141, mit der Bezeichnung „Diener des Herrn" verknüpfte Deutung auf den „Klerus im Unterschied zu den Laien" geht sicher zu weit.

Irrtum befangenen Meinungen vorgestellt; es werden vielmehr Forderungen an ihn gerichtet, die die Erledigung der ihm übertragenen Aufgabe der Irrlehrerbekämpfung stärker unter dem Gesichtspunkt der Verantwortung formulieren[23]. Die Charakterisierung mit ἤπιος (noch 1 Thess 2,7 als v.l. zu νήπιος) verlangt von ihnen „Freundlichkeit", und zwar „zu allen". Von der Sorge des Gemeindevorstandes, der für die Bewahrung und die Weitergabe des Glaubens verantwortlich ist, darf niemand ausgeschlossen werden. Unter soteriologischem Gesichtspunkt entspricht dem die formelhafte Wendung 1 Tim 2,4. In Zuordnung zu der dort betonten universalen Gültigkeit des Heilswillens Gottes und von dessen Verwirklichung in Jesus Christus wird die „allen" zugute kommende „Freundlichkeit" des Vorstehers letztlich auch soteriologisch gewichtet. Da es um die vom Glauben Abgewichenen geht, werden die an den Gemeindeleiter gerichteten Anforderungen präzisiert: Klugheit und Geschick in der Verkündigung sind von ihm gefordert (vgl. auch διδακτικός beim Episkopos in 1 Tim 3,2), aber auch Ausdauer und Geduld (ἀνεξίκακος = Unrecht geduldig ertragend; ein neutestamentliches Hapaxlegomenon).

25 Als Aufgabe dessen, der im Dienst des Herrn steht, wird ausdrücklich festgehalten: Diejenigen, die sich von der Gemeinde getrennt haben, sollen belehrt werden. Das radikale Nein zur Irrlehre führt nicht dazu, daß die, die sich ihr zugewendet haben, von der Gemeinde und den Verantwortlichen einfach abgeschrieben werden dürfen. Die Einschätzung des Verhaltens der Irrlehrer als „Abirren von der Wahrheit" (V 18) bleibt allerdings bestehen. Insofern läßt das Selbstverständnis des Gemeindeleiters als Vertreter der Kirche und damit als Garant der rechten Lehre im Blick auf die, die ihr nicht folgen, nur eine Möglichkeit zu, nämlich die der Belehrung und der Unterweisung. Die Verwendung des Verbums παιδεύειν legt, vergleichbar mit 1 Tim 1,20, den Ton darauf, daß es beim Tun des Gemeindeleiters nicht nur um Darlegung einer Botschaft geht, sondern um den Einsatz seiner ganzen Autorität. Die dabei von ihm gezeigte Sanftmut steht im Gegensatz zu den Kämpfen und Streitereien, die als Ergebnis der Aktivitäten der Häretiker genannt sind (V 23). Das Ziel ist Umkehr (μετάνοια). Diese kann aber nur erhofft werden als Geschenk Gottes. Die zurückhaltend als Wunschsatz formulierte Erwartung (μήποτε δώῃ ... ὁ θεός) ist nicht nur Ausdruck des Wissens, daß solche Umkehr nur als Geschenk Gottes erwartet werden kann (vgl. auch die Verwendung von παιδεύειν in Tit 2,11f), sondern zeigt auch die nüchterne, wohl aus der Erfahrung erwachsene Einschätzung, daß „Umkehr" der „Widerspenstigen" alles andere als selbstverständlich ist[24].

Kennzeichen der in „törichte und unverständige Untersuchungen" verstrick-

---

[23] Insoweit ist die Behauptung gerechtfertigt, daß in diesem Text weniger irgendeine Gruppe von Falschlehrern das „Problem" ist, sondern – wie M. PRIOR, Paul 161, festhält – „Timotheus selbst" – allerdings, so ist zu ergänzen, in seiner stellvertretenden Funktion für die Gemeindeleiter.
[24] Vgl. dazu N. BROX, Past 252: „Man weiß um die Schwierigkeit, den Häretiker von der Wahrheit zu überzeugen..."

ten Gläubigen (vgl. V 23) ist, daß sie nicht der Lehre der Kirche, und das heißt in der Praxis: dem in ihr tätigen, in der Nachfolge des Apostels stehenden, für Glauben und Leben der Gemeinden verantwortlichen Vorsteher folgen. „Umkehr" bedeutet folglich immer Hinwendung zu der vom Apostel Paulus repräsentierten und legitimierten Kirche und ihrer Lehre. Entsprechend bedeutet „Erkenntnis der Wahrheit" Rückkehr zum Glauben der Kirche, Unterordnung unter ihre Lehrautorität[25]. Wenn der Vertreter der mit dem Anspruch des orthodoxen Glaubens agierenden Gemeinde deren Selbstverständnis mit dem Begriff „Erkenntnis der Wahrheit" artikuliert, zeigt sich darin (wie auch schon in 1 Tim 2,4; vgl. auch 2 Tim 3,7)[26] eine antignostische Spitze; die Wahrheit liegt in der überlieferten Glaubenstradition vor, und „Erkenntnis der Wahrheit" (in unpolemischer Akzentuierung Tit 1,1) bedeutet nicht persönliche Überzeugung des einzelnen, sondern Übereinstimmung mit der Lehrtradition der Kirche[27].

Diese „pädagogische" Aktion der Rückführung in die Kirche gilt Menschen, von denen gesagt wird, daß sie „Widerstand leisten". Die sehr allgemein gehaltene Bezeichnung als ἀντιδιατιθέμενοι (ἀντιδιατίθεσθαι = „sich widersetzen"; ein Hapaxlegomenon im Neuen Testament) beläßt – wohl bewußt – einen breiten Spielraum in der Bestimmung der Personen, die dazu zu rechnen sind. Mit dieser Kennzeichnung sind alle gemeint, die sich nicht der Autorität der rechtmäßigen, in der Gestalt des Timotheus agierenden Gemeindeleiter unterordnen; es sind sowohl die führenden Gestalten aus dem Kreis derjenigen, die der Irrlehre beschuldigt werden, aber auch ihre Anhänger und Sympathisanten. Für die Past ist ein wesentliches Kennzeichen der Irrlehre die fehlende Unterordnung unter die Autorität der Kirche.

26 Wie unerläßlich Umkehr für die Erlangung des Heils (vgl. 2,10) ist, zeigt die Charakterisierung des derzeitigen Lebens der Abweichler. Sie werden im Netz des Teufels gefangen gesehen. Das Urteil betrifft alle, denen Abweichung von der rechten Lehre zum Vorwurf gemacht wird[28]. Anhaltspunkte dafür, daß unterschieden werden soll zwischen den Verführten, die auf diese Weise „gleichsam moralisch entlastet" wären, und den falschen Lehrern, die als „Teu-

---

[25] Vgl. A. T. Hanson, Past 142. Nach M. Dibelius, Ἐπίγνωσις 2, tritt in dieser Festlegung der „Wahrheit" auf die von Paulus dem Timotheus übergebene Lehre, die ὑγιαίνουσα διδασκαλία (vgl. 2 Tim 2,2), „ein gewisser Rationalismus" hervor. Dibelius betont aber auch, daß ἐπίγνωσις τῆς ἀληθείας in den Past die christliche Erkenntnis meint, „die aus der rechten Lehre stammt und sich im Leben auswirkt".
[26] Vgl. N. Brox, Past 252, zum Ausdruck „Erkenntnis der Wahrheit" in diesem Vers: „hier natürlich ein antithetischer, polemischer Begriff"; H. v. Lips, Glaube 37: „In ihren verschiedenen Aspekten hat die Formel zugleich eine polemische Funktion gegen die Häretiker."
[27] Vgl. U. Wagener, Ordnung 97: „Diese Wahrheit ist nicht paradox oder geheimnisvoll, sondern unmittelbar einsichtig. Entsprechend geht es bei ἐπίγνωσις nicht primär um intellektuelle Erkenntnis, sondern um eine Haltung der Annahme dieser Wahrheit."
[28] Auf die dem Episkopos drohende Gefahr, daß mangelnde Bewährung in der Erfüllung seiner Aufgabe ihm ebenfalls zur „Schlinge des Teufels" werden könnte, verweist 1 Tim 3,7.

felsdiener" hingestellt würden[29], liefert der Text nicht. Es gibt nur die eine Alternative: Erkenntnis der Wahrheit, d.h. gehorsame Übernahme der Glaubenslehre der Kirche, oder Abweichung davon, Widerstand gegen die Lehre der Kirche und ihre Lehrer, und das ist gleichbedeutend mit Unterordnung unter den Willen des Teufels.

Es liegt in diesem Urteil eine kaum noch zu überbietende negative Bewertung des Phänomens der Glaubensabweichung, die im vorangegangenen Vers noch als Widerstand gegen die Autorität des Amtsinhabers vorgestellt worden ist; den Betroffenen wird drastisch vor Augen gehalten, daß sie sich mit ihrem Abfall vom rechten Glauben als Werkzeuge Satans erweisen. Mit ζωγρέω (im Passiv „gefangen gehalten werden") ist das Bild von der Schlinge aufgegriffen. Die Möglichkeit, eigenständig zu entscheiden, wird damit für die Vertreter einer von der Kirche abweichenden Lehre in Abrede gestellt; der Teufel setzt in ihnen, in ihrem Leben und in ihrer Lehre, seinen Willen durch.

Passend zur Kennzeichnung des Befindens der Häretiker wird das, was sie brauchen, beschrieben mit „Nüchternheit"; das Verbum ἀνανήφειν (= sich wieder besinnen, nüchtern werden) wird allerdings im Bild (von der Schlinge des Teufels) nicht durchgehalten. Was den Irrlehrern fehlt, ist die Einsicht in ihre wirkliche Lage. Wie Betrunkene verkennen sie, daß sie nicht frei sind, sondern sich in der Macht Satans befinden. Ein erster Schritt zur Umkehr und zur Erkenntnis der Wahrheit ist, daß sie „nüchtern" werden, um erkennen zu können, daß sie als Werkzeuge des Teufels sich mißbrauchen lassen.

III

Man könnte diesen Abschnitt der VV 22–26 als eine Art Atempause in der Ketzerpolemik des 2 Tim verstehen. Die Schärfe der radikalen Ablehnung jeglichen Kontaktes mit den Häretikern auf der Ebene der Glaubenslehre erscheint etwas abgeschwächt durch die an den Gemeindeleiter ergehende Aufforderung, „in kluger Pädagogik" sich auch gegenüber den Abgefallenen offen zu zeigen, ihnen durch das Beispiel eines vorbildhaften christlichen Lebens und durch verständige und geduldige Unterweisung die Umkehr zum rechten Glauben zu ermöglichen[30].

Die Kluft zwischen den Gemeinden, die vom Autor bzw. von der in Timotheus angesprochenen Amtsperson repräsentiert werden, und den Häretikern wird aber gleichzeitig vertieft. Es gibt nicht mehr das entscheidende verbindende Band des gemeinsamen Glaubens; es gibt aber auch nicht mehr die gegenseitige Achtung des Bemühens um den rechten Glauben. Das Gespräch mit den Menschen, die des bewußten Abweichens von der Wahrheit beschuldigt werden (2,17f), wird nicht nur als nutzlos abqualifiziert (vgl. V 14); diesen Leuten muß nach Meinung des Verfassers entschieden Widerstand geleistet werden. Der einzige ihnen verbleibende Weg ist, die von der Kirche verkündete

---

[29] So V. HASLER, Past 72.
[30] Vgl. V. HASLER, Past 72.

Lehre als die Wahrheit, die von Gott kommt, anzuerkennen. Wo dies nicht geschieht, da kann man nur den Satan am Werk sehen. In diesem radikalen Urteil liegt auch der letzte Grund für die radikal negative Bewertung jeglichen Diskutierens und der Forderung jeglichen Verzichts auf inhaltliche Befassung mit den Meinungen der Falschlehrer und eine sachbezogene Widerlegung.

Auch wenn der Gemeindeleiter in seinem Verhalten angesprochen und zu Freundlichkeit, Offenheit und Verständnis ermahnt wird, – letztendlich hängt alles davon ab, ob die abtrünnigen Christen „umkehren" und so von Gott den Weg der Erkenntnis der Wahrheit geschenkt bekommen (V 25).

LITERATUR: L. H. BUNN, 2 Timothy ii.23–26: ExpT 41 (1929/30) 235–237; W. METZGER, Die neoterikai epithymiai in 2. Tim. 2,22: ThZ 33 (1977) 129–136.

10. Das Urteil über die Irrlehrer (3,1–9)

3,1 Das aber mußt du wissen, daß in den letzten Tagen schwere Zeiten anbrechen werden; 2 die Menschen werden nämlich selbstsüchtig sein, geldgierig, prahlerisch, überheblich, Lästerer, ungehorsam gegen die Eltern, undankbar, gottlos; 3 lieblos, unversöhnlich, verleumderisch, zügellos, unbeherrscht, dem Guten abgeneigt, 4 verräterisch, unbesonnen, aufgeblasen, weit mehr dem Vergnügen ergeben als Gott liebend; 5 sie geben sich den äußeren Schein der Frömmigkeit, deren Kraft aber verleugnen sie. Und von denen wende dich ab! 6 Aus ihren Reihen kommen die, die sich in die Häuser einschleichen und gewisse Frauen einfangen (verführen), welche in Sünden stecken und von mannigfachen Begierden umgetrieben werden, 7 die ständig am Lernen sind und doch nie zur Erkenntnis der Wahrheit zu gelangen in der Lage sind. 8 Wie Jannes und Jambres sich dem Mose widersetzten, so widersetzen auch diese sich der Wahrheit – Menschen, verderbt in ihrem Verstand, nicht bewährt im Glauben. 9 Aber sie werden nicht weiter vorankommen; denn ihr Unverstand wird allen offenkundig sein, wie es auch bei jenen geschah.

I

Das alles prägende Anliegen und Thema der Past, die Auseinandersetzung mit Irrlehrern, bestimmt auch diesen Textabschnitt. Bevor der Verfasser sich in V 5 seiner Gegenwart zuwendet – wobei V 5a einen Übergang darstellt und in V 5b mit ἀποτρέπου unmittelbar die Situation der Past angesprochen ist –, gestaltet er einleitend die Aussagen als Ankündigung von zukünftigen Geschehnissen. Im Anschluß an einen in der frühjüdischen Literatur geläufigen Topos läßt er den auf seinen Tod vorausblickenden Apostel für die Endzeit ein Verhalten der Menschen voraussehen und ankündigen, das in einem umfassenden Sinn als gottlos und verderbt zu bezeichnen ist. Schon 1 Tim 4,1–5 hatte der Autor mit einer ähnlich formulierten Weissagung (ἐν ὑστέροις καιροῖς ἀποστήσονταί τινες τῆς πίστεως) eine Beschreibung gegeben, die zuerst endzeitlichen Glaubensabfall vorstellte, die dann aber inhaltlich auf theologische Positionen in Gemeinden seiner Gegenwart Bezug nahm und diese als die angekündigten Irrlehren kritisierte.

Der Hinweis auf die „Endzeit" ist auch fester Bestandteil der in der Form von Testamenten abgefaßten frühjüdischen TestXII (vgl. TestDan 5,4 ἐν ταῖς ἐσχάταις ἡμέραις)[1].

Die „Aufspaltung" der zeitlichen Ebene, daß nämlich dem einleitenden Futur (V 1) am Schluß des ersten Abschnittes der Imperativ Präsens (V 5) entspricht, hat in erster Linie zum Ziel, den folgenden Aussagen, die sich auf die Gegenwart der Past beziehen, besonderes Gewicht zu verleihen. Der Autor will den Ernst der gegenwärtigen Situation dadurch unterstreichen, daß er sie in Beziehung setzt zum großen Abfall der „letzten Tage". Die so in den Blick kommende eschatologische Zukunft wird bereits in seiner Gegenwart Wirklichkeit. Unter Einsatz eines umfangreichen Lasterkatalogs mit 18 Gliedern (VV 2–4) beschreibt er zuerst einen umfassenden Glaubensabfall. Doch damit kann er sich angesichts der aktuellen Probleme der Gemeinden seiner Zeit nicht zufriedengeben. Die eigentliche Gefahr für die christlichen Gemeinden in der Gegenwart geht von den Praktiken und Verhaltensweisen aus, die im folgenden (VV 6–8) als jetzt festzustellende Verfehlungen zu nennen sind und vor denen als aktuellen Gefahren gewarnt wird.

In dem Abschnitt 3,1–9 läßt sich gut beobachten, daß das Ziel der Darstellung darin liegt, durch die Verknüpfung des Kampfes gegen die Irrlehrer mit der eschatologischen Notzeit, die geprägt ist von allen möglichen Lastern, auch die Irrlehrer als „schlimme Übeltäter" zu erweisen. Was den Irrlehrern dann aber (VV 6–8) konkret als Verhaltensweise zum Vorwurf gemacht wird, das hat gegenüber der katalogartigen Aufzählung eigene Bedeutsamkeit. Der Autor der Past entwickelt in gewisser Weise zwei Linien der Auseinandersetzung mit den Falschlehrern: zum einen die recht allgemein gehaltene und an traditionellen Listen orientierte Irrlehrerpolemik, die für die Eruierung der geschichtlichen Situation, insbesondere auch des Lebens und Glaubens der damit charakterisierten „Irrlehrer", im wesentlichen unbrauchbar ist[2]; daneben stehen die teilweise konkreteren, situations- und zeitbezogenen Anschuldigungen, die wenigstens in einigen Punkten einen Einblick in das Denken und Leben der der Häresie angeklagten Christen geben[3].

---

[1] Die Parallelen in der frühjüdischen Literatur listet M. WOLTER, Pastoralbriefe 229f, auf.
[2] Der Umstand, daß manche der genannten Verfehlungen als zutreffende Beschreibungen von Verhaltensweisen bei dieser Personengruppe gelten können, ist nicht überzubewerten; denn in dieser Hinsicht – man nehme als Beispiel die Anklagen der Lieblosigkeit, der Habgier oder der Selbstsucht – sitzen „Irrlehrer" und „Rechtgläubige" im selben Boot!
[3] Vgl. auch den Hinweis bei S. WIBBING, Tugend- und Lasterkataloge 89, daß von dem, was an Verhalten und Lehren getadelt wird – die verschiedenen Arten von Askese und das Verbot der Ehe (1 Tim 4,3), die Auffassung vom Gesetz (1 Tim 1,5ff) und die Bemühungen um gewisse Frauen (2 Tim 3,6f) –, in den Lasterkatalogen „so gut wie nichts" zu finden ist.

Da in der vorliegenden Darstellung die beiden Ebenen der aktuellen Glaubenskrise und des eschatologischen Glaubensabfalls bewußt miteinander verschränkt werden, erscheint eine Unterscheidung zwischen „gegenwärtigen" und „zukünftigen" Irrlehrern unmöglich[4]. Gleichzeitig darf aber nicht übersehen werden, daß eine Identifizierung der Falschlehrer, gegen die die Past polemisieren, mit den Menschen der „letzten Tage", wie sie in den VV 2–4 geschildert werden, vom Verfasser nicht *ausdrücklich* vorgenommen wird. Zwar ist der Gebrauch des Futurs in den VV 1.2 (ἐνστήσονται, ἔσονται) bedingt durch das literarische Stilmittel, daß „Paulus" für die Zukunft den eschatologischen Glaubensabfall ankündigt, während der Gemeindeleiter in V 5 dann im Imperativ ἀποτρέπου zum sofortigen Handeln aufgefordert wird. Und auch in der einleitenden Wendung in V 6 (ἐκ τούτων) wird noch einmal Bezug genommen auf diese von Lastern gekennzeichneten Menschen. Doch dann schildert der Autor die gegenwärtigen Verhältnisse seiner Gemeinden mit einer neuen Profilierung der Gegner der Wahrheit und des Glaubens. Hier liegt die eigentliche Problematik, und hier liegt auch der Schwerpunkt der Auseinandersetzung. Das Ziel des Verfassers ist, den Ernst der gegenwärtigen Situation, nämlich das Auftreten von Missionaren, denen Abweichung vom wahren Glauben und von der rechten Lehre zum Vorwurf gemacht wird, in christlichen Gemeinden dadurch veranschaulichend zu dramatisieren, daß er ihr Auftreten als Zeichen der „Endzeit" interpretiert[5].

II

1 Der einleitende Imperativ unterstreicht die angeschlossene eschatologische Weissagung. Solcher Ausblick auf die Endzeit mit der Ankündigung bedrohlicher Ereignisse findet sich auch an anderen Stellen in der neutestamentlichen Literatur (vgl. u. a. Mk 13, 5–37; 2 Petr 3, 3 „... am Ende der Tage werden Spötter kommen ..."). In der von der literarischen Form her vergleichbaren Abschiedsrede des Paulus in Milet läßt der Verfasser der Apostelgeschichte den Paulus ebenfalls ankündigen, daß nach seinem Weggang „reißende Wölfe" in die Gemeinden eindringen werden (Apg 20,29). Im Unterschied zur lukanischen Darstellung leitet der Paulus der Past hier (wie in 1 Tim 4, 1) mit dem Ausblick auf die eschatologische Krise eine aktuelle Situationsbeschreibung ein. Während in 1 Tim 4, 1 gleich davon gesprochen wird, daß in späteren Zeiten „einige vom Glauben abfallen werden", verweist der Verfasser hier allgemein darauf, daß „schwere Zeiten" anbrechen werden, ohne daß dies mit dem Auftreten von Irrlehrern, seien es gegenwärtige oder zukünftige, verknüpft wird[6]. Man

---

[4] Vgl. F. J. SCHIERSE, Past 123 f.
[5] Die hier vorliegende Einführung der auf die Endzeit bezogenen Terminologie ist deshalb nicht als Beleg für besondere eschatologische Ausrichtung der Gemeinden der Past auszuwerten, wie etwa R. SCHWARZ, Christentum 108, behauptet: „Daß man sich dessen bewußt ist, in der eschatologischen Zeit zu leben, die die letztlich entscheidende ist, wird auch 2 Tim 3, 1 ersichtlich"; denn diese Terminologie hat „aktuelle Relevanz nur zur Heraushebung der Irrlehre-Gefahr", wie H. v. LIPS, Glaube 91, festhält.
[6] Insofern ist die Aussage bei M. DIBELIUS – H. CONZELMANN, Past 86, zu korrigieren, in V 1

kann zwar erkennen, daß die Schilderung der endzeitlichen Mißstände die Kritik an der durch die Irrlehre heraufgeführten Situation des Glaubensabfalls einleiten und zugleich als gewichtig erscheinen lassen soll, doch der Verfasser will gleichzeitig diesen „schweren Zeiten" der letzten Tage *eine eigene Bedeutung* belassen, die sich nicht erschöpft in dem, was für die Gegenwart zu beklagen ist. Bei aller Bezogenheit aufeinander bleiben gegenwärtiger Glaubensabfall und eschatologische (Glaubens-)Krise voneinander unterschieden.

2–4 Diese drei Verse bieten mit einem Lasterkatalog eine Beschreibung der Menschheit, die sich wie eine Ansammlung aller nur denkbaren moralischen Mängel und Negativhaltungen liest[7]. In einem solchen moralischen Tiefstand des Menschengeschlechts gibt es keinen Platz für Zukunft und Hoffnung.

Die betonte Voranstellung des futurischen Prädikats im Stil eschatologisch-apokalyptischer Rede ist zuerst einmal durch die Redeform bedingt (vgl. auch Mk 13,19; Lk 17,22). Der Autor hat also dabei bereits die Irrlehrer seiner Zeit im Auge[8]; doch es erscheint nicht gerechtfertigt, einen *unmittelbaren* Bezug herzustellen in dem Sinne, der Verfasser wolle in dieser katalogartigen Aufzählung von Sünden die Irrlehrer „beschreiben"[9]. Die vorgestellten „Menschen" bleiben Gestalten der Zukunft[10]. Dem Verfasser liegt nicht daran, seine Gegenwart, in die hinein „Paulus" schreibt, mit der Endzeit zu identifizieren; diese Differenzierung gilt auch für die Personen[11].

Der Lasterkatalog fällt wegen seines Umfangs auf. Zusammen mit Röm 1,29–31 ist dies mit 18 (bzw. 19) Gliedern der längste Lasterkatalog des Neuen Testaments. Der Verfasser formuliert wiederum nicht frei, sondern ist abhängig von ihm vorgegebenen katalogartigen Aufzählungen von Lastern, die in der hellenistischen Umwelt geläufig waren, allerdings auch in die jüdische Literatur eingedrungen sind[12]. Inwieweit darüber hinaus auch Abhängigkeit von der Lasteraufzählung in Röm 1,29–31 anzunehmen ist, muß offenbleiben[13]. Immerhin ist auffällig, daß mit der Nennung der „Prahler" (ἀλαζόνες), „Hochmü-

---

würden „die bekämpften Gegner ausdrücklich mit jenen Sündern der letzten Zeiten identifiziert".

[7] Vgl. H. MERKEL, Past 71: Hier wird „die endzeitliche Not allein im Verfall der Moral gesehen".

[8] Vgl. E. KAMLAH, Form 200, mit Bezug auf 3,1-9: „Ein Lasterkatalog schildert die böse Menschheit der Endzeit, zu der, sie repräsentierend, die Irrlehrer gehören."

[9] Vgl. aber R. J. KARRIS, Background 553: der Verfasser benutze den Lasterkatalog, „um die Gegner zu beschreiben".

[10] Die Bedeutung der futurischen Formulierung ἔσονται betont G. W. KNIGHT, Past 429.

[11] Vgl. N. BROX, Past 253: „In den Häretikern sind die Sünder der Endzeit erschienen, ohne daß gemeint wäre, die Endzeit sei angebrochen." Man darf aber auch bei den Personen im Sinne des Paulus der Past differenzieren: die Irrlehrer und die im Lasterkatalog beschriebenen Sünder sind nicht identisch.

[12] A. VÖGTLE, Tugend- und Lasterkataloge 232f, sieht eine „äußere, traditionelle Veranlassung" für diesen Lasterkatalog „in den Schilderungen der endzeitlichen Sittenverderbnis durch die jüdische Apokalyptik", in den Einzelbegriffen aber „traditionelles Begriffsmaterial" profaner Lasterkataloge. An anderer Stelle (NBL II 590) spricht er in bezug auf 2 Tim 3,2–4 von einem „mit Diatribebegriffen gespickten" Lasterkatalog.

[13] Zurückhaltend urteilen etwa M. DIBELIUS – H. CONZELMANN, Past 87; N. BROX, Past 254.

tigen" (ὑπερήφανοι), „den Eltern gegenüber Ungehorsamen" (γονεῦσιν ἀπειθεῖς) und „Lieblosen" (ἄστοργοι) vier gemeinsame Bezeichnungen vorkommen[14]. Doch ist diese Gemeinsamkeit ebenso mit Abhängigkeit von bereits breiterer Übernahme der listenartigen Aufzählung durch die christliche Tradition zu erklären, wie etwa auch die Nennung der „Lästerer" (βλάσφημοι, vgl. auch βλασφημία: Mk 7,22; Eph 4,31; Kol 3,8 und 1 Tim 6,4). Die Tatsache, daß von den verbleibenden 13 Begriffen das Adjektiv ἀνόσιος außer an dieser Stelle noch 1 Tim 1,9 gebraucht wird, die anderen 12 im Neuen Testament nur in diesem Kontext der Lasterkataloge in den Past bezeugt sind, zeigt, daß der Verfasser in erster Linie aus dem Repertoire der jüdisch-hellenistischen Schriften und den philosophisch-ethischen Schriften griechisch-hellenistischen Ursprungs geschöpft hat.

Was die Reihenfolge der Aufzählung angeht, so sind Gliederungsmerkmale auszumachen, die insbesondere sprachlicher Art sind, etwa gleich an- bzw. auslautende Wortpaare[15].

Aufgrund der Abhängigkeit von vorgegebenen Mustern ist der Lasterkatalog nicht nach Einzelinhalten zu befragen bzw. auszuwerten, sondern als eine in sich geschlossene Einheit zu betrachten, deren Ziel es ist, möglichst eindrucksvoll das eschatologische Chaos zu charakterisieren[16]. Dabei ist im Aufbau deutlich zu erkennen, daß die beiden Randbegriffe der *ganzen* Aufzählung in scharfem Kontrast stehen: die Menschen mit „Selbstliebe" (φίλαυτοι) und die mit „Gottesliebe" (φιλόθεοι). Da dieselbe Zusammenstellung auch bei Philo begegnet (vgl. die Gegenüberstellung fug. 81 φίλαυτοι δὴ μᾶλλον ἢ φιλόθεοι ..., des öfteren für Abel und Kain: sacr. 3; det. 32 [vgl. 48.68.78]), ist damit zu rechnen, daß der Verfasser der Past hier von Philo abhängig ist, was dann auch für andere Begriffe anzunehmen wäre[17]. Der in den Randgliedern erkennbare Kontrast hat darüber hinaus aber auch einen Bezug zur theologischen Auseinandersetzung in den Past, die ansonsten eher indirekt vor sich geht. Die Besinnung auf Gott und auf seinen Willen hat soteriologische Bedeutung, wie u.a. in der Titulierung Gottes als „σωτήρ" und in den verschiedenen Hinweisen auf seinen universalen Retter- und Heilswillen deutlich wird (vgl. 1 Tim 2,4; 2 Tim 1,9f). Dem steht gegenüber die Einschränkung, die in dem Anspruch der Heilsbedeutsamkeit der Erkenntnis den einzelnen Menschen zum Maßstab für das Verhältnis zu Gott und zu den Menschen erhebt[18].

---

[14] Vgl. aber N. J. McELENEY, Vice Lists 212: „The occurence of four terms in both lists ... does not provide sufficient evidence that 2 Tim 3:2–5 was inspired by Rom 1:29–31 when the much larger number of non-corresponding vices in both lists is considered."
[15] Den beiden einleitenden Begriffen φίλαυτοι und φιλάργυροι entsprechen die beiden letzten, φιλήδονοι und (μᾶλλον ἢ) φιλόθεοι; in der Mitte steht eine Abfolge von sieben Lastern mit ἀ-, die nur von διάβολοι unterbrochen wird; es folgen zwei Begriffe, die mit προ- beginnen; vgl. dazu S. WIBBING, Tugend- und Lasterkataloge 83; N. J. McELENEY, Vice Lists 214; M. PRIOR, Paul 243f Anm. 86; G. W. KNIGHT, Past 429–432.
[16] Vgl. S. WIBBING, Tugend- und Lasterkataloge 89; H. MERKEL, Past 72.
[17] Vgl. C. SPICQ, Past 773f; A. T. HANSON, Past 144. Die Übereinstimmungen mit Philo betont auch M. PRIOR, Paul 243f Anm. 85 und 86, allerdings ohne ausdrücklichen Hinweis auf Abhängigkeit der Liste 2 Tim 3,2–4 von Philo. Für solche Abhängigkeit sind nach N. J. Mc ELENEY, Vice Lists 213, die Übereinstimmungen zu unspezifisch.
[18] Vgl. W. LOCK, Past 105.

5   Der Übergang in die Gegenwart kündigt sich im Tempuswechsel an; an die Stelle des Futur tritt das Präsens. Im Blick steht die Gemeinde der Past, in der es Personen gibt, die sich als gläubige Christen verstehen, denen aber vom Autor die Berechtigung dazu abgesprochen wird. Der Vorwurf gegen diese Leute lautet, daß sie nur äußerlich, dem Anschein nach, „fromm" leben. Eine schon des öfteren gemachte Beobachtung bestätigt sich hier: Im Hintergrund stehen innergemeindliche Auseinandersetzungen um den rechten Glauben, um die wahre, ungeheuchelte Frömmigkeit. In der Formulierung zeigt sich dabei jedoch eine gewisse Unsicherheit. Einerseits wird der Gegensatz sehr stark betont, indem der Adressat des Briefes, der die rechtgläubigen, d.h. am Evangelium des Paulus ausgerichteten Gemeindemitglieder repräsentiert, dazu aufgefordert wird, sich von jenen „Scheinfrommen" abzuwenden. Andererseits bleibt – blendet man die voranstehenden Laster aus – die Grenze zwischen Orthodoxie und Häresie angesichts der ziemlich vage gehaltenen Form der Anklage (noch) recht unbestimmt. In Entsprechung zur Inanspruchnahme der εὐσέβεια als Kennzeichen des „wahren Glaubens" (vgl. 1 Tim 2,2; 3,16; 4,7f; 6,3.11; Tit 1, 1)[19] wird diesen Menschen – die Bezeichnung als „Christen" müßte ihnen wohl nach Meinung des Autors abgesprochen werden, auch wenn das nicht ausdrücklich gesagt wird – zum Vorwurf gemacht, daß ihnen „die Kraft der Frömmigkeit" abgeht, noch eindringlicher: daß sie von ihnen verleugnet, also bewußt zurückgewiesen wird.

Was aber ist unter der hier gebrauchten Formulierung δύναμις (εὐσεβείας) zu verstehen? Zum besseren Verständnis trägt auf den ersten Blick auch nicht bei, daß der Begriff δύναμις der Wendung μόρφωσις εὐσεβείας gegenübergestellt wird. Die unterschiedlichen exegetischen Lösungsvorschläge verdeutlichen die Verlegenheit.

Drei seien kurz vorgestellt:

(1) G. Holtz schreibt dazu: „δύναμις εὐσεβείας wäre: Scheidung von Verrätern, Größe im Dienen, beim Herrn in seinen Anfechtungen verharren, Widerstand gegen Versuchungen des Abfalls und der Feigheit, Mut zur Armut im Dienst der Mission. Das alles wird beim Gegner vermißt."[20] Dazu seien zwei Nachfragen gestellt: Wo liegt das Spezifikum der Falschlehre? Und wenn man die genannten Defizite wirklich ernsthaft zum Kriterium des rechten Glaubens machen wollte, ließe sich dann noch der vehemente Kampf der „Rechtgläubigen" (so es diese unter den vorgestellten Bedingungen überhaupt noch geben sollte!) gegen die „Abtrünnigen" rechtfertigen?

(2) N. Brox deutet den Vers so, daß die Abgelehnten Christen sind, die „die ‚Kraft', nämlich die wahre Lehre, von welcher die Frömmigkeit lebt, nicht anerkennen"[21].

(3) Nach F. J. Schierse schließlich lautet der Vorwurf an diese Christen, „nur den ‚Anschein', die ‚äußere Form' der Frömmigkeit zu besitzen, ihre innere Kraft, die Liebe, aber zu verleugnen"[22]. Die letztgenannte Auslegung erscheint jedoch insofern problematisch,

---

[19] G. W. Knight, Past 432.
[20] G. Holtz, Past 181.
[21] N. Brox, Past 254.
[22] F. J. Schierse, Past 125.

als sie zugleich zu allgemein und zu konkret die Position der sogenannten Irrlehrer festlegt; Anhaltspunkte bietet dafür der Text nicht.

Im Gegenüber zu diesen allgemein gehaltenen, gleichzeitig aber doch auch recht umfassenden Vorwürfen ist genauer danach zu fragen, wo die Past den entscheidenden Differenzpunkt zwischen rechtem Glauben und Häresie ansetzen. Und deshalb erscheint der von Brox genannte Aspekt bedenkenswert; der Hinweis, daß die Frömmigkeit sich nur dann entfalten und zur Geltung kommen kann, wenn sie aus der Glaubenstradition schöpft und daraus ihre Kraft holt, würde dem Gesamttenor der Past entsprechen (vgl. auch 1 Tim 6,3, wo verwiesen wird auf die „der Frömmigkeit entsprechende Lehre"). Wenn zudem die Glaubensabweichung zu bestimmen ist mit der Übernahme gnostischer Gedanken, dann ließe sich dieser Vorwurf noch präzisieren. Die der Abweichung vom rechten Glauben beschuldigten Christen leugnen die „Kraft der Frömmigkeit", insofern sie aufgrund des für sich in Anspruch genommenen Besitzes von Erkenntnis sich selbst als Erlöste betrachten, solches aber den „einfachen" Christen, die „nur" fromm (= εὐσεβῶς = der kirchlichen Lehre entsprechend) leben, absprechen. Bei einer solchen Interpretation würde auch verständlich, daß es sich nach Meinung des Verfassers um eine gravierende Abweichung vom Glauben handelt, so daß auch die Forderung einsichtig wäre, die in der Person des Timotheus an die Verantwortlichen ergeht, sich von diesen Menschen abzuwenden[23]. Dabei wird aber noch nicht an Exkommunikation zu denken sein[24].

In die Linie einer Kritik am exklusiven Heilsverständnis der Gnostiker würde sich auch die folgende Polemik gegen Aktivitäten in Häusern einfügen.

6   Der Verfasser setzt zu einer differenzierenden Bestimmung der gerade noch ganz allgemein der Scheinfrömmigkeit Beschuldigten an. Eine vergleichbare Konkretisierung findet sich auch in 1 Tim 1,19f und 2 Tim 2,17f; an diesen Stellen werden aus der Gruppe derer, denen Abweichung vom rechten Glauben bzw. von der Wahrheit vorgehalten wird, jeweils zwei Personen (angeschlossen mit ὧν ἐστιν) namentlich vorgestellt. Mit 2 Tim 2,17f liegt auch insofern eine Übereinstimmung vor, als dort der Vorwurf der „Abweichung von der Lehre" inhaltlich präzisiert wird (in der Behauptung, die Auferstehung sei schon geschehen), während hier das hinterhältige Eindringen der Irrlehrer in Privathäuser mit dem Ziel der „Verführung" einer bestimmten Gruppe von Frauen durch ihre Verkündigung angeprangert wird.

Schon in der Wortwahl zur Beschreibung des Vorgehens der Missionare und zur Charakterisierung der Erwartungen der Adressaten ist zu erkennen, daß der

---

[23] Im weitesten Sinne liegt hier dann natürlich auch eine Verfehlung gegen die Liebe vor.
[24] N. Brox, Past 254, will – im Anschluß an J. Jeremias, Past 60 – die Forderung zur „Abkehr" so verstehen, daß dahinter „die Praxis der Verweigerung der Gemeinschaft mit Ketzern (vgl. 2 Joh 10) steht". A. T. Hanson, Past 145, verweist dagegen darauf, daß es sich um eine in den Past des öfteren zu findende Aussage handelt, die „nicht notwendigerweise" auf irgendeine formelle Maßnahme zu beziehen sei.

Autor sein Beispiel, welches den voranstehenden Vorwurf der „Scheinfrömmigkeit" belegen soll, so auswählt bzw. darstellt, daß für den Leser kein Zweifel mehr bestehen kann an der Berechtigung der von „Paulus" erhobenen Forderung, sich von solchen Leuten abzuwenden. Diese Einsicht provoziert als erstes die Frage, inwieweit die vorliegende Schilderung der Personen sich an der Wirklichkeit, an ihrem Leben und Handeln orientiert. Und dann ist weiterzufragen, wer eigentlich in den Augen des Verfassers die Personen sind, die den Glauben gefährden; denn seine Polemik richtet sich nicht nur gegen die Irrlehrer, sondern beinahe noch massiver gegen die, die seiner Darstellung nach von deren Wirken betroffen sind, also die Verführten, hier eine Gruppe von Frauen.

Die unlautere Absicht der in ihrer Frömmigkeit schon verurteilten Missionare (vgl. V 5) macht die Formulierung mit ἐνδύνειν („sich einschleichen") deutlich (ähnlich wird das Verhalten der Irrlehrer in Jud 4 beschrieben: παρεισέδυσαν γάρ τινες ἄνθρωποι). Zusammen mit der Nennung der Häuser als Orte ihrer Tätigkeit wird in der Wortwahl die sektiererische Absicht anschaulich gemacht. Wie 1 Tim 5,13, im Kontext der Belehrungen über die Witwen, erhält „das Haus" als Ort religiöser Unterweisung einen negativen Beigeschmack. Dabei handelt es sich ohne Zweifel um Häuser von Christen bzw. um christliche Familien. Bei denen, die sich „einschleichen", denkt der Verfasser sicher vor allem an solche, denen der offizielle Auftrag, die Sendung durch die Gemeinde bzw. durch deren Vorsteher, fehlt. In Entsprechung zur Beschreibung ihres Verhaltens wird auch die Absicht, die sie leitet, schon in der Wahl des Verbums rein negativ gekennzeichnet; sie wollen die dort anwesenden Frauen „verführen". Das Verbum αἰχμαλωτίζειν steht zu allem, was bisher in der Person des Timotheus dem Gemeindeleiter gesagt worden ist, als Gegenbegriff; es vereinigt in sich potentiell alle zuvor genannten gottfernen und gottwidrigen Möglichkeiten des Lebens.

Dazu passend werden die Adressatinnen – es wird nur von Frauen gesprochen! – zusammen mit ihren Anliegen in jeder Hinsicht abwertend dargestellt. Der Autor nennt diese einzige Zielgruppe polemisch γυναικάρια. Die Bezeichnung γυναικάριον für eine Frau hat einen verächtlichen Unterton und begegnet im Neuen Testament nur an dieser Stelle[25]. Doch der Verfasser gibt sich damit noch nicht zufrieden. Er charakterisiert sie als Frauen, die in Sünden stecken und die von mannigfachen Begierden umgetrieben werden. Hier wechselt die Polemik den Adressaten. Als Zielgruppe erscheinen nicht mehr die falschen Lehrer, und als die große Gefahr wird nicht mehr ihre Aktivität in den Gemeinden vorgestellt; nun werden die Frauen, die in Verbindung mit dieser Irrlehre bzw. den Irrlehrern stehen, in mehrfacher Hinsicht, nämlich in ihrer Lebensführung und in ihrem religiösen Eifer, verurteilt – oder muß man sagen: verunglimpft[26]? Die alleinige Erklärung, auf diese Weise, nämlich mit dem vernich-

---

[25] Ebenfalls im Zusammenhang antignostischer Polemik spricht Iren., haer. I 13,6, von γυναικάρια, die durch falsche Lehre betrogen und verdorben wurden.
[26] Die von G. HOLTZ, Past 181, angestellte Erwägung, „ob die Fortsetzung ironisch-polemisch

tenden Urteil über die Frauen, sollten die Irrlehrer getroffen werden, kann in diesem Fall nicht befriedigen.

Die Massivität der Polemik, die dann in V 7 noch auf die Glaubenserkenntnis ausgeweitet wird, führt zur Frage, an wen denn der Verfasser denkt, wen in der christlichen Gemeinde er derart beschimpfen will und warum er dies tut. Mit Recht lehnt N. Brox die Erklärung ab, bei dem Vorwurf der Sünden und Begierden sei an Unzucht zu denken, – allerdings nicht nur aus dem Grund, daß es der Verfasser dann auch „ohne Umschweif" gesagt hätte[27]. Da diese Frauen auf die Seite der Irrlehrer gestellt werden, teilen sie im Urteil des Verfassers von vorneherein auch deren moralischen Tiefstand in einem umfassenden Sinn. Das entscheidende Merkmal ist (zwar) die Abweichung vom rechten Glauben und die dadurch hervorgerufene Gefährdung der (noch) rechtgläubigen Gemeinden bzw. Gemeindemitglieder. Doch die Abweichung vom rechten Glauben und von der gesunden Lehre zeigt sich – so das Postulat des Vertreters der Rechtgläubigkeit – auch im Leben. Mit den Stichworten „Sünden" und „Begierden" kann schlechthin alles bezeichnet werden, was die Häretiker von den Rechtgläubigen unterscheidet. Der Verzicht auf inhaltliche Präzisierung in diesem Zusammenhang wird insbesondere dadurch bedingt sein, daß im täglichen Leben die so gescholtenen Frauen sich in nichts unterschieden haben von den anderen in den Gemeinden lebenden Christinnen. Nichts berechtigt dazu, im Interesse einer Präzisierung bzw. Konkretisierung der Beschuldigungen bei jenen Frauen an „ehemalige Prostituierte oder junge Witwen, die nicht enthaltsam leben können", zu denken[28]. Es ist zwar richtig, daß der Verfasser uns „Frauen von zweifelhaftem Ruf" vorstellt[29]; die Probleme, die die Gemeinden der Past bzw. ihre verantwortlichen Leiter mit diesen Frauen haben, liegen aber ohne jeden Zweifel auf einer anderen Ebene als der einer abweichenden, liberalen Moralauffassung.

Der Autor ist beunruhigt wegen des Einflusses von Frauen in christlichen Gemeinden, wie auch aus anderen Belegen zu ersehen ist (vgl. 1 Tim 2,11–15; 5,3–16)[30]. Es besteht ein unmittelbarer Zusammenhang, so die Darstellung der Past, zwischen dem Einfluß der Frauen in den Gemeinden und dem Einfluß der

---

oder seelsorglich-mitfühlend gemeint ist", ist eindeutig zugunsten der ersten Möglichkeit zu entscheiden.

[27] N. Brox, Past 255. Die von O. Knoch, Past 61, an V 6 angeschlossene „Vermutung", „daß die Irrlehrer unter gewissen Voraussetzungen auch sexuelle Freizügigkeit (etwa im Sinn von: die Sünden schaden dem Pneuma nicht) als erlaubt hinstellten", hat keinen Anhalt im Text.

[28] So F. J. Schierse, Past 125, für die letztgenannte Charakterisierung mit Verweis auf 1 Tim 5,6.11–13. Auch G. D. Fee, Reflections 144f, sieht einen Zusammenhang mit den in 1 Tim 5,3–16 genannten Witwen.

[29] So U. Borse, Past 93.

[30] Vgl. A. T. Hanson, Past 146. U. Wagener, Ordnung 206, verweist auf die Parallelen zwischen 1 Tim 5,13a und 2 Tim 3,7: „Zum einen wird an beiden Stellen das Lernen von Frauen diskreditiert, zum anderen bildet die Kritik am Verhalten der jungen Witwen, in den Häusern umherzugehen, eine sprachliche und inhaltliche Parallele zum Vorwurf gegen die Irrlehrerinnen und Irrlehrer in 2 Tim 3,6."

Irrlehre. Zu denken ist dabei wiederum an gnostisch geprägte Gemeinden, in welchen Frauen z.T. gleichberechtigt mit Männern in Verkündigung und Gemeindeleitung tätig waren[31]. Die Abwehr solcher Tendenzen bekommt auf diese Weise den Rang einer Abwehr der Häresie zugesprochen. Die folgenden Aussagen bestätigen diese auf Grundsätzliches gerichtete Polemik gegen die Frauen und ihre Stellung in christlichen Gemeinden[32].

7 Wenn von den Frauen behauptet wird, daß sie immerwährend am Lernen sind, dann erscheint dies zunächst als anerkennenswertes Bemühen. Doch wird dieser erste Eindruck gleich korrigiert durch die Einschränkung, daß sie niemals zur Erkenntnis der Wahrheit kommen können. Die scharfe Formulierung mit „nicht können" zeigt, daß nach Meinung des Autors der von den Frauen eingeschlagene Weg in unüberwindbarer Opposition zum Glauben steht. „Erkenntnis der Wahrheit" bezeichnet, wie auch 1 Tim 2,4 zeigt, den Glauben, der über das Heil der Menschen entscheidet. Ein antignostischer Ton steht bei dieser Formulierung zweifellos im Hintergrund. Hier wird ja festgestellt, daß die Absicht, zu lernen, gerade der entscheidende Hinderungsgrund für die Erkenntnis der Wahrheit ist, und das heißt für die Past zugleich: für den Glauben und damit für das Heil[33].

Der Grund für die Kritik am Verhalten bestimmter Frauen liegt nicht in irgendwelchen Besonderheiten ihres Denkens und Handelns[34]. Unter dem Namen des Paulus wird vielmehr der in dem μανθάνειν enthaltene Anspruch kritisiert, der zugleich als Mangel an Bereitschaft zur Unterordnung zu interpretieren ist. In der Gemeindekonzeption der Past ist der einzige Weg, zur „Erkenntnis der Wahrheit" zu gelangen, die vorbehaltlose und gehorsame Annahme des Evangeliums, welches der in Timotheus angesprochene und von „Paulus" autorisierte Gemeindeleiter verkündet (vgl. 1 Tim 2,4–7; 2 Tim 2,24

---

[31] W. THIESSEN, Christen 283f, sieht in ihnen gebildete, kritisch aufgeschlossene Frauen, die durch „ihr Engagement und ihr öffentliches und wohl kräftiges Eintreten für die neuen Lehren als Bedrohung für die Gemeinden empfunden" wurden. Auch wenn man dem zustimmen kann, darf nicht übersehen werden, daß der Verfasser grundsätzlicher polemisiert; ihm ist vor allem das Engagement von Frauen in den Gemeinden, die s.E. als „orthodox" anzusehen sind, ein Dorn im Auge.
[32] Es ist eine m.E. textwidrige Entschärfung, wenn V. HASLER, Past 73, formuliert, die Frauen seien „nur indirekt das Opfer dieser Polemik, direkt betroffen sind die nicht kirchentreuen Lehrer"; man müßte wohl umgekehrt sagen, daß die direkt an die Frauen gerichtete Polemik indirekt auch die Irrlehrer miteinschließt bzw. besonders betreffen soll.
[33] Vgl. zu dieser Bedeutung der Begriffsverbindung ἐπίγνωσις ἀληθείας in den Past (im Vergleich zur gnostischen Schrift LibThom) J. SELL, Knowledge 4.9–29.
[34] Die Auslegung von U. BORSE, Past 93, die Triebkraft des Verhaltens der Frauen liege in der „Selbstsucht", ein „ernsthaftes Anliegen" stehe aber nicht dahinter, führt aufs psychologisierende Glatteis. Gleiches gilt für O. KNOCHS glättende Verharmlosung, der Brief mache sich „wohl nicht zu Unrecht über diese unersättliche Wißbegier lustig" (Past 125). Auch die bei M. DIBELIUS – H. CONZELMANN, Past 87, zitierten Beispiele stoischer Philosophen mit der Warnung, beim Lernen stehen zu bleiben, geben nicht wirkliche Parallelen für die in den Past entscheidende Problemstellung ab; denn in den Past wird *grundsätzliche* Kritik an dem eigenständigen Verhalten der Frauen geübt.

bis 26). Dieser einseitigen Zuordnung von Autorität und Verantwortung entspricht die Aufteilung in Lehrende (die mit dem Charisma ausgestattet sind, vgl. 2 Tim 1,6; 2,1f) und Lernende bzw. Hörende (mit der Verpflichtung zu Unterordnung und Gehorsam). Für die Frauen aber hatten die Past schon „früher" (in dieser Hinsicht kann die zeitliche Anordnung der Past durchaus von Bedeutung sein) die Devise ausgegeben: Die Frau hat zu *lernen* „in vollkommener Unterordnung", *nicht* aber ist es ihr erlaubt, zu *lehren* (1 Tim 2,11 f)[35]!

Für die Bewertung dieser negativen Urteile über das Verhalten von Frauen in den christlichen Gemeinden ist der Zusammenhang, in dem sie stehen, zu berücksichtigen. Wie zu V 6 schon ausgeführt, ist davon auszugehen, daß der Verfasser in den VV 6f auf ein für seine Gemeinden aktuelles Problem Bezug nimmt. Gnostisch beeinflußte christliche Verkündigung mit der – wenigstens prinzipiellen – Aufhebung der Unterschiede der Geschlechter wirkte nicht nur auf Frauen anziehend[36], sondern bot ihnen auch die Möglichkeit zu verantwortlicher Mitwirkung in Gemeindearbeit und Verkündigung. Zusammen mit der gnostisch geprägten Theologie wird diese Praxis, daß unterschiedslos Männer *und* Frauen mit entsprechenden Fähigkeiten Verantwortung in der christlichen Gemeinde, in der Leitung und in der Verkündigung, übernehmen, als Zeichen des Glaubensabfalls disqualifiziert und deshalb vom Vertreter einer antignostisch ausgerichteten Orthodoxie abgelehnt. Zwar haben die beiden Verse ihren Stellenwert in erster Linie in einer auf die Ablehnung der Irrlehrer ausgerichteten Polemik, also im Rahmen des Abschnittes 3,1–9. Die in der Wendung ἐπίγνωσις ἀληθείας mitgegebene soteriologische Gewichtung und die Tatsache, daß mit der schroffen Ablehnung eigenverantwortlicher Tätigkeit von Frauen Übereinstimmung mit anderen Stellen in den Past zu erkennen ist (vgl. 1 Tim 2,9–15; 5,3–16), sprechen dafür, daß ein Zusammenhang der Polemik der VV 6f mit der Stellung der Frauen in der christlichen Gnosis und in gnostisch beeinflußten Kreisen bzw. Gemeinden zugrunde zu legen ist[37].

N. Brox hält es zwar nicht für möglich, aus den Einzelinformationen ein Gesamtbild der Stellung der Frauen in gnostischen Gemeinden zu entwerfen; doch ist s.E. davon auszugehen, daß es in gnostischen Gruppen „stärker und länger als in der frühkirchlichen Praxis die Ausführung verschiedener Funktionen durch Frauen gegeben zu haben

---

[35] Vgl. dazu U. WAGENER, Ordnung 103f (96–104): „Der eigenständig lehrenden Frau setzt der Autor ein Leitbild der Unterordnung entgegen, wie auch in seiner Überarbeitung des traditionellen Schweigegebotes sichtbar wird: Er zeichnet ein Ideal der Ruhe, das das akzeptierende Erfüllen der eigenen (untergeordneten) Rolle und damit die gehorsame Einfügung in einen Herrschaftszusammenhang impliziert. Eigenständiges Auftreten und theologisches Denken werden damit als Übertreten der eigenen Rollengrenzen und damit als Widerstand gegen die gute Ordnung desavouiert."

[36] Vgl. bei Iren., haer. I 13,1–7, eine polemisch verzerrende Darstellung des Tuns eines gewissen Markos und seiner Schüler, die durch ihr Reden und Treiben „viele Frauen" betrogen haben (vgl. 13,6 „... ἐξαπατῶντες γυναικάρια πολλὰ διέφθειραν").

[37] Diesen Zusammenhang zwischen der die Past prägenden Polemik gegen Frauen und der Anziehungskraft gnostisch geprägter Gedanken mit „emanzipatorischen Zügen" auf Frauen nimmt auch R. J. KARRIS, Background 560, an.

(scheint) (Leitung, Prophetie, Lehre, Taufe, Eucharistie)"[38]. Hinweise dazu bieten die aus gnostischen Kreisen stammenden apokryphen Schriften, in denen Frauen als Empfängerinnen von Offenbarungen eine wichtige Stellung einnehmen; eine hervorragende Bedeutung hat dabei Maria Magdalena: im sog. „Evangelium der Maria" als Empfängerin geheimer Offenbarungen[39], in EvPhil (NHC II, 3) als die engste Gefährtin Jesu (55b), im „Dialog des Erlösers" (NHC III, 5) als „eine Frau, die vollständig verstanden hatte" (53).

Auch in den antihäretischen Schriften frühchristlicher Apologeten wird die führende Stellung von Frauen in gnostisch bestimmten Kreisen bezeugt: Epiphanius überliefert den „Brief des Ptolemäus an Flora" (Pan 33,3–7), in welchem Fragen der Gesetzesauslegung behandelt werden; Irenäus (haer. I 25,6) berichtet von einer Marcellina, einer Anhängerin der Lehre des Karpokrates, daß sie „unter Aniket nach Rom kam und viele in die Irre trieb, da sie dieser Lehre anhing. Sie nennen sich übrigens Gnostiker"[40]; Tertullian (praescr. 41) beklagt, daß in gnostischen Gemeinden die „häretischen Frauen" sich erkühnen „zu lehren, zu disputieren, Beschwörungen vorzunehmen, Heilungen zu versprechen, vielleicht auch noch zu taufen"[41].

Eine anders akzentuierte Erklärung zum Verhältnis von Häresiebekämpfung und Zurückdrängung der Frauenaktivität in den Past gibt U. Wagener, die sich mit der Frage nach dem „Ort von Frauen in der Ekklesiologie und Ethik der Pastoralbriefe"[42] beschäftigt. Aus dem ausdrücklichen Lehrverbot für Frauen in 1 Tim 2,12 sei zu schließen, „daß in den vom Verfasser angesprochenen Gemeinden tatsächlich Frauen im Gottesdienst selbständig auftraten und die hier verbotene Lehrfunktion wahrnahmen"; wie die im selben Zusammenhang (1 Tim 2,9f) geäußerte „Polemik gegen äußere Aufmachung im Gottesdienst" zeige, handelte es sich bei diesen Frauen, gegen deren Aktivität der Verfasser sich wendet, um „wohlhabende und wirtschaftlich unabhängige Frauen, die ihren Anspruch auf eine profilierte Stellung in der Gemeinde vertreten" (110f). Das Verständnis von Gemeinde auf seiten des Verfassers war demgegenüber geprägt von der nach dem Modell des Hauses festgelegten Ordnung. Daran orientierte sich dann auch seine Bestimmung des Begriffes „Häresie". Als „häretisch" gilt das, „was der ‚Frömmigkeit' und der ‚gesunden Lehre' widerspricht, so wie der Autor sie konzipiert hat", d.h. konkret: was der von ihm vertretenen hierarchischen Ordnung der Gemeinde in Angleichung an das Modell des Hauses mit der darin festgelegten Unterordnung der Frau widerspricht. „Die Pastoralbriefe spiegeln in dieser Perspektive den Prozeß der Herausbildung einer patriarchal geprägten kirchlichen Orthodoxie, die mit ihrer Lehre nicht zu vereinbarende Theologien und Praxen als häretisch qualifiziert und ausschließt" (220f).

Nun widersprechen diese m.E. aus den Frauen-Texten der Past gut begründbare Bestimmung der Situation der Frauen in christlichen Gemeinden wie auch

---

[38] N. BROX, Erleuchtung 25.
[39] Vgl. dazu W. SCHNEEMELCHER, Apokryphen I 313–315.
[40] Zitiert nach N. BROX (FC 8/1) (Freiburg 1993) 315.
[41] Zu den unterschiedlichen bis gegensätzlichen Aussagen zur Stellung von Frauen in gnostischen Gemeinden vgl. K. RUDOLPH, Gnosis 229f.277f.291–293; E. PAGELS, Versuchung durch Erkenntnis. Die gnostischen Evangelien (Frankfurt/M. 1981) 105–116; H. A. GREEN, The Economic and Social Origins of Gnosticism (SBL DissSer 77) (Atlanta 1985) 216–238.
[42] So der Untertitel bei U. WAGENER, Ordnung; vgl. 219–221: „Zum Zusammenhang von ‚Frauenfrage' und Häresiebekämpfung in den Pastoralbriefen".

das Urteil über die Intention des Verfassers nicht der hier zugrundegelegten These, daß die Anerkennung der Stellung der Frauen in Gemeindeleitung und Verkündigung in gnostisch beeinflußten Kreisen vergleichsweise besser war. Und deshalb konnte der Verfasser die Durchsetzung seiner Position, die einen radikalen Ausschluß von Frauen aus diesen Funktionen zum Ziel hatte, verbinden mit dem Kampf gegen Irrlehrer, mit der Verteidigung des rechten Glaubens und der gesunden Lehre. Und es ist in diesem Zusammenhang kennzeichnend, daß die „Strategie des Autors", anstatt einer Widerlegung von theologischen Positionen auf „moralische Diffamierung" zurückzugreifen (219f), zwar besonders ausdrücklich bei den Frauen durchschlägt, aber auch die Irrlehrerpolemik prägt.

8   Die eigentliche Gefahr liegt bei den Irrlehrern. Ihnen gilt deshalb das vernichtende Urteil des „Paulus": Sie widersetzen sich der Wahrheit, sie stehen damit im Widerspruch zum Glauben und zur Kirche, die für die unverfälschte Weitergabe des Glaubens Sorge zu tragen hat[43]. Zur Veranschaulichung ihres Tuns und zugleich als vorweggenommenes Urteil über sie stellt der Verfasser eine biblische Szene in der legendarisch durch Namen erweiterten Form vor. Nach Ex 7, 8–13 reagieren vom Pharao gerufene Zauberer auf das von Mose und Aaron im Auftrag Jahwes gewirkte Wunder – ihr Stab wird zu einer Schlange –, indem auch sie ihre Stäbe zu Schlangen verwandeln. Diese Zauberer erhalten in der späteren jüdischen Tradition die Namen Jannes und Jambres, belegt etwa in 1 QD V, 18–19 („Einst trat Mose auf und Aaron durch den Fürsten der Lichter und ließ aufstehen den Jannes und dessen Bruder in seinen Ränken, als Israel gerettet wurde das erste Mal")[44]. Was unser Autor durch die Nennung dieses Beispieles verdeutlichen will, ist nicht eindeutig zu klären. Wenn man die Parallelität zu den gnostischen Irrlehrern durch die Zauberkraft gegeben sieht, dann ist die Anklage nicht dahingehend auszudeuten, daß die Gnostiker sich „zauberischer Praktiken" bedient hätten[45]; allenfalls wäre daran zu denken, daß die Identifizierung des Wirkens der Irrlehrer mit Zauberei deren Tun abwerten soll. Man muß aber doch wohl die vorgestellte Situation insgesamt, also den Widerstand der Zauberer gegen Mose, als paränetisch verwendete

---

[43] Es erscheint deshalb nicht gerechtfertigt, der Tatsache besonderes Gewicht beizumessen, daß die Häretiker als Gegner der Wahrheit und nicht als solche der kirchlichen Autoritäten vorgestellt werden; dazu neigt offensichtlich A. T. HANSON, Past 147.
[44] Übersetzung nach J. MAIER – K. SCHUBERT, Qumran-Essener. Die Belege aus der jüdischen Tradition bei STRACK – BILLERBECK, Kommentar III 660–664. Vgl. auch die Angaben bei M. DIBELIUS – H. CONZELMANN, Past 87f; C. SPICQ, Past 778f; A. T. HANSON, Studies 25–28. Die älteste Erwähnung der beiden Namen in griechischer Sprache liegt hier in 2 Tim 3, 8 vor; dazu, zur weiteren literarischen Bezeugung und zu dem nach ihnen benannten „Buch des Jannes und Jambres" vgl. A. PIETERSMA – R. T. LUTZ, Jannes und Jambres: J. H. CHARLESWORTH (Hrsg.), The Old Testament Pseudepigrapha, Bd. 2, 427–442.
[45] So aber O. KNOCH, Past 61; ähnlich G. HOLTZ, Past 182; als Frage formuliert auch bei F. J. SCHIERSE, Past 126. Dagegen stellt A. T. HANSON, Past 148, fest: „... the evidence for this is lacking".

Typologie verstehen. Wie diese beiden Gegenspieler des Mose und damit Gottes, so können auch die Häretiker in ihrem Tun einen gewissen Erfolg aufweisen; sie leisten der Wahrheit Widerstand und behindern somit ihre Ausbreitung[46]. Die Übernahme dieser Tradition konnte sich aber für den Autor auch deshalb als passend nahelegen, weil mit dem Bild und dem darin vorgestellten Ausschnitt aus der Geschichte auch schon die Zukunft anvisiert ist; letztlich hat sich doch Gottes Wille und Plan mit Mose durchgesetzt[47].

Die Überlegenheit der Wahrheit, d. h. des von den rechtmäßigen Dienern der Kirche verkündeten Evangeliums (vgl. 2 Tim 2,15; 1 Tim 2,4–7), wird anschließend untermauert mit den abfälligen Bemerkungen über die Irrlehrer. Diese sind in ihrem Denken „verderbt" (vgl. auch 1 Tim 6,5), so daß sie weder die Wahrheit zu erkennen noch sie weiterzugeben in der Lage sind[48]. Das schließt nicht nur ein, daß solche Leute völlig ungeeignet sind für die Verkündigung (in diese Richtung weist die Wendung ἀδόκιμοι περὶ τὴν πίστιν, vgl. Tit 1,16)[49]; darin ist auch ein Urteil über die Zukunft des von ihnen eingeschlagenen und anderen Menschen gepredigten Weges enthalten.

9 Es muß aber diese Gewißheit, daß der Erfolg den Irrlehrern letztlich versagt bleiben wird, ausdrücklich ausgesprochen werden. Man könnte diese Feststellung in Spannung sehen zu dem in 2 Tim 2,17 gemachten Zugeständnis, daß die Häretiker immer mehr in die Gottlosigkeit hineingeraten werden und daß die Häresie wie ein Krebsgeschwür wuchern wird (ähnlich wieder in 3,13). Ein Ausgleich ist nicht nur möglich durch die Erklärung, die der Häresie zugestandenen Fortschritte seien allenfalls „Schritte in ihren eigenen Untergang"[50]; diese Deutung kann sich stützen auf die sprachliche Parallelität zu 2,16, wo den Vertretern der Falschlehre zwar ein „Fortschreiten", eine Steigerung zugestanden wird, allerdings eine solche, die tiefer in die Gottlosigkeit hineinführt. Der Kontext entscheidet also über die unterschiedlichen Sichtweisen der Häresie, der Beurteilung ihrer Gefährlichkeit und ihres Stellenwertes in der Heilsgeschichte. In 2,14ff geht es um die Begründung der Ablehnung jeglicher inhaltlicher Befassung mit der Häresie von seiten des Gemeindeleiters, gleichzeitig aber um die Darstellung des gefährlichen Charakters derselben. Hier dagegen in 3,9 wird die Zuversicht unterstrichen, daß die Irrlehre dem rechten Glauben letztlich nichts anhaben kann[51]; denn dieser ist die Wahrheit, die von Gott kommt, jene dagegen wird sich als falsch und erfolglos erweisen.

---

[46] Vgl. L. R. DONELSON, Pseudepigraphy 85; G. W. KNIGHT, Past 435.
[47] Vgl. zu diesem „Vergleichspunkt" H. MERKEL, Past 73.
[48] Vgl. H. v. LIPS, Glaube 56: „Die Zerstörung, die Befleckung des νοῦς macht die Betroffenen unfähig, die Wahrheit zu erkennen oder bei der erkannten Wahrheit zu bleiben." Zum Begriff νοῦς in den Past vgl. PH.H. TOWNER, Goal 158f.
[49] C. SPICQ, Lexique 792f.
[50] V. HASLER, Past 73.
[51] Vgl. A. T. HANSON, Past 148; O. KNOCH, Past 61.

Der Rückgriff auf die in V 8 angesprochene Szene aus Ex 7 mit der Konfrontation zwischen Mose und den ägyptischen Zauberern soll den Lesern als Beleg dafür gelten, daß Gottes Wille letztendlich zum Ziel kommen wird. Der Verfasser führt ein weiteres Argument an, welches die ablehnende Haltung den Irrlehrern gegenüber verstärken soll. So wie für den Vertreter des rechten Glaubens und sein Bemühen die Charakterisierung mit dem Stichwort „Wahrheit" kennzeichnend ist (vgl. 2,15; „Erkenntnis der Wahrheit" als – nur unter bestimmten Bedingungen erreichbares – Ziel auch 2,25; 3,7), so gilt für die, die der Wahrheit Widerstand leisten und damit im Glauben versagen (V 8), das Urteil des „Unverstandes" (ἄνοια, ein neutestamentliches Hapaxlegomenon). Der Akzent liegt hier aber darauf, daß dieses Kennzeichen der „Gegner der Wahrheit", ihr „Unverstand", allen offenbar werden wird. In der futurischen Formulierung mag allerdings das Zugeständnis enthalten sein, daß der Anspruch der Häretiker, ein frommes Leben zu führen und die Menschen belehren zu können (VV 5–7), in Zukunft noch manche verführen wird.

III
Der Abschnitt wird eröffnet mit einer endzeitlich-apokalyptisch geprägten Beschreibung eines umfassenden Glaubensabfalles; und er schließt mit einem Ausblick in eine Zukunft, die bestimmt ist vom Vertrauen auf die Überwindung des Widerstandes gegen Gott und die von ihm geoffenbarte Wahrheit. Der Bezugspunkt ist jeweils die Gegenwart und die in ihr aktuelle Gefährdung der christlichen Gemeinden und ihres Glaubens durch Irrlehren. Diese Situation der Gemeinden kommt zur Sprache in den VV 5–7. An dieser Stelle wird das Schreiben wieder einmal etwas konkreter; denn in der angesprochenen Gefahr der Verführung von Frauen durch die Häretiker steckt das Zugeständnis, daß die Botschaft der bekämpften Missionare auf manche Frauen anziehend wirkte.

Der Verfasser greift hier erneut auf das Repertoire der den Gegner diffamierenden Ketzerpolemik zurück, und er „versteigt sich" – wie V. Hasler es ausdrückt – „in eine befremdliche Herabwürdigung der Frau"[52]. Angesichts der groben Abwertung einer Gruppe von Frauen, die im Vergleich zu der Verurteilung der Irrlehrer fast noch verheerender ausfällt, ist die Vermutung gerechtfertigt, daß es dem Verfasser hier (wie schon in 1 Tim 2,11–15) in erster Linie um eine möglichst massive und grundsätzliche Opposition zur positiven Sicht der Rolle der Frauen in gnostischen Gemeinden geht. Auf diesem Hintergrund sind die VV 6f alles andere als eine „Verharmlosung der Ketzerei"[53].

Es ist zugleich auffällig und entspricht der Radikalität der Ausgrenzung dieser Frauen – sie sind m. E. ganz sicher christliche Frauen[54] –, daß ihnen jeglicher Zugang zur Erkenntnis der Wahrheit einfach abgesprochen wird.

Natürlich ist zu beachten, daß der Verfasser kein allgemeingültiges und nur

---

[52] V. HASLER, Past 73.
[53] So allerdings N. BROX, Past 256.
[54] Anders V. HASLER, Past 73; der Verfasser denke „an ungläubige Frauen".

auf das Geschlecht bezogenes negatives Urteil über Frauen abgeben will. Und auch in der „Schuldfrage" findet sich eine deutliche Abstufung, insofern die Frauen zuerst einmal als von den Irrlehrern Verführte vorgestellt werden. Zugleich ist aber unverkennbar, daß der Autor die Gelegenheit gerne wahrnimmt, im Rahmen einer eschatologisch gestimmten Irrlehrerschelte auch ein Urteil über Frauen abzugeben, in welchem insbesondere eigenverantwortliches Verhalten und Handeln dieser Frauen völlig negativ bewertet werden[55].

Wenn es aber zutrifft, daß die abwertenden Charakterisierungen der Frauen zu erklären sind aus dem Interesse des Verfassers, die Gemeindemitglieder, die er der Häresie verdächtigt und bezichtigt, zu isolieren und sie in allen Bereichen des Glaubens und des Lebens zu verurteilen, dann sind sowohl die Beschreibungen dieser Frauen in den Past als auch alle in der Auslegung immer wieder unternommenen Versuche, die der Häresie Angeklagten mit den genannten moralischen Mängeln zu belasten, skeptisch zu beurteilen[56].

Schließlich sollte auf keinen Fall übersehen werden, daß in der vom Verfasser vorgestellten Zuordnung von Wahrheit (= rechter Glaube) und den christlichen Tugenden (Gerechtigkeit, Liebe, Frieden) ein Anspruch und damit auch die Mahnung an die „orthodoxen" Gemeinden gegeben sind, diesem Anspruch zu genügen. Insofern ist es bei aller Polemik und den scharfen Worten gegen die Apostaten ganz sicher nicht die Absicht des Verfassers, den Mitgliedern seiner Gemeinden, die sich mit ihm im Glauben verbunden wissen, auf Kosten der Beschuldigten kritische Selbstbesinnung zu ersparen.

Abschließend soll noch eine kritische Anmerkung von V. Hasler bedacht werden: „Der Spott und Hohn dieser ketzerfressenden Auslassungen widerspricht dem missionarischen Heilsuniversalismus der sonst in den Pastoralbriefen vertretenen Verkündigung."[57] Es ist zuzugeben: Die Schärfe und die Kompromißlosigkeit der Formulierungen sind eine sehr ernstzunehmende Barriere nicht nur für eine pastorale, sondern noch grundsätzlicher für eine theologische Würdigung der Past und ihres Anliegens. Dabei ist auch die Beobachtung, daß wir in den verschiedenen Vorwürfen, wie etwa dem der Frauenfängerei, „ein gängiges Schema der Philosophenpolemik vorliegen" haben[58], sehr begrenzt als Erklärung bzw. als Entschuldigung brauchbar; denn dann stellt sich die Frage nach dem christlichen Spezifikum mit doppelter Schärfe.

Zwei Gesichtspunkte seien dazu genannt, die vielleicht zum besseren Verständnis und zu einem situationsbezogenen und damit sachgerechten Umgang mit den Aussagen der Past beitragen könnten. Dabei kann es nicht um die Verteidigung der Past bzw. um eine Rechtfertigung im Detail oder im gesamten gehen; das Ziel ist nur, den scharfen Worten gegen die Häretiker einen Stellenwert zu geben, der dem Anliegen der Past und den geschichtlichen Bedingungen Rechnung trägt.

---

[55] Vgl. zu dieser „Strategie zur Restriktion der aktiven Teilhabe von Frauen und zur Absicherung männlicher Herrschaft" seitens des Verfassers U. WAGENER, Ordnung 235-245.
[56] Vgl. dazu R. J. KARRIS, Background 560, der aufgrund der Analyse des Schemas der philosophischen Polemik gegen die Sophisten zu dem eindeutigen Urteil kommt, „that no information about the moral lives of the opponents can be gleaned from the catalogue of vices found in 3:2-4".
[57] V. HASLER, Past 73.
[58] Vgl. P. TRUMMER, Paulustradition 163 (mit Berufung auf die Arbeiten von R. J. Karris).

(1) Die Auseinandersetzung wird um innerkirchliche bzw. innergemeindliche Fragen und Probleme geführt. Die mit scharfen Worten kritisierten Personen sind Christen, die wohl in manchen Fällen weiterhin zu den Gemeinden zu zählen sind, die also weder für sich selbst einen besonderen Status beanspruchten (im Sinne einer eigenen Gemeinde) noch auch von anderen Gläubigen als aus der Gemeinde ausgeschlossen angesehen werden mußten. Die Ketzerpolemik der Past steht inmitten einer sich um den rechten Glauben mühenden, um diesen Glauben streitenden Christenheit. Ein wichtiges Anliegen war, vor dem Abfall vom „rechten Glauben" zu warnen.

(2) Die Schärfe der Auseinandersetzung und die Radikalität der Ablehnung ist sicher auch bedingt durch die Bedeutung der zur Diskussion stehenden theologischen Grundsatzfrage. Der Stellenwert des Streites erhellt aus der Tatsache, daß die paulinische Theologie mit ihrem Zentrum des in Jesus Christus universal erschlossenen Heilswillens Gottes offenbar in unterschiedlicher Weise ausgelegt worden ist. Die Past wollen in dieser Situation eine Wegweisung im Sinne der Theologie des Paulus geben – was nicht deren bloße Wiederholung bedeuten kann[59]! Sie sprechen in der Autorität des Apostels und stellen sich zugleich unter diese. Ein zentraler Punkt in der theologischen Auseinandersetzung ist die Frage nach dem Heil: Wer wird gerettet? Und: Wie ist dieses Heil zu erlangen? Auf diese Fragen gibt eine gnostisch beeinflußte christliche Verkündigung die Antwort mit dem Verweis auf die Erkenntnis; diese Erkenntnis stellt dem Pneumatiker – und ihm allein – das Heil in Aussicht. Gegen solche Einengung des universalen Heilswillens und gleichzeitig gegen eine Entleerung der soteriologischen Relevanz des Christusglaubens erheben die Past Protest. Die Radikalität des Kampfes gegen die Irrlehrer resultiert im Blick auf die zugrundeliegende theologische Kontroverse also aus dem alles bestimmenden Interesse, den universalen Heilswillen Gottes in seiner uneingeschränkten Gültigkeit zu verteidigen.

Mit diesem Versuch der Einbindung der rigiden Ketzerpolemik in das Anliegen der Bewahrung des Glaubens ist selbstverständlich die oben genannte Problematik der pastoralen Verantwortung und der theologischen Legitimation der Art und Weise dieses „Kampfes" noch nicht ausgestanden. Letztlich kann aber auch hier das Ziel exegetischen Bemühens nicht darin liegen, ein Urteil über diesen Text und seinen Autor abzugeben; es gilt, den Stellenwert der Polemik im Kontext der konkreten geschichtlichen Bedingungen sowie der Zielsetzung des Verfassers zu erfragen, um dann auch verantwortlich damit umgehen zu können. Dies gilt vor allem für die in 2 Tim unvorbereitete Wendung zur Polemik gegen bestimmte Frauen in den Gemeinden, die zwar mit der Irrlehrerproblematik verknüpft ist, die aber auch von einer bestimmten, einseitigen Gemeindekonzeption des Verfassers her zu erklären ist.

---

[59] Vgl. zur „Paulus-Interpretation" durch den Verfasser der Past u. a. N. BROX, Amt, bes. 123 (wobei m. E. im Unterschied zu Brox von einer bewußt und gezielt vorgenommenen Interpretation der paulinischen Tradition auszugehen ist); J. CH. BEKER, Heirs of Paul. Paul's Legacy in the New Testament and in the Church Today (Edinburgh 1992) 83–86.

11. Die Mahnung zur Treue im Glauben und das Beispiel des Apostels (3,10–17)

10 Du aber bist meiner Lehre gefolgt, meinem Leben und Streben, meinem Glauben, der Langmut, der Liebe und der Ausdauer, 11 (aber auch) den Verfolgungen und Leiden, wie sie mir zugestoßen sind in Antiochia, in Ikonium und in Lystra; welche Verfolgungen habe ich ausgehalten, und aus allen hat mich der Herr errettet! 12 Aber auch alle, die fromm leben wollen in Christus Jesus, werden verfolgt werden. 13 Schlechte Menschen aber und Betrüger werden fortschreiten zum Schlimmeren[1], als Betrüger und Betrogene. 14 Du aber bleibe bei dem, was du gelernt hast und worauf du dein Vertrauen gesetzt hast, da du weißt, von welchen Leuten du (es) gelernt hast, 15 und weil du von Kindheit an die heiligen Schriften kennst, welche die Kraft besitzen, dich zu unterweisen zum Heil durch den Glauben in Christus Jesus. 16 Jede Schrift ist als von Gott eingegeben auch nützlich zur Belehrung, zur Zurechtweisung, zur Besserung, zur Erziehung in Gerechtigkeit, 17 damit der Mensch (im Dienst) Gottes gerüstet ist, zu jedem guten Werk ausgerüstet.

I

Im vorhergehenden V 9 hatte der Verfasser gerade noch die Zuversicht geäußert, daß das Treiben der Irrlehrer keinen bleibenden Bestand haben werde. Diese Überzeugung wird in einer zweifachen Richtung entfaltet: Timotheus hat schon in der Vergangenheit zusammen mit Paulus Zeugnis von seinem Glauben abgelegt (VV 10f)[2], und er wird ermahnt, dem Weg treu zu bleiben, der dem überlieferten Glauben und dem Zeugnis der heiligen Schriften folgt (VV 14f).

Die mit σὺ δέ eingeleitete direkte Anrede an den Briefempfänger macht deutlich, daß von „Timotheus" gesprochen bzw. daß er angesprochen werden soll in Hinsicht auf Eigenschaften, die ihn im Gegensatz zur vorher vorgestellten Gruppe der Irrlehrer zeigen[3]. Schon die antithetische Bezugnahme auf den

---

[1] BAUER, s.v. προκόπτω: „immer tiefer sinken".
[2] Vgl. Y. REDALIÉ, Paul 328–330, der für den ersten Teil (VV 10–13) auf die zeitliche Aufteilung in einem Rückblick (VV 10f) und die Ankündigung von gegensätzlichen Erfahrungen von Gegnern und Frommen (VV 13f) verweist. Vgl. dazu auch B. FIORE, Function 205–208.213–215, der allerdings stärker auf die Vorbildfunktion des Paulus in den VV 10f abhebt (zur Kritik M. WOLTER, Pastoralbriefe 136).
[3] Im Unterschied zu der hier gewählten Textgliederung betont M. WOLTER, Pastoralbriefe 137, daß der Abschnitt der VV 8–14 „von seinem Gefälle her kohärent" sei; dem parallel gestalteten zweimaligen Ausblick auf die Zukunft der Irrlehrer in V 9 und V 13 seien „jeweils die Aussage über das παρακολουθῆσαι des Timotheus (V.10f.) und die Paränese an ihn (V.14) antithetisch zugeordnet". Doch auch in dieser Abgrenzung ergeben sich Zäsuren (etwa zwischen V 7 und V 8), die zusammengehörige Texteinheiten betreffen. Die hier vorgenommene Gliederung basiert auf der Überzeugung, daß damit nicht eine Unterbrechung des Gedankenganges – wie WOLTER, a.a.O. 137 Anm. 26, moniert – unterstellt werden muß.

Adressaten verweist auf den paränetischen Charakter des Abschnittes[4]. Die Ermahnung des Gemeindeleiters erfolgt zuerst in der Form der lobenden Erwähnung des bislang Geleisteten: Er hat – in der Person des Timotheus – dem Apostel die Treue gehalten, auch in Verfolgungen und Leiden; er ist ausgezeichnet durch die Kenntnis der Schrift, die ihn für seine Aufgabe geeignet erscheinen läßt. Parallel dazu ergeht an ihn die Aufforderung, den eingeschlagenen Weg konsequent weiterzuverfolgen (vgl. den Imperativ in V 14).

In dieser Verbindung von Indikativ und Imperativ[5] wird die Gestalt des dem rechten Glauben verpflichteten Gemeindeleiters charakterisiert; er erscheint nicht nur als Empfänger von Anweisungen und damit als Lernender, sondern er ist in seinem Leben und Verhalten Bollwerk gegen die Irrlehrer und ein Vorbild für die Gläubigen. Für die Past ist dabei wiederum typisch, daß das zuletzt Genannte demonstriert wird durch den Hinweis auf die Übereinstimmung mit dem Beispiel des Paulus. Dies gibt dem Verfasser die Möglichkeit, biographische Hinweise einzufügen.

II
10 Der Beginn einer den Gemeindeleiter betreffenden Paränese mit σὺ δέ und angeschlossenem Imperativ findet sich in den Past des öfteren (vgl. 1 Tim 6, 11; 2 Tim 4, 5; Tit 2, 1)[6]. An unserer Stelle folgt auf die Anrede jedoch kein Imperativ, sondern eine lobende Beschreibung dessen, wie der Nachfolger des Apostels seine Nachfolge in Treue gegenüber dem Apostel gelebt hat. In der unmittelbaren Gegenüberstellung zu den Irrlehrern erscheint es besonders wichtig, das positive Gegenbild des dem rechten Glauben verpflichteten Vorstehers vor allem von Paulus her zu beschreiben und dadurch dessen Autorität auch gegenüber den Gemeinden zu stärken. Es ist also auch hier zu beachten, welchen Stellenwert die biographischen Notizen haben: Wie Timotheus in den unmittelbar paränetisch formulierten Texten den Gemeindeleiter der Zeit der Past repräsentiert, so hat das ihm hier zugesprochene Lob für seine treue Nachfolge ebenfalls paränetischen Hintersinn. Da der Apostelschüler in seinem Verhalten dem Vorbild des Paulus gefolgt ist, er also in der Nachfolge wie Paulus gelebt hat, deshalb kann sein Leben, sein Tun und Handeln, jetzt auch vorbildhaften Charakter bekommen. Es wird deutlich, daß der Verfasser über die Person des Timotheus die Gestalt des Paulus bzw. dessen apostolische Autorität mit dem Gemeindeleiter seiner Zeit und damit mit den Gemeindemitgliedern in Verbindung bringen will.

In der Verwendung des Begriffes παρακολουθεῖν für die Beschreibung der engen Gemeinschaft zwischen „Paulus" und „Timotheus" ist eine klare „Akzentverschiebung"[7] im Vergleich zur Jesustradition der Evangelien erkennbar, wo mit ἀκολουθεῖν die

---

[4] Vgl. auch H. MERKEL, Past 74; als die zentralen paränetischen „Aspekte" nennt Merkel: „die Lehre des Paulus, die Lebensführung bis hin zur Martyriumsbereitschaft, und das Beharren in der Tradition der Kirche".
[5] Vgl. M. WOLTER, Pastoralbriefe 137.
[6] Vgl. dazu ebd. 135–137.
[7] H. MERKEL, Past 74.

Gemeinschaft der Jüngerinnen und Jünger mit Jesus beschrieben wird (vgl. u. a. Mk 1,18; 2,14; 6,1; 8,34; 15,41; Lk 9,57–62/Mt 8,19–22). Und wenn Paulus, der ἀκολουθεῖν nicht verwendet, in den authentischen Briefen davon spricht, daß Christen seine „Nachahmer" (μιμηταί) geworden sind (1 Thess 1,6; vgl. 2,14 μιμηταί der Gemeinden Gottes in Judäa), bzw. wenn er die Gläubigen dazu auffordert, solche „Nachahmer" zu werden (1 Kor 4,16; 11,1; Phil 3,17), dann bleibt dabei immer die Beziehung auf Christus erkennbar; dagegen erscheint in der Nachfolgebeziehung 2 Tim 3,10 „Paulus" exklusiv als Ideal christlichen Lebens.

Der paränetische Charakter der vorliegenden Aufzählung von Kennzeichen eines frommen Lebens ergibt sich insbesondere aus dem Kontrast zu den vorangehenden Beschreibungen der Irrlehrer. Die genannten positiven Verhaltensweisen sind nicht eindeutig gegeneinander abzugrenzen; es soll Wirkung erzielt werden dadurch, daß das Ideal eines in der Nachfolge des Apostels stehenden und sich darin bewährenden Verwalters des Glaubens in einer umfassenden Weise vorgestellt wird. Während die erste Trias[8] – Lehre, Lebensführung und Streben – die Verbindung mit dem Auftreten und Wirken des Paulus betont und damit auf den Nachfolger des Apostels gerichtet ist, ist mit der zweiten Reihe – den Tugenden des Glaubens, der Liebe und der Geduld (vgl. 1 Tim 6,11; Tit 2,2) – ein für alle Christen verpflichtendes Ideal angesprochen (der Ausdruck εὐσεβῶς ζῆν in V 12 kann als Umschreibung dieses Ideals gelten); die Erwähnung der „Ausdauer" leitet die dritte Reihe ein, die (mit Verfolgungen und Leiden) zwar wieder stärker die Gemeinschaft des Paulus mit Timotheus betrifft, mit dem Stichwort „Verfolgung" (V 12) aber doch alle Gläubigen miteinbezieht[9].

Die Voranstellung von διδασκαλία darf als Indiz für eine besondere Betonung der Beauftragung zur Verkündigung des wahren Glaubens gesehen werden (vgl. auch wieder V 16), will doch der Verfasser mit dieser Vorstellung der (von Paulus legitimierten) Idealgestalt des seiner Verantwortung gerecht werdenden Gemeindeleiters die überzeugende Alternative zu den Irrlehrern und ihrem Gefolge präsentieren.

11 Zur fiktiven Anbindung des Timotheus, der hier „Paradigma" für den Amtsträger ist[10], an Paulus gehört auch, daß diese „Nachfolge" ausgedehnt wird auf Verfolgung und Leiden. Der Hinweis auf das Leiden als Merkmal des apostolischen Dienstes ist ein immer wiederkehrendes Motiv (vgl. 1,8.12; 2,9f). Bei aller Betonung des Vorbildcharakters des Timotheus bleibt die alles entscheidende und ihn als Apostelnachfolger legitimierende Gestalt der Apostel selbst. Und deshalb läßt der Autor „Paulus" sprechen von den *ihm* widerfahre-

---

[8] Vgl. zur Einteilung des Kataloges in drei Triaden mit jeweils drei Gliedern Y. REDALIÉ, Paul 330f; zu den einzelnen Begriffen auch die Erläuterungen bei PH.H. TOWNER, Goal 160–166.167f.
[9] Vgl. zu dieser doppelten Tendenz des Vorbildcharakters des Leidens des Paulus J. WANKE, Paulus 182f.
[10] Vgl. N. BROX, Past 257.

nen Leiden und Verfolgungen. Er betont dies auch noch durch die recht auffälligen topographischen Präzisierungen. Die genannten Orte sind entsprechend den Angaben von Apg 13 und 14 Stationen der vom Verfasser als Einheit vorgestellten ersten Missionsreise; diese missionarische Wirksamkeit ist bereits im Erzählzusammenhang der Apostelgeschichte verbunden mit Gefahren für Leib und Leben des Paulus. Im Blick auf die in der Apostelgeschichte verarbeitete Paulustradition ist eine auffällige Gemeinsamkeit in der Nennung der drei Orte Antiochia, Ikonium und Lystra und den damit verbundenen leidvollen Erfahrungen des Paulus festzustellen (vgl. Apg 13,14.50; 14,1–6.8.19). Aus diesen Gemeinsamkeiten ist jedoch nicht ohne weiteres eine Abhängigkeit der Past von der Apostelgeschichte zu erschließen; es ist ebensogut denkbar, daß der Verfasser sich auf andere, eventuell in kleinasiatischen Gemeinden weitergegebene mündliche Traditionen stützt. Unter dieser Voraussetzung ließe sich auch eine Spannung beheben, die im Vergleich der biographischen Angaben der Past mit der Apostelgeschichte auftaucht: Timotheus wird erst im Rahmen der zweiten Missionsreise von Paulus als Mitarbeiter gewonnen (Apg 16,1–3). Doch auch aus dieser Tatsache ist nicht ohne weiteres ein Widerspruch zur Beschreibung von 2 Tim abzuleiten, da hier Timotheus nicht ausdrücklich in der Begleitung des Paulus und damit als Augenzeuge der erwähnten Verfolgungen genannt wird[11]. Zudem ist grundsätzlich mit der Möglichkeit zu rechnen, daß der Verfasser der Past die ihm vorliegenden Traditionen über Paulus, seien diese in mündlicher Überlieferung oder bereits in schriftlicher Form auf ihn gekommen, neu „geordnet" hat; es ist auch an anderen Stellen (vgl. insbesondere 1 Tim 1,12–14) zu beobachten, daß er gegen die ihm vorgegebene Tradition „sein" Paulus-Bild redaktionell gestaltet hat.

Man kann in diesem Zusammenhang auch fragen, warum der Verfasser, wenn er Paulus selbst von Verfolgungen und Leiden sprechen läßt, nicht zurückgegriffen hat auf die autobiographischen Aussagen in 1 Kor 4,9–13; 2 Kor 1,8–10; 4,8–11; 11,23b–33[12]. Als Grund läßt sich anführen, daß die Verbindung des Timotheus mit Paulus in den in die Apostelgeschichte eingegangenen Überlieferungen vom missionarischen Wirken des Paulus vorgegeben war und dem Verfasser der Past gerade die Verbindung von Paulus und seinem Mitarbeiter und „Nachfolger" Timotheus besonders am Herzen lag.

Das angeschlossene Bekenntnis zur Errettung durch den Herrn greift Gedanken aus den Psalmen auf, die das Vertrauen auf die Rettung durch Jahwe aussprechen, etwa Ps 34,18–20. Es ist anzunehmen, daß der Verfasser das Motiv vom „leidenden Gerechten", den Gott errettet, in christologischer Einbindung kannte. Dieses Motiv der „passio iusti"[13] hat insbesondere die Darstellung der (vor)markinischen Passionsgeschichte bestimmt, wie aus der Übernahme zahl-

---

[11] Vgl. H. MERKEL, Past 74. Nach Merkel könnte 2 Tim 3,11 aber „sehr wohl der erste Beleg für Kenntnis der Apostelgeschichte sein".
[12] Vgl. V. HASLER, Past 74. Auf diese biographischen Zeugnisse verweist auch H. MERKEL, Past 75.
[13] Vgl. dazu L. RUPPERT, Jesus als der leidende Gerechte? Der Weg Jesu im Lichte eines alt- und zwischentestamentlichen Motivs (SBS 59) (Stuttgart 1972).

reicher Worte und Motive aus den sogenannten Leidenspsalmen (bes. Ps 22 und Ps 69) zu ersehen ist[14]. Auf diesem Hintergrund ist zumindest bemerkenswert, daß hier nicht das Leiden Christi, sondern das Leiden des Apostels in der Verfolgung als Bezugspunkt genannt ist[15]. Die Übertragung der Leidensthematik auf Paulus, verbunden mit dem Ausdruck des Vertrauens auf bzw. des Bekenntnisses zur Rettung durch Gott, besagt nicht, daß der Leidensweg des Paulus im Sinne einer „Leidenstheologie" als Heilsweg vorgestellt werden sollte[16]. Einzig das unerschütterliche Vertrauen auf den Beistand Gottes bzw. Jesu Christi läßt es zu, Leiden und Verfolgung als von Gott bestimmten Weg sowohl zu erkennen als auch anzunehmen; und davon legt „Paulus" Zeugnis ab.

Weil in der Auseinandersetzung um den rechten Glauben für die Past der Aufweis der Kontinuität mit Paulus ausschlaggebendes Kriterium ist, deshalb muß auch im Blick auf das Leiden und dessen Bewertung Bezug genommen werden auf das beispielhafte Leiden des Apostels Paulus und die ihm geschenkte Errettung durch Gott.

In der fiktiven Konstellation des Briefes, da Paulus, am Ende seines Lebens angekommen (4,6–8), auf seine leidvollen Erfahrungen zurückblickt, bekommt der Text eine sowohl mahnende als auch Vertrauen weckende Bedeutung. Von daher ist der Stellenwert des Leidensmotivs im Unterschied zur christologischen Einbindung und Verwendung noch einmal zu verdeutlichen: Der Rückgriff auf die Tradition vom leidenden und von Gott erretteten Gerechten in der Anwendung auf Paulus steht nicht in einem soteriologischen Zusammenhang, sondern hat paränetische Zielsetzung.

Wer ist der κύριος, dem „Paulus" für seine Rettung dankt? Da eine eindeutige Festlegung auf Gott oder auf Jesus Christus fehlt, könnte an beide gedacht sein. Es ist möglich, daß der Autor den Hinweis auf den κύριος bewußt in dieser Unentschiedenheit stehenläßt, um beide Möglichkeiten offenzuhalten. Dies würde der bei ihm auch andernorts erkennbaren Tendenz entsprechen, Christologie und Theologie eng miteinander zu verflechten (etwa beim Gebrauch des Titels σωτήρ für Gott und für Jesus Christus).

12 Es folgt eine Verallgemeinerung der Leidensthematik, die weder vom Kontext noch von der für die Past üblichen Auswertung der (quasi-)biographischen Notizen für die Gemeindeleiterparänese her zu erwarten ist. Nach der recht exklusiv klingenden Würdigung des Apostelschülers in der ungeteilten und uneingeschränkten Orientierung an Leben und Leiden des Apostels (VV

---

[14] Zum Einfluß der Psalmen auf die Formulierung und Gestaltung der vormarkinischen Passionsgeschichte vgl. die Übersicht der Zitate und Anspielungen bei R. PESCH, Das Markusevangelium II. Teil (HThK II/2) (Freiburg ²1980) 13 f.
[15] Mit V. HASLER, Past 74. „Der Presbyter wird nicht auf die Christusleiden oder auf die Jüngerleiden angesprochen, sondern als Apostelschüler in die Paulusnachfolge gestellt und zur Aufnahme der apostolischen Leiden aufgerufen."
[16] In diese Richtung geht die Deutung bei N. BROX, Past 258; kritisch dazu A. T. HANSON, Past 149.

10f) und vor der ebenfalls betont nur an den Nachfolger und Vorsteher gerichteten Ermahnung, der durch die Stellung gegebenen Verantwortung gerecht zu werden (VV 14f), kommt die Aussage, daß das, was „Paulus" von sich ausgesagt hat, für „alle" Bedeutung hat, überraschend. Auch die Begründung fällt aus dem Rahmen des Gewohnten. Noch das Zeugnis der Apg stimmt in den angesprochenen Texten aus den Kapiteln 13 und 14 zum missionarischen Wirken des Paulus mit dessen eigenem Zeugnis überein, daß Verfolgung und Leiden Konsequenz seines apostolischen Einsatzes für die Verkündigung des Evangeliums sind (vgl. neben den ausführlichen Schilderungen in 1 Kor und 2 Kor vor allem Phil 1,7.12f und Phm 13). Und auch für die Past ist dieser Zusammenhang unverzichtbar, da er die Vorbildfunktion des Paulus für den Gemeindeleiter mitbestimmt (vgl. 2 Tim 1,8.11f; 2,8f). Nun aber wird erklärt, daß das Erleiden von Verfolgung Kennzeichen der frommen und rechtgläubigen Christen ist, und zwar gerade und allein deshalb, weil sie „fromm leben wollen". Die Beschreibung des christlichen Lebens mit εὐσεβῶς ζῆν ist ebenso wie der Verweis auf die εὐσέβεια eine für die Past typische Formulierung (vgl. zu εὐσέβεια auch 1 Tim 2,2; 4,8); diese Formel (noch einmal in Tit 2,12) bezeichnet sowohl ein an der Glaubensüberlieferung der Kirche ausgerichtetes Leben als auch die Bewährung des Christen gegenüber der nichtchristlichen Öffentlichkeit. Die Ergänzung „in Christus Jesus" hat nicht mehr die spezifisch christologische und soteriologische Bedeutung wie bei Paulus; sie steht für die von den Past vertretene und geforderte „kirchliche Frömmigkeit"[17]. Das Leiden gehört nicht nur zum Dienst der Verkündigung, es gehört ganz allgemein zum Christsein, allerdings zu einem Christsein, das sich am Vorbild des Apostels Paulus orientiert[18].

Der Grund für diese verallgemeinernde Bestimmung eines frommen, d.h. an der Lehre der Kirche ausgerichteten Lebens durch das Motiv des Leidens mag darin gelegen haben, daß damit gegen die „schlechten Menschen" (vgl. V 13) die Gemeinschaft der Gläubigen in der Nachfolge des Apostels vorgestellt werden konnte und daß auf diese Weise zugleich möglichen Vorwürfen zu begegnen war, die darauf hinausliefen, daß die Gefährdung der christlichen Gemeinde durch Verfolgungen von außen und Auseinandersetzungen um den rechten Glauben im Inneren als Argument gegen ihre Gottgewolltheit anzusehen seien. Demgegenüber wird betont, daß Verfolgung und Bedrängnis in Parallelität zum Geschick des Apostels Paulus gerade diejenigen treffen, die ein frommes Leben führen wollen. „Leiden" sind also keine Widerlegung, sondern

---

[17] Vgl. V. HASLER, Past 74.
[18] Vgl. O. KNOCH, Past 62: „Die Bereitschaft zum Leiden erweist die Apostelnachfolge als echt."
Es ist zwar davon auszugehen, daß der Verfasser die in der christlichen Tradition verbreiteten Worte über Leiden und Verfolgung in der Nachfolge Jesu (vgl. Mt 8,11/Lk 6,22; Mk 8,34) gekannt hat (vgl. die Hinweise bei H. MERKEL, Past 75); für den Verfasser der Past aber geht es exklusiv um das Vorbild des Paulus.

umgekehrt geradezu Kennzeichen derer, die dem Willen Gottes entsprechend zu leben sich bemühen.

13 Es folgt der Hinweis auf die, die als Gegenspieler des Gemeindeleiters und als Gefahr für die Gläubigen insgesamt bekämpft werden müssen. Die Wiederaufnahme des Gedankens von der wie ein Krebsgeschwür wuchernden Irrlehre (vgl. 2,17) kommt zwar etwas „unvermittelt"[19], paßt aber insofern, als damit die von ihnen ausgehende Bedrohung der Gemeinden verdeutlicht werden kann. Die Irrlehrer können Erfolge vorweisen – dieses Zugeständnis ist in der Aussage, daß sie „Fortschritte machen werden" (προκόψουσιν), enthalten.

Dabei läßt der Verfasser jedoch schon durch die Art und Weise seiner Bezugnahme auf die Irrlehrer keinen Zweifel aufkommen, wie diese Leute und ihr Werk zu beurteilen sind. Es handelt sich um „verdorbene Menschen", die Schuld auf sich geladen haben. Und sie sind zugleich „Betrüger", die durch ihr Tun und Reden fromme Menschen verführen. In diesem Sinn wird γόης bei Philo verwendet, so daß auch hier (wie bei den Lasterkatalogen) eine Anleihe unseres Autors bei Philo wahrscheinlich ist[20]. In antithetischem Parallelismus wird am Schluß des Verses dieses doppelte Urteil über die Irrlehrer wiederholt; sie sind in gleicher Weise Betrüger wie auch Betrogene und Irregeleitete. Die Absicht der zweiten Kennzeichnung als Betrogene liegt nicht darin, sie als „bedauernswerte Opfer ihres eigenen Irrtums" hinzustellen, die „menschliche Hilfe verdienen"[21]. Mit dieser das negative Urteil wiederholenden Kennzeichnung soll vielmehr die Aussichtslosigkeit ihres Bemühens veranschaulicht werden. Ihnen fehlt einerseits der Wille zu ehrlichem Bemühen, andererseits auch die Voraussetzung und die Befähigung, anderen zu helfen und sie zu führen. Ähnliche Formulierungen in der griechisch-hellenistischen Umwelt[22] zeigen, daß der Verfasser mit dieser Bezeichnung der Irrlehrer als „betrogene Betrüger" „ein geflügeltes Wort" aufgreift[23].

14 Der jetzt an Timotheus gerichtete Auftrag ist formuliert als Kontrast zur vorangehend geschilderten Verhaltensweise der Häretiker. Die Vermeidung des Irrweges und damit auch der Falschlehre hängt ab von der Treue zu dem, was als Glaubenslehre überliefert worden ist. Erneut wird die Bedeutsamkeit des

---

[19] N. BROX, Past 259.
[20] Vgl. dazu G. DELLING, ThWNT I 737f. Der „Schwindler" steht als Explikation des „Vergnügungssüchtigen" (φιλήδονος) (vgl. 2 Tim 3,4) in dem umfangreichen Lasterkatalog bei Philo, sacr. 32; im Gegensatz zu προφήτης steht γόης spec. I 315 (γόης ... ἐπειδὴ ψευδόμενος λόγια καὶ χρησμοὺς ἐπλάσατο). Ähnlich verwendet Philo das Substantiv γοητεία, welches „grundsätzlich im Gegensatz zur Wahrheit" steht (G. DELLING, a.a.O. 738): praem. 8; somn. II 40; verbunden mit ἀπάται: dec. 125.
[21] So F. J. SCHIERSE, Past 128.
[22] Vgl. Philo, migr. 83 ἀπατᾶν δοκοῦντες ἀπατῶνται; Porph., v.Plot. 16 ἐξηπάτων καὶ αὐτοὶ ἠπατημένοι.
[23] Vgl. M. DIBELIUS – H. CONZELMANN, Past 89, mit weiteren Belegen; auch C. SPICQ, Past 784; R. J. KARRIS, Background 552.

2 Tim 3,10–17

Traditionsgedankens für die Past erkennbar. Die Aufgabe des „Timotheus" wird darin festgeschrieben, zu „bleiben" in dem, was er gelernt hat und was er gläubig und vertrauensvoll angenommen hat.

Jedes der drei in V 14a gebrauchten Verben (μένειν = bleiben, μανθάνειν = lernen, πιστοῦσθαι = Vertrauen fassen) betont einen eigenen Gesichtspunkt. Das „lernen" setzt voraus, daß der angesprochene Verkünder des Evangeliums das, was er verkündet, aus der Tradition übernommen hat. Er ist eingebunden in eine Glaubenstradition, die ihm als festes Gut schon vorgegeben ist. Der Bote und Prediger, also der in der Gemeinde Verantwortliche, ist angewiesen auf diese Tradition. Er ist von ihr abhängig und darf sie nicht einfach übergehen. Das μανθάνειν kann zugleich in einer apologetischen Ausrichtung gesehen werden. Der Glaubende steht ebenso wie der Lehrer nicht für sich allein, sondern er lebt in der Gemeinschaft der Kirche, und das bedeutet nach dem Verständnis der Past: auch und inbesondere in der Gemeinschaft mit den Gläubigen, die nicht mehr leben, deren Glaubensvermächtnis aber auf die Christen der nächsten Generation übergegangen ist. Wenn beim gläubigen Menschen und beim Gemeindeleiter im besonderen von „Erkenntnis" gesprochen wird, dann meint das nicht nur ein ihn persönlich betreffendes Moment, sondern dann geht es um das Glaubensgut, welches er sich lernend aneignen muß. Es ist also auch hierin eine antignostische Tendenz zu erkennen, vielleicht in Abwehr der in 4,3f beschriebenen Gefahr der Abkehr von der „gesunden Lehre", was gleichbedeutend ist mit Absonderung von der Gemeinde und von der Kirche.

Wer die durch die lange Überlieferung als zuverlässig gesicherte Glaubenstradition aufnimmt, den nimmt diese dann auch in Pflicht; es ist nicht nur eine Botschaft, die weiterzusagen ist, sondern eine Botschaft, auf die der Glaubende selbst jetzt sein Vertrauen gesetzt hat, aus der er lebt. In dem ἐπιστώθης wird die Gegenwart gekennzeichnet: in der literarischen Fiktion die Stellung des Timotheus, entsprechend dem Auftrag des Apostels, in Wirklichkeit aber die Situation der Gläubigen der Gemeinden in der Zeit der Past.

Der Imperativ „bleibe" schließlich blickt aus in die Zukunft. Als sicherer und zuverlässiger Garant der Glaubensüberlieferung kann nur derjenige gelten, der in der in den Gemeinden bereits bewährten und durch die Autorität des Paulus bestimmten Traditionskette steht. In dem Stichwort „bleiben" kommt zwar ein statisches Verständnis der Aufgabenbeschreibung eines Amtsinhabers zum Ausdruck. Zum Verständnis und zur rechten Einordnung dieser sehr stark auf das bewahrende Moment abhebenden Festlegung der an der Spitze der Gemeinden stehenden Amtsträger ist aber die in der Zeit der Past bestehende Gefahr zu bedenken; der Einfluß von gnostischem Denken führte zum Anwachsen einer Frömmigkeit, die sehr stark bzw. sogar ausschließlich auf den einzelnen und die ihn bewegende Glaubenserfahrung ausgerichtet war, ihn also von der Gemeinschaft isolierte. Zum anderen sollte nicht übersehen werden, daß hinter dem Anspruch auf Treue im Glauben ein pastorales Anliegen steht, insofern die Aufgabe des Gemeindevorstehers in der Vermittlung des Glaubensgutes gesehen wird. Seine Funktion wird zwar auf diese Weise von der Gemeinde her definiert; dennoch ist unverkennbar, daß die Verantwortung für den Glauben und auch für das Leben der einzelnen Gemeindemitglieder mehr und mehr delegiert wird an den Amtsträger. Es ist eine deutliche Verfestigung, vielleicht auch eine Erstarrung der in den Gemeinden vorhandenen Beziehungen zu erkennen: Der kirchliche Lehrer lernt und denkt für alle anderen.

Das angeschlossene Partizip „εἰδώς ..." gibt der Anweisung zusätzlich eine Begründung; der Adressat ist weiterhin der in Timotheus angesprochene Gemeindeleiter. Es ist zwar richtig, daß das, was für den vorbildlichen Gemeindevorstand gilt, auch die Gemeindechristen betrifft; doch nach Meinung der Past hängt der rechte Glaube dieser Christen in erheblichem Maße von der Lernbereitschaft und vom theologischen Bildungsstand des Erstgenannten ab. Deshalb gilt ihm die besondere Aufmerksamkeit.

In dieser Ergänzung, die auf den ganzen Satz zu beziehen ist, ist wiederum die Situation der Gemeinden der Past angezielt; wie in 1,5 wird der Briefempfänger nicht ausdrücklich auf die Lehre des Paulus verpflichtet, sondern er wird in einem allgemeinen Sinn erinnert an Menschen, von welchen er gelernt hat[24]. Von der Einbindung in die paulinische Tradition her und auch aus dem Kontext von 2 Tim ergeben sich Anhaltspunkte, um den hier vorausgesetzten Personenkreis zu konkretisieren. Es wäre dann neben Paulus[25] insbesondere an die in 1,5 genannte Mutter und Großmutter zu denken[26]. Diese Bezüge sind vor allem aus dem Kontext des 2 Tim überzeugend zu begründen; denn Paulus bleibt für die Past in jeder Hinsicht die unverzichtbare Bezugsperson und Autorität; und die in 1,5 genannten Personen bezeugen paradigmatisch und vorbildhaft die Zuverlässigkeit des Glaubens des Verantwortlichen, wenn er in einer entsprechenden, bewährten Glaubenstradition steht[27]. Aber sowohl dieses auf die Verhältnisse und Probleme der Zeit der Past gerichtete Anliegen als auch die unbestimmt gehaltene Formulierung (mit τίνων) legen nahe, den Kreis weiter zu ziehen. Da in der Person des Timotheus das Ideal des zeitgenössischen Gemeindevorstehers beschrieben werden soll, stellt der Verfasser mit dem nicht weiter spezifizierten Verweis auf Vorfahren ganz bewußt eine längere Zeit der Glaubensweitergabe mit einem größeren Kreis von Glaubenszeugen vor[28].

Mit V. Hasler gilt es dann aber auch zu bedenken, daß konsequent bei der als

---

[24] Der Plural ist sicher ursprünglich; die Textüberlieferung hat z. T. mit dem Singular τινος die Bedeutung des Paulus betonen wollen, was aus dem Gesamtgefälle der Past durchaus verständlich, aber eindeutig als sekundär zu beurteilen ist.
[25] M. DIBELIUS – H. CONZELMANN, Past 89: „vor allem" Paulus.
[26] Vgl. F. J. SCHIERSE, Past 129.
[27] Y. REDALIÉ, Paul 331 f, sieht in dieser zweifachen Einbindung des Timotheus in die Tradition – einerseits über den „institutionellen Weg" der Familie oder von „autorisierten Lehrern" (vgl. 2 Tim 3,14 f), andererseits auf dem Weg über die vorliegende Unterweisung des Paulus – eine Parallele zum Paulusbild der Past: Paulus ist der (erste) gerettete Sünder (1 Tim 1, 12 ff), und er ist der gläubige Mensch von den Vorfahren her (2 Tim 1, 3).
[28] Vgl. dazu N. BROX, Past 259 f; A. T. HANSON, Past 150; J. SCHLOSSER, Didascalie 89 f; H. MERKEL, Past 75.

Lehre des Paulus ausgegebenen Tradition nicht das „genuin paulinische Evangelium" gemeint ist, sondern daß der Verfasser „die kirchliche Lehrtradition" seiner Zeit zitiert[29].

15 Abhängig vom Partizip „wissend" (εἰδώς) von V 14 wird ein zweites Kennzeichen genannt, das den rechtmäßigen, verantwortlichen Gemeindeleiter prägt: die Kenntnis der heiligen Schriften. Mit ἱερὰ γράμματα sind nach übereinstimmender Meinung die Bücher des Alten Testaments gemeint[30]. Dieselbe Bezeichnung der Heiligen Schrift als ἱερὰ γράμματα ist bei den jüdischen Autoren der hellenistischen Welt geläufig (vgl. Ios., ant. 10,210; 13,167; 16,168 [v.l. ἱερὰ χρήματα]; 20,264; Philo, spec. II 159; 238; praem. 79; Mos. II 290; 292; contempl. 28; Gai. 195)[31]. Bei der Ergänzung ἀπὸ βρέφους (von Kindheit an) liegt es von der fiktiven Briefsituation her nahe, an die biographischen Angaben in 1,5 zu denken. Hier wie dort ist das gleiche Anliegen bestimmend, nämlich die Bindung des kirchlichen Glaubens und der für ihn verantwortlichen Autoritäten an die Glaubensüberlieferung zu untermauern durch den Verweis auf die Einbindung in eine lebendige Glaubenstradition. Im vorliegenden Vers wird aber ganz bewußt die Grenze spezifisch christlicher Überlieferung überschritten. Konkret geht es darum, für Christen – in einem allerdings inhaltlich nicht spezifizierten Sinn – die Gottesoffenbarung an Israel und auf diese Weise auch deren Glaubensinhalte als verbindlich zu erklären. Die nicht eindeutige Stellung mancher gnostisch beeinflußten Gemeinden zum Alten Testament mag dazu wesentlich beigetragen haben.

Unterweisung in den heiligen Schriften von Kindheit an setzt voraus, daß es bereits eine in den Familien verankerte Glaubenstradition gibt. Es ist dabei als selbstverständlich unterstellt, daß die Kenntnis der heiligen Schriften im Rahmen des christlichen Glaubens angesiedelt ist. Mit dieser Kennzeichnung des Gemeindeverantwortlichen läßt sich dann auch die Forderung verknüpfen, daß solche Kenntnisse bzw. solche Verankerung in einer breiten Glaubenstradition die Voraussetzung für die Übernahme eines Amtes sein muß bzw. zumindest sein sollte. Eine Parallele dazu liegt in der Forderung von 1 Tim 3,6, keinen Neubekehrten für das Amt des Episkopos zu nehmen. Da der Gemeindeleiter über die Festlegung auf das von Paulus herkommende Glaubensgut

---
[29] V. HASLER, Past 75.
[30] Vgl. A. T. HANSON, Past 151: „… the OT, and nothing else"; ähnlich auch schon W. LOCK, Past 109; N. BROX, Past 261; P. TRUMMER, Paulustradition 108. H. MERKEL, Past 76, will demgegenüber im Blick auf 1 Tim 5,18 „nicht ganz ausschließen", „daß auch schon urchristliches Schrifttum auf dem Wege war, Heilige Schrift zu werden"; vgl. auch schon E. F. SCOTT, Past 126; J. R. ENSEY, Past 170; gleichzeitig muß aber Merkel für den Fall, daß der Verfasser Paulusbriefe gekannt hat (und für den Römerbrief und den 1. Korintherbrief ist dies s.E. „sehr wahrscheinlich") einräumen, daß er gerade diese „noch nicht als heilige Schriften betrachtet zu haben (scheint)" (ebd.).
[31] Vgl. dazu u.a. M. DIBELIUS – H. CONZELMANN, Past 89; V. HASLER, Past 75. Daß ausschließlich die Bücher des Alten Testaments gemeint sind, betonen etwa N. BROX, Past 261, und A. T. HANSON, Past 151.

(vgl. 2,2) hinaus nun zusätzlich beurteilt wird in Hinsicht auf seine Beziehung zu den „heiligen Schriften", und zwar ebenfalls „von Kindheit an", wird auch der Traditionsgedanke ausgeweitet. Zusammen mit der für den Leiter sich ergebenden Verpflichtung auf die Schrift liegt darin ein deutlicher Anspruch: Wer der christlichen Gemeinde in rechter Weise vorsteht, der steht zugleich in der Tradition der Gottesoffenbarung an Israel[32].

Hier kommt gleichzeitig der noch weiter reichende Anspruch der Christen zum Ausdruck (und dabei stehen die Past in einer beinahe schon selbstverständlich gewordenen christlichen Tradition), daß die Schriften nur von Jesus Christus her und auf ihn hin in ihrem von Gott gewollten soteriologischen Charakter gesehen und verstanden werden können[33]. Die christologische Interpretation führt konsequent dazu, ihren Stellenwert auch unter dem zentralen Begriff σωτηρία zu definieren[34].

Mit der Schlußformel „durch den Glauben in Christus Jesus" verbinden die Past nicht mehr die von Paulus im Rahmen der Entfaltung der Rechtfertigungstheologie im Galaterbrief und im Römerbrief betonte Exklusivität des Heilsweges, vielmehr liegt darin eine Art Umschreibung für „Frömmigkeit" und „kirchliche Rechtgläubigkeit"[35]. Andererseits ist nicht zu übersehen, daß durch die Einbindung in das „Heil" gerade auch die Menschen, die „fromm" und „rechtgläubig" leben, unter einen besonderen Anspruch gestellt sind.

Daß die „heiligen Schriften" in diesen soteriologischen Rahmen eingebunden sind, mag schließlich noch einen Grund in der innergemeindlichen, innerchristlichen Kontroverse haben. Als ein Kennzeichen der bekämpften Irrlehrer wird deren Beschäftigung mit „Mythen und endlosen Geschlechtsregistern" (1 Tim 1,4), ihr „Streit um das Gesetz" genannt (Tit 3,9; vgl. auch Tit 1,10). Dies führt zu der gut begründeten Hypothese, daß bei den in den Past bekämpften Irrlehrern stark judaisierende Einflüsse anzunehmen sind. Gegenüber möglichen Schlußfolgerungen der Christen, daß mit der Kritik an solchen jüdischen Traditionen bzw. an deren gnostischer Inanspruchnahme auch das Alte Testament als Gottesoffenbarung als überholt gelten könne – was umgekehrt wiederum Kennzeichen mancher gnostischer Kreise war –, betonen die Past, daß zur Qualifikation eines christlichen Gemeindeleiters die Kenntnis der heiligen Schriften in

---

[32] Vgl. auch E. JÜNGEL, Bibelarbeit 98 f: Die betonte Anrede „du aber" stellt Timotheus und sein Tun in einen scharfen Gegensatz zu den Irrlehrern, von denen im vorhergehenden Vers die Rede war.

[33] Vgl. auch den Kommentar bei J. L. HOULDEN, Past 128, zu V 15: „Christianity seems to be regarded as already a self-contained, independent entity, which has absorbed its Jewish heritage without further need of discussion or controversy."

[34] Die bei V. HASLER, Past 75, gebrauchte Charakterisierung des Verständnisses der angeführten „heiligen Schriften" in den Past als „christliches Moral- und Erbauungsbuch" und als „Handbuch christlicher Frömmigkeit" erscheint etwas zu einseitig. Zu letzterem bemerkt A. T. HANSON, Past 151: „This is unfair to the author." Auch nach Meinung von B. KOWALSKI, Zitate 66, kommt in diesem Urteil Haslers „die Hochschätzung des AT durch den Verfasser der Past ... nicht deutlich genug zum Ausdruck".

[35] So V. HASLER, Past 75.

ihrer durch das Christusereignis offenbar gemachten soteriologischen Funktion unabdingbar dazugehört[36].

16 Die Bedeutung des in V 15 angesprochenen Themas der Heiligen Schrift für die christliche Gemeinde zeigt sich darin, daß im folgenden V 16 deren Bedeutung noch einmal ausdrücklich betont wird. Dieser Vers enthält allerdings einige für die Auslegung schwer zu entscheidende Probleme[37], von denen die wichtigsten genannt werden sollen:

(1) Auffällig ist zunächst der Wechsel von ἱερὰ γράμματα zu γραφή, so daß sich die Frage stellt, ob der Verfasser in dieser Abfolge Unterschiedliches bezeichnen wollte. Die Antwort ist nicht zuletzt abhängig von der Übersetzung[38]. Ist πᾶσα γραφή zu übersetzen mit „die ganze Schrift", d. h. das ganze Corpus des Alten Testaments[39]? Oder ist γραφή zu verstehen als „Schriftstelle" bzw. als Bezeichnung einer einzelnen Schrift? Im zweiten Fall läge der Ton darauf, daß „jede Schriftstelle" bzw. „jede Schrift" als „von Gott eingegeben" und damit für das Leben der Christen im allgemeinen und die Erfüllung der dem Gemeindeleiter aufgegebenen Verpflichtungen im besonderen betont werden sollte. Die Frage ist durch einen Vergleich mit dem Sprachgebrauch der anderen neutestamentlichen Schriften nicht ohne weiteres zu entscheiden. In den meisten Fällen ist in den neutestamentlichen Schriften mit dem Gebrauch von γραφή im Singular die Bezugnahme bzw. die Zitation einer bestimmten Stelle verbunden (vgl. Mk 12,10; Lk 4,21; Joh 7,42; 13,18; Röm 4,3; 9,17; 10,11; Gal 3,8; 4,30; Apg 1,16; 8,35); gelegentlich findet sich aber auch eine nicht auf eine einzelne Stelle fixierte Verwendung (vgl. Joh 2,22; 10,35; 17,12; Gal 3,22; 2 Petr 1,20). Mit der Deutung von γραφή als „Schriftstelle" ergäbe sich allerdings die Möglichkeit eines umfassenden Verständnisses, nämlich die Einbeziehung „neutestamentlicher" Texte bzw. sogar schon von abgeschlossenen neutestamentlichen Schriften[40].

(2) Das im Neuen Testament nur an dieser Stelle, in der hellenistischen Literatur ebenfalls recht selten bezeugte Adjektiv θεόπνευστος[41] hat hier ziemlich

---

[36] Vgl. auch G. HOLTZ, Past 187: „Um σωτηρία zu erlangen, muß man die heiligen Schriften als Quelle der wahren Weisheit erkannt haben."
[37] E. SCHLARB, Lehre 256, zählt auf: „... ob πᾶς mit ‚eine jede' oder ‚die ganze' zu übersetzen sei, ob γραφή das gleiche meine wie in V.15 ἱερὰ γράμματα oder den Sinn von ‚Schriftstelle' habe, ob θεόπνευστος adverbial oder prädikativ, ob passivisch oder aktivisch zu verstehen sei, ob eine copula zu ergänzen sei oder nicht und wie endlich ὠφέλιμος richtig anzuschließen sei..." Vgl. dazu auch schon die Diskussion bei J. H. BENNETCH, 2 Timothy 3:16a; T. P. McGONIGAL, Scripture; H. W. HOUSE, Inspiration.
[38] Vgl. die Darstellung der Möglichkeiten bei A. T. HANSON, Studies 43f; DERS., Past 151f; H. MERKEL, Past 76.
[39] Dabei ist mit H. HÜBNER, EWNT I 631, davon auszugehen, daß das jüdische Kanonproblem für die neutestamentlichen Autoren insgesamt keine Rolle spielt, da jeder auf eine – im Umfang durchaus unterschiedliche – abgeschlossene Schrift zurückschaut.
[40] Dafür plädiert F. J. SCHIERSE, Past 129; noch deutlicher V. HASLER, Past 75: Neben die heiligen Schriften von V 15 „tritt nun das apostolische Schreiben".
[41] Ps.-Phocyl. 129: τῆς θεοπνεύστου σοφίης λόγος ἐστὶν ἄριστος. Zu weiteren Belegen vgl. BAUER, s.v. θεόπνευστος.

sicher die passivische Bedeutung „von Gott eingegeben"[42]. Die häufig sehr ausführlich diskutierte Frage, ob θεόπνευστος als Attribut auf γραφή zu beziehen ist („jede von Gott eingegebene Schrift")[43] oder zusammen mit ὠφέλιμος als Prädikatsnomen zu übersetzen ist („jede Schrift ist von Gott eingegeben und nützlich")[44], ist insofern von Bedeutung, als damit unterschiedliche Akzentuierungen von seiten des Autors verknüpft sein können. Zugunsten der erstgenannten attributiven Übersetzung wird darauf verwiesen, daß der Autor die Geisterfülltheit als aus der jüdischen Tradition übernommene Selbstverständlichkeit einfach voraussetzen konnte; Uneinigkeit mit den Irrlehrern habe bestanden in der Bestimmung der „pastoralen Nützlichkeit der biblischen Schriften"[45]. Dann bleibt allerdings offen, warum unser Verfasser dies durch den Zusatz θεόπνευστος zu γραφή noch eigens betont, wo doch γραφή allein fraglos für alle Beteiligten diese Bedeutung als „Heilige Schrift" bereits besaß.

Der Grundgedanke dieser Auslegung, die im Unterschied zur Gewichtung des Verses in der Auslegungsgeschichte als „klassische Beweisstelle für die Inspiration"[46] das Gewicht auf die zwischen dem Verfasser der Past (als Vertreter der „orthodoxen" Gemeinden) und den Falschlehrern umstrittene Frage der Schrift*interpretation* verlegt, ist auch zu vereinbaren mit der oben an zweiter Stelle genannten Übersetzung. Ausschlaggebend für die Interpretation ist zuerst der Kontext im engeren Sinn mit der Bestimmung, inwiefern die Schrift – im ganzen und in den einzelnen Teilen[47]– „nützlich", d. h. für das christliche Leben wichtig, ja unentbehrlich ist[48]. „Damit verlagert sich die Bedeutung der ganzen Diskussion und ihrer dogmatischen Überfrachtung hin zur Frage, wie angemessen auszulegen ist."[49] Berücksichtigung muß dann aber auch der

---

[42] Vgl. C. SPICQ, Lexique 704–706. Dafür spricht zum einen die Übersetzung der Vulgata mit „omnis scriptura divinitus inspirata"; zum anderen ist zu verweisen auf den Text 2 Petr 1,21b (ὑπὸ πνεύματος ἁγίου φερόμενοι ἐλάλησαν ἀπὸ θεοῦ ἄνθρωποι), die als vergleichbare Formulierung der „jüdisch-hellenistischen Inspirationslehre" anzusehen ist; vgl. A. VÖGTLE, Der Judasbrief/Der 2. Petrusbrief (EKK XXII) (Solothurn/Neukirchen 1994) 175. Zu diesen beiden „klassischen Stellen" zur Inspiration, 2 Tim 3,16 und 2 Petr 1,21, vgl. auch H. BUIS, Significance.
[43] Für diese Übersetzung plädieren etwa C. K. BARRETT, Past 114; N. BROX, Past 261; F. J. SCHIERSE, Past 128; J. L. HOULDEN, Past 128; V. HASLER, Past 74f; H. MERKEL, Past 76.
[44] Diese Übersetzung wählen u. a. W. LOCK, Past 110; J. N. D. KELLY, Past 202f; G. HOLTZ, Past 183; A. T. HANSON, Past 152; R. J. KARRIS, Past 33f; G. D. FEE, Past 279; G. W. KNIGHT, Past 446f; T. D. LEA – H. P. GRIFFIN, Past 235f; F. YOUNG, Theology 77.
[45] Vgl. N. BROX, Past 261f; ähnlich u. a. M. DIBELIUS – H. CONZELMANN, Past 89f; H. MERKEL, Past 76.
[46] J. BEUMER, Die Inspiration der Heiligen Schrift (HDG I 3b) (Freiburg 1968) 6.
[47] Im Anschluß an B. S. EASTON, Past 67, bezeichnet auch A. J. HULTGREN, Past 135, die Unterscheidung zwischen den beiden Übersetzungen – „die Schrift (als Ganzes)" und „jede (Stelle der) Schrift" – als „bedeutungslos", da das Ergebnis dasselbe sei, ob man von den Teilen der Heiligen Schrift oder von der Gesamtheit als inspirierter Größe spricht.
[48] Daß der Akzent nicht auf dem ersten Teil von V 16 liegt, sondern auf dem ὠφέλιμος πρός und auf dem V 17 angeschlossenen ἵνα-Satz, betont E. SCHLARB, Lehre 256. Vgl. auch E. W. GOODRICK, 2 Timothy 3:16, 486: " ... the focus, must be on *ôphelimos* in preference to *theopneustos*"; B. KOWALSKI, Zitate 65.
[49] E. SCHLARB, Lehre 256. Bei der Übersetzung entscheidet sich Schlarb „aufgrund der gram-

Kontext der Past insgesamt finden. Im Blick auf die Konflikte innerhalb der christlichen Gemeinden um den Stellenwert der Texte der „Schrift" ist der ausdrückliche Hinweis eingefügt, daß *jegliche* Schrift als „von Gott eingegeben" anzuerkennen ist[50]. Aus den Past selbst erfahren wir, daß es nicht unerhebliche Differenzen zwischen der gesamtkirchlichen Auslegung der Schrift und gnostisierenden Interpretationen bestimmter Texte des Alten Testaments gab (1 Tim 2,13–15; 4,3–5; vgl. auch 1 Tim 1,4–6; Tit 1,14f; 3,9). Diesen gegenüber betont der Vertreter einer an der kirchlichen Tradition orientierten Auslegung der Schrift: (1) Ihre Autorität liegt in der Tatsache, daß sie von Gott eingegeben ist. (2) Ihre Bedeutung liegt im Aufweis ihres Nutzens (ὠφέλιμος, im Neuen Testament noch 1 Tim 4,8; Tit 3,8 mit der Gegenüberstellung ἀνωφελής 3,9)[51].

Im Unterschied zu V 15, der auf die eschatologische Vollendung ausblickt, wird jetzt der praktische Nutzen der Schrift betont. Die Aufgaben desjenigen, der an verantwortlicher Stelle in der Gemeinde seinen Dienst tut, werden aufgezählt. Wie in V 10 bei der Darstellung der Relation des „Timotheus" zu „Paulus" an erster Stelle διδασκαλία genannt war, so auch hier wieder. Die aus der Kenntnis der heiligen Schriften gespeiste Verkündigung der christlichen Lehre ist die vornehmste Aufgabe des Vorstehers.

Die folgenden Substantive sind Explikation und Entfaltung dieser Berufung zur Verkündigung, und sie lassen sich nicht eindeutig gegeneinander abgrenzen. Eine Vernachlässigung der Heiligen Schrift stünde in Widerspruch zur pastoralen Verantwortung und Verpflichtung des für die Weitergabe des Glaubens beauftragten Vorstehers. Mit den beiden Begriffen „Zurechtweisung" (ἐλεγμός) und Besserung (ἐπανόρθωσις) wird der Schrift ein wichtiger Platz im Kampf gegen die Irrlehrer eingeräumt. In einer gewissen Spannung zu dieser Äußerung steht allerdings, daß die Past von einer auf einzelne Schriftbelege gestützten Argumentation nur wenig Gebrauch machen[52].

Mit der „Erziehung zu Gerechtigkeit" lenkt der Verfasser wiederum zurück in den Innenraum der (rechtgläubigen) Gemeinden, deren Kennzeichen nicht nur Ehrfurcht vor der Heiligen Schrift ist, sondern praktische Umsetzung ihres Glaubens in ein Leben in Gerechtigkeit.

---

matisch-stilistischen Parallele in 1 Tim 4,4" für „jede Schrift ist gotthauscht und nützlich zu ..." (ebd. Anm. 5).

[50] Vgl. auch die Übersetzung bei C. Spicq, Past 787f: „Toute écriture, inspirée de Dieu, [est] aussi utile pour ..."; mit dem Adjektiv θεόπνευστος werde der Charakter als „heilige Schriften" (V 15) verdeutlicht.

[51] In diese Richtung geht auch die Erklärung von A. T. Hanson, Past 152: „The author is therefore saying that *every* passage in Scripture is inspired (not only *some*, as the heretics suggested) and therefore may be used for teaching and polemic." Vgl. auch G. Holtz, Past 188f; P. Dornier, Past 233f.

[52] Die recht allgemein gehaltene Art und Weise der Bezugnahme auf „jede Schrift" spricht auch dafür, daß der Verfasser nur an die alttestamentlichen Schriften denkt, nicht aber schon christliche Texte, etwa gar die Paulusbriefe, im Auge hat.

17 Abschließend wird der Bezug zur Gemeindeleiterunterweisung ausdrücklich zur Sprache gebracht. Mit der Bezeichnung „Mann Gottes" werden nicht die Christen in einem allgemeinen, umfassenden Sinn angesprochen[53], sondern der für die im vorangehenden Vers genannten Aufgaben verantwortliche „Seelsorger"[54].

„Jegliches gute Werk" ist einmal zu verstehen als allgemein gehaltene Wiederaufnahme dessen, was im einzelnen schon in den vorhergehenden Versen vorgestellt worden ist. Dazu zählen die am Beispiel des Paulus orientierte und vom Zeugnis der Schrift geleitete Überführung der Irrlehrer und die Festigung des rechten Glaubens. Was Kennzeichen dieses rechten Glaubens ist, also die Ausrichtung auf gute Werke, darf beim Gemeindeleiter nicht fehlen. Hier klingt aber auch wieder ein in der Funktion des Gemeindeleiters verankertes Spezifikum an: Nicht die in selbstgefälliger Beschaulichkeit vollzogene Pflege des eigenen Status ist sein Kennzeichen, sondern die Sorge um das Wohl der ihm Anvertrauten.

III
Dieser Abschnitt ist ein für die Past geradezu typischer Text. Verschiedene Ebenen werden miteinander verbunden. Das gilt einmal in zeitlicher Hinsicht. Vom Rückblick auf das missionarische Wirken des Paulus her wird der Bogen geschlagen in die Zeit des (fiktiven) Adressaten, wobei diese zugleich als eine Situation vorgestellt wird, die auch schon der Vergangenheit angehört; mit der Verpflichtung auf das, was der in seiner Verantwortung Angesprochene von seinen Lehrern gelernt hat und was für ihn bleibende Überzeugung ist, nimmt der Autor Bezug auf eine Traditionsgeschichte, welche die unmittelbare nachapostolische Zeit bereits einschließt.

Gleiches gilt dann auch auf der Erzählebene mit den agierenden und auf ihr Tun hin angesprochenen Personen. Während die erste „Du"-Anrede in V 10 noch eine eindeutig geschichtliche Bindung aufweist und in der vom Verfasser in Erinnerung gerufenen Situation des gemeinsamen Wirkens mit Paulus exklusiv auf Timotheus paßt, hat das zweite „Du" in V 14 schon nicht mehr solch ausschließlichen Bezug. Was zu „Timotheus" gesprochen wird, gilt ihm insofern, als sich in ihm die Gemeindeleiter der dritten christlichen Generation angesprochen wissen. Allerdings ist auch schon in dem geschichtlichen Rückblick der VV 11f der Bezug zur Gegenwart erkennbar; und der Übergang in die Gegenwart erfolgt bereits in VV 12f, wobei zugleich die Ebene der Gemeindeleiterparänese verlassen wird. Der Wechsel der Perspektive vom literarisch angesprochenen Timotheus hin zum aktuellen Gemeindeleiter wird abschließend in V 17 vollends durchgeführt und bestätigt; denn dort wird gesprochen vom Menschen im Dienst Gottes, und damit sind die für die Gemeinden verantwortlichen Personen der Gegenwart der Past angesprochen. Für sie ist auch der

---

[53] So aber N. BROX, Past 262.
[54] Mit F. J. SCHIERSE, Past 131; V. HASLER, Past 75.

Hinweis auf den „Nutzen" der Heiligen Schrift und ihren Wert für die „Verkündigung" ausgesprochen. Mit der ausdrücklichen Einbeziehung des Alten Testaments erfährt auch die Verpflichtung auf die Glaubenstradition als Kennzeichen des Gemeindevorstehers und der ihm vertrauenden Gemeinde eine Ausweitung, ohne daß jedoch über das Wie solchen Schriftbezugs in der christlichen Verkündigung reflektiert würde.

Charakteristisch und im Ineinander der verschiedenen Ebenen begründet ist das Vorkommen unterschiedlicher Textformen. Mit dem ersten Anrede-Satz (V 10) wird eine biographisch geprägte Erinnerung eingeleitet; in V 14 folgt eine Mahnung. Daß die VV 10f paränetische Bedeutung bekommen, ist dadurch bedingt, daß der biographische Ansatz mit dem Rückblick auf Paulus und Timotheus nicht durchgehalten wird, selbstverständlich auch gar nicht durchgehalten werden soll. Die biographischen Notizen haben in den Past insgesamt paränetische Funktion.

LITERATUR: J. H. BENNETCH, 2 Timothy 3,16a, a Greek Study: BS 106 (1949) 187–195; H. BUIS, The Significance of II Timothy 3:16 and II Peter 1:21: RefR(H) 14 (1961) 43–49; J. CALVIN, Sur l'inspiration biblique (Commentaire de Timothée 3:15–17): RRef 34 (1983) 91–93; D. R. COOK, Scripture and Inspiration. 2 Timothy 3:14–17: Faith and Mission 1,2 (1984) 56–61; E. W. GOODRICK, Let's put 2 Timothy 3:16 back in the Bible: JETS 25 (1982) 479–487; H. W. HOUSE, Biblical Inspiration in 2 Timothy 3:16: BS 137 (1980) 54–63; E. JÜNGEL, Bibelarbeit über 2 Timotheus 3,14–17: S. MEURER (Hrsg.), Erneuerung aus der Bibel (Stuttgart 1982) 93–106; T. P. MCGONIGAL, „Every Scripture is Inspired": An Exegesis of 2 Timothy 3:16–17: SBTh 8 (1978) 53–64; E. L. MILLER, Plenary Inspiration and II Timothy 3:16: LuthQ 17 (1965) 56–62; D. MOODY, The Man of God (2 Tim 3,17): RExp 56 (1959) 411–416; J. W. ROBERTS, Every Scripture Inspired of God: RestQ 5 (1961) 33–37; DERS., Note on the adjective after πᾶς in 2 Timothy 3,16: ExpT 76 (1964) 359; R. J. A. SHERIFFS, A Note on a Verse in the New English Bible [2 Tim 3,16a]: EvQ 34 (1962) 91–95.

12. Das Testament des Apostels (4, 1–8)

4,1 Ich beschwöre dich vor Gott und Christus Jesus, der richten wird Lebende und Tote, bei seiner Erscheinung und seiner Königsherrschaft: 2 Verkünde das Wort, tritt auf, ob gelegen oder ungelegen, überführe, tadle, ermahne, mit aller Geduld und (jeder Art von) Belehrung. 3 Denn es wird eine Zeit geben, da werden sie die gesunde Lehre nicht ertragen, sondern sie werden nach den eigenen Begierden sich Lehrer zusammensuchen, um sich die Ohren kitzeln zu lassen, 4 und von der Wahrheit werden sie das Ohr abwenden, den Mythen aber werden sie sich zuwenden. 5 Du aber sei nüchtern in allem, bleibe geduldig im Leiden, verrichte das Werk eines Verkünders des Evangeliums, erfülle deinen Dienst. 6 Denn ich bin schon dabei, geopfert zu werden, und der Zeitpunkt meines Aufbruchs steht bevor. 7 Ich habe den guten Kampf gekämpft, den Lauf vollendet, die Treue (den Glauben) bewahrt. 8 Im übrigen[1] liegt für mich bereit der Kranz der Gerechtig-

---

[1] BAUER, s.v. λοιπός 3.a.α: „für die Zukunft".

keit, den mir der Herr an jenem Tag übergeben wird, der gerechte Richter, nicht aber nur mir allein, sondern auch allen, die sein Erscheinen liebgewonnen haben.

I

Der Text inszeniert für den Apostel eine Abschiedsszene. In ihr wird im Wort des scheidenden Apostels noch einmal und mit allem Nachdruck, gewissermaßen mit dem Siegel des unmittelbar bevorstehenden Todes versehen, die Aufgabe des „Timotheus" und somit die des zuverlässigen und bewährten Gemeindeleiters festgehalten. Der Abschnitt läßt sich mit den Worten von V. Hasler treffend charakterisieren als „ein beschwörender und den ganzen Brief zusammenfassender Schlußappell des vor seiner Hinrichtung stehenden Martyrerapostels an seinen zurückbleibenden Lieblingsschüler und dessen Nachfolger"[2]. Die Anweisungen selbst enthalten kaum etwas inhaltlich Neues. In den Vordergrund rückt jetzt die erzählerische Rahmung; die Aussagen des „Paulus" über sich selbst gewinnen besondere Bedeutung. Da die ganze Szene als Abschied des Apostels dargestellt ist mit den dafür vorgegebenen Stilmitteln einer Abschiedsrede[3], überrascht es nicht, daß unser Text frappierende Parallelität zur Abschiedsrede des Paulus vor den Ältesten in Milet in der lukanischen Inszenierung (Apg 20,17–35) aufweist[4]. Die besondere Eindringlichkeit gewinnen die Anweisungen letztlich also dadurch, daß sie verknüpft sind mit dem Ausblick des „Paulus" auf sein unmittelbar bevorstehendes Martyrium.

Die Übereinstimmungen mit Apg 20,17–35 sind zu sehen auf dem Hintergrund einer vor allem in frühjüdischen Texten anzutreffenden literarischen Gattung, nämlich der „Gattung der testamentarischen Abschiedsrede", die etwa sehr klar erkennbar realisiert ist in den sog. „Testamenten der zwölf Patriarchen"[5]. Als typische Motive, die aus dieser Gattung übernommen wurden, sind zu erkennen:

(1) Das Wissen des Sprechers um den bevorstehenden Tod; (2) ein Rückblick auf wichtige Stationen seines Lebens; (3) verbunden mit einem Ausblick in die Zukunft: Mahnungen an die dem Sprecher besonders Nahestehenden, ihrer Verantwortung gerecht zu werden[6]. Die paränetische Prägung zeigt sich in den neun Imperativen (VV 2.5), mit denen die Aufgaben des „Timotheus" beschrieben werden[7].

---

[2] V. HASLER, Past 76.
[3] Einen Überblick zum testamentarischen Charakter des 2 Tim insgesamt bietet M. WOLTER, Pastoralbriefe 222–235. Zur „Gattung Testament" vgl. K. BERGER, Formgeschichte 75–80.
[4] Einzelverweise bei M. WOLTER, Pastoralbriefe 223f, der dennoch für literarische Abhängigkeit die Konvergenzen als „insgesamt zu wenig umfangreich" einschätzt.
[5] Vgl. A. VÖGTLE, Sorge 70. Texte, die diese „Gattung des literarischen Testaments" in unterschiedlicher Form, Gestaltung und Ausführlichkeit aufweisen, sind aufgelistet bei J. BECKER, Joh 525f.
[6] Zu diesen Motiven im Aufbau der Test XII vgl. J. BECKER, Die Testamente der zwölf Patriarchen (JSHRZ III/1) (Gütersloh 1980) 28f.
[7] Vgl. G. W. KNIGHT, Past 451. Mit dieser Auslegung sieht PH.H. TOWNER, Goal 69f (vgl. 66–74), die konkretisierenden Zeitbestimmungen (des Gerichts und der Königsherrschaft) zu wenig berücksichtigt; sie sind s.E. Beleg dafür, daß ἐπιφάνεια hier „ein im eigentlichen Sinn zukünftiges Ereignis" ankündigt. Ein weiterer Einwand gegen die hier vertretene Interpretation

Ein weiterer Aspekt, der den apostolischen Mahnungen besonderes Gewicht verleiht, ist die Einbindung in die Aussagen zum Kommen Jesu Christi zum Gericht in den beiden Rahmenversen (VV 1.8). Der Hinweis auf die richterliche Funktion Jesu Christi bleibt in den Past eine Ausnahme; sowohl das Verbum κρίνειν (V 1) als auch das Substantiv κριτής (V 8) sind in den Past in der Verbindung mit Jesus nur in diesem Zusammenhang belegt. Daraus lassen sich noch keine eindeutigen Schlüsse ziehen. Einerseits ist zu vermuten, daß das Gerichtsmotiv, für sich gesehen, in den Past keine zentrale Bedeutung hat, daß also auch hier der Akzent auf dem liegt, was von den beiden Hinweisen eingerahmt wird[8]. Andererseits ist auffällig, daß in dieser für die literarische und theologische Konzeption der Past gewichtigen Aussage, da „Paulus" seinen Tod und die daraus für den nachfolgenden Gemeindeleiter („Timotheus") resultierende Verantwortung und Aufgabe ins Spiel bringt, auch das Gerichtsmotiv eingeführt wird. Der Verweis auf das Gericht soll dem Wort des Paulus den höchstmöglichen Grad der Verpflichtung geben und zugleich dem in die Nachfolge des Apostels eingesetzten Vorsteher gegenüber den Stellenwert der übertragenen Aufgaben unterstreichen.

II
1 Die feierliche Einleitung gibt den folgenden Weisungen besonderes Gewicht.

Die Formulierung mit διαμαρτύρομαι steht mit vergleichbarer Intention der Betonung des Wortes des Apostels schon in 1 Tim 5,21, auch dort verbunden mit „Gott" und mit „Christus Jesus", erweitert allerdings durch den Hinweis auf die „auserwählten Engel". Ähnlich steht διαμαρτυρόμενος in 2 Tim 2,14 als Bekräftigung der vom Gemeindeleiter durchzusetzenden Weisung, daß niemand sich auf nutzlose, ja schädliche Wortgefechte einlassen soll. Die zu verhandelnde Sache bzw. der Auftrag an den Apostelnachfolger ist so unter die Autorität Gottes und Christi Jesu gestellt.

Verstärkend wird die Funktion Christi als Richter genannt (ähnlich die Beschreibung des Gerichtes durch Gott in Apg 10,42; 1 Petr 4,5). Dieser Verweis auf den Endrichter Christus ist insofern auffällig, als die eschatologische Prägung des christlichen Glaubens in den Past in den Hintergrund tritt und

---

von ἐπιφάνεια, daß damit *vor allem* (also nicht ausschließlich!) die Gegenwart der christlichen Gemeinden als Heilszeit gekennzeichnet werden soll, liegt nach Towner darin, daß auf diese Weise die Eschatologie des Verfassers in eine „unmögliche Nähe" zur Auffassung der Falschlehrer, die die volle Realisierung der Heilszeit vertreten, käme (vgl. dazu a.a.O. 33–36.42–45). Da aber das Wesen der „Irrlehre" darin liegt, daß ein wichtiger Bestandteil des christlichen Credo (vgl. 2 Kor 5,17) absolut gesetzt wird, ist eine Übereinstimmung mit dem „orthodoxen" Standpunkt des Verfassers unvermeidbar. Und es ist auch nicht zu übersehen, daß die Past gegen die Position der Falschlehrer von 2 Tim 2,18, die Auferstehung sei schon geschehen, nicht theologisch argumentieren, sondern ekklesiologisch (V 19) und schließlich ethisch (VV 20f.).
[8] Es ist dabei kaum bloß die Absicht des Verfassers, in den Gemeindeleitern „Angst vor dem Gericht" zu beschwören und sie so zu treuer Pflichterfüllung zu motivieren, wie V. HASLER, Past 76, schreibt.

gegenüber dem Anliegen einer aktualisierenden Ausformulierung der Bedingungen eines Lebens aus dem Glauben fast bedeutungslos geworden ist. Die Eschatologie ist bereits zu einem theologischen Topos geworden. Es ist zwar nicht notwendig vorauszusetzen, daß es bereits die „Lehre" über die sog. „letzten Dinge" gibt[9], aber es gibt das Motiv vom Endrichter, der das Gute/die Guten belohnt und das Böse/die Bösen bestraft; und unter dieser Ausrichtung kann nun die Bezugnahme auf Parusie und Gericht *paränetisch* zum Einsatz kommen. An die Stelle lebendiger Parusieerwartung ist die Verwendung des Ausblicks auf das Endgericht als theologisches bzw. als paränetisches Argument getreten. Diese Entwicklung ist in den Deuteropaulinen insgesamt zu beobachten.

Ähnliches gilt für die Ergänzungen mit ἐπιφάνεια und βασιλεία. Dem ersten Eindruck nach sind die beiden Bestimmungen als Erläuterungen zum Motiv des Gerichts bzw. zur Gestalt des eschatologischen Richters Christus Jesus ohne eigenständige Bedeutung; in Verbindung mit dem Ausblick auf das Endgericht haben sie deutlich die Aufgabe, den Ermahnungen des „Paulus" Gewicht zu verleihen[10]. Das zeigt sich in ihrer Funktion, die folgenden Imperative, die sich auf das gegenwärtige Tun des „Timotheus" beziehen, einzuführen. In dieser Zuordnung jedoch setzen die beiden Begriffe ἐπιφάνεια und βασιλεία wichtige, im Vergleich zu κρίνειν eigenständige Akzente. Sie stehen gewissermaßen zwischen den beiden „Terminen": dem Ausblick auf das Endgericht und dem Hinweis auf die Verantwortung des Gemeindeleiters, die „Paulus" „beschwört". Auch wenn die Parusieerwartung in den Past nicht aufgegeben ist – das Interesse des Verfassers gilt primär der Gegenwart, also der Frage, „wie man sich im Haus Gottes zu verhalten hat" (1 Tim 1, 15)[11]. Diese Gegenwart ist schon geprägt von der „Epiphanie" Jesu Christi (vgl. 2 Tim 1, 8–10; Tit 3, 4–7) und der damit aufgerichteten Herrschaft (von der Basileia [des Kyrios] nur noch in 2 Tim 4, 18). Durch die Verbindung mit dem Endgericht wird zwar der Zukunftsaspekt bei ἐπιφάνεια auch betont; doch das Wesentliche liegt für den Paulus der Past bei der Verwendung dieses Begriffes (einschließlich des Verbums ἐπιφαίνεσθαι) darin, daß damit nicht nur ein zukünftiges Geschehen beschrieben wird, sondern die gegenwärtige Situation der rechtgläubigen Gemeinden. Die „Epiphanie" Jesu Christi und seine Königsherrschaft geben hier den Rahmen ab für die Bestimmung der Verantwortung des Vorstehers für die Gemeinden seiner Zeit[12]. Diese Mehrschichtigkeit von ἐπιφάνεια entspricht der genannten Verschiebung des Stellenwertes

---

[9] Vgl. dagegen V. HASLER, Past 77.
[10] Vgl. H. MERKEL, Past 79; I. H. MARSHALL, Faith 217: „The writer ... emphasises the solemn charge given to Christian leaders by a reference to the coming judgment in 2 Tim 4, 1, but it can scarcely be said that the sanction of future judgment occupies a prominent place in his thinking."
[11] Zur Parusieerwartung der Past, die sich zwischen enthusiastischer Schwärmerei (vgl. 2 Tim 2, 18) und gesetzlicher Normierung (vgl. 1 Tim 1,8; Tit 1, 14; 3,9) bewähren mußte, vgl. F. J. SCHIERSE, Existenz 286–291.
[12] Vgl. dazu L. OBERLINNER, Epiphaneia 200 f.

der Eschatologie mit der Verlagerung der Aufgaben und des Interesses in die Gegenwart der Gemeinden.

2 Diese Aufgaben, über Timotheus an den kirchlichen Lehrer gerichtet, werden nun im einzelnen aufgelistet. Trotz vieler Imperative fehlt dabei eine spezifische Aufgabenbeschreibung; es fehlt auch eine aus den Formulierungen ersichtliche Abgrenzung der verschiedenen Anweisungen gegeneinander. Man kann darin „eine gedrängte Pastoralinstruktion" sehen, „die für jede Situation verwendbar ist"[13]. Sicher nicht zufällig steht aber an erster Stelle die Mahnung zur Verkündigung des Wortes. Der fiktive Paulus hatte seine eigene Aufgabe, zu der er berufen wurde, umschrieben mit dem Verbalsubstantiv κῆρυξ (1 Tim 2,7; 2 Tim 1,11). Angesichts dieses Befundes ist auffällig, daß das Verbum κηρύσσειν (abgesehen von 1 Tim 3,16 in einer traditionellen Formel) in den Past nur in diesem Vers steht. Einen Grund für die Verwendung in diesem Vers kann man in der Bedeutung der vorliegenden Inszenierung der Paränese als Abschied des Paulus sehen[14]. Das „Wort", welches „Timotheus" zu verkünden hat, ist das „Wort Gottes" (2,9; vgl. auch Tit 2,5), also unvergänglich, unbesiegbar; und es ist „das Wort der Wahrheit", welches der Verkündiger offen, geradeheraus verkünden muß (2 Tim 2,15). Der besondere Stellenwert eines solchen Zeugnisses für das Wort kommt aus der konkreten Situation der Gefährdung des Glaubens durch Irrlehrer.

In der durch das Wirken der Irrlehrer heraufbeschworenen kritischen Lage wird der verpflichtende Charakter des Verkündigungsauftrages noch dadurch unterstrichen, daß mit der Wendung εὐκαίρως ἀκαίρως die Befindlichkeit der Hörerinnen und Hörer als für den Boten des Wortes zweitrangig hingestellt wird[15]. Das „Wort" ist festgelegt in der kirchlichen Lehre, und als solches hat es verpflichtenden Charakter und eine kritische Funktion gegenüber Irrlehrern[16].

Übergeordneter Begriff ist der Auftrag zur „Verkündigung des Wortes". Doch dieser Verkündigungsauftrag hat keinerlei missionarische Zielsetzung, sondern ist auf die christliche Gemeinde gerichtet, auf die Festigung ihres Glaubens und damit auf die Abwehr von Irrlehren[17]. Diese zuletzt genannte Bestimmung der Abwehr von Irrlehren steht im Vordergrund, wie eine Betrachtung der gewählten Verben zeigen kann. Die genannten Verhaltensweisen, zu denen die Verantwortlichen in der Gemeinde aufgerufen werden, haben die Tendenz gemeinsam, daß sie den Nachweis der Glaubensüberzeugung verknüpfen mit

---

[13] N. Brox, Past 263.
[14] H. v. Lips, Glaube 273, gibt als Erklärung, daß mit der Beschränkung der Funktion des „Verkündigens" auf Timotheus auf dessen „Zwischenstellung zwischen dem Apostel und den späteren Amtsträgern" hingewiesen werden soll.
[15] Vgl. dazu C. Spicq, Lexique 631; den Bezug auf die Irrlehrer betont A. J. Malherbe, Season 242f.
[16] Die umfassende Bedeutung von λόγος als „Gottes Wort" – von den alttestamentlichen Schriften über die παραθήκη des Paulus bis zur Verkündigung der Kirche – betont auch J. R. W. Stott, Message 106.
[17] Vgl. dazu E. Schlarb, Lehre 249.

einer eindeutigen Demonstration gegen die, die einer Zurechtweisung, eines Tadels, einer Ermahnung bedürfen, kurz gesagt: gegen die Irrlehrer. Zwar wird abschließend mit der Forderung von Geduld und Belehrung wieder die Verkündigungstätigkeit des Vorstehers angesprochen; doch diese Verkündigung hat keine für den Glauben werbende Perspektive, sondern sie ist eingebunden in die alles bestimmende Konzeption der Verteidigung des rechten Glaubens.

3   Die vorangehend zur Sprache gebrachten Bedingungen, unter denen die christlichen Gemeinden und ihre Leiter sich zurechtfinden müssen, werden konkretisiert. In Orientierung an der zugrundegelegten Ausgangssituation, daß Paulus die Ereignisse für die Zeit nach seinem Tod ankündigt, wird diese „Zeit" als noch in der Zukunft liegend beschrieben. Für die Gemeinden der Past erweist sich das prophetische Wort des „Apostels" als höchst aktuell, da sie genau das erleben, was „Paulus" für die Zukunft, die Zeit nach seinem Tod, angekündigt hat.

Wie schon in dem Abschnitt 3,1–9 (vgl. auch 1 Tim 4, 1–5) hält sich der Verfasser an jüdisch-apokalyptische Traditionen bzw. an schon vorhandene christliche Endzeitaussagen und gibt erneut eine gleichermaßen umfassende wie situationsgerechte Beschreibung des Zustandes der christlichen Gemeinden. Bedingt durch die einseitige Fixierung auf die Irrlehrerproblematik und gleichsam als ergänzende Erklärung für die Notwendigkeit der im vorangehenden Vers gegebenen Anweisungen wird als das zentrale Ereignis für die Zeit nach Paulus das Abweichen der Menschen von der „gesunden Lehre" angekündigt. Die gegensätzlichen Positionen werden wiederum mit bekannten Mustern und Begriffen gekennzeichnet; der „gesunden Lehre" stehen die „eigenen Begierden" gegenüber. Der Verfasser orientiert sich auch an dieser Stelle an Begriffen, die durchgängig für die Charakterisierung von Orthodoxie und Häresie Verwendung finden (zur „gesunden Lehre" vgl. Auslegung zu 1,13). Das Interesse liegt auf einer plakativ-polemisch formulierten und dadurch wirksamen Ablehnung und Verwerfung der von der kirchlichen Lehre abweichenden Christen und damit auch, ohne ausdrücklich auf deren Inhalte eingehen zu müssen, ihrer Glaubenssätze und Glaubenslehren. Die Not der Häretiker und derer, die sich ihnen anschließen, sowie die Ungesichertheit ihrer Lehren unterstreicht unser Text obendrein noch dadurch, daß eine Vielzahl von Lehrern zur Auswahl steht (wobei zumindest implizit auch noch deren Uneinigkeit unterstellt wird). Dazu kommt, daß sie der Befriedigung recht „fragwürdiger Bedürfnisse" dienen (vgl. ähnlich schon 3,6f)[18]. Den Häretikern wird damit nicht nur die Abweichung von der rechten Lehre zum Vorwurf gemacht, ihnen wird auch jegliches ernsthafte Bemühen abgesprochen.

4   Die in V 3 gebotene Gegenüberstellung von „gesunder *Lehre*" und solchen „*Lehrern*, die die Ohren kitzeln", wird in der Struktur in V 4 wiederholt, indem

---

[18] Vgl. dazu N. BROX, Past 264.

zur rechten Lehre, hier formuliert mit ἀλήθεια, diejenigen als Kontrast genannt werden, „die sich Mythen zuwenden". Jetzt wird also die Unvereinbarkeit von kirchlicher (= rechter) Lehre und Häresie auch inhaltlich verdeutlicht durch den Gegensatz ἀλήθεια – μῦθοι. Der Akzent liegt wieder einseitig auf einer negativen Kennzeichnung des Verhaltens der Abweichler. Da „Erkenntnis der Wahrheit" als Siegel der rechtgläubigen Gemeinde in Anspruch genommen ist (auch in 1 Tim 2,4; 4,3; Tit 1,1; vgl. 1 Tim 3,15; 2 Tim 2,15.25), kann das Verhalten derer, die der Irrlehre bezichtigt werden, global als „Abkehr von der Wahrheit" verurteilt werden (wiederum in Tit 1,14; vgl. 1 Tim 6,5; 2 Tim 2,18; 3,7f). Parallel dazu gilt die Beschäftigung mit Mythen in allen drei „Briefen" als ein Kennzeichen dieser „Falschlehrer" (vgl. 1 Tim 1,4; 4,7; Tit 1,14). Einen festen Platz in der Irrlehrerpolemik haben auch die beiden Verben ἀποστρέφειν (abwenden; vgl. Tit 1,14) und ἐκτρέπεσθαι (sich abwenden; vgl. 1 Tim 1,6; 5,15; 6,20).

Der Verfasser bleibt seiner Linie treu: Die Auseinandersetzung der Kirche mit den Irrlehrern erfolgt nicht auf der inhaltlich-argumentativen Ebene. Ja, eine solche inhaltliche Erörterung ist eigentlich unnötig, ja sogar undenkbar, weil die vorgestellte Alternative in sich bereits die Entscheidung enthält (vgl. 2,14.16.23; 3,5).

Im Streit zwischen den von den Past repräsentierten Gemeinden und den christlichen Kreisen, die unter gnostischem Einfluß stehen und damit der Abweichung von der Wahrheit und von der rechten Lehre beschuldigt werden, gibt dieser Text den Gemeinden dadurch eine gewisse Sicherheit, daß schon „Paulus" um das Auftreten solcher Irrlehrer gewußt hat und sie nicht nur angekündigt, sondern auch ein eindeutiges Urteil über sie gefällt hat. Damit ist das Wichtigste über die Irrlehrer gesagt; es reicht aus, sich an die apostolisch legitimierte Weisung zu halten.

Zusätzlich konnte eine solche „Ankündigung" des Auftretens von Irrlehrern durch Paulus den Gemeinden helfen, dieses Faktum als einen notwendigen Teil der Geschichte der Kirche zu begreifen, vergleichbar dem Hinweis auf das Vorhandensein unterschiedlicher Gefäße in einem großen Haushalt (2,20).

5 Die Art und Weise der Formulierung der von den Irrlehrern ausgehenden Gefahren bedingt eine entsprechend allgemein und grundsätzlich gehaltene Gestaltung der Anweisung an „Timotheus". „Nüchternheit", Besonnenheit gilt es zu zeigen. Mit dieser Haltung, die (mit dem Adjektiv νηφάλιος) auch von anderen Personengruppen in den Gemeinden gefordert wird – vom Episkopos (1 Tim 3,2), von den Diakoninnen (1 Tim 3,11) und von den älteren Männern (Tit 2,2) –, wird der Gemeindeleiter als zuverlässiger Sachwalter der Verkündigung vorgestellt, der in der verwirrenden Vielfalt von den verschiedenen Wünschen ergebenen Lehrern und ausufernden Lehren treu seinen Dienst tut.

Die Bindung an traditionelle Verhaltensmuster zeigt sich vor allem in der erneut aufgegriffenen Mahnung, Leiden zu ertragen. Ein christologischer

Zusammenhang, also die Einbindung des Jüngers Jesu Christi in dessen Leiden, liegt nicht vor. Es ist allenfalls die Gleichförmigkeit mit dem Apostel angezielt, ohne daß konkrete Gefährdungen, also Verfolgungen der Christen der Gemeinden der Past, dahinterstehen müßten [19]. Es erscheint angesichts des stereotypen Gebrauchs des Leidensmotivs, insbesondere in 2 Tim (vgl. 1,8.12.16; 2,3.9f; 3,10–12) [20], auch nicht notwendig, einen Zusammenhang zu sehen zwischen dieser Mahnung, in Leiden Geduld zu zeigen (κακοπάθησον), und der Lage des Apostels unmittelbar vor seinem Tod.

Als εὐαγγελιστής hat Timotheus und damit der Gemeindeleiter der Past dieselbe Aufgabe wie Paulus, ohne daß der Begriff (εὐαγγελιστής auch in Apg 21,8 und Eph 4,11) eine besondere Bedeutung haben oder schon als Amtsbezeichnung verstanden werden müßte [21]; bedeutsam ist für die Past, daß mit dieser Bezeichnung in einem zentralen Punkt die Kontinuität zum Wirken des Paulus festgehalten und festgeschrieben werden kann. Das Motiv der Sendung und Beauftragung des Paulus für das Evangelium ist auch an anderen Stellen bereits angesprochen worden (1 Tim 2,7; 2 Tim 1,10f). Auffällig ist die etwas umständliche Konstruktion mit ποίησον. Mit dieser Formulierung, in welcher nicht die Person, sondern die „Sache", die Aufgabe im Vordergrund steht, soll die Allgemeingültigkeit bzw. die zeitliche Ungebundenheit (also die Gültigkeit einer solchen Anweisung über Generationen hinweg) betont werden.

Die allgemein gehaltene Form des vierten Imperativs (τὴν διακονίαν σου πληροφόρησον) schließt in der Art einer zusammenfassenden Mahnung die vorangehenden Imperative ab und eröffnet zugleich die Möglichkeit einer – nach Bedarf und Gemeindesituation – je neuen Bestimmung des „Dienstes", den der Vorsteher der Gemeinde zu erfüllen hat [22]. Daß der Verfasser hier mit dem Stichwort διακονία vom christlichen Gemeindeleiter ein christusähnliches Bild als „Diener" zeichnen wollte [23], ist wohl als Überinterpretation zu beurteilen.

6 Der Blick richtet sich wieder auf den Apostel, nun aber, gemäß der für die Gattung der Abschiedsrede typischen erzählerischen Rahmung, auf den Tod des Briefschreibers. Der Anschluß mit γάρ ist in einem weiteren Kontext zu betrachten. Im engeren Kontext mit V 5 fehlt dem Anschluß die Bedeutung einer Begründung für die voranstehenden Mahnungen an „Timotheus"; diese werden ja nicht erst begründet mit dem Hinweis auf den baldigen Tod des Pau-

---

[19] N. BROX, Past 264, sieht dagegen den Grund darin, „daß das Verfolgungsleiden auf Grund der gegebenen Verhältnisse zum Bild des kirchlichen Amtsträgers dazugehört" und deshalb in der Paränese nicht fehlen durfte.

[20] H. MERKEL, Past 80, verweist darauf, daß nach dem Zeugnis späterer Quellen (er nennt dafür Iren., haer. III 18,5; Clem. Alex., strom. IV 16; Tert., scorp. 1; 9–11) „die Gnostiker die Bereitschaft zum Leiden nicht für notwendig hielten". Die Mahnung κακοπάθησον fände dann auch eine passende Erklärung als „orthodoxe" Gegenreaktion.

[21] Vgl. N. BROX, Past 264; A. T. HANSON, Past 154f.

[22] Vgl. G. W. KNIGHT, Past 457.

[23] Diese Deutung bei A. T. HANSON, Past 155.

lus, sondern sie sind geschrieben auf dem Hintergrund des aus der Sicht des „Paulus" noch drohenden (vgl. V 3), tatsächlich aber bereits eingetretenen Glaubensabfalls (VV 3f).

„Paulus" spricht jetzt wieder (vgl. schon 1 Tim 1, 12–17) von sich, im Unterschied zu 1 Tim 1 aber nicht von der Vergangenheit, sondern von der Zukunft. Diese Zukunft wird beherrscht von dem unmittelbar bevorstehenden Tod (ἤδη).

Das für die Gattung eines literarischen Testaments konstitutive Motiv der Bezugnahme auf den Tod des Sprechers[24] verweist den Leser auf den ganzen Brief bzw. auf das Briefcorpus der Past insgesamt[25]. Die entscheidende Zielsetzung in all den Texten, die aus dem christlichen Traditionsbereich zur Gattung der Testamente zu rechnen sind[26], ist die Sicherstellung der kirchlichen Lehrtradition und die (zumindest anfanghaft erkennbare) institutionelle Garantie der Kontinuität der Überlieferung[27].

Das bedeutet für den Einsatz des Motivs vom bevorstehenden Tod des Apostels im Fall der Past, daß der Bezugspunkt übergreifend zu sehen ist: zum einen in der (fiktiven) Einsetzung der beiden Apostelschüler in ihre verantwortlichen Funktionen, zum anderen in den ihnen dazu gegebenen Anweisungen. Für den Autor liegt ja das ganze Gewicht darauf, daß sowohl „Timotheus" (vgl. 1 Tim 1, 3–6; 3,14 f; 6,13 f.20 f) als auch „Titus" (vgl. Tit 1, 5) mit der Fortführung und der Sicherung des von Paulus begonnenen Werkes der Verkündigung des Evangeliums und der Ordnung der Gemeinden beauftragt werden. Den Grund für diese Amts- und Vollmachtsübertragung läßt der Verfasser hier den Paulus geben: „*Ich bin nämlich schon daran, geopfert zu werden …*".

Den Ausblick auf seinen Tod läßt der Verfasser den Paulus formulieren mit dem der Opfersprache entnommenen Begriff σπένδομαι[28]; dadurch gewinnt die Ankündigung eine gewisse Feierlichkeit und Dramatik, ohne daß mit dem Verbum weitere historische Einzelheiten verknüpft zu sehen wären[29], noch aber auch die Absicht unterstellt werden dürfte, es solle der gewaltsame Tod des Apostels als stellvertretender Sühnetod verstanden werden[30].

---

[24] Vgl. dazu mit Parallelen, insbesondere aus den Test XII, H.-J. MICHEL, Abschiedsrede 48 f; M. WOLTER, Pastoralbriefe 226–228; J. BECKER, Joh 526. Zur „Funktion des Todes" vgl. E. v. NORDHEIM, Lehre 237–239.
[25] Der treffende Hinweis von N. BROX, Past 265, daß die vorausgesetzte Situation der Todeserwartung „den Hintergrund zu allen Aussagen in diesem Brief abgibt", ist auf das Corpus der Past auszuweiten.
[26] Vgl. dazu die nur wenig differierenden Zuordnungen bei H.-J. MICHEL, Abschiedsrede 57–68, und J. BECKER, Joh 526: Mt 28,16–20; Lk 22,14–38; Joh 13–17; Apg 20,17–38; 1/2 Tim; 2 Petr; vgl. auch Mk 16,14–19.
[27] Vgl. dazu O. KNOCH, Testamente 46–61; M. WOLTER, Pastoralbriefe 227 f.
[28] Belege für diesen Gebrauch von σπένδω als Terminus der Opfersprache (ein Trankopfer ausgießen) und (allerdings seltener) im übertragenen Sinn sowohl in griechisch-hellenistischer Tradition als auch im Alten Testament und im Frühjudentum bei O. MICHEL, ThWNT VII 529–536.
[29] Eine Überinterpretation bietet G. HOLTZ, Past 193: „Paulus sieht im Geist sein Blut fließen. Er muß mit der Hinrichtung durch das Schwert rechnen, die dem verurteilten römischen Bürger widerfuhr"; ähnlich schon die Auslegung bei A. SCHLATTER, Kirche 263.
[30] Diese Deutung vertreten, allerdings unter Zugrundelegung der paulinischen Verfasserschaft, J. JEREMIAS, Past 64; P. DORNIER, Past 240 f.

Den Schritt zur soteriologischen Deutung des Märtyrertodes tut allerdings in unmittelbarer zeitlicher Nähe Ignatius von Antiochien mit Begriffen wie ἀντίψυχον = Lösegeld (Ign., Eph. 21,1; Smyrn. 10,2; Polyc. 2,3; 6,1) und περίψημα = Sühnopfer (Ign., Eph. 8,1; 18,1)[31].

Auffällig ist, daß Paulus selbst im Brief an die Gemeinde von Philippi auf die Möglichkeit eines gewaltsamen Todes hinweist mit der Wendung: ἀλλὰ εἰ καὶ σπένδομαι ... (Phil 2,17). Die Tatsache, daß die zwei Belege für σπένδομαι im Neuen Testament nicht nur als Selbstaussagen des Paulus, sondern auch sichtbar parallel gestaltet vorkommen, ist mit guten Gründen durch literarische Abhängigkeit des Verfassers der Past von Phil 2,17 zu erklären; dafür spricht auch, daß Paulus im gleichen Brief (Phil 1,23) in terminologischer Nähe zu unserem Vers von der Sehnsucht spricht, „aufzubrechen", d.h. zu sterben (ἀναλῦσαι), und daß Pseudo-Paulus (2 Tim 4,6) die Nähe des Todes umschreibt als „die Zeit meines Aufbruchs" (ὁ καιρὸς τῆς ἀναλύσεως)[32].

Bei einem Vergleich ist aber auch die große Differenz zwischen dem in den Past auftretenden, agierenden und argumentierenden und dem geschichtlichen Paulus unübersehbar. Im Brief an die Gemeinde in Philippi ist die Spannung einer noch ausstehenden Entscheidung spürbar. In den Past hingegen ist die Entscheidung endgültig gefallen; Kennzeichen des hier handelnden und sprechenden Paulus ist seine Souveränität. Mit dem Ausblick auf seinen gewaltsamen Tod verbindet sich keinerlei Beeinträchtigung seines Glaubens und seiner Zuversicht.

Angesichts der Bedeutung, die dem Apostel Paulus in den Past zukommt, ist das auch nicht weiter erstaunlich. Das Bild und Vorbild des Paulus sollen die Gemeinden und vor allem die sie führenden Amtsinhaber ermuntern und sie angesichts der den rechten Glauben und die Einheit der Gemeinden gefährdenden Glaubenskrisen in ihrer Zuversicht stärken.

Diese Auslegung von V 6 ist von M. Prior[33] in bezug auf die beiden wichtigsten Stichworte σπένδομαι und ἀνάλυσις (in der Verbindung ὁ καιρὸς τῆς ἀναλύσεώς μου ἐφέστηκεν) kritisiert worden. Seine Untersuchung hat allerdings als Ausgangspunkt die These und als Zielpunkt den Nachweis der paulinischen Abfassung der Past, besonders von 2 Tim[34].

---

[31] Vgl. dazu auch H. MERKEL, Past 81.
[32] Vgl. J. L. HOULDEN, Past 133. Einen Schritt weiter geht A. T. HANSON, Past 155: „We could say of 2 Tim. 4:5–18 that it is Phil. 2:12–30 rewritten in the light of Paul's death as a martyr."
[33] M. PRIOR, Paul (Seitenangaben im Text).
[34] Vgl. in der Zusammenfassung des 1. Kapitels: „Methodologically, it is preferable to accept the Pauline authorship of the Pastorals unless the arguments against it are of such strength as to render the traditional position untenable" (24) sowie in der Schlußzusammenfassung, dort allerdings mit der Differenzierung: „2 Timothy appeared to us to be quite different in subject matter from 1 Timothy and Titus, and we considered it methodologically preferable to examine it in its own right. ... While we could more easily imagine a pseudepigraphic origin for these two the case for 2 Timothy being a pseudepigraphon seemed to be based on assumptions about which one could say little more than that they were possible" (168; vgl. 167–170).

Bei σπένδομαι kommt Prior nach der Untersuchung des Sprachgebrauchs außerhalb des Neuen Testaments zu dem Ergebnis, daß es weder von semitischen noch von griechischen Texten her einen Rückhalt zugunsten der Übersetzung im geläufigen Sinn der Opferterminologie („offering of oneself in a bloody oblation") gebe (92–94) und daß auch der zweite Beleg für das Verbum im Neuen Testament, nämlich Phil 2,17, nicht eindeutig als Verweis auf den Tod des Paulus auszulegen sei, sondern in einem umfassenden Sinn auf „sein Wirken als Apostel" bezogen werden könne (92–98). Da Prior aber zugesteht, daß ein solches Ergebnis keine ausreichende Grundlage für die Interpretation des Verbums in 2 Tim 4,6 abgeben kann, geht er in einem nächsten Schritt der Bezeugung des Substantivs ἀνάλυσις und dem Gebrauch des Verbums ἀναλύω in Phil 1,23 nach (98–102). Auch hier lautet das Ergebnis, daß der lexikographische Befund für eine Deutung auf den Tod des Paulus „außerordentlich schwach" sei. Die Auswertung der Belegstellen ergibt s.E., „daß nicht überzeugend der Nachweis erbracht worden ist, daß ἀνάλυσις in 2 Tim 4,6 sich auf den bevorstehenden Tod des Paulus beziehen muß" (103). Entscheidende Anhaltspunkte für die Klärung der noch offenen Frage nach der Übersetzung erwartet deshalb Prior vom Kontext im weiteren Sinn (bezogen auf 2 Tim insgesamt) und im engeren Sinn (bezogen auf 2 Tim 4,6–8) (103–110). In dem dem „Kontext von 2 Tim 4,6" gewidmeten Abschnitt (103–112) begründet Prior vor allem im Blick auf die biographischen Angaben von 4,9–21 seine These von der Authentizität des 2 Tim. Dieser Teil des Briefes zeige den Apostel dabei, wie er eine „Mannschaft" („an apostolic team") für weiteres missionarisches Wirken zusammenstellte. Somit spiegle das Verbum σπένδομαι das Verständnis des Paulus von seiner völligen Hingabe an diese Aufgabe wider, und ἀνάλυσις verweise nicht auf den Tod, sondern sei zu übersetzen mit „Freilassung" (111).

Da bei Prior die wesentlichen Argumente zugunsten seiner Übersetzung des V 6 in der Erklärung der Authentizität von 2 Tim liegen, insbesondere auch in der Bewertung der biographischen Angaben der VV 9–21, ist auf die eingangs kurz begründete Stellungnahme und die Auslegung der folgenden Verse zu verweisen.

7 Dieser Vers kann geradezu als Bestätigung dafür gelten, daß nicht Paulus selbst in seinem Selbstverständnis vorgestellt wird, sondern daß hier der Paulus auftritt, der für andere schon Leitfigur und Maßstab des Glaubens und Handelns geworden ist. Die den ganzen Brief prägende Profilierung des Apostels, die begann mit dem *Rückblick* auf die Vorfahren (1,3), wird nun im Anschluß an das in V 6 eingeführte Motiv des *Ausblicks* auf den bevorstehenden Tod weitergeführt und abgeschlossen. Aber auch dieser Ausblick in die Zukunft zeigt deutlich, daß er ein Rückblick ist[35]. Der Verfasser läßt Paulus in dieser Situation zwischen Leben und Tod ein recht bestimmtes (man möchte fast schon sagen: selbstsicheres) Fazit ziehen. In der Eigencharakterisierung wird eine Person vorgestellt, die schlechthin als Ideal und Vorbild gelten kann. Dieser Paulus steht schon so sehr über allem und über allen, daß er in der Position eines „Hei-

---

[35] Vgl. dazu den Abschnitt bei J. WANKE, Paulus 181–185, zum „Märtyrerapostel": „Der Paulus des 2. Timotheusbriefes steht in der *Vollendung* seines Lebensweges" (ebd. 181; Hervorhebung von mir).

ligen" erscheint[36] und deshalb beinahe nur noch in der Distanz der Verehrung in den Blick kommt. All das, was für die Christen noch in der Zukunft liegt und worin sie sich bewähren müssen, das wird mit den Perfektformen der drei Prädikate als von Paulus schon erreicht und vollendet ausgesagt: Er hat „den guten Kampf gekämpft" – was für seinen Schüler, die Gemeindeleiter und alle Christen noch aussteht (vgl. 1 Tim 6,12; auch 2 Tim 2,5); auch die „Vollendung" des Weges, auf die „Paulus" zurückschaut, wird für die Nachfolger als Ziel und Aufgabe genannt (vgl. 1 Tim 6,14); und der Gewißheit, daß er „den Glauben bewahrt" hat, entspricht die immer wieder eingestreute Mahnung an seinen Schüler und Nachfolger, den einmal angenommenen Glauben (vgl. 2 Tim 1,5) bzw. das anvertraute Glaubensgut zu bewahren (vgl. u.a. 1 Tim 6,20; 2 Tim 1,13f; 2,22)[37]. „Diese Perfektformen drücken vollendete Gewißheit aus."[38] Es ist offensichtlich, daß Paulus in idealisierter Form der Gemeinde als leuchtendes Beispiel vor Augen gestellt werden soll[39]. Die Selbstvorstellung des „Paulus" erfolgt in einer Art und Weise, daß der Abstand zur geschichtlichen Wirklichkeit deutlich zutage tritt; zum Vergleich ist das Zeugnis Phil 3,12–14 heranzuziehen.

Es liegt auch eine Verschiebung in der Begründung der Paränese vor. Während der historische Paulus in seinen Briefen sowohl sein eigenes Wirken als auch das seiner Mitarbeiter und das Gemeindeleben insgesamt christologisch begründet und bewertet, geschieht dies in den Past mit ausschließlichem Blick auf den Apostel Paulus. Diese Verschiebung des Akzentes hängt unter anderem mit dem schon angesprochenen Umstand zusammen, daß in den christlichen Gemeinden, welche die Past im Auge haben, die Christologie als Unterscheidungsmerkmal nicht mehr als ausreichend angesehen werden konnte. Als Kennzeichen der wahren christlichen Gemeinde steht neben dem christologischen Bekenntnis und dem Bemühen um ein frommes Leben der Nachweis, daß die Glaubenslehre des Apostels und deren von der Kirche autorisierte Interpretation und Verwaltung durch die Gemeindeleiter Anerkennung findet. Die Art und Weise, wie „Paulus" von sich spricht, hat somit auch apologetische Funktion.

Das entscheidende Ziel auch bei dem dem Paulus in den Mund gelegten Zeugnis über sein eigenes (vorbildhaftes) Verhalten liegt dabei in der Regelung der Verhältnisse in der Zeit nach Paulus. Es geht im weitesten Sinn um die Nachfolge bzw. die Nachfolger im Amt und damit um die Gewährleistung der

---

[36] Vgl. N. BROX, Past 265f. Und J. WANKE, Paulus 184, ergänzt: „Hier wird der Ruhm des bereits vollendeten Paulus verkündet."

[37] Wegen dieser Parallelität von Selbstcharakterisierung und Anspruch an den und die Nachfolger ist die Übersetzung von τὴν πίστιν τετήρηκα mit „ich habe den Glauben bewahrt" der anderen, auch möglichen Übersetzung „ich habe Treue gehalten" (so M. DIBELIUS – H. CONZELMANN, Past 90f, mit der Begründung, es handle sich bei πίστιν τηρεῖν um eine „feste Wendung" für „Treue halten") vorzuziehen.

[38] W. BRANDT, Gut 142. Das Motiv von der „Vollendung des Weges" begegnet auch bei Vergil, Aen. IV 653 („vixi et quem dederat cursum Fortuna peregi"), zitiert bei Seneca, ep. I 12,9; de vita beata 19,1; benef. V 17,5.

[39] V. HASLER, Past 78: „Alles, was von Timotheus erwartet und von einem verantwortlichen Gemeindeleiter gefordert wird, vereinigt sich im Leben und Sterben des in ein Idealbild verwandelten Apostels."

Kontinuität. Mit der beinahe exklusiven Orientierung an Paulus und an seinem Schüler und Nachfolger, für den „Paulus" auch hier seine Situation schildert, gewinnt der Sukzessionsgedanke deutlich an Gewicht.

8 Abschließend folgt die endgültige Bestätigung des von „Paulus" selbst schon getroffenen Urteils durch Gott. Der „Kranz der Gerechtigkeit", den er in einer sehr bestimmt klingenden Feststellung sich zuspricht[40], ist Zeichen der Belohnung.

Von den vielfältigen Verwendungen des Kranzes im öffentlichen und privaten Bereich bei Griechen und Römern[41] und, wenn auch weit seltener und zumeist in übertragener Bedeutung, in der alttestamentlichen und frühjüdischen Tradition (z. B. Spr 4,9; Weish 5,16; auch 4 Makk 17,15; Philo, all. II 108; praem. 27) übernehmen die christlichen Gemeinden den bildhaften Gebrauch. So vergleicht Paulus das Leben der Christen mit einem Wettkampf und bezeichnet das Ziel, das ewige Leben, als „unvergänglichen Kranz" (1 Kor 9,24–26; vgl. auch 2 Tim 2,5). Die Verheißung ewigen Lebens wird auch Jak 1,12 und Apk 2,10 umschrieben mit dem Bild vom „Kranz des Lebens"; und 1 Petr 5,4 nennt als Lohn für treue Ausübung des Hirtenamtes „den unverwelklichen Kranz der Herrlichkeit".

Diese Aussagen sind insgesamt geprägt von der Erwartung bzw. dem Zuspruch einer eschatologischen Vollendung, der Blick in 2 Tim 4,8 richtet sich dagegen auf die Gegenwart; denn Paulus hat – aus der Sicht des Verfassers der Past und seiner Gemeinden – die für die Erlangung des Siegeskranzes denkbaren Bedingungen bereits erfüllt: in der Vollendung eines ganz dem Dienst Gottes und der Verkündigung des Evangeliums gewidmeten Lebens und durch das Erleiden des Martyriums[42].

So hat auch der Verweis auf die richterliche Funktion des Kyrios nicht mehr die Bedeutung eines noch offenen Urteils; dieser Richter wird vielmehr in seinem Richterspruch das Urteil des Paulus ratifizieren. Auch der Begriff „Gerechtigkeit" wird nicht mehr in soteriologischer Bedeutung gebraucht, sondern steht für das in seinem Leben erworbene Verdienst des Apostels. Die Gerechtigkeit des Richters bietet die verläßliche Garantie für eine entsprechende Belohnung[43]. Der Blick in die Zukunft, auf das Gericht, steht auch am Ende dieses Abschnittes im Dienst der Idealisierung des Paulusbildes und damit verbunden der Legitimation der Gemeinden, die sich auf ihn berufen, die sich als Sachwalter der von ihm kommenden Glaubensüberlieferung ausweisen können.

---

[40] Die Formulierung mit ἀπόκειται nimmt nach M. DIBELIUS – H. CONZELMANN, Past 91, eine schon „fast technisch gewordene Wendung in anerkennenden Erlassen orientalischer Könige" auf.

[41] Belege bei W. GRUNDMANN, ThWNT VII 617–622.

[42] Unter Voraussetzung der oben für wahrscheinlich erachteten Kenntnis und der (teilweisen) Verwendung des Phil ist mit A. T. HANSON, Past 156, ein Zusammenhang mit Phil 3,13 durchaus denkbar; was Paulus dort noch für die Zukunft erwartet hat, das ist jetzt, in der Zeit der Past, schon Wirklichkeit geworden: „by his martyr's death Paul has been justified".

[43] Vgl. H. KRAFT, EWNT III 655: Gerechtigkeit als „Lohn für eine Leistung, auf die man gerechterweise einen Anspruch hat"; ähnlich H. MERKEL, Past 81.

Die dem Paulus schon sichere Belohnung gilt als Verheißung auch denen, die sich wie er im Glauben bewähren. Im Anschluß an das Vorbild des Apostels wird bei den Christen von dem gesprochen, was *sie* zu tun haben.

Wenn man mit dem Gedanken vom Gericht die Soteriologie verbindet, dann zeigt sich die Akzentverlagerung im Gegenüber zur Sicht der authentischen Paulusbriefe: Heil wird nicht geschenkt, weil Gott bzw. Jesus Christus *uns* geliebt hat (vgl. Röm 5,8), sondern weil Paulus Jesus Christus gegenüber Liebe gezeigt hat – bzw. dann auch „alle", die der Mahnung des Paulus Folge leisten und so wie er voll Liebe sein „Erscheinen" angenommen haben bzw. annehmen werden. Es zeigt sich darin eine für die Zeit der zurücktretenden Parusieerwartung in den christlichen Gemeinden am Ausgang des ersten Jahrhunderts typische Verschiebung der Orientierung des Glaubens: Nicht mehr die eschatologische Erwartung bestimmt das Leben der Gläubigen, sondern das gegenwärtige, vom Glauben getragene Leben eines frommen Christen gibt Zuversicht für die Parusie.

Dies hat wiederum (wie in V 1) Konsequenzen für das Verständnis von ἐπιφάνεια. Es ist dabei nicht ausschließlich und auch nicht vorrangig an das „Erscheinen" des Kyrios bei der Parusie zu denken[44], sondern an das „Erscheinen" Jesu in der Welt, an seine Inkarnation, die in die Gegenwart hinein weiterwirkt. Dieses Erscheinen „liebgewonnen haben" (hier ist die Perfektform τοῖς ἠγαπηκόσι zu gewichten als Gegenwartsbestimmung) bedeutet, ihm entsprechend das Leben auszurichten, d. h. in Übereinstimmung mit der Glaubenslehre des Paulus und in Gehorsam gegenüber den Weisungen der Kirche zu leben[45], die diese Offenbarung des Heilswillens Gottes in Jesus Christus[46] als Glaubensgut bewahrt und verkündet.

III

Ganz in den Vordergrund drängt sich die Vertrauensäußerung des Apostels, die er angesichts des unmittelbar bevorstehenden Todes formuliert. Diesem seinem Tod wird jedoch, für sich gesehen, keine Beachtung geschenkt; er gibt dem „Paulus" lediglich die willkommene Möglichkeit, sein Leben und Wirken vor Gott zu verantworten, und dies unter klarer Hinordnung auf die Gemeinden der Past.

Die in dem Abschnitt gestaltete Art der Selbstvorstellung des Apostels Paulus ist ein geradezu typisches Produkt pseudepigraphischer Literatur. Das Interesse an der Person liegt in der Darstellung ihrer aktuellen Bedeutung. Der Apostel ist Vorbild und Autorität in einem, Betroffener und zugleich den Gefährdungen des Glaubens und des Lebens Entrückter. Für die Christen der

---

[44] So allerdings die geläufige Auslegung; vgl. u. a. bei M. DIBELIUS – H. CONZELMANN, Past 91; N. BROX, Past 267; G. W. KNIGHT, Past 462.
[45] So auch N. BROX, Past 267, der allerdings diese „Umschreibung des untadeligen Christseins" als „Liebe zu seiner Epiphanie" deutet, als Zeichen „für die lebendige Zukunftshoffnung der Pastoralen"; demgegenüber steht aber doch stärker die Gegenwart im Mittelpunkt des Interesses.
[46] Bei κύριος liegt es im Gefälle der christologischen Prägung des Textes (vgl. V 1) zwar nahe, an Jesus Christus zu denken. Auch wenn nicht ausdrücklich vom Handeln Gottes gesprochen wird, so ist doch mit dem für die Past zentralen Begriff ἐπιφάνεια eine eindeutige theologische Prägung mitgegeben (vgl. 2 Tim 1,9f; Tit 2,11; 3,4–6).

Gemeinden, an die die Past sich wenden, ist das Evangelium untrennbar mit seinem Namen verbunden; aufgrund dieser Anerkennung der unvergleichlichen Stellung des Paulus durch die Gemeinden kann der Verfasser „seinen" Paulus auch mit so großer Zuversicht von der ihm zustehenden Belohnung durch Gott bzw. durch Jesus Christus sprechen lassen.

Die in den Past angesprochenen Gemeinden verehren diesen Paulus. Literarisch betrachtet, hält er sich selbst „den ehrenden Nachruf"[47]; von der Aktualität des „Briefes" her gesehen, kann er das, weil die Gläubigen darum wissen bzw. der festen Überzeugung sind, daß das Gesagte schon eingetreten ist.

Gleiches gilt für die für die Zukunft angekündigten „Zeiten", in denen die Gemeindeleiter sich bewähren müssen. Die Verbindung von Ausblick auf den Tod und Mahnung für die danach eintretende Gefährdung der „gesunden Lehre" entspricht der Orientierung an Motiven der Gattung „Testament". Mit dem Abschied bzw. mit dem Tod des Lehrers war „die Gefahr des Abfalls und des Verlusts der Kontinuität der normativen Tradition" gegeben; entsprechend bot dieser Anlaß auch die passende Gelegenheit, „diesem Bruch entgegenzuwirken und die unversehrte Kontinuität der Tradition auch über den Tod hinaus sicherzustellen"[48]. Die Verknüpfung von Abschieds- bzw. Todessituation und Gefährdung der Gemeinde aber ist künstlich hergestellt. Den Ausgangspunkt bilden die aktuellen Probleme der Gemeinden der Zeit; zu deren Bewältigung wird auf den Apostel Paulus zurückgegriffen. Was er schreibt, auch über sich selbst, ist folglich bedingt durch die Lage und die Einschätzung der gegenwärtigen Verhältnisse durch den Verfasser und nicht zuletzt durch seine Interessen.

Unter diesem Aspekt betrachtet, ist das hier gebotene Paulus-Bild nicht zu verabsolutieren; es steht im Dienst der Festigung der christlichen Gemeinden und hat somit untergeordneten, argumentativen Stellenwert.

LITERATUR: J. BECKER, Das Evangelium nach Johannes (ÖTBK 4,2) (Gütersloh/Würzburg ³1991) 523–529; J. M. T. BARTON, „Bonum certamen certavi ... fidem servavi" (2 Tim. 4,7): Bib. 40 (1959) 878–884; D. COOK, 2 Timothy IV.6–8 and the Epistle to the Philippians: JThS 33 (1982) 168–171; P. DORNIER, Paul au soir de sa vie. 2 Tim 4,6–8.16–18: ASeign 61 (1972) 60–65; A. J. MALHERBE, „In Season and Out of Season": 2 Timothy 4:2: JBL 103 (1984) 235–243; H.-J. MICHEL, Die Abschiedsrede des Paulus an die Kirche Apg 20,17–38 (StANT 35) (München 1973); J. MUNCK, Discours d'adieu dans le Nouveau Testament et dans la littérature biblique: Aux Sources de la Tradition Chrétienne (Festschr. M. Goguel) (Neuchâtel 1950) 155–170; E. v. NORDHEIM, Die Lehre der Alten. I. Das Testament als Literaturgattung im Judentum der hellenistisch-römischen Zeit (ALGHJ 13) (Leiden 1980); J. J. TWOMEY, „I have Fought the Good Fight": Scrip. 10 (1958) 110–115; A. VÖGTLE, Sorge und Vorsorge für die nachapostolische Kirche (Die Abschiedsrede von Apg 20,18a–35), in: DERS. – L. OBERLINNER, Anpassung oder Widerspruch. Von der apostolischen zur nachapostolischen Kirche (Freiburg 1992) 66–91.

---

[47] F. J. SCHIERSE, Past 135. Vgl. auch die Formulierung von N. BROX, Past 265: „Paulus macht sich hier selbst zum Inhalt der Predigt (wie auch 1 Tim 1, 12–17; 2,7; 2 Tim 1, 3.11)."
[48] M. WOLTER, Pastoralbriefe 226.228. Zum Anliegen des Verfassers der Apostelgeschichte in der von ihm gestalteten Abschiedsrede des Paulus in Milet (Apg 20, 18–35) vgl. A. VÖGTLE, Sorge 88 f.

13. Persönliche Mitteilungen (4, 9–18)

9 Beeile dich, schnell zu mir zu kommen! 10 Demas hat mich nämlich aus Liebe zu dieser Welt verlassen und ist nach Thessalonich gereist, Kreszens nach Galatien, Titus nach Dalmatien. 11 Lukas ist als einziger bei mir. Nimm Markus (zu dir) und bringe ihn mit; denn er ist für mich nützlich zum Dienst. 12 Tychikus aber habe ich nach Ephesus geschickt. 13 Bringe, wenn du kommst, den Mantel mit, den ich in Troas bei Karpos zurückgelassen habe, auch die Bücher, vor allem die Pergamente. 14 Alexander, der Schmied, hat mir viel Böses angetan; der Herr wird ihm vergelten nach seinen Werken; 15 vor ihm hüte auch du dich, denn er hat sich unseren Worten heftig widersetzt. 16 Bei meiner ersten Verteidigung ist mir niemand zur Seite gestanden, sondern alle haben mich im Stich gelassen; möge es ihnen nicht angerechnet werden! 17 Der Herr aber stand mir bei und gab mir Kraft, damit durch mich die Verkündigung zu ihrem Ziel geführt werde und alle Völker sie hören; und ich wurde gerettet aus dem Rachen des Löwen. 18 Befreien wird mich der Herr aus jeglicher bösen Tat und Rettung schenken hin auf seine himmlische Königsherrschaft. Ihm sei die Herrlichkeit in die Ewigkeit der Ewigkeiten. Amen.

I

Nach dem Ausblick auf die Belohnung, die dem Apostel und den nach seinem Evangelium lebenden Gläubigen gewiß ist, nimmt das Schreiben mit der erneuten Bezugnahme auf die Gefangenschaft eine eigentlich nicht (mehr) erwartete Wendung; denn die nun folgenden Anweisungen an den Briefadressaten gehen wieder aus von dem gefangengehaltenen Paulus und eröffnen für die Zukunft einen nach den Abschiedsworten nicht mehr für möglich gehaltenen Spielraum für Zukunftspläne des Apostels (vgl. bes. V 11b).

Die neuen Anweisungen werden verknüpft mit Informationen über andere Personen aus dem Umkreis des gefangenen Apostels. Es sind gute und schlechte Nachrichten in gleicher Weise. Im Vordergrund steht die Einsamkeit des Apostels; dadurch wird auch die Dringlichkeit der Aufforderung an Timotheus motiviert, möglichst schnell (V 9), d. h. noch vor dem Wintereinbruch (V 21a), zu kommen.

Zusammen mit den Personen werden Landschaften und Orte genannt, die zum großen Teil auch in der paulinischen Mission und in den Briefen eine Rolle spielen. Der Zusammenhang mit der Paulustradition ist für ihre Nennung an dieser Stelle gewiß ausschlaggebend: Noch im Angesicht des nahenden Todes kümmert sich Paulus um die Ausbreitung des Evangeliums und gibt Anweisungen[1]. Die meisten der in den VV 10–12 genannten Namen begegnen auch in dem Schreiben an die Gemeinde von Kolossä, nämlich Demas und Lukas (Kol

---

[1] Vgl. V. HASLER, Past 79: Paulus erteilt „angesichts des sicheren Martyriums seinen Mitarbeitern missionarische und pastorale Instruktionen und weist ihnen die Arbeitsfelder zu".

4,14), Markus (Kol 4,10) und Tychikus (Kol 4,7); die drei ersten Namen stehen auch schon in Phm 24. Kreszens ist nur hier genannt.

Es läßt sich zwar sowohl für die Personennamen als auch für die Ortsbezeichnungen wenigstens z. T. Abhängigkeit von Paulustraditionen annehmen, sei es über Briefe oder über mündliche Überlieferungen. Die hier vorgenommene Zuordnung von Personen und Orten ist jedoch das Werk unseres Autors; sie läßt sich deshalb auch nicht historisch auswerten. Die Einführung von Personen und die topographischen Angaben sind bewußt eingesetzte Stilmittel der paulinischen Pseudepigraphie[2] mit dem Ziel, die über seinen Tod hinausgehende Sorge des Paulus um die Verkündigung des Evangeliums mit Angaben von Missionaren und Missionsgebieten zu veranschaulichen. In denselben Kontext gehören auch die brieflich gegebenen Anweisungen, an welchen sich „jetzt" die Gemeindeleiter der Past zu orientieren haben.

Besondere Aufmerksamkeit wurde, besonders in älteren Kommentaren, den Notizen in V 13 gewidmet; denn die Bitte, den Mantel und die Schriften mitzubringen, hat man häufig als Indiz für die Abfassung der Past durch Paulus selbst gewertet[3]. Es ist jedoch heute weitgehend anerkannt, daß Mitteilungen bzw. Bitten, die den persönlichen Bereich betreffen, nicht eo ipso als Kennzeichen und Belege der Authentizität gelten können. Sie können wie andere Detailangaben die Funktion haben, dem Schreiben den Charakter des Authentischen zu geben. Und dies ist auch hier in den Past der Fall, wo die Anbindung an die Person und die Autorität des Paulus vordringliches Anliegen ist[4].

Die Einsicht in die „paränetisch-paradigmatische Stilisierung des Paulusbildes"[5] eröffnet darüber hinaus die Möglichkeit, mit P. Trummer in V 13 die an „Timotheus" gerichtete Bitte um die Besorgung des Mantels als „verpflichtendes Zeichen apostolischer Selbstgenügsamkeit" zu deuten und den Hinweis auf die Bücher als Mahnung an die christlichen Gemeinden zu verstehen, sich immer der Bedeutung der „Heiligen Schrift" als Grundlage ihres Glaubens bewußt zu bleiben (vgl. auch 3,15f)[6].

Auffällig an der Beschreibung der Lage des „Paulus" ist, daß er jeglicher Unterstützung beraubt zu sein scheint. Alle haben ihn im Stich gelassen. Dies

---

[2] Vgl. dazu N. Brox, Past 268; P. Trummer, Paulustradition 134f. Die Übereinstimmung in den Personennamen der Grußlisten bei Phm und Kol einerseits (fünf Namen) und 2 Tim und Phm (drei Namen) bzw. 2 Tim und Kol (vier Namen) andererseits sind demgegenüber für M. Prior (Paul 137f; 228 Anm. 113) Grund für die Annahme eines gemeinsamen Ursprungs dieser drei Gefangenschaftsbriefe in Rom.

[3] Vgl. aber auch das Urteil von M. Prior, Paul 106, zu den Angaben von 4,9–21 in Verbindung mit 4,6–8: „Whether the author is thought of as an early second-century Paulinist working with real Pauline fragments before him, or a pseudepigrapher with no such aids, we are left with no choice beyond opting for a strange, if not a far-fetched reverence for the *ipsissima verba Pauli* in the case of the compiler of the fragments, and a certain ineptitude in the case of the pseudepigrapher." Ausführlich behandelt Prior Einzelthemen aus dem Abschnitt 4,9–21 ebd. 141–165.

[4] Vgl. dazu ausführlich P. Trummer, Paulustradition 78–88; N. Brox, Past 271–274.

[5] H. Merkel, Past 84.

[6] Vgl. P. Trummer, Paulustradition 80–86.

ist für ihn zwar Grund zur Klage, nicht aber zur Verzweiflung; denn sein Vertrauen gilt dem Herrn, und von ihm erwartet er die Rettung. Diese besteht dann aber nicht mehr in der Rückgewinnung der Freiheit von Gefangenschaft, sondern in der Teilhabe an der himmlischen Königsherrschaft. Dieses Zeugnis der Zuversicht auf den Beistand des Kyrios soll auch in „Timotheus", also in den in ihm angesprochenen Gemeindeleitern, das Vertrauen stärken. Gleichzeitig gilt es, auf der Hut zu sein vor denen, die sich der Verkündigung widersetzen, wie am Beispiel des Schmiedes Alexander gezeigt wird (VV 14f).

II
9 Auf dem Hintergrund der bisherigen Ermahnungen und Anweisungen, die „Paulus" dem „Timotheus" hat zukommen lassen, erscheint die nun ergehende Aufforderung zunächst unpassend; denn nach den vorangegangenen Feststellungen zur Gemeindesituation und insbesondere der in den unmittelbar voranstehenden Versen bekräftigten Aufgabe des Timotheus, den von Irrlehrern ausgehenden Gefahren aktiv entgegenzutreten, muß man seine bleibende Anwesenheit vor Ort erwarten.

Die Erklärung, vielleicht sei angesichts der großen Entfernung Rom – Ephesus und des von Paulus als nahe bevorstehend erwarteten Todes diese Aufforderung nicht so ernst gemeint[7], kann nicht befriedigen. Die hier formulierte Aufforderung entspricht der in den Past beschriebenen Beziehung zwischen dem Apostel und den von ihm eingesetzten, autorisierten und aktuell in den „Briefen" instruierten Nachfolgern. Was „Timotheus" zu tun hat und ausführen wird, geschieht in Übereinstimmung und in Gemeinschaft mit „Paulus". Die durch den erwarteten Tod (V 6) bedingte Zäsur wird auf verschiedene Weisen überbrückt und die Kontinuität betont. Und zur „Darstellung der ununterbrochenen Kontinuität" von Paulus zu den späteren Gemeindeleitern, von seinem Evangelium zur späteren kirchlichen Verkündigung, dient dem Verfasser das in V 9 vermittelte Bild, daß diese Kontinuität auch noch durch die bis zum Ende aufrechterhaltene Gemeinschaft garantiert ist; Paulus ruft in der Stunde des Abschieds seinen Schüler zu sich[8].

Das Motiv der (als Wunsch des „Paulus" geäußerten) Anwesenheit des Timotheus ist literarisch auch im Zusammenhang mit der im folgenden immer wieder angesprochenen Einsamkeit des Apostels zu sehen, die ihren Grund z.T. im Versagen anderer hat[9].

---

[7] Solche Überlegungen bei A. T. HANSON, Past 157.
[8] Vgl. dazu auch V. HASLER, Past 79. Hasler interpretiert diesen „Traditionszusammenhang" in erster Linie als eine „sachliche Verknüpfung", festgelegt in der „ununterbrochenen Weitergabe des rechtgläubigen Evangeliums".
[9] Vgl. N. BROX, Past 269: „Die Sehnsucht des Apostels nach Timotheus wird mit seiner Einsamkeit motiviert." Auf der Grundlage der Interpretation von 2 Tim als authentischem Brief des Paulus vertritt M. PRIOR, Paul 143–146, die These, daß Paulus, der beim ersten Verhör von allen im Stich gelassen worden war (vgl. 4,16), den Timotheus (und vielleicht auch den Titus, vgl. V 11b) als Entlastungszeugen vor Gericht dabeihaben wollte.

10 Im Kontrast zum Apostelschüler und -nachfolger, der das ungeteilte Vertrauen des Paulus genießt, eröffnet der Verfasser die Reihe der Personen, deren Beziehung zu Paulus dargestellt werden soll, mit einem Negativbeispiel. Demas, von Paulus selbst noch als „Mitarbeiter" in der Grußliste des Briefes an Philemon genannt (Phm 24; vgl. Kol 4,14) wird jetzt von (Pseudo-)Paulus des Versagens beschuldigt. Die Anklage richtet sich am entscheidenden Punkt darauf, daß Demas den Apostel im Stich gelassen hat (με ἐγκατέλιπεν). Die angefügte Begründung, daß er „diese Welt geliebt hat", braucht nicht als Abfall vom Glauben interpretiert zu werden. Folgt man der von diesem Vers abhängigen Formulierung bei Polykarp (ep. 9,1 f) – Paulus und den übrigen Aposteln wird das Lob ausgesprochen, daß ihre Liebe nicht der jetzigen Welt galt (οὐ γὰρ τὸν νῦν ἠγάπησαν αἰῶνα) –, dann soll hier ein Kontrastbild vorgestellt werden: auf der einen Seite der wissend und gefestigt den Tod erwartende Paulus, auf der anderen Seite der an „diese Welt" sich klammernde Demas, der in eben dieser entscheidenden Situation versagt[10]. Da der Akzent darauf liegt, daß Paulus von Demas verlassen worden ist und im Gegensatz dazu die dauernde Gemeinschaft und Treue des Timotheus betont wird, liegt es nahe, die Frage nach einem geschichtlichen Hintergrund für diese biographische Notiz negativ zu beantworten[11]. Der Name selbst hat zwar in der Paulustradition einen konkreten geschichtlichen Hintergrund; das, was mit ihm in den Past in Verbindung gebracht wird, ist jedoch bedingt durch die Intention des Autors, das souveräne Verhalten des Paulus zu profilieren. Davon ist auch die Nennung von Thessalonich betroffen. Mit der Erwähnung dieser Stadt irgendwelche Beziehungen mit Demas zu verknüpfen (etwa: es handle sich um den Geburtsort oder um seine Heimatstadt)[12], bleibt reine Spekulation. Der Verfasser kennt die Stadt aus der ihm verfügbaren Paulustradition; mehr ist für die Verwendung in einem paulinischen Pseudepigraph nicht vorauszusetzen.

Schwieriger wird es bei den beiden nächsten Personen. Von ihnen wird einzig gesagt, daß auch sie sich von Rom wegbegeben und damit Paulus verlassen haben; Kreszens ging nach Galatien, Titus nach Dalmatien. Es fehlt jeder Hinweis auf negative Beweggründe; eine Parallelisierung mit Demas erscheint deshalb vom Text her ausgeschlossen. Da es sich bei Titus um einen engen Mitarbeiter des Paulus handelt und weil die genannten Gebiete, Galatien[13] und Dalmatien[14], zum paulinischen Missionsgebiet zu rechnen sind, greift man häufig

---

[10] Diese Deutung auch bei V. Hasler, Past 79.
[11] A. T. Hanson, Past 157, hält demgegenüber „zuverlässige Informationen" über Demas für wahrscheinlicher.
[12] Solche Vermutungen begegnen immer wieder; zum Geburtsort vgl. A. T. Hanson, Past 157; P. Dornier, Past 24; zur Heimatstadt vgl. T. D. Lea – H. P. Griffin, Past 252; G. W. Knight, Past 464.
[13] Einige Handschriften lesen εἰς Γαλλίαν. Andere frühchristliche Texte (vgl. Belege bei M. Dibelius – H. Conzelmann, Past 92) zeigen, daß Γαλατία auch so verstanden werden konnte. Doch ist im vorliegenden Rahmen der Past mit dem an Paulus ausgerichteten Inventar der geographischen Angaben der Bezug auf Galatien wahrscheinlicher.
[14] Paulus nennt Röm 15,19 Illyrien als von Jerusalem am weitesten entfernten Ort seiner missionarischen Tätigkeit; dessen südlichster Teil ist Dalmatien.

zu der Erklärung, es handle sich um missionarische Tätigkeiten der genannten Personen, die im Auftrag des Paulus durchgeführt werden sollten [15]. Daß der Verfasser solche Zusammenhänge im Sinn hatte, ist nicht auszuschließen; es ist aber doch auffällig, daß er dies nicht ausdrücklich sagt. Zumindest ist der Schluß erlaubt, daß es dem Verfasser nicht wichtig erschien, die Beweggründe für das Weggehen der beiden näher zu beschreiben; wichtig ist ihm allein, die dadurch entstandene Einsamkeit und Verlassenheit des Paulus zu demonstrieren.

Daß auch Titus, der vom Verfasser an anderer Stelle auf Kreta vorgestellt und von „Paulus" auf eine Zusammenkunft mit ihm in Nikopolis vorbereitet wird (Tit 1,5; 3,12), hier in ganz anderen Zusammenhängen auftritt, zeigt, wie frei der Autor mit biographischen und topographischen Angaben umzugehen vermag.

11 Mit der Notiz, daß einzig Lukas noch bei „Paulus" ist, wird die negative Bilanz zum Abschluß gebracht; ein ausdrückliches positives Urteil über Lukas und sein Verhalten fehlt allerdings. Immerhin gibt er ein Beispiel für Treue zum Apostel. Die Betonung liegt auch hier nicht auf der Person des Lukas, sondern darauf, wie er sich verhält. Insofern hängt die entscheidende Aussage nicht an individuellen Eigenheiten des Lukas. Dennoch ist zu fragen, ob hinter dieser Namensangabe wie auch hinter der gleich folgenden Aufforderung, daß „Timotheus" bei seinem Kommen den Markus mitbringen soll, nicht wenigstens Abhängigkeit von Paulustraditionen und den darin mit diesen Namen verknüpften Funktionen und Beziehungen stehen, etwa in der Art der Nennung der beiden in der Grußliste des Kol (4,10.14).

Eine Präzisierung bringt auf den ersten Blick die Bemerkung zu Markus, daß er für Paulus „nützlich" ist. Die beiden anderen neutestamentlichen Belege für die Verwendung des Adjektivs εὔχρηστος zeigen eine auffällige Gemeinsamkeit darin, daß eine Funktion einer Person gekennzeichnet wird, die in Opposition zum früheren Leben steht. Nach 2 Tim 2,21 ist derjenige, der sich von allem Unehrenhaften, d.h. insbesondere von der Irrlehre, „reinigt", „ein Gefäß zu ehrenvollem Gebrauch" und „nützlich für den Herrn". Und Paulus stellt dem Sklaven Onesimus seinem Herrn Philemon gegenüber das – wohl auf die Taufe des Onesimus bezogene – Zeugnis aus, daß dieser, „einst ohne Nutzen für dich" (τόν ποτέ σοι ἄχρηστον), „jetzt aber für dich und für mich nützlich" ist (νυνὶ δὲ σοὶ καὶ ἐμοὶ εὔχρηστον) (Phm 11). Daran anknüpfend ist zu fragen, ob sich eine vergleichbare Opposition auch für die hier in Aussicht gestellte „Nützlichkeit" des Markus für „Paulus" feststellen läßt.

Wenn wir neben der authentischen Paulustradition auch gewisse Kenntnisse über die missionarische Tätigkeit entsprechend der Darstellung der Apostelgeschichte voraussetzen dürfen (etwa in 2 Tim 3,11, vielleicht in Abhängigkeit von den in den Kap. 13 und 14 der Apg verarbeiteten Überlieferungen), dann ist zuerst an die Differenzen zwischen Paulus und Barnabas zu denken, die durch das Verhalten des Markus verursacht worden sind (Apg 15,36–39; vgl. 12,25).

---

[15] So etwa N. BROX, Past 269; V. HASLER, Past 79; H. MERKEL, Past 84.

In der späteren Tradition (1 Petr 5,13; auch bei Papias, vgl. Eus., h.e. III 39,15) wird Markus mit Petrus und mit Rom in Verbindung gebracht. Es ist zumindest erwägenswert, die Absicht des Autors in einer Ausdehnung des Autoritätsanspruches der paulinischen Überlieferung zu sehen, möglicherweise als Reaktion auf einen in dieser Zeit in manchen Kreisen sich entwickelnden „Antipaulinismus"; oder es ist seine Absicht, das von der Apostelgeschichte geprägte Bild der gestörten Beziehung zwischen Paulus und Markus zu korrigieren[16].

Einen weiteren Aspekt des „Paulinismus" der Past bringt der Begriff διακονία ein. Im unmittelbar voraufgehenden Abschnitt ist „Timotheus" auf seinen „Dienst" hingewiesen worden, konkret auf die Erfüllung der „Aufgabe eines Verkünders des Evangeliums" (4,5). Damit übereinstimmend läßt der Autor in 1 Tim 1,12 Paulus davon sprechen, daß Christus ihn „in Dienst" genommen hat (θέμενος εἰς διακονίαν). Der „Dienst" ist also in den Past eindeutig von Paulus her definiert; und so ist auch für „Markus" der angesprochene „Dienst" als der von Paulus her bestimmte Auftrag der Verkündigung zu interpretieren[17].

Der geschichtliche Rahmen der von „Paulus" vorgenommenen Bestimmung der Aufgabe des Markus ist nicht ein von Paulus im Gefängnis in Rom geplanter Neubeginn des missionarischen Wirkens, an welchem (neben Timotheus) auch Markus beteiligt werden sollte[18], sondern die Gemeinden der Past bzw. vor allem deren Leiter, die sich in ihrem „Dienst" als von Paulus Beauftragte und Bevollmächtigte sehen sollen.

12 Mit der Nennung des Tychikus ist wieder eine entgegengesetzte Bewegung verbunden. Auch er wird auf breiter Traditionsbasis mit Paulus in Verbindung gesehen (Eph 6,21; Kol 4,7; Apg 20,4f; auch Tit 3,12). Damit waren für einen Autor, der unter dem Namen des Paulus den Gemeinden seiner Zeit „apostolisch" legitimierte Anweisungen erteilen wollte, die besten Voraussetzungen gegeben, mit seiner Erwähnung den Anspruch der Authentizität zu untermauern. Der dazu in Spannung stehende Hinweis, daß der Paulus der Past nach 1 Tim 1,3 den Timotheus in Ephesus zurückgelassen und mit dem Kampf gegen die Irrlehrer beauftragt hat, muß weder auf Vergeßlichkeit noch auf Gedankenlosigkeit des Autors zurückgeführt werden. Auf der anderen Seite wird aber auch nicht gesagt, daß Tychikus als „Nachfolger des Timotheus" vorgesehen ist[19]. Die Sendung des Tychikus ist ein Zeichen der bleibenden Verbundenheit und Sorge des Apostels für „seine" Gemeinden[20], in diesem Sinn vergleichbar mit den „Briefen" an Timotheus.

---

[16] Vgl. W.-H. OLLROG, Paulus 48f.
[17] Vgl. H. MERKEL, Past 84: „Mitarbeit im Verkündigungsdienst".
[18] Diese Deutung vertritt M. PRIOR, Paul 146–149.
[19] So V. HASLER, Past 80.
[20] Die Sendung der Schüler und Mitarbeiter hat also nicht zum Ziel, daß das Evangelium in neue Gebiete getragen werden soll, die Paulus selbst nicht mehr erreichen konnte, wie V. HASLER, Past 80, interpretiert; es handelt sich vielmehr um Gebiete und Orte, die in irgendeiner Weise bereits in Verbindung mit dem Namen des Paulus stehen.

13 In Ergänzung zu der in V 9 ausgesprochenen Aufforderung, zu Paulus zu kommen, werden dem Timotheus noch Einzelaufträge erteilt, die allerdings gar nicht zur Gesamtsituation zu passen scheinen. Und gerade diese Spannung zwischen dem Grundthema des 2 Tim, der Sorge um die Bewahrung des Glaubens, und der Banalität der Sorge um einen vergessenen oder auch absichtlich zurückgelassenen Mantel und um Bücher wird immer wieder als gewichtiges bzw. eindeutiges Argument zugunsten der Authentizität der Past insgesamt ins Feld geführt [21]; in etwas modifizierter Form wird die Authentizitätserklärung beschränkt auf 2 Tim oder wenigstens die entsprechenden Angaben insbesondere in 2 Tim.

Es wäre sicher falsch, den Umstand, daß pseudepigraphische Schriften solche zufällig oder banal erscheinende Angaben enthalten können, als Beleg für den nichtpaulinischen Charakter der Past in Anspruch nehmen zu wollen. Ebenso problematisch ist es, auf der Ebene einer historisierenden Argumentation die Sinnhaftigkeit dieser Bitten in Frage zu stellen mit dem Hinweis auf den langen Reiseweg und die für die Überbringung der Sachen notwendige Zeit von einigen Monaten oder, noch konkreter, auf die Erwartung des nahen Todes bei Paulus [22]; denn es ist immerhin damit zu rechnen, daß auch Paulus mit der Bezugnahme auf solche Details, die in Verbindung mit seinem missionarischen Wirken standen, im Blick auf den ihm drohenden Tod seine Hoffnung auf Gott und sein Vertrauen darauf, daß Gott ihn auch aus der Todesgefahr retten kann, zum Ausdruck bringen konnte.

Die Bitte um den Mantel und um die Bücher ist im Kontext der Angaben zu Orten, Personen und Umständen in den Past insgesamt zu sehen, vor allem in dem Schlußabschnitt 4,9–21. „Paulus" ist zwar dem Tode nah; das hindert ihn aber nicht, sich weiterhin um seine Mitarbeiter und um seine Gemeinden zu kümmern. „Bis zum letzten Atemzug ist Paulus damit beschäftigt, seinen Auftrag zu erfüllen."[23] Um seiner Aufgabe gerecht werden zu können, bedarf er dieser Dinge, die sich noch in Troas befinden. Da diese Stadt ein Ort der paulinischen Missionstätigkeit war (vgl. 2 Kor 2,12; auch Apg 16,8; 20,5f), hat alles, was sich von Paulus noch dort befindet, mit seinem Wirken als Missionar zu tun.

Paulus lebt in der Erinnerung der späteren Gemeinden fort als der Heidenmissionar schlechthin. Und diese Vorstellung bestimmt auch den Verfasser der Past, wenn er ein (Selbst-)Porträt von Paulus gestaltet. Der Mantel und die Schriften sind Kennzeichen des Missionars Paulus [24]. Seine Briefe, insbeson-

---

[21] Vgl. J. JEREMIAS, Past 9: „Vor allem sind es zahlreiche *geschichtliche Einzelheiten* (bes. 2 Tim. 4,9–21; 1,5.15–18; 3,14f.; Tit. 3,12–14), die sich dagegen sträuben, als Fälschung behandelt zu werden, wie z.B. die Bitte um den in Troas bei Karpus zurückgelassenen Mantel (2 Tim. 4,13)."

[22] Solche Überlegungen etwa bei P. TRUMMER, Paulustradition 80; H. MERKEL, Past 85.

[23] V. HASLER, Past 80.

[24] Da ausdrücklich gesagt wird, Timotheus solle die Sachen zu Paulus bringen, ist die Interpre-

dere dieser an Timotheus, und die darin enthaltenen Anweisungen sollen zeigen, daß Paulus weder seinen apostolischen Anspruch aufgegeben noch sein apostolisches Wirken abgeschlossen hat. Trotz des Wissens um seinen nahen Tod verabschiedet sich der Paulus der Past mit einem Ausblick auf seine missionarische Tätigkeit. Mit dieser Deutung ist auch die schon zitierte Interpretation von P. Trummer vereinbar, der auf der Grundlage eines Vergleichs mit der Schlußparänese 1 Tim 6 die Bitte um den Mantel in der Interpretation des Autors als „verpflichtendes Zeichen apostolischer Selbstgenügsamkeit" deutet. „Die bewußte Bindung der Amtsträger der Past an die Person und die Praxis des P[aulus] ist für die Past und ihre gegenüber P[aulus] gewandelte kirchliche Situation von besonderer Bedeutung."²⁵

Wie die Nennung des Mantels in der Fiktion der Beziehung zwischen dem Apostel und dem das Amt der Verkündigung weiterführenden Gemeindeleiter begründet und damit auch in dieser Konstellation zu interpretieren ist, so gilt dies auch für die Erwähnung der Schriften. Der Zusammenhang von Schriftkenntnis und Verkündigung wurde bereits in 3,15f betont. Da „Paulus" sich seinem Nachfolger in dem „Testament" noch einmal als der vorbildliche Apostel, als treuer und zuverlässiger Verwalter des „Wortes Gottes" vorstellen will, kann er weiterhin auf die „Heilige Schrift" nicht verzichten. Im Blick ist dabei, wie der Zusammenhang mit 3,15f verdeutlicht, der mit der Verkündigung des Wortes Gottes und des Evangeliums beauftragte Apostelschüler (vgl. 4,2.5).

Die Differenzierung zwischen „Büchern" (βιβλία) und „Pergamenten" (μεμβράναι) wird häufig aus der Absicht des Autors erklärt, er wolle damit unterschiedliche Arten von Schriften benennen. Dabei wird zwar ziemlich übereinstimmend die Meinung vertreten, daß in erster Linie die heiligen Schriften des Alten Testaments gemeint seien; aber in der Frage, mit welchem Begriff sie bezeichnet seien, gibt es ebenso Unterschiede wie in den Vorschlägen, wie die zusätzlich von „Paulus" angeforderten schriftlichen Unterlagen zu identifizieren seien. Dazu seien zwei unterschiedliche Auslegungen vorgestellt:

N. Brox teilt etwa die Vermutung, daß mit μεμβράναι „biblische (d.h. alttestamentliche) Schriften" bezeichnet werden; über den Inhalt der „Bücher", also der βιβλία, lasse sich dagegen „selbstverständlich nichts sagen"²⁶. E. Plümacher ordnet die beiden Begriffe genau entgegengesetzt zu; er argumentiert, daß für den Fall, „daß τὰ βιβλία auf alttestamentliche, τὰς μεμβράνας auf christliche Schriften zu beziehen wäre ..., die Entwicklung zu einer neben den alttestamentlichen nun auch christliche Schriften enthaltenden Heiligen Schrift auch hier schon sichtbar (würde)"²⁷.

Vor allem bei der Bestimmung der nicht zum Alten Testament gerechneten

---

tation von V. Hasler, Past 80, für den Verfasser sei der Reisemantel „Symbol des Apostelamtes, das der sterbende Paulus an seine Nachfolger weitergibt", weniger wahrscheinlich.
²⁵ P. Trummer, Mantel 203.
²⁶ N. Brox, Past 273f. Ähnlich, aber mit der weitergehenden Erwägung zu βιβλία: „Buchrollen (aus Papyrus, für urchristl. Schriften?)" äußert sich H. Balz, EWNT I 522.
²⁷ E. Plümacher, TRE VI 9.

Schriften sind den Spekulationen keine Grenzen gesetzt; sie reichen von der Bestimmung der Pergamentblätter als „eine Art Notizbuch" des Paulus [28] über die Identifizierung als die Urkunde des Apostels über seine römische Staatsbürgerschaft [29] bis hin zur Bezeichnung einer in Ephesus im Gebrauch befindlichen Sammlung von Paulusbriefen [30] oder einer Zusammenstellung von Worten und Taten Jesu [31].

Im Gegenüber zu solchen Überlegungen ist grundsätzlich zu fragen, ob die häufig vertretene Unterscheidung zwischen den heiligen Schriften und anderem Schrifttum, gleich welcher Art, als Absicht des Autors wahrscheinlich zu machen ist. Der Begriff βιβλίον kann in neutestamentlicher Zeit unabhängig vom Schreibmaterial in Aufnahme von LXX-Sprachgebrauch sowohl eine Schriftensammlung (vgl. Gal 3,10 ἐν τῷ βιβλίῳ τοῦ νόμου) als auch eine einzelne Schriftrolle (vgl. Lk 4,17 βιβλίον τοῦ προφήτου Ἠσαίου) bezeichnen. Daneben steht βιβλίον für die Bezeichnung einer Einzelschrift von Christen (vgl. Joh 20,30 ἐν τῷ βιβλίῳ τούτῳ; Apk 1,11; 22,7–19), die allerdings von den „heiligen Schriften" noch klar unterschieden wird. Da also die Bezeichnung βιβλία ebensowenig eindeutig ist wie das parallel dazu gebrauchte μεμβράναι, entscheidet der Kontext.

Die schon in 3,15–17 ausgesprochene Bedeutung der „Heiligen Schrift" für den Glauben und für die Verkündigung wird hier in einer biographisch gewendeten Aussage erneuert. Die Verwendung der beiden Begriffe βιβλία und μεμβράναι hat dabei das Ziel, die Bedeutung der Schrift [32] für den Apostel und seine Aufgabe zu steigern. An ihnen hat sich dann jeder, der sich in den Dienst der Bewahrung des von Paulus überkommenen „Glaubensgutes" gestellt weiß, zu orientieren.

Ist nun aber nicht doch für die Zeit des ausgehenden ersten Jahrhunderts, da Paulus durch die gesammelten und in den Gemeindeversammlungen gelesenen Briefe schon theologisch normative Bedeutung gewonnen hat, zu vermuten, daß die paulinischen Schriften einen zumindest anfanghaft kanonischen Stellenwert zugesprochen bekommen haben? Bei der Beantwortung dieser Frage ist Zurückhaltung angebracht, die insbesondere mit der Tatsache der pseudepigraphischen Abfassung der Past zu begründen ist. Obwohl der Autor nicht nur mündlich überlieferte Paulustraditionen, sondern auch Paulusbriefe für die Formulierung der Mahnungen an die Gemeindeleiter verwendet und somit dem

---

[28] G. WOHLENBERG, Past 340; ähnlich bei C. SPICQ, Past 815: neben Sammlungen von Worten und Taten Jesu „vielleicht persönliche Notizen".
[29] So etwa bei J. H. BERNARD, Past 147, und M. PRIOR, Paul 149–154.
[30] Vgl. A. J. HULTGREN, Past 143.
[31] Diese Deutung findet sich als eine Möglichkeit bei C. SPICQ (vgl. oben Anm. 28); außerdem bei W. LOCK, Past 118; D. GUTHRIE, Past 185.
[32] Nur die alttestamentlichen Schriften sehen in 4,13 bezeichnet etwa O. KNOCH, Past 66, und G. W. KNIGHT, Past 467. Zur Bedeutung von μάλιστα als Überleitung zu einer auf dieselbe Sache bezogenen Bestimmung vgl. T. C. SKEAT, Parchments 174.177, der allerdings nicht irgendwelche literarischen Werke bezeichnet sieht, sondern Notizen und Mitteilungen, wie etwa Namenslisten christlicher Gemeindemitglieder.

Wort des Apostels besondere Bedeutung beimißt, ist doch davor zu warnen, die Past inhaltlich-theologisch auf die von Paulus her legitimierte Überlieferung als eine Art exklusiv gültige, quasi-kanonische Tradition festzulegen. Denn mit ihrer Art der Paulus-Interpretation und der sehr einseitigen ekklesiologischen Ausrichtung, die zugleich unter die Autorität des Paulus gestellt wird, erheben die Past gerade den Anspuch, daß sie das Vermächtnis des Apostels bewahren in einer die Verhältnisse und Bedingungen ihrer Zeit berücksichtigenden *Fortschreibung*. Darin liegt auch ein Urteil über den Stellenwert der Paulusbriefe. Sie gelten als Richtschnur, die allerdings aus der Perspektive der Gemeinden der Past zu interpretieren ist. Es ist also davon auszugehen, daß die Past noch keine Ergänzung ihres Kanons heiliger Schriften durch Texte aus christlicher Tradition kennen[33].

14 Bei der Erwähnung des Alexander ist auf den ersten Blick eine Verbindung innerhalb der Past möglich, nämlich mit der gleichnamigen, in 1 Tim 1,20 erwähnten Person. Gegen die Annahme der Identität wird von einigen Auslegern darauf verwiesen, daß nur hier in 2 Tim 4,14 die Berufsbezeichnung „der Schmied" steht, während umgekehrt die in 1 Tim 1,20 erwähnte „Übergabe an den Satan", d.h. der bereits vollzogene Ausschluß aus der Gemeinde, in 2 Tim unberücksichtigt bleibt[34]. Deshalb wird der in 2 Tim 4,14 genannte „Alexander, der Schmied," zum Teil mit dem im Zusammenhang des Aufruhrs der Silberschmiede in Ephesus in Apg 19,33f genannten Alexander identifiziert[35] oder aber als eine von dem Alexander von 1 Tim 1,20 zu unterscheidende, den ersten Lesern bekannte führende Gestalt aus dem Kreis der Irrlehrer angesehen[36].

Auch in diesem Fall bleibt aber durch historisierende Fragestellungen[37] die Sicht auf das Anliegen der Past verstellt. Die paradigmatische Funktion der

---

[33] In eine andere Richtung geht die Deutung von V. HASLER, Past 80: „Apostolische Kirchenschreiben und die griechische Bibel gehören als Ausweis der Rechtgläubigkeit in die Obhut des Apostels und seiner bischöflichen Nachfolger. Für die Kirche der Jahrhundertwende ist der Besitz und die sorgfältige Aufbewahrung einer Sammlung von maßgeblichen apostolischen Schriften nötig für das Ansehen und die damit verbundene Autorität einer kompetenten Kirchenleitung ... Wird dabei offensichtlich, daß auch eine Sammlung von Paulusbriefen ins bischöfliche Archiv zu Rom gehört?"
[34] Vgl. C. SPICQ, Past 816; H. MERKEL, Past 86.
[35] So bei G. WOHLENBERG, Past 341; C. SPICQ, Past 816. Vgl. auch P. LAMPE, Acta 19 im Spiegel der ephesinischen Inschriften: BZ 36 (1992) 59–76, hier 71f, der mit der „Möglichkeit" rechnet, „daß die Alexander-Figur der Pastoralbriefe mit dem den Lukaslesern bekannten Alexander zusammenhängt".
[36] Vgl. O. KNOCH, Past 66; H. MERKEL, Past 86.
[37] Etwa: Wo ist dieser Alexander anzusiedeln: in Troas, in Ephesus oder in Rom?, oder: Wie kann man die Beziehung zwischen unserer Stelle und 1 Tim 1,20 erklären: entweder so, daß dieser Alexander „noch nicht" dem Satan übergeben, d.h. aus der Gemeinde ausgeschlossen worden ist (vgl. M. DIBELIUS – H. CONZELMANN, Past 93), oder so, daß er trotz des bereits vollzogenen Ausschlusses weiterhin gegen die Kirche, „gegen die rechtmäßige Verkündigung", agierte (so V. HASLER, Past 80)?

Bezugnahme auf diese Person, sein Tun und die dafür angedrohte Strafe hat unabhängig von geschichtlicher und personbezogener Verifizierung seitens der Adressaten Gültigkeit[38]. Die für die Past letztlich entscheidende Gemeinsamkeit ist in den beiden Fällen, da dieser Alexander genannt ist, die Tatsache, daß er gegen Paulus und damit auch gegen den rechten Glauben und die christlichen Gemeinden gehandelt hat. Deshalb ist in der Fiktion der Past auch an ein und denselben Mann zu denken, ohne daß die Aussagen über ihn miteinander ausgeglichen werden müßten. Da der Vorwurf inhaltlich nicht entfaltet und begründet wird, liegt der Akzent pauschal auf dem Widerstand gegen Paulus. Da aber „Paulus" ganz mit seinem Auftrag und mit seiner Sendung identifiziert wird und weil das Handeln des Paulus dem Willen Gottes entspricht (vgl. 1 Tim 2,7; 2 Tim 1,11), richtet sich der Widerstand gegen Paulus letztlich gegen Gott. Konsequent gilt denen, die gegen den Apostel agieren, das Gerichtsurteil Gottes. Die in Anklang an alttestamentliche Gerichtsworte (vgl. Ps 62,13; Spr 24,12; auch Röm 2,6; Apk 2,23; 22,12; Mt 16,27; 2 Kor 11,15) formulierte Gerichtsdrohung unterstreicht die Stellung des Paulus und der auf ihn gegründeten Glaubenstradition.

15 Die von dem genannten Alexander ausgehende Gefahr wird in einem Nachtrag nach zwei Seiten hin präzisiert. Das, was „Paulus" erfahren mußte, ist auch für „Timotheus" zu befürchten; der Widerstand gegen den Apostel und sein Evangelium trifft auch seinen Nachfolger. Und dann wird noch eigens gesagt: Der harte (λίαν) Widerstand galt „unseren Worten".

Im Blick auf die Gemeindesituation der Past besteht in zweifacher Hinsicht Kontinuität zu „Paulus": Auf der einen Seite steht der Apostel als der von Gott erwählte Verkünder des Evangeliums, und mit ihm sind die verbunden, die in seinem Auftrag und in Übereinstimmung mit seinem Evangelium für die Verkündigung und die Verteidigung der „gesunden Lehre" gegen die nach Beliebigkeit ausgewählten Lehrer und Mythen eintreten (4,1–5). Auf der anderen Seite stehen die, die schon gegen Paulus und seine Worte sich aufgelehnt haben und die sich in gleicher Weise gegen die Christen der nachpaulinischen Zeit und insbesondere gegen ihre Vorsteher, die in Treue zu Paulus und zu seinem Wort stehen (vgl. 3,10–13), wenden.

Für die Gemeindeleiter der Past enthält die Weisung an Timotheus einerseits die Mahnung zu Wachsamkeit in der Sorge um den Glauben; andererseits dürfen sie zusammen mit Paulus in der Zuversicht leben, daß Gottes Gericht diejenigen treffen wird, die sich ihrem Wort widersetzen.

---

[38] N. BROX, Past 268.274, betont im Zusammenhang dieses Abschnittes 4,9–18, daß die (Situations- und) Personalnotizen „Gelegenheit zur paradigmatischen Redeweise" bieten und als „Einkleidung für typische Instruktion und Paränese" dienen. Auch H. MERKEL, Past 84, macht auf die für die Auslegung dieses Abschnittes bedeutsame „Einsicht in die paränetisch-paradigmatische Stilisierung des Paulusbildes" aufmerksam.

16 Die Einsamkeit des „Paulus" wird in einer neuen Schilderung situationsgerecht veranschaulicht. Allein, ohne Beistand von seiten seiner früheren Begleiter steht er vor Gericht. Bei der Erklärung der präzisierenden Angabe „bei meiner ersten Verteidigung" (ἐν τῇ πρώτῃ ἀπολογίᾳ) ist auf die bis heute immer wieder vorgeschlagene Auslegung zu verzichten, hier liege ein Hinweis auf eine erste Gefangenschaft (gemäß Apg 28) vor, aus welcher Paulus noch einmal habe freikommen können[39]. Damit entfällt auch die Deutung, daß Paulus sich „jetzt", wie in 2 Tim beschrieben, erneut, d. h. zum zweiten Mal, in Gefangenschaft befinde[40]. Es ist sogar zu bezweifeln, daß der Verfasser hier überhaupt auf eine in der römischen Prozeßordnung vorgesehene gerichtliche Untersuchung Bezug nehmen will, auch wenn die Zugehörigkeit der „Verteidigung" zum Prozeßwesen in einem allgemeinen Sinn vorausgesetzt werden kann (vgl. Apg 25,16)[41]. Betont wird auch nicht das mit dem Gerichtsprozeß zusammenhängende Geschehen; es bildet nur den Hintergrund für die Beschreibung des Verhaltens der ehemaligen Begleiter des Apostels: Sie haben ausnahmslos versagt. Paulus erscheint auf diese Weise isoliert, wird aber zugleich noch stärker herausgestellt. Der Rückverweis auf das Versagen aller unterstreicht seine Souveränität und seine Standhaftigkeit im Leiden. Dazu trägt schließlich noch bei, daß Paulus letztendlich nicht das schuldhafte Versagen verurteilt und mit Bestrafung droht, sondern für die Betroffenen um Nachsicht und Vergebung Gottes bittet. Die Bitte, es möge ihnen (im Gericht) nicht als Schuld angerechnet werden, entbindet jene, die die Gemeinschaft mit dem Apostel aufgegeben haben – wobei in Übereinstimmung mit dem Text auf jede ausmalende Beschreibung der Motive verzichtet werden muß! –, nicht von der Verantwortung für ihr Tun. Die Schuld wird im Gegenteil durch die Bitte um Gottes Vergebung noch stärker akzentuiert. Wer die Gemeinschaft mit dem Apostel aufkündigt, der macht sich schuldig und muß sich dafür vor Gott verantworten.

Für das Verständnis der (quasi-)biographischen Angabe von V 16 ist bedeutsam, daß dieses Detail aus der Biographie des „Paulus"[42] nicht rückblickend erzählt wird, sondern einen aktuellen Bezug zu den Gemeinden der Past hat, für die der Autor durchgängig die Bedeutung der Gemeinschaft mit Paulus als Kriterium der Rechtgläubigkeit betont. Da aber für die Zeit nach seinem Tod „Paulus" in der Person des Timotheus Nachfolger bestimmt und mit der Fortführung

---

[39] Vgl. etwa bei G. W. KNIGHT, Past 469 (vgl. auch ebd. 17–20).

[40] Zur ausführlichen Kritik dieser Hypothese vgl. N. BROX, Past 28–31. 275.

[41] Vgl. zum römischen Verfahren die Übersicht bei C. SPICQ, Past 818. Zu ἀπολογία gibt J. DUPONT, Aequitas Romana. Notes sur Actes 25,16: Études sur les Actes des Apôtres (LD 45) (Paris 1967) 527–552, hier 536–538, folgende Beschreibung: „ἀπολογία désigne proprement le plaidoyer par lequel un inculpé répond aux accusations qui pèsent contre lui et fournit les explications susceptibles de le justifier; c'est le terme spécifique pour l'action de la ‚défense', en face de ‚l'accusation'".

[42] Unter Berücksichtigung der vom Verfasser zu verantwortenden Beschreibung der Lage des Paulus sollte man darauf verzichten, auf diesen Vers gestützt irgendwelche Rückschlüsse auf die Beziehungen zwischen Paulus und der römischen Gemeinde zu wagen.

seines Werkes der Verkündigung und der Verteidigung des rechten Glaubens beauftragt hat, nehmen diese seine Nachfolger jetzt für die Gläubigen die Stelle des Paulus ein.

In der Schilderung der bedrängten Lage, in der „Paulus" sich darstellt, greifen zwei Aussageebenen ineinander. Zum einen steht da die Gefangenschaft; mit dem Hinweis auf die „erste Verteidigung" wird der Konflikt mit der staatlichen Autorität angesprochen. Daneben aber muß sich der Apostel mit einem zweiten Konflikt befassen, der nicht weniger gravierend ist, nämlich mit der Untreue seiner Begleiter. Das letztgenannte Problem steht deutlich im Vordergrund, einfach deshalb, weil das Versagen derer, die in den Gemeinden besondere Verantwortung tragen, in den Gemeinden der Past ein aktuelles Problem darstellt.

17   Im Kontrast zum Verhalten der Menschen steht das Handeln des Kyrios; er hat dem „Paulus" die Treue gehalten (παρέστη). Wenn der Autor sodann den Apostel davon sprechen läßt, daß er errettet worden ist, dann ist zu fragen, wie diese Aussage zu vereinbaren ist mit der Todesgewißheit (vgl. 4,6–8) und der Klage über vielerlei Enttäuschungen durch seine engsten Mitarbeiter (vgl. 4,10a.16). Sehen wir ab von der mit der Authentizitätshypothese verbundenen Deutung, daß Paulus auf die Freilassung aus der „ersten" Gefangenschaft Bezug nehme, wofür vor allem der letzte Teil des Verses („ich wurde gerettet aus dem Rachen des Löwen") zu sprechen scheint, dann muß die Auslegung gerade bedenken, daß der Beistand Gottes dem Apostel in der beschriebenen Lage, als er ganz auf sich allein gestellt „die erste Verteidigung" zu bestehen hatte, zuteil geworden ist[43]. Dazu kommt, daß in dem ἵνα-Satz in V 17b betont wird, daß durch Paulus „die Verkündigung" (τὸ κήρυγμα) von allen Völkern gehört werden soll. Diese Bestimmung zeigt deutlich, daß es nicht um das persönliche Geschick des Paulus geht; in ihm und in den ihn betreffenden Ereignissen spiegelt sich der Weg des Evangeliums zu allen Völkern wider. Da er das von Gott erwählte Werkzeug der Verkündigung ist, ist die ihm geschenkte „Kraft" (vgl. auch 1 Tim 1,12; 2 Tim 2,1) konsequent darauf gerichtet, daß seine Auserwählung und sein Auftrag vollendet werden und das Evangelium „allen Völkern" verkündet wird[44].

Die Erreichung dieses Zieles der universalen Verkündigung des Evangeliums könnte man in der Darstellung und Intention der Past gegeben sehen im Auftreten des Paulus vor dem römischen Gerichtshof[45]. Doch ist zu fragen, ob

---

[43] H. PAULSEN, EWNT I 1102: „Die Schilderung der Verlassenheit des Apostels (4,16; vgl. Phil 4,13) hat ihre Spitze in der kontrastierenden Betonung des Beistands und der Stärkung durch den Herrn."
[44] Vgl. dazu H. v. LIPS, Glaube 214f. C. SPICQ, Past 820, u. a. deuten das καὶ (ἀκούσωσιν πάντα τὰ ἔθνη) als καί-epexegeticum.
[45] Vgl. G. HOLTZ, Past 198: „In einem Gerichtssaal des römischen Weltreiches mögen ideell schon πάντα τὰ ἔθνη versammelt sein und ἀπολογία und τὸ κήρυγμα hören." Ähnlich u. a. P. DORNIER, Past 249; H. MERKEL, Past 86; T. D. LEA – H. P. GRIFFIN, Past 256; G. W.

eine derartige Engführung notwendig und berechtigt ist. Zwar lassen die Past den Paulus betont davon sprechen, daß durch ihn (δι' ἐμοῦ) die Verkündigung vollendet werde; doch der Apostel bleibt dabei Werkzeug, durch welches die Botschaft selbst sich Geltung verschafft[46]. Die Verkündigung wird zu ihrem Ziel, zur Vollendung kommen; das Evangelium werden alle Völker hören, weil der Kyrios den Beistand gibt und die Kraft verleiht. Der Auftrag des „Paulus" wird auch an anderen Stellen so beschrieben, daß er „Verkünder, Apostel und Lehrer der Heiden" ist (1 Tim 2,7; vgl. 2 Tim 1,11; Tit 1,3). Und was für „Paulus" gilt, hat auch Gültigkeit und verpflichtende Bindung für den von ihm autorisierten und instruierten Nachfolger; er wird ermahnt: „Verkündige das Wort ... " (2 Tim 4,1). Und es ist sicher kein Zufall, daß an anderer Stelle ἐνδυναμοῦσθαι (2,1) und πληροφορεῖν (4,5) auf Timotheus bezogen sind.

Die Rettung „aus dem Rachen des Löwen" greift wieder ein in der alttestamentlichen Tradition bekanntes Bild auf, welches zusammen mit der Bedrohung des frommen Menschen durch gottfeindliche Mächte die rettende Macht Jahwes beschreibt (vgl. Ps 22,22; 1 Makk 2,60). Eine Ausdeutung des „Löwen" entweder auf „die kaiserliche Macht"[47] oder auf Nero[48] wird heute weitgehend nicht mehr vertreten. Der Akzent liegt hier ganz auf dem Bekenntnis zum rettenden Handeln Gottes. Das letzte Wort spricht nicht menschliches Tun, sondern dieses liegt in der Hand und in der Macht Gottes.

Wenn die Past „ihren" Paulus hier von „Rettung" sprechen lassen, die er von Gott erfahren hat, dann geschieht dies allerdings auf der Grundlage des Wissens um sein Martyrium. Die Aussage von der Rettung dokumentiert also die Glau-

---

KNIGHT, Past 471. Unter Berücksichtigung der Belege für ἔθνος/(πάντα) τὰ ἔθνη im Alten Testament, in der außerbiblischen frühjüdischen Literatur und im Neuen Testament, insbesondere Röm 1,5; (15,11;) 16,26; Gal 3,8 und 2 Tim 4,17, kommt M. PRIOR, Paul 113–139, zu dem Schluß, daß Paulus weder mit seiner Ankunft in Rom noch mit seinem Auftreten vor dem römischen Gericht sein Ziel der Verkündigung des Evangeliums „an alle Völker" erreicht sieht; diese These, die in der grundsätzlichen Ausrichtung gut zu begründen ist, steht allerdings auf der Grundlage der Erklärung von 2 Tim als authentischem Paulusbrief.
[46] G. HOLTZ, Past 198, macht darauf aufmerksam, daß bezeichnenderweise bei ἀκούσωσιν das Akkusativobjekt με fehlt.
[47] Vgl. M. DIBELIUS – H. CONZELMANN, Past 93; A. R. C. LEANEY, Past 107.
[48] Diese bereits in früher Auslegung – vgl. Eus., h.e. II 21,2–8 – und bis in die Gegenwart, wenn auch selten, vertretene Deutung – bei G. WOHLENBERG, Past 346; J. R. ENSEY, Past 188f – kann sich zwar auf eine vergleichbare Wendung bei Ios., ant. XVIII 6,10 (228), berufen (der Freigelassene Marsyas überbringt Agrippa I. die Nachricht vom Tod des Tiberius: τέθνηκεν ὁ λέων); doch der Text in 2 Tim gibt für diese Identifizierung nichts her. Am häufigsten findet sich die allgemein gehaltene Erklärung der Wendung als „Bild für Rettung aus höchster Gefahr" (J. FREUNDORFER, Past 289; vgl. u. a. auch W. LOCK, Past 119; E. F. SCOTT, Past 142) bzw. als „Bildwort für die Rettung aus dem Tode" (H. v. SODEN, Past 201; vgl. auch J. H. BERNARD, Past 148f; A. R. C. LEANEY, Past 107; J. N. D. KELLY, Past 219; G. D. FEE, Past 298; O. KNOCH, Past 66; P. DORNIER, Past 249). Nur selten wird, etwa mit dem Hinweis, die Deutung auf die „Todesgefahr" sei „nicht genügend", der Bezug auf die „Macht des Satans" (vgl. 1 Petr 5,8) favorisiert (so bei J. E. HUTHER, Past 312; vgl. auch G. HOLTZ, Past 198, der die Deutung des „Löwen" als „Symbol des Todes" ebenso für gegeben annimmt wie als „Symbol des Teufels").

benszuversicht, daß über menschliches Handeln hinaus Gott denen beisteht, die ihr Leben ganz in seinen Dienst stellen.

18   Das Bekenntnis zum Beistand des Kyrios von V 17 erhält mit V 18 eine eschatologisch gewendete Abrundung. Das Ziel ist die „himmlische Königsherrschaft", die hier wieder als zukünftig vorgestellt ist (vgl. auch die futurische Formulierung ἀποδώσει in V 8).

Die Umschreibung des Handelns Gottes erfolgt mit zwei Verben. Als „Befreier" (ῥύσεται) wird der Kyrios das vollenden, was „Paulus" schon für die Vergangenheit von ihm bekannt hat (vgl. 3,11; 4,17). In der ergänzenden Beschreibung „von jeder bösen Tat" ist eine Steigerung zu V 17 zu sehen[49]; damit wird aber gleichzeitig eine Verallgemeinerung erreicht, die insbesondere die Menschen im Blick hat, die im festen Vertrauen darauf, daß Gott mit Paulus war, sein Werk der Verkündigung fortsetzen und vor Verfälschung bewahren wollen. Als Kennzeichen dessen, der im Dienst Gottes steht, hat der Verfasser an früherer Stelle die Ausrüstung „zu jeglichem guten Werk" (3,17) genannt; die Bedeutung dieses Zusatzes ist zu sehen auf dem Hintergrund der zentralen Bewertung der „guten Werke" in den Past. Es stehen einander gegenüber die Verpflichtung auf „die guten Werke", d. h. ein frommes, den Weisungen der Kirche ergebenes Leben, und „die böse Tat", die solchem frommen Leben und allem, was damit zusammenhängt, widerspricht[50]. Mit der Zusage der Rettung „aus jeglicher bösen Tat" formulieren die Past die Zuversicht, daß auch die an Paulus ausgerichtete Verkündigung sich des Beistandes Gottes gegen alle Angriffe sicher sein darf.

Die in der sprachlichen Gestaltung des ersten Versteiles (ῥύσεται ... ἀπὸ παντὸς ἔργου πονηροῦ) erkennbare Übereinstimmung mit der letzten Vaterunser-Bitte Mt 6,13b (ῥῦσαι ἡμᾶς ἀπὸ τοῦ πονηροῦ) wird nicht selten zurückgeführt auf Abhängigkeit des Briefautors von Matthäus[51]. Doch die „guten Werke" (καλὰ ἔργα/ἀγαθὰ ἔργα 1 Tim 2,10; 5,10.25; 6,18; Tit 2,7.14; 3,8.14) bzw. die Bereitschaft zu „jeglichem guten Werk" (vgl. 2 Tim 2,21; 3,17; Tit 3,1) bilden in den Past durchgehend ein derart wichtiges Kriterium für die Bewährung der Christen in ihrem kirchlichen Glauben, daß die Bitte des „Paulus" um Errettung „aus jeglicher bösen Tat" vorrangig, wenn nicht sogar ausschließlich, in diesem Kontext der Gefährdung des Glaubens durch „schlechte Menschen" (vgl. 3,13) zu sehen ist[52]. Und entsprechend ist es die Aufgabe des verantwortlichen Vorstehers, (wie Timotheus) für die Bewahrung der „gesunden Lehre" Sorge zu tragen (vgl. 4,2–5).

---

[49] So auch G. HOLTZ, Past 198.
[50] Vgl. dazu auch V. HASLER, Past 81 f.
[51] U. a. bei C. SPICQ, Past 821; A. T. HANSON, Past 161 f; G. W. KNIGHT, Past 471. Kritisch dazu P. DORNIER, Past 249.
[52] Vgl. auch bei V. HASLER, Past 81 f: Mit dem „guten Werk" ist gemeint „die aus der Kraft des rechten Glaubens gewirkte Frömmigkeit des Gläubigen"; das „böse Werk" ist das, „was aus einem heuchlerischen Glauben und aus einer falschen Verkündigung hervorgeht ...".

Die Verfolgung des „Paulus" und die gegen ihn gerichteten Angriffe sind zugleich Angriffe auf das von ihm verkündete Evangelium und die Kirche. Was für den Apostel gilt, das gilt, wie 2 Tim durchgehend betont, auch für seinen Nachfolger (vgl. 1,8; 2,3: συγκακοπάθησον [τῷ εὐαγγελίῳ]). In dieser Zuversicht des Apostels auf den sicheren Beistand des Herrn darf auch der Gemeindeleiter leben.

Der Ausblick auf die „Rettung" entspricht mit dem Verbum σώζειν ebenfalls dem Sprachgebrauch der Past. Im Unterschied zu den Belegen, die auf Gottes Heilswirken bzw. dessen Konkretisierung in Christus Jesus Bezug nehmen (vgl. 1 Tim 1,15; 2,3f; 2 Tim 1,9; Tit 3,5), verweist der Verfasser hier mit σώζειν auf ein in der Zukunft liegendes Geschehen. Doch dieser Ausblick ist bestimmt von der Gewißheit, daß Gott Anteil an seiner himmlischen Königsherrschaft geben wird.

Daß hier auf die „himmlische Basileia" verwiesen wird, ist allerdings auffällig. Neben 4,1 ist dies der einzige Beleg für „Gottesherrschaft" in den Past. Der Grund sowohl für die seltene Verwendung als auch für den Gebrauch im Zusammenhang des Ausblicks des „Paulus" auf die Zeit nach seinem Tod mag darin liegen, daß für die Past mit dem Stichwort βασιλεία in exklusiver Weise die Erwartung der eschatologischen Vollendung verknüpft war.

Der Hinweis auf die Basileia gibt dem Abschnitt 4,1-18 eine deutliche Geschlossenheit, die noch untermauert wird durch den Ausklang in einen Lobpreis Gottes. Die Doxologie, die in der Formulierung mit Gal 1,5 identisch ist (vgl. auch Röm 9,5; 11,36; Phil 4,20; auch Eph 3,21), hat ihren Sitz im Leben in der Liturgie. Mit dem feierlichen Amen[53] gewinnen sowohl die voranstehenden Vertrauensäußerungen als auch die Ermahnungen an Timotheus weiteres Gewicht. Der Lobpreis gilt dem Kyrios. Obwohl hier wie an anderen Stellen, etwa in V 17, letztlich keine eindeutige Entscheidung getroffen werden kann, ob der Lobpreis Gott oder Jesus Christus gilt, so ist doch wegen der Parallelität mit 1 Tim 1,17 und 1 Tim 6,15f und der für die Past charakteristischen Betonung der Stellung Gottes und seines Heilswillens und Heilshandelns (vgl. 1 Tim 2,3f; 6,13-16; 2 Tim 1,8f; Tit 2,11f) – wenn auch nicht notwendigerweise exklusiv – an Gott zu denken[54]; allerdings ist die Trennung zwischen Gott und Jesus Christus nach den Past deshalb kaum möglich, weil unter dem Gesichtspunkt der Heilsgeschichte von der Einheit Gottes mit Jesus Christus auszugehen ist (vgl. 2 Tim 1,8-11).

---

[53] A. T. HANSON, Past 162, denkt dabei an Abhängigkeit vom Vaterunser bei Matthäus; A. R. C. LEANEY, Past 107, sieht Abhängigkeit von der in einigen Handschriften zu Mt 6,13b stehenden Schlußdoxologie ὅτι σοῦ ἐστιν ἡ βασιλεία καὶ ἡ δύναμις καὶ ἡ δόξα εἰς τοὺς αἰῶνας. ἀμήν (vgl. auch Did 8,2).

[54] So auch J. N. D. KELLY, Past 220. Die meisten Kommentare beziehen die Doxologie jedoch auf Jesus Christus; vgl. aus jüngerer Zeit u. a. G. HOLTZ, Past 199; H. MERKEL, Past 87; T. D. LEA – H. P. GRIFFIN, Past 257; G. W. KNIGHT, Past 473. Vgl. auch R. DEICHGRÄBER, Gotteshymnus 33. Explizit auch A. T. HANSON, Past 162: „Prayer then was being directed to Christ as to God by this time" (vgl. auch 39f).

III

Der unter dem Eindruck des zuvor angekündigten baldigen Todes des Paulus stehende Abschnitt ist einmal bestimmt von biographischen Notizen. In ihnen sind zwei „Bewegungen" zu erkennen, deren Ausgangs- bzw. Zielpunkt „Paulus" ist. Einerseits wird die Gemeinschaft mit Paulus betont; dazu zählt die Aufforderung an den Adressaten, schnell zu kommen (V 9), verbunden mit verschiedenen Aufträgen (VV 11b.13), und der Hinweis auf die Anwesenheit des Lukas (V 11a). Daneben steht die Verlassenheit des Apostels von allen, sei es aufgrund des Versagens ehemaliger Begleiter (VV 10a.16), sei es durch (z.T. auf ausdrücklichen Wunsch des Paulus zurückgehende) Tätigkeit an anderen Orten (VV 10b.12). Für den Leser wird so das Bild eines Missionars gezeichnet, dessen Sorge auch in diesen Schilderungen ganz auf die Erfüllung seines Auftrages gerichtet ist. Da der Hintergrund die Beauftragung des Apostelschülers ist, in der Nachfolge des Paulus (vgl. 3,10) dessen Verkündigungsauftrag weiterzuführen (vgl. 4,1 f.5), sind auch diese biographischen Notizen als paradigmatische Veranschaulichung und paränetisches Stilmittel zu erklären. Selbst in der Erfahrung des Mißerfolgs der Verkündigung und im Ertragen des Widerstands gegen das Evangelium bleibt Paulus für die verantwortlichen Vorsteher der späteren Gemeinden das unübertroffene „Vorbild" (VV 14f).

Mit gleicher paränetischer Zielsetzung läßt dann der Autor den Apostel vom Beistand des Kyrios erzählen und gleichzeitig die Zuversicht auf „Befreiung" und „Heil" aussprechen (VV 17f). Vor allem mit den das Wirken des Paulus charakterisierenden Stichworten von V 17 (beistehen und Kraft verleihen; die Verkündigung zu ihrem Ziel führen; alle Völker) weiß sich der in der Evangeliumsverkündigung stehende Christ unmittelbar angesprochen. Mit dem auf die eschatologische Vollendung gerichteten Glaubensbekenntnis (V 18) erfolgt eine für die nachapostolische Zeit typische Umsetzung des eschatologischen Vorbehalts; wer wie „Paulus" sich in seiner Aufgabe bewährt (vgl. VV 7f), der darf wie dieser des Beistandes des Herrn und des Geschenks der Heilsvollendung sicher sein.

LITERATUR: H. BOJORGE, El poncho de san Pablo. Una posible alusión a la sucesión apostólica en II Timoteo 4,13: RevBib 42 (1980) 209–224; K. ERBES, Zeit und Ziel der Grüße Röm 16,3–15 und der Mitteilungen 2 Tim 4,9–21: ZNW 10 (1909) 128–147.195–218; J. C. K. FREEBORN, 2 Timothy 4,11: „Only Luke is with me": StEv 6 (TU 112) (Berlin 1973) 128–139; M. MEINERTZ, Worauf bezieht sich die πρώτη ἀπολογία (2 Tim 4,16)?: Bib. 4 (1923) 390–394; CH.C. RYRIE, Especially the Parchments: BS 117 (1960) 242–248; T. C. SKEAT, „Especially the Parchments". A Note on 2 Timothy IV.13: JThS 30 (1979) 173–177; C. SPICQ, Pélerine et vêtements (A propos de II Tim. IV,13 et Act. XX, 33): Mélanges E. Tisserant I (Civitas Vaticana 1964) 389–417; F. SPITTA, Über die persönlichen Notizen im zweiten Briefe an Timotheus: ThStKr 51 (1878) 582–607; J. S. STEVENSON, 2 Tim IV.13 and the Question of St. Paul's Second Captivity: ET 34 (1922/1923) 524f; P. TRUMMER, „Mantel und Schriften" (2 Tim 4,13). Zur Interpretation einer persönlichen Notiz in den Pastoralbriefen: BZ 18 (1974) 193–207.

14. Schlußgrüße und Segenswunsch (4,19–22)

19 Grüße Priska und Aquila und das Haus des Onesiphoros. 20 Erastos blieb in Korinth, Trophimos aber habe ich krank in Milet zurückgelassen. 21 Beeile dich, noch vor dem Winter zu kommen! Es grüßen dich Eubulos, Pudes[1], Linos, Claudia und alle Brüder. 22 Der Herr sei mit deinem Geist! Die Gnade sei mit euch!

I

Nach der Doxologie von V 18, die schon deutlich den Charakter eines Abschlusses hat, setzt der Autor neu zu Schlußgrüßen an. Für die darin erwähnten Personen gilt im wesentlichen das schon zu den Angaben in VV 9–18 Gesagte. Im Unterschied zur dortigen Aufzählung fehlen jetzt Klagen und Vorwürfe des „Paulus" über eventuelles Versagen der Genannten. Sie alle stehen in einer besonderen Beziehung zu Paulus. Die einen werden als in Gemeinschaft mit Timotheus stehend vorausgesetzt und von Paulus gegrüßt (Priska und Aquila), andere sind bei Paulus und treten entsprechend als Grüßende auf (Eubulos, Pudes, Linos und Claudia); von zweien (Erastos und Trophimos) wird der Aufenthalt in Orten des paulinischen Missionsgebietes (Korinth und Milet) erwähnt. Der Verfasser nennt einerseits wieder Namen, die aus der Paulustradition bekannt sind (ohne daß eindeutig zu klären wäre, wie sie auf den Autor der Past gekommen sind), andererseits solche, die im Neuen Testament sonst nicht vorkommen. Bei den letzteren ist nicht zu entscheiden, ob sie dem Verfasser in irgendeiner Weise vorgegeben waren. Einen „biographischen" Bogen schlägt die Mahnung von V 21a zu V 9.

Die Aufteilung des Segenswunsches V 22 mag bedingt sein durch die Absicht, die Adressaten in einer doppelten Form anzusprechen. Gemeint ist einmal literarisch „Timotheus" und zum anderen über ihn die Christen insgesamt, besonders die in den und für die Gemeinden Verantwortlichen.

II

19 Mit Priska und Aquila wird ein Ehepaar eingeführt, das nach Angaben der Apostelgeschichte nach der Ausweisung aus Rom durch das Edikt des Kaisers Claudius (wahrscheinlich im Jahre 49 n.Chr.) mit Paulus in Korinth zusammentraf; da sie als Zeltmacher das gleiche Handwerk ausübten, schloß Paulus sich ihnen an (Apg 18,1–3). Die Bezeichnung „Mitarbeiter in Christus Jesus" (Röm 16,3) zeigt, daß sie mit Paulus in der Verkündigung des Evangeliums tätig waren (vgl. Apg 18,18f.26; 1 Kor 16,19). Ihre Namen sind auf so breiter Basis in der Paulustradition bezeugt, daß sie vom Verfasser paulinischer Pseudepigrapha als besonders geeignet angesehen werden konnten, die enge Beziehung zwischen dem Apostel und dem mit dem Dienst der Verkündigung beauftragten

---

[1] Zur Namensform vgl. B.-D.-REHKOPF, Grammatik § 54. Beide Namensformen (Pudes und Pudens) sind auch inschriftlich bezeugt (vgl. E. PREISIGKE, Namenbuch 341).

Nachfolger zu kennzeichnen und zugleich die Authentizität des „Briefes" zu suggerieren. Daß die Anwesenheit des Ehepaares bei Timotheus vorausgesetzt wird, kann als Hinweis verstanden werden, daß die Aufgabe der Verkündigung jetzt beim Apostelschüler liegt. Weil es also bei der Nennung der beiden um die Dokumentation der personalen Kontinuität von Paulus in die nachpaulinische Zeit hinein geht, braucht den Verfasser die Frage nach dem Aufenthaltsort des Ehepaares in der Paulusüberlieferung – nach Röm 16,3 sind Priska und Aquila (wohl nach Aufhebung des Claudiusediktes durch Nero im Jahre 54 n.Chr.) in ihre Heimatstadt Rom zurückgekehrt – nicht zu kümmern. Ihr Platz ist jetzt, d.h. in der Weiterführung der Verkündigung des Evangeliums, bei „Timotheus" und damit, dem fiktiven Aufenthalt des Timotheus entsprechend, in Ephesus.

Ähnliche Bedeutung haben die Grüße an das „Haus des Onesiphoros". Über Onesiphoros hatte „Paulus" sich schon in 1,16–18 lobend geäußert, weil er treu zum Apostel gehalten hat; der Apostel erbittet deshalb für ihn das Erbarmen Gottes. Aufgrund dieser von „Paulus" bezeugten Bewährung kann Onesiphoros zusammen mit seinem Haus auch als Unterstützung für den Schüler und Nachfolger des Apostels vorgestellt werden.

Für den Autor ist es wichtig, daß die Personen, die nun im Umfeld des „Timotheus" von „Paulus" gegrüßt werden, sich in der Gemeinschaft mit Paulus, in der Unterstützung seiner missionarischen Tätigkeit und in der Treue zum Apostel hervorgetan haben – sei es auf der historisch autorisierten Ebene der Paulustradition, sei es auf der fiktiven Ebene der Beziehungen, die in den Past zugrunde gelegt ist.

20 In Wiederaufnahme der schon in den VV 10–12 gegebenen Informationen über Personen aus dem Umfeld des Paulus werden mit Erastos und Trophimos, folgt man dem Zeugnis der Apostelgeschichte, erneut zwei Begleiter aus der Zeit der missionarischen Tätigkeit des Paulus eingeführt. Erastos (vgl. Apg 19,22) und Trophimos (vgl. Apg 20,4; 21,29) werden zusammen mit Timotheus genannt. Von beiden wird sodann ausdrücklich gesagt, daß sie von Paulus als „seine Helfer" (δύο τῶν διακονούντων αὐτῷ nach Mazedonien vorausgeschickt worden sind (Apg 19,22).

Für die biographischen Angaben sind wiederum weder spezielle Informationen auf seiten des Autors der Past vorauszusetzen noch ist literarische Abhängigkeit von der Apostelgeschichte als unbedingt erforderlich zu unterstellen. Die durch den literarischen Kontext, den Schlußgruß, bedingte Betonung der Nennung dieser beiden „Helfer" des Paulus, Erastos und Trophimos, zusammen mit Priska und Aquila, ist allerdings nicht unabhängig zu sehen von dem besonderen Rang, den sie in der Paulustradition – und eine solche gibt es ganz sicher neben den Paulusbriefen und der Apostelgeschichte auch in mündlicher Form – haben.

Ein Erastos, als „Stadtkämmerer" (ὁ οἰκονόμος τῆς πόλεως) Inhaber eines wohl nicht unbedeutenden Amtes (in Korinth?), steht auch in Röm 16,23 in der Liste der Grüßenden. Die Erwähnung des auch außerhalb des Neuen Testaments bezeugten Namens² in der Umgebung des Paulus reicht nicht dazu aus, den in Röm 16,23 Genannten mit dem in der Apostelgeschichte erwähnten Mitarbeiter des Paulus gleichzusetzen; und auch beim Verfasser der Past können weder Interesse an einer Unterscheidung oder Gleichsetzung noch die entsprechenden Voraussetzungen dafür angenommen werden³. Auffällig ist allerdings, daß in Röm 16,21 Timotheus als „Mitarbeiter" des Paulus in der Grußliste steht.

Zur Paulustradition passen auch die Ortsbezeichnungen Korinth und Milet, wobei Korinth mit intensiver Missionstätigkeit (vgl. Apg 18; 19), Milet mit der feierlichen Abschiedsrede vor den Presbytern aus Ephesus verknüpft ist (Apg 20,15.17–38). Die möglicherweise aus der Tradition bekannten „paulinischen" Verbindungen erscheinen völlig ausreichend für die Erklärung der Erwähnung der Ortsnamen in V 20. Wie schon die Angaben der Apostelgeschichte z.T. als ein Dokument der Wirkungsgeschichte der Paulustradition zu bewerten sind, so gilt dies noch viel mehr für die Angaben in 2 Tim; Rückschlüsse auf historische Entwicklungen in nachpaulinischer Zeit sind daraus nicht zu ziehen.

Zusammen mit den Ortsangaben und den Gebietsbezeichnungen der VV 10–13 entsteht der Eindruck eines geographischen Netzes, „das fast das gesamte Missionsfeld des historischen Paulus überspannt"; das Missionsgebiet des Paulus erscheint auf diese Weise von den von Paulus kommenden Mitarbeitern besetzt, die nun die Aufgabe der Verkündigung des Evangeliums „an alle Völker" (vgl. V 17) fortführen⁴.

21   „Timotheus" wird noch einmal zur Eile aufgefordert, nun in Ergänzung zur Bitte in V 9 mit Hinweis auf den bevorstehenden Winter. Die Bedeutung dieser Ergänzung liegt in der für die Adressaten der Past geläufigen Erfahrung besonderer Beschwernis winterlicher Reisen, d.h. also in der Zeit von Mitte November bis Mitte März, in welcher der Schiffsverkehr eingeschränkt war⁵. Da es um eine Veranschaulichung der Dringlichkeit der Bitte geht, lassen sich daraus keine weiteren Schlußfolgerungen historischer Art ableiten.

Im Anschluß an das geläufige Briefformular und in Entsprechung zu den paulinischen Briefschlüssen nennt „Paulus" auch hier Einzelpersonen als Mitgrüßende sowie (vergleichbar mit 1 Kor 16,20; Phil 4,21; vgl. 2 Kor 13,12b) „alle Brüder". Diese summarische Angabe ist sicher formelhaft zu verstehen⁶ und braucht nicht, um einen Ausgleich mit der Klage des Apostels über seine Ver-

---

² In einer in Korinth gefundenen Inschrift wird ebenfalls ein Mann mit Namen Erastos erwähnt; dazu ausführlich H. J. CADBURY, Erastus 58, der Identität mit dem in Röm 16,23 genannten Erastos für „unwahrscheinlich, wenn nicht gar unmöglich" erachtet, ebenso in einer Inschrift aus Ephesus (SIG 388,6).
³ Vgl. dagegen A. T. HANSON, Past 163: „The author of the Pastorals at least would have no hesitation in identifying the two Erastuses".
⁴ Vgl. F. SCHNIDER – W. STENGER, Studien 117 (113–119).
⁵ Zu χειμών vgl. C. SPICQ, Lexique 607f.
⁶ Vgl. auch H. MERKEL, Past 87. Hier ist daran zu erinnern, daß bei der Bezeichnung „Brüder" (wie in den meisten Fällen bei Paulus und auch in 1 Tim 4,6) an Männer und Frauen in den christlichen Gemeinden zu denken ist; vgl. dazu A. VÖGTLE, Dynamik 143f.

lassenheit (VV 10f) herbeizuführen, auf die römische Gemeinde bezogen zu werden⁷.

Bei den folgenden vier Einzelnamen, Eubulos, Pudes, Linos und Claudia, die im Neuen Testament sonst nicht erwähnt werden, richtet sich das Interesse der Ausleger zumeist auf Linos; denn Irenäus (haer. III 3,3) und in seinem Gefolge Eusebius (h. e. V 6,1 f; III 2; 4,8; 13; 21) überliefern, daß „dieser Linos" (vgl. Eus., h. e. V 6,1; III 2, mit ausdrücklichem Verweis auf „seine" Nennung durch Paulus in 2 Tim) von Petrus und Paulus in Rom „das bischöfliche Amt" (τὴν τῆς ἐπισκοπῆς λειτουργίαν) übertragen bekommen habe⁸.

Der geschichtliche Wert dieser Angaben ist mit Recht umstritten⁹. Der Hinweis, daß der Name Linos alles andere als selten war¹⁰, bleibt allerdings zu allgemein, insofern Irenäus und in seinem Gefolge Eusebius von Cäsarea ausdrücklich auf diesen Linos von 2 Tim 4,21b Bezug nehmen. Worauf sich Irenäus, den Eusebius zitiert, für diese Behauptung stützen kann, bleibt allerdings offen. Es ist zumindest auffällig, daß gerade der für die beiden christlichen Autoren bedeutsame Sachverhalt der Einsetzung des Linos als „Episkopos der Kirche von Rom" (Eus., h.e. III 13) in 2 Tim in keiner Weise angedeutet wird.

Das mit der Nennung des Linos wie auch der drei anderen Personen verbundene Interesse ist ganz darauf gerichtet, *den Apostel* im Kreis von ihm treu gebliebenen Gläubigen zu zeigen. Deshalb kann letztlich, bei fehlenden Belegen, nicht einfach postuliert werden, alle genannten Personen müßten *den Lesern* zumindest dem Namen nach bekannt gewesen sein. Somit muß offenbleiben, wen der Autor unter anderem mit dem Namen „Linos" bezeichnen wollte, ja, ob er überhaupt eine konkrete geschichtliche Gestalt im Auge hatte, auf welche die Bedingung einer Bekanntschaft mit dem historischen Paulus und seinem Schüler Timotheus zutraf.

22 Entsprechend der Adressierung an „Timotheus" gilt der abschließende Segenswunsch zuerst einmal ihm allein, wobei in der Formulierung deutlich Anklänge an paulinische Wendungen zu erkennen sind (vgl. Gal 6,18; Phil 4,23; Phm 25, allerdings – auch in Phm! – im Plural: ἡ χάρις ... μετὰ τοῦ πνεύματος ὑμῶν). Die Erweiterung des Segenswunsches gegenüber 1 Tim und Tit durch die auf Timotheus gerichtete Bitte um den Beistand des Geistes mag bedingt sein durch die deutlicher akzentuierte Ausrichtung von 2 Tim auf die Beziehung zwischen dem Apostel und seinem Schüler und Nachfolger.

---

⁷ So aber etwa G. HOLTZ, Past 199; G. W. KNIGHT, Past 477f („Here the ἀδελφοί are distinguished from Paul's fellow workers, who other than Luke have left (vv.10–11) and must(!), therefore, be the members of the Christian church in Rome".
⁸ Iren., haer. III 3,3: θεμελιώσαντες οὖν καὶ οἰκοδομήσαντες οἱ μακάριοι ἀπόστολοι τὴν ἐκκλησίαν, Λίνῳ τὴν τῆς ἐπισκοπῆς λειτουργίαν ἐνεχείρισαν. τούτου τοῦ Λίνου Παῦλος ἐν ταῖς πρὸς Τιμόθεον ἐπιστολαῖς μέμνηται.
⁹ Vgl. etwa das eindeutige Urteil bei A. T. HANSON, Past 164, zu dieser Bischofsliste mit Linos als Nachfolger der Apostel: „This is unhistorical anyway in that it assumes that the church in Rome had monepiscopacy in the first century, which it certainly had not."
¹⁰ Belege für den Namen Linos bei M. DIBELIUS – H. CONZELMANN, Past 94.

Der abschließende Zuspruch, „die Gnade sei mit euch", nimmt wie in 1 Tim und Tit Bezug auf die Zielgruppe des Schreibens, nämlich die christlichen Gemeinden bzw. insbesondere ihre Vorsteher, die zu verantwortlichem Umgang mit der paulinischen Tradition, zu Treue im Glauben und Wachsamkeit gegen Irrlehrer aufgerufen sind.

III
Der Abschluß von 2 Tim bietet im Vergleich zur Schilderung der Einsamkeit des Paulus in den vorangehenden Versen (VV 10–12.16) ein völlig anderes Bild. Unter rein historiographisch-biographischer Betrachtungsweise ist die damit gegebene Spannung nicht auszugleichen. Hier wird noch einmal die enge Gemeinschaft zwischen dem Apostel und denen, die mit ihm zusammen im Dienst der Verkündigung des Evangeliums stehen, unterstrichen. Dies geschieht zum einen durch die Aufzählung gemeinsamer Bekannter aus dem Kreis der Paulusmitarbeiter und -mitarbeiterinnen, zum anderen dadurch, daß „Paulus" die Dringlichkeit des Kommens des „Timotheus" unterstreicht (V 21). Mit dieser Aufforderung ergibt sich ebenso eine für die Zukunft offene Erwartungshaltung, wie mit der nicht weiter geklärten Bestimmung der beiden aus der Paulusmission bekannten Missionare Erastos und Trophimos in Korinth und in Milet. Die Schlußgrüße des „Paulus" leiten damit über in die Zeit nach seinem Tod. Dazu paßt der konventionelle Segenswunsch, in welchem die Bitte um den Beistand des Kyrios den Bogen vom Apostel (vgl. VV 17f) zu seinem Schüler schlägt und mit dem Zuspruch der Gnade auch die Gemeinden eigens bedacht werden.

LITERATUR: H. J. CADBURY, Erastus of Corinth: JBL 50 (1931) 42–58.

Exegetische Werke in der Reihe Quaestiones disputatae

Schriftauslegung im Widerstreit
R. E. Brown, W. H. Lazareth, G. Lindbeck, J. Ratzinger (Hg.)
128 Seiten. ISBN 3-451-02117-8

Metaphorik und Mythos im Neuen Testament
U. Busse, O. Fuchs, H. Giesen, K. Kertelge (Hg.), J. Kremer, O. Schwankl, Th. Söding, M. Theobald, P. Trummer   304 Seiten. ISBN 3-451-02126-9

Othmar Keel / Christoph Ühlinger, Göttinnen, Götter und Gottessymbole.
Neue Erkenntnisse zur Religionsgeschichte Kanaans und Israels aufgrund bislang unerschlossener ikonographischer Quellen
3. Aufl. 528 Seiten. ISBN 3-451-02134-X

Der eine Gott und die Göttin. Alttestamentliche Gottesvorstellungen im Horizont feministischer Theologie
G. Braulik, H.-W. Jüngling, S. Schroer, H. Schüngel-Straumann, G. Vanoni, M.-T. Wacker (Hg.), E. Zenger (Hg.)   192 Seiten. ISBN 3-451-02135-8

Christoph Dohmen / Manfred Oeming, Biblischer Kanon – warum und wozu?   144 Seiten. ISBN 3-451-02137-4

Monotheismus und Christologie. Die Gottesfrage im hellenistischen Judentum und Urchristentum
J. Gnilka, P. Hofrichter, R. Hoppe, H.-J. Klauck (Hg.), M. Küchler, K. Löning, G. Selin, M. Theobald   232 Seiten. ISBN 3-451-02138-2

Neue Formen der Schriftauslegung?
Ch. Dohmen, Ch. Jacob, Th. Söding, Th. Sternberg (Hg.)
2. Aufl. 168 Seiten. ISBN 3-451-02140-4

Der neue Bund im Alten. Zur Bundestheologie der beiden Testamente
E. Zenger (Hg.)   216 Seiten. ISBN 3-451-02146-3

Weltgericht und Weltvollendung. Zukunftsbilder im Neuen Testament
H.-J. Klauck (Hg.)   268 Seiten. ISBN 3-451-02150-1

Anton Vögtle, Die ‚Gretchenfrage' des Menschensohnproblems. Bilanz und Perspektive   2. Aufl. 184 Seiten. ISBN 3-451-02152-8

Osterglaube ohne Auferstehung? Diskussion mit Gerd Lüdemann
I. Broer, G. Lüdemann, L. Oberlinner, K.-H. Ohlig, H. Verweyen (Hg.)
2. Aufl. 144 Seiten. ISBN 3-451-02155-2

Herder Freiburg · Basel · Wien

HERDERS THEOLOGISCHER KOMMENTAR ZUM NEUEN TESTAMENT

Begründet v. Alfred Wikenhauser. Fortgeführt v. Anton Vögtle / Rudolf Schnackenburg. Herausgegeben v. Joachim Gnilka / Lorenz Oberlinner

Band 1:
Tl 1: Gnilka, Joachim: Das Matthäusevangelium. Kommentar zu Kapitel 1,1 – 13, 58.
2. Aufl. 1988. 517 Seiten. ISBN 3-451-20315-4

Tl 2: Gnilka, Joachim: Das Matthäusevangelium. Kommentar zu Kapitel 14,1 – 28,20 und Einleitungsfragen.
2. Aufl. 1992. 552 Seiten. ISBN 3-451-20316-2

Band 2:
Tl 1: Pesch, Rudolf: Das Markusevangelium. Einleitung und Kommentar zu Kapitel 1,1 – 8,26.
5. Aufl. 1989. XXIV, 466 Seiten. ISBN 3-451-17336-0

Tl 2: Pesch, Rudolf: Das Markusevangelium. Kommentar zu Kapitel 8,27 – 16,20.
4. Aufl. 1991. XVI, 576 Seiten. ISBN 3-451-17975-X

Band 3:
Tl 1: Schürmann, Heinz: Das Lukasevangelium. Kommentar zu Kapitel 1,1 – 9,50.
3. Aufl. 1984. XLVIII, 576 Seiten. ISBN 3-451-14662-2

Tl 2 / Hlbd 1: Schürmann, Heinz: Das Lukasevangelium. Kommentar zu Kapitel 9,51 – 11,54.
1993. 400 Seiten. ISBN 3-451-21858-5

Band 4:
Tl 1: Schnackenburg, Rudolf: Das Johannesevangelium. Einleitung und Kommentar zu Kapitel 1 – 4.
7. Aufl. 1992. XXXVI, 548 Seiten. ISBN 3-451-14318-6

Tl 2: Schnackenburg, Rudolf: Das Johannesevangelium. Kommentar zu Kapitel 5–12.
5. Aufl. 1990. XVI, 560 Seiten. ISBN 3-451-16144-3

Tl 3: Schnackenburg, Rudolf: Das Johannesevangelium. Kommentar zu Kapitel 13–21.
6. Aufl. 1992. XVI, 496 Seiten. ISBN 3-451-17335-2

Tl 4: Schnackenburg, Rudolf: Das Johannesevangelium. Ergänzende Auslegungen und Exkurse.
2. Aufl. 1990, 236 Seiten. ISBN 3-451-20022-8

Band 5:
Tl 1: Schneider, Gerhard: Die Apostelgeschichte. Einleitung, Kommentar zu Kapitel 1,1 – 8,40.
1980. 520 Seiten. ISBN 3-451-17547-9

Tl 2: Schneider, Gerhard: Die Apostelgeschichte. Kommentar zu Kapitel 9,1 – 28,31.
1982. 440 Seiten. ISBN 3-451-19381-7

Band 6:
Schlier, Heinrich: Der Römerbrief.
3. Aufl. 1987. XX, 456 Seiten. ISBN 3-451-16769-7

Band 9:
Mussner, Franz: Der Galaterbrief.
5. Aufl. 1988. XXXII, 425 Seiten. ISBN 3-451-16765-4

Band 10:
Tl 1: Gnilka, Joachim: Der Kolosserbrief.
2. Aufl. 1991. XIII, 249 Seiten. ISBN 3-451-19138-5

Tl 2: Gnilka, Joachim: Der Epheserbrief..
4. Aufl. 1990. XXII, 328 Seiten. ISBN 3-451-16275-X

Tl 3: Gnilka, Joachim: Der Philipperbrief.
4. Aufl. 1987. XXI, 226 Seiten. ISBN 3-451-14691-6

Tl 4: Gnilka, Joachim: Der Philemonbrief.
1982. XIV, 95 Seiten. ISBN 3-451-19500-3

Band 11:
Tl 1: Lorenz Oberlinner: Die Pastoralbriefe. Erster Timotheusbrief.
1994. L, 312 Seiten. ISBN 3-451-23224-3

Tl 2: Lorenz Oberlinner: Die Pastoralbriefe. Zweiter Timotheusbrief.
1995. XIV, 194 Seiten. ISBN 3-451-23768-7

in Vorbereitung:
Tl 3: Lorenz Oberlinner: Die Pastoralbriefe. Der Titusbrief.

Band 13:
Tl 1: Mussner, Franz, Der Jakobusbrief.
5. Aufl. 1987. XXXII, 258 Seiten. ISBN 3-451-14117-5

Tl 2: Schelkle, Karl H.: Die Petrusbriefe – Der Judasbrief.
6. Aufl. 1988.XXVI, 258 Seiten. ISBN 3-451-01149-2

Tl 3: Schnackenburg, Rudolf: Die Johannesbriefe.
7. Aufl. 1984. XXXII, 344 Seiten. ISBN 3-451-01150-6

Supplementbände:

Vögtle, Anton: Offenbarungeschehen und Wirkungsgeschichte. Neutestamentliche Beiträge.
1985. 328 Seiten. ISBN 3-451-20393-6

Mussner, Franz: Die Kraft der Wurzel. Judentum – Jesus – Kirche.
2. Aufl. 1989. 192 Seiten. ISBN 3-451-20954-3

Schnackenburg, Rudolf: Die sittliche Botschaft des Neuen Testaments.
2 Bände.

Bd 1: Von Jesus zur Urkirche.
Vollst. neubearb. Aufl. 1986. 270 Seiten. ISBN 3-451-20685-4

Bd 2: Die urchristlichen Verkündiger.
1989. 285 Seiten. ISBN 3-451-20690-0

Schnackenburg, Rudolf: Die Person Jesu Christi im Spiegel der vier Evangelien.
2. Aufl. 1994. 357 Seiten. ISBN 3-451-23072-0

Gnilka, Joachim: Jesus von Nazareth. Botschaft und Geschichte.
2. Aufl. 1991. 336 Seiten. ISBN 3-451-21989-1

Gnilka, Joachim: Theologie des Neuen Testaments.
1994. 472 Seiten. ISBN 3-451-23307-X

HERDER FREIBURG · BASEL · WIEN